朗润评论

搞对价格
管好货币

卢　锋◎著

——中国开放宏观经济评论集

图书在版编目（CIP）数据

搞对价格　管好货币：中国开放宏观经济评论集/卢锋著．—北京：北京大学出版社，2014.4
（朗润评论）
ISBN 978-7-301-24068-7

Ⅰ．①搞… Ⅱ．①卢… Ⅲ．①中国经济—宏观经济分析—文集 Ⅳ．①F123.16
中国版本图书馆 CIP 数据核字（2014）第 063508 号

书　　　　名：	搞对价格　管好货币——中国开放宏观经济评论集
著作责任者：	卢　锋　著
责 任 编 辑：	周　玮
标 准 书 号：	ISBN 978-7-301-24068-7/F·3917
出 版 发 行：	北京大学出版社
地　　　　址：	北京市海淀区成府路 205 号　100871
网　　　　址：	http://www.pup.cn
电 子 信 箱：	em@pup.cn　　QQ：552063295
新 浪 微 博：	@北京大学出版社　@北京大学出版社经管图书
电　　　　话：	邮购部 62752015　发行部 62750672　编辑部 62752926
	出版部 62754962
印　　刷　者：	北京大学印刷厂
经　　销　者：	新华书店
	730 毫米×1020 毫米　16 开本　23.5 印张　408 千字
	2014 年 4 月第 1 版　2014 年 4 月第 1 次印刷
定　　　　价：	48.00 元

未经许可，不得以任何方式复制或抄袭本书之部分或全部内容。
版权所有，侵权必究
举报电话：010-62752024　　电子信箱：fd@pup.pku.edu.cn

序

2003年以来我国开放宏观经济运行大体经历了三个阶段。一是开放景气扩张阶段：2003—2007年我国经济增长率连续超过两位数，年均增长率11.7%；二是大幅V形波动阶段：2008年下半年和2009年年初经济增速由于内外部因素叠加作用下滑并探底，政府推出一揽子刺激计划将经济增长率很快重新推高到2010年的两位数；三是此后减速调整阶段：2010年下半年以后经济增速逐步回调，从2012年开始季度增长率在7.4%—7.8%波动。

近十余年中国开放宏观经济表现非同寻常。不仅表现为宏观经济在走出世纪之交的通货紧缩后，2003—2007年持续五年以超过两位数的增速扩张，年均增速达到11.7%的高位，更为独特之处在于，我国宏观经济一反早先时期高增长周期阶段通常伴随本币面临持续贬值压力的扩张形态，稳定呈现出经济高增长伴随实际汇率升值的新格局。中国经济成长第一次出现以美元衡量的增速大大快于以本币衡量的增速、名义追赶增速超过实际追赶增速的形势。

数据显示，1979—2002年本币GDP实际年均增速约为9.6%，考虑GDP平减指数后名义年均增速约为15.7%，然而由于同期人民币汇率从1美元兑1.58元人民币贬值到8.28元人民币，用美元衡量的经济总量年均增速为7.97%。2003—2013年发生结构性转变：本币GDP实际年均增速为10.5%，本币GDP名义年均增速为15.4%，同期用美元衡量的GDP年均增速达到18.89%，是早先时期该指标的2.36倍。用现价美元衡量的GDP总量从1978年的0.23万亿美元增长到2002年的1.45万亿美元，24年增量为1.22万亿美元。2003—2013年用现价美元衡量的GDP从1.64万亿美元增加到9.25万亿美元，10年增量为7.61万亿美元。

中国经济追赶提速成为新时期重塑全球经济格局的最重要驱动因素。美国金融危机前后，中国GDP总量超过日本位居世界第二，同时在工业增加值、国民储蓄、资本形成、外汇储备规模等宏观经济指标上跃居第一。IMF全球数据库信息显示，2000—2005年中国对全球经济增量的贡献为8%，2005—2010年提升到21%，据估计这一贡献率在2010—2015年可能会达到25%—30%。虽然中国在人均收入、前沿科技创新、综合实力等方面与美国等发达国家还有很大差距，然而从经济体量相对重要性这个基本维度而言，中国时代确已来临。

不过中国时代来临也意味着各种各样的新矛盾、新困难纷至沓来，并在国内外学术界与社会上引发空前广泛的讨论与争议。比如为什么中国会持续出现与传统发展经济学标准模型不一致的双顺差现象，并构成全球范围失衡加剧的重要环节之一？如何理解中国外汇储备规模超量扩大及其投资收益与国内投资回报差异巨大的矛盾现象？超量外汇储备扩张对央行资产负债表的影响及其与新时期通胀的关系如何？怎样看待投资高增长与产能过剩？如何理解资产价格飙升与通货膨胀的关系？如何理解和评价十多个部门参与宏观调控以及宏观调控工具宽泛化与产业政策宏观调控化现象？

过去十余年，我的研究从早先侧重粮食安全与农业经济逐步转向开放宏观经济的领域。特别是 2005 年以来协助宋国青教授主持 CCER/CMRC "中国经济观察"季度报告会和"朗润预测"项目，有机会更多地关注我国开放宏观经济问题。面对风起云涌的经济形势演变与层出不穷的新颖经济问题，我与研究生学生、博士后研究员和相关工作人员一起，对我国新时期开放宏观经济增长的一些问题进行了探讨，有关研究结果反映在由北京大学出版社新近出版的《大国追赶的经济学观察——理解中国开放宏观经济（2003—2013）》上、下册论文集中。

在进行专题研究的同时，我有机会参与了一些热点问题和政策讨论，与财经媒体朋友交流互动，本书收录的文章主要是 2008 年以来参与宏观形势与政策讨论以及与媒体交流的结果。大部分是针对特定问题的评论文章，也有一些受记者朋友邀约访谈后整理发表的文章，还有少数是媒体对我在不同场合演讲发言的整理报道文字。编入本书时按文章讨论问题的类别分为九个部分：第一部分是两组系列评论，集中陈述了我对近年全球经济经历大调整的基本看法；第二至五部分是围绕人民币汇率、就业形势、中国式宏观调控政策与改革、资本回报与产能过剩等问题提出的评论观点或探讨意见；第六、七部分考察危机后美国经济形势与欧债危机演变；第八部分涉及开放经济环境下农业与粮食安全问题；第九部分讨论经济学研究教学方法及其他相关问题。

感谢宋国青教授、周其仁教授、林毅夫教授等各位学长和同事，他们对中国经济的深刻认知和独到分析，无论对我早先研究粮食安全与农业贸易问题，还是近十余年侧重研究开放宏观经济问题，都提供了最为难得的帮助。特别要感谢其仁教授当年"赶鸭上架"一样提携督促我参与《财经》杂志的"朗润评论"专栏写作——我后来能不揣浅陋偶尔写点评论短文也得益于此。

还要感谢很多媒体朋友，他们的约稿与访谈促使我梳理思路并留下观察思考的记录。本书文章较多发表在 FT 中文网、《财经》、财新《新世纪》、《南方周末》等网站和报刊，感谢这些媒体以及其他媒体记者、编辑朋友的多方鼓励和帮助。最后要特别感谢北京大学出版社林君秀女士、刘京女士、郝小楠女士，她们在 2014 年春节前后加班排版校读，使这本小书能够较快出版。

卢锋
2014 年 3 月于北京大学朗润园

目 录

一 后危机时代全球经济大势

3　　美国为何复苏乏力？
7　　欧洲困境的深层根源
11　　日本"低增长稳态"透视
15　　商品景气制约资源国增长
18　　中国经济的能动性
22　　中国如何应对经济减速？
27　　"强劲"、"持续"难两全
30　　"强劲"与"持续"两难矛盾的根源
33　　强求增速代价大
36　　直面全球经济调整

二 汇改为何这么难？

43　　汇改为何这么难？
46　　中国经济成长进入实际汇率升值新时期
50　　透视外汇储备过万亿美元现象
57　　对人民币汇率争论的理论思考
62　　中美经济外部失衡的镜像关系
64　　外部失衡增长模式终结
66　　中国治理外部失衡须增紧迫感

68　直面人民币升值"恐惧症"
72　汇率政策讨论如何跳出被动反应模式
77　人民币国际化过三关

三　宏观经济与就业形势

87　克鲁格曼的中国预言
91　目前经济收缩的根源与应对之道
96　中国宏观经济的V形走势
99　经济增长过快不划算
102　理解中国经济增速减缓
105　经济增长与就业增长的关系
108　中国劳动力市场火爆的隐忧
111　我国就业转型的特征与启示（1978—2011）
114　怎样保障就业实现转型

四　中国式宏观调控与改革

123　负责任的宏观政策——习近平的G20新主张
127　坚持双重导向政策立场
132　中国宏观调控政策"求稳"与"谋变"
137　央行用心良苦
140　金融改革优先序
143　宏观调控多样化反思
147　搞对价格，管好货币
149　重回通胀经济学
151　靠什么调结构？
154　我国产业政策反思
158　治通胀一定会疼
164　中国宏观调控的内在困境
169　应改变动辄依赖政府救助的思维惯式
171　宏观调控改革需做"四加四减"

五 资本回报与产能过剩之谜

- 177 根治产能过剩的关键
- 180 产能过剩须标本兼治
- 183 产能过剩久治难愈
- 186 标准越多，人为因素可能越强
- 189 我国资本回报率知多高？

六 "景气难再"的美国经济

- 197 格林斯潘做错了什么？
- 199 人参吃得太多也有麻烦
- 201 奥巴马新政如何"再造美国"？
- 210 "奥巴马新政"面临的双重挑战
- 213 "奥巴马元年"美国经济透视
- 216 政策空间逼仄的美国
- 219 美国公司"不差钱"未必是好事
- 222 标普想干嘛？
- 225 QE3：影响与对策
- 232 美国经济的"软肋"
- 238 美国经济是否真有那么好？

七 欧债危机还是欧元危机？

- 247 希腊债务危机告诉我们什么？
- 250 欧债危机还是欧元危机？
- 254 欧盟峰会救欧元
- 257 欧洲如何回应历史新挑战
- 262 欧债危机最新演变分析
- 267 2012年入夏以来欧债危机演变特点
- 273 意大利濒临危机述评
- 278 西班牙债务危机风险加剧
- 283 奥朗德胜选的政策影响

八 开放大国的农业与粮食安全

291 粮价上涨、粮食安全与通货膨胀
298 我国已解决传统粮食安全问题
305 中国农业革命的根源和挑战
308 我国棉花贸易政策面临十字路口选择
312 入世五年看农业

九 经济观察方法及其他

319 "克强指数"折射了什么？
325 我国经济追赶新阶段与新经贸战略
332 改革行百里者半九十
335 人口政策应反思
337 应加快调整一孩政策
340 金砖国家志不在小
342 凭什么是中国？
345 中国领跑元年
348 经济观察与经济学家
356 面向现实的经济学

一

后危机时代全球经济大势

美国为何复苏乏力？*
——"全球经济减速调整"系列评论之一

金融危机爆发后，美国经济虽因空前力度救助措施较快摆脱"重症急救"险境，然而近年一直处于"复苏不易，景气难再"的疲软不振状态。为什么美国经济复苏乏力？对此，流行解释观点并未提供满意解答，仍需从不同角度探讨。

例如，2012年9月13日，美联储为出台QE3，有关文告认定失业率居高不下是美国经济的主要问题。然而稍加思考不难理解，高失业率本身是经济缺乏竞争力导致增长乏力的结果而不是原因。美国企业元气大伤拖累经济不振吗？答案也并非如此。美国企业目前总体盈利状态其实并不差，美国企业微观组织架构与基本制度并未受到致命损害，甚至在与欧盟和日本的比较中显示出相对优势。无论是苹果公司奇迹般东山再起还是美国页岩气行业突破，都说明美国经济的微观体制与机制并未在危机中"武功全废"。

简单认为美国"找不到感觉"是金融危机拖累所致的观点也有待商榷。实际上由于美国政府大手笔救助，其金融系统整体资产负债表早已摆脱过高杠杆化和流动性紧缺的困扰，并在总体上呈现流动性偏多的状态。政府高负债确实会拖累复苏，然而第二次世界大战后美国债务率更高，最终通过高增长与通胀得以化解。可见高负债与低增长有双向因果关系，仅用高负债解释美国增长乏力的新常态也缺少足够说服力。

理解美国经济现状仍需拓展分析思路。需要从当代全球化与新兴大国追赶时代特征角度解读美国目前面临的困境。在产品内分工及企业自发实施各类外包和供应链调整为特征的当代全新全球化生产方式的条件下，美国作为位于产业技术前沿的国家，如果很难找到大范围具有盈利预期的投资增长点，就必然会阶段性

---

* 原文发表于FT中文网，2012年11月21日。

地面临缺失方向感的困惑。

当代经济全球化特征在于"产品内分工"(intra-product specialization),即特定产品的工序、环节、零部件等经济活动的区位国际分工空前发展,推动企业通过海外投资整合供应链,以及制造业和服务业外包改组微观组织结构。与国际经济学"行业内贸易"(intra-industry trade)理论认为比较优势不能解释国际行业内分工不同,与国别要素禀赋相联系的比较成本差异仍是当代广泛产品内分工现象的最重要解释变量。美国20世纪60年代为摆脱自身经济相对竞争力下降困扰实行的"生产分享项目"政策对这个全新生产方式的大范围推广发挥了关键推动作用。美国通过外包转移缺乏优势的生产工序并"瘦身"和提升产业结构,成功地化解了欧洲与日本二战后经济追赶的挑战,使其在西方经济体系中的霸主地位得以延续和巩固。

东亚四小龙成功起飞,相当程度上得益于这个新生产方式提供的"平地起跳"进入全球制造生产系统的可能性。中国和印度等新兴大国当代快速转型,首先是各自国内制度改革调动潜能与释放后发优势的结果,从外部环境条件看也得益于发达经济体在产品内分工基础上发生的各种经济活动跨国转移。这个充满内部张力的全球经济系统动态展开和持续运转,要求处于产业技术前沿的美国经济不断寻求与发现大范围新的领先产业和技术突破的机遇,不断开辟能够接纳和吸收传统缺乏优势的产业或工序转移所释放的不可贸易要素。美国经济只有不断地创造在开放环境中具有自生能力的新产品、新工艺、新行业,才能在这个系统的持续转变中保持就业状态比较合意的动态平衡。

在20世纪90年代互联网革命时期,前沿产业创新带来大量盈利预期较好的投资机会。1991—2000年美国私人固定投资年度增长率累积简单加总值为69.6%,比21世纪最初十年资本私人固定投资增长率累计值9.5%高出6倍,也比20世纪80年代同一指标值30.6%高出一倍多。在产业革命与投资高涨的驱动下,美国失业率下降,增长率提升。同时,美国企业外包调整快速展开,对当时全球化开放背景下后进经济增长提供了客观有利的机遇。然而问题在于,大范围产业革命的发生时点和持续时间都具有历史随机性与不可控性。随着互联网产业革命高潮过去甚至出现泡沫,美国试图凭借房地产和金融业作为经济增长的主动力,结果很快通过房地产泡沫以及次贷危机落入危机深渊。

由此观察美国经济现状特点可收洞若观火之效。美国政府通过空前力度的救助措施(如"不良资产救助计划",TARP)使金融系统摆脱了全面崩盘危险,接着通过空前力度的刺激政策（如《2009年美国复苏与再投资法案》，ARRA）躲过了经济崩溃风险，然而超常干预手段不足以解决在全球化背景下缺乏大范围具有可盈利预期投资的约束，难以摆脱开放环境下"前有阻隔，后有追兵"的动态困境。虽然财政与货币超常刺激政策能使美国经济略微舒缓，振兴制造业与出口翻番之类的产业政策也有局部和边际效果，然而在新兴国家后发追赶格局没有根本改变以及美国技术产业前沿相对沉寂期尚未过去之前，美国经济难回景气繁荣与长期高增长状态。

把本次复苏期的若干宏观指标表现与二战后10次复苏的指标相比较可以清楚地看出本次复苏的特征。例如，本次复苏后10个季度GDP增长率简单累加值为22.9%，此前10次复苏的相应指标值为47%，这个简单指标显示，本次复苏力度不到二战后10次均值的一半。相反，本次复苏后10个季度失业率简单平均值为9.3%，比前10次复苏可比指标值6.3%高出3个百分点。

美国经济在全球技术产业前沿创新相对沉寂期面临的困境突出表现为固定投资疲软乏力。数据显示，这次危机谷底及此前6个季度衰退期资本形成相对总需求的比例值累计收缩15.3%，远高出二战后10次衰退的可比指标10.6%。另外，这次危机复苏后10个季度资本形成对经济增长累计贡献只有5.4个百分点，远低于二战后10次复苏均值10.2个百分点。

然而，美国这次存货投资对总需求复苏的贡献远好过早先时期。数据显示，本次复苏10个季度存货投资对GDP增长累计贡献为8.3%，比前10次同一指标值5.6%高出近一半。这显示美国企业部门对经济长期前景信心不足，在经济形势得益于刺激措施而有所好转时，更多通过利用现有产能加以应对，表现为库存投资较大幅度回升。

因为缺乏大范围具有可盈利预期的投资机会，美国金融部门运行出现极为反常的现象：一方面，银行部门的储备和现金增长非常快，说明美国经济系统整体"不差钱"；另一方面，"银行信贷和租赁"这个反映间接融资整体规模的指标恢复很慢，到2012年7月仍未恢复到危机前水平。用M2与基础货币比率衡量的美国货币乘数值，从1995年到危机前大体在9—10变动，危机后大幅下降到目前不到4的低位。可见，缺乏开放环境下的可盈利投资机会而不是缺乏足够流动性，是美国经济暂失方向感的关键根源。

从"中心国—追赶国关系"视角观察美国经济困境根源，在逻辑上看重未来产业技术前沿可能发生变革的长期影响，美国经济近年在这方面的一些动态值得关注。例如，页岩气开采技术突破与推广带来的产量井喷式增长，使美国能源外部依存度下降，并可能使美国将来成为能源净出口国。美国天然气协会2011年年底的一份研究报告预测，2015年页岩气行业将为美国贡献1180亿美元GDP并创造80万个就业岗位。美国一些前卫企业尝试把"三维打印"、"叠层制造技术"运用到更为广泛的实物制造领域。这类前沿产业探索目前仍不足以助推美国经济走出困境，不过其未来的演变前景及影响值得重点关注。

因而不应低估美国经济的调整能力。美国虽是最新国际金融危机的发源地，人们对美国金融霸权的迷思有所减少，美元作为主要国际货币的地位也面临质疑，然而美国经济制度及其在历史上曾显示的调整潜力并未发生本质变化。在危机后宏观经济增长整体乏力的大环境中，美国仍能主要凭借市场力量，取得以Facebook和iPhone为标志的引领全球的产品创新成果，在页岩气开采技术突破和产业化等方面取得实质性进展。另外，就人口结构这个超长期关键变量看，美国在与主要经济体的比较中也具有显著的未来优势。美国不仅目前仍是综合经济实力最强大的国家，在可预见的未来仍难有全面挑战者和替代者。

美国应对危机的综合举措折射出其战略思维层面的三种预案。

一是积极跳出来，即通过诱致和启动新一轮产业和技术革命，在与新兴经济体的竞争中用"以快比快"的方法保持甚至增强其领先地位。这当然是美国战略家最为梦寐以求的前景。近年美国在前沿产业领域的一些创新表现，提示不能完全排除这一可能。然而，受产业技术革命发生时间难以操控性或历史随机性规律决定，美国能否实现这一预案不仅需要"人为"努力也有赖"天时"眷顾。

二是被动熬过去，即通过目前长期与短期、宏观与产业、常规与超常规综合政策措施应对目前困难，同时利用领先国经验老到的优势增加竞争对手"出错招"的概率。就新兴国经济追赶压力而言，随着后起国人均收入与美国差距逐步缩小和利用后发优势追赶速度下降，追赶派生的冲击和压力在长期会渐趋平缓，美国如果仍能维持其相对优势和全球主导地位，也就意味着在这段格局大调整历史中终于能够"熬过去"。

三是苦苦撑下去。中国等主要新兴国家如果能成功地解决自身发展困难，持续追赶，并能在与中心国博弈中避免重大战略行动"出错牌"，美国有可能在一定程度上顺应历史潮流并接受国际格局调整。美国战略家具有相对霸权零和游戏的思维模式，然而在上述假设情形下，受政治现实主义方针影响，美国也可能不得不接受新兴国家崛起的现实，并在分享全球事务治理上做出有限让步，同时仍千方百计最大限度地保留和延续其现有支配性影响力。

欧洲困境的深层根源[*]
——"全球经济减速调整"系列评论之二

欧洲经济面临主权债务等多重危机困扰，但其深层根源与超主权货币内在机制局限有关。危机国外部债务相对规模过高是导致欧债危机的特征条件，由于积累过高外债需要一段时期国际收支持续逆差失衡，因而欧债危机本质上是一个巨大规模的实际汇率错配与国际收支失衡的产物。欧元体制现存形式的内在局限，一方面在一段时期为部分欧元区成员国不可持续的外部失衡提供诱致和实现机制，另一方面使欧元区整体失去治理失衡的旧机制后又未能获得新手段。

基本事实表明，把部分欧元国拖入危机泥潭的不仅是通常债务负担过重，更为关键的是在债务结构方面外债比例过高以及国际投资净头寸（NIIP）负值过大。观察多国债务率数据可以看到，欧元区总体及欧元区危机国债务率确实很高，但与其他发达国家比较并非高得离谱。但是欧元区危机国通常外债较高。以2009年公共部门外债占 GDP 比例为观察指标，葡萄牙、希腊、爱尔兰都在 70%以上，较低者意大利与西班牙也分别在 50%和 30%上下。另外除意大利之外，2010 年其他四个危机国以国际投资净头寸负值表示的国际净债务的 GDP 占比高达 90%—108%。

依据开放宏观经济学常识，一国特定时点过高的外部债务存量，必由早先时期过高的国际收支逆差流量累积转化而来，也必以本国实际汇率持续高估作为必要条件。因而要解释欧债危机的真实根源，需要提出一个符合欧元区基本情况的国际收支失衡和实际汇率错配假说。可以用两句话概括这个失衡的发生机制：第一，欧元区成员国"竞争力差异倾向"，通过经常账户持续赤字派生外部举借债需求；第二，单一货币体制下资本市场"收益率扭曲效应"，在一段时期为成员国低

---

[*] 原文发表于 FT 中文网，2012 年 11 月 22 日。

成本外部举债提供现实条件。两重效应配合作用下，持续外部失衡伴随持续外债累积，通过内外部环境演变，终于在华尔街金融危机冲击下历史性达致"完美风暴"条件，并通过希腊这个南欧国家特殊而夸张的政治运作方式引爆欧债危机。

先看欧元制度下成员国"竞争力差异倾向"导致实际汇率与国际收支失衡的情况。单一货币体制设计暗含一个前提假设：在成员国劳动力市场和其他实体经济参数会快速收敛，从而保证汇率与货币政策工具不复存在时，各成员国宏观经济仍能大致平顺有序运行。然而欧元区经济的实际运行情况与上述理论假设大相径庭。引入欧元后其成员国之间工资变动差异显著。以2000—2008年德国工资变动为基准，同期希腊工资相对上升16.5%，爱尔兰上升12%，葡萄牙、西班牙分别上升7%和8%，意大利上升3%。考虑各国与德国劳动生产率之间的变动差异，同期五国单位劳动成本相对德国上升幅度为25%—47%。

虽然单一货币定义性排除货币区内名义汇率变动，但是特定成员国单位劳动成本大幅增长，导致该国内部实际汇率大幅升值和外部失衡。数据显示，2000—2008年，爱尔兰相对德国实际汇率升值约50%，希腊、西班牙、意大利和葡萄牙分别升值27%、31%、34%和24%。与此相适应，2000年引入欧元后五国经常账户无一例外都是逆差：希腊和葡萄牙年均经常账户逆差占GDP的比例高达9%—10%，西班牙在6%以上。并且这些国家的逆差从2005年到危机爆发前呈现扩大态势。

再看欧元体制下"收益率扭曲效应"如何为持续外部失衡提供融资便利。经常账户逆差需要私人资本账户盈余或（和）政府外债融资保证平衡。通常情况下，一国长期经常账户失衡则难以在国际资本市场持续得到低成本融资，因而融资困难对外部失衡和过度负债构成有效约束。欧元体制不对称地改变了成员国发债的融资成本与能力：对德国这样竞争力较强的国家影响较小，然而大大提升了希腊等竞争力弱国的举债能力。例如，1993年希腊十年期国债相对德国的利差高达十几个百分点，葡、西、意等国利差也在3—5个百分点，反映了资本市场对国别经济基本面与风险差异的评估预期。从引入欧元至危机前，各国利差普遍降至0.5个百分点以下的极低水平，为这些国家过度债务融资大开方便之门。

以德国为代表的欧元区中心国也一度分享到自己的那份利益。希腊等国负债增长给德国等国顺差增长提供了需求条件，德国净出口占GDP比例从2000年不到1%增长到危机前6%—7%。类似于区域性排他性自由贸易区具有"贸易转移效应"，欧元体制对区域内金融市场投资引入"欧元偏向效应"，加之欧元在区域外作为国际货币影响力加大，欧元区中心国的金融机构得以快速扩张。

由于欧元体制客观上给部分成员国家同时提供了外部债务融资的必要性和便利性，因而实施超主权单一货币后欧元区整体新发债券规模快速膨胀。数据显示，欧元区新发债总额趋势值在 20 世纪 90 年代十年间增长不到一倍，但是自 2000 年欧元问世到危机前不足十年间增长了 4—5 倍。如果说华尔街投行金融家用次贷、次债这类负债金融衍生工具为美国经济挖掘陷阱，欧盟精英则以欧元体制的宏大设计把欧洲经济引入过高杠杆化的危险境地。

欧元体制在一段时期内为成员国带来了皆大欢喜的扩张盛宴，深层隐忧是各国财政独立基础上货币联盟成员国具有吃大锅饭和搭便车的冲动，由此可能造成赤字和债务过高的危机风险。欧元战略家意识到这一点，并试图通过引入事先与事后规则加以防范，然而事实表明这些规则都不能达到设计效果。

按照事先规则要求，申请加入欧元区的国家必须在赤字和通胀等宏观指标上达到一定标准才会被批准成为成员国。认为加入欧元区有利可图的国家总能通过各种方式努力达标，使得事先限制条件难以真正把潜在"问题成员国"挡在单一货币外。例如，据后来报道，希腊当年加入欧元区就多亏某个国际大投行指点，采用涉嫌造假的手段方获成功。事后规制包括 1997 年通过欧盟《稳定与增长公约》，设定财政赤字和债务阈值。财政赤字超标需在一年内纠正，连续三年超标则需按程序上缴不超过相当于本国 0.5 个百分点 GDP 的罚金。然而令人遗憾的是，2002—2004 年德、法两国率先触犯红线，却以自身的特殊影响力绕过规制免受责罚。这就昭告世人规制形同虚设，"稳定公约不稳定"。

欧元体制在内部埋下可能引爆危机地雷的同时，还消除了采用常规手段应对炸雷事故的可能性。拥有主权货币的国家万一因为宏观管理不善或其他冲击出现双赤字困难，至少还可以通过汇率、利率和财政等多方面手段加以应对。超主权货币则一劳永逸地消除了成员国通过汇率、利率等相对价格工具调节失衡与应对危机的可能。

特定共同体应对债务危机的另一逻辑可能性，是成员国减记甚至取消债务存量。就欧债危机而言，高债务国主要是对其他欧元区"兄弟"成员国欠债，欧元区整体外部负债不多。如果德国等主要欧元区内债权国真的愿意施以援手，欧元区应能自行解决主权债务危机，甚至欧债危机本身就不会发生。但在现行欧元模式下，这条路也崎岖难行。欧元货币一体化孤军深入造成一个跛足体制：货币同盟这条腿已大步迈出，财政集中这条腿却未能跟进。欧盟目前的预算盘子仅相当于区内GDP的百分之一。几年前《欧盟宪法条约》在法国、荷兰"公投闯关"失利，意味着在税收、财政和转移支付方面进行实质性改革将遥遥无期。通过财政手段调整存量应对危机，也因缺乏相应制度安排和政治意愿难以实施。

欧洲债务危机与美国金融危机一样，都是具有划时代意义的经济史事件。观察欧债危机后三年来"欧猪五国"（PIIGS）国债利差演变情况，可见欧债危机在波动起伏中总体呈现深化趋势，也说明在现行欧元体制架构没有大刀阔斧改革的前提下，"救助换紧缩"应对方针难以奏效。欧债危机根植于欧元目前机制局限，人们寄希望于再造欧元以根治危机，但又知易行难并阻碍重重。即便在一组不坏假设条件下，欧洲经济未来一段时期可能难以摆脱低速增长和濒临衰退的状态。如果发生个别欧元区国家退出甚至更为剧烈的欧元重组情形，则难免剧烈震动和严重衰退。

日本"低增长稳态"透视*
——"全球经济减速调整"系列评论之三

第二次世界大战后日本在战败国废墟上重启经济追赶并获意外成功。然而在人均收入等基本发展指标完成收敛后,受人口老龄化与文化封闭等超长期结构因素制约,日本经济进入一种渐趋消停的"低增长稳态"。流行观点言必称日本"失去的十年"或"失去的二十年",似乎相信日本仍有可能保持长期快速增长,然而这个潜在认识的前提有待商榷。如果说日本经济过去20年表现令人失望,这一状态本质上应是日本长期经济社会结构性条件使然,其政策得失仅产生相对次要的影响。日本经济未来有望继续维持"低增长稳态",构成目前全球经济减速的特殊局部。

"失去的N年"之类流行表述,大体指进入20世纪90年代以后,日本经济总量和人均量等指标相对早先高增长时期增速降低甚至失速的现象。数据显示,20世纪90年代以来,日本经济实际增长率呈显著下降趋势并经常发生负增长,1991—2011年年均增长率不到1%。日本名义GDP从1991年的458.3万亿日元缓慢增长到2000年的511.5万亿日元,此后便在波动中呈现缓慢下降趋势,2011年只有468.4万亿日元,在间歇性通货紧缩背景下20年名义GDP近乎零增长。

不过要知道,日本经济增长失速发生在人均收入等基本经济指标完成对美国作为发达国家参照国成功收敛之后。用汇率折算,用美元衡量的日本人均GDP从1960年的469美元增长到1995年的3.69万美元。日本相对美国人均GDP比率1960年为16.6%,1987年第一次超过美国,并在日元汇率超调等因素作用下,1995年曾达到美国一倍半。20世纪90年代后日本经济增长失速,美国则先有互联网革命快速增长,后有21世纪初房地产、金融业泡沫化增长,加上日本汇率升值趋势不复存在,用美元衡量的日本人均收入相对美国下降,最低到2007年只有

---

* 原文发表于FT中文网,2012年11月23日。

73.8%。近年由于美国经济衰退和日元汇率变化,日本相对人均收入有所上升,2011年回升到94.5%。

日本人均收入等指标达到最发达国家水平,标志着日本经济总体置身或逼近全球产业与技术前沿位置,于是早先利用后发优势追赶实现高增长的驱动力渐趋式微。日本问题的症结在于,进入全球技术产业前沿后,由于自身内在难以改变的深层结构特点,缺乏在高收入阶段持续较快增长的潜力,派生长期经济增长减速甚至近乎停滞格局。从日本经济与社会基本面条件不利于前沿创新要求角度看,与其把日本经济过去二十年增长低迷看作光阴"丢失",还不如说是进入高收入阶段后呈现的一种"低增长稳态"合规律现象。

处于后进追赶阶段的新兴经济体,与已完成转型或追赶的发达经济体比较,其长期潜在经济增速以及增长实现机制,都存在实质性差异。后进国家能够借鉴发达国家产业结构演进的外部性信息,借助后发优势实现较快技术进步或人力资本积累,为经济快速成长提供可靠驱动力。已达到人均高收入的发达国家谋求较快增长,则需更大程度依靠产业技术前沿的发明创新提供支持。由于前沿技术进步面临更多不确定性因素制约,最终能够对产业结构提升发挥实际作用的技术进步速率较低并且成本较高,因而前沿国潜在供给长期增速较低。

发达国家要保持较快增长,更需要一流大学与科研机构提供原创性(original)研发成果,更需要能在全世界广纳优秀人才的开放与包容的社会条件,更需要允许和鼓励个人潜能发挥与个性张扬"冒尖"的价值观与文化氛围,更需要能有效激励企业家创造能力的制度环境,更需要把思想、创意和发现转化为大规模产业的高效资本市场与金融系统,也更需要在经济系统"创造性毁灭"嬗变中具有较强调整能力的企业制度。

但是比较而言,日本与这些要求几乎可以说格格不入。日本文化具有重团队、轻个人,重内聚、轻开放,流程管理强、理论思维弱,模仿创新强、前沿创造弱等特点。这些"文化基因"层面的特点便于日本发挥后发优势并利用当年冷战环境快速追赶,成就二战后大国经济崛起的奇迹。然而,文化禀赋条件同样不利于日本在技术产业前沿开拓与创造,因而在跻身主要发达经济体后呈现"低增长稳态"现象并不奇怪。

观察两个可量化指标有助于加深对日本"低收入稳态"形成机理的认识。一是日本人口快速老龄化,从根本上制约着经济的潜在增长速度;二是日本资本形成早已呈现负增长趋势,导致日本资本存量进入停滞甚至下降通道,构成解释日本长期经济增长失速的关键宏观原因。

　　数据显示，20 世纪 50、60 年代二战后经济追赶初期，日本 65 岁以上老龄人口占总人口比例只有 5%—6%。人均收入较低与人口结构年轻，构成经济后进国家发挥比较优势和后起直追的有利条件。然而在日本经济追赶同时人口结构也快速老龄化，到 1992 年人口老龄化比例已超过 13%，比二战后经济起飞初始阶段比例值超过一倍，而 2011 年老龄化比重已高达 23.3%。人口结构老龄化对经济增长产生着长期抑制作用。

　　经济发展理论高度重视固定资本形成对长期经济增长的支撑作用。虽然观察当代经济增长时，技术进步以及人力资本积累等因素的推动作用更为彰显，但是固定投资长期走势对经济增长仍具有不可替代的解释作用。例如，当代信息革命是重大技术进步，劳动者具有全新的信息获取与处理手段代表了人力资本提升，这些对当代经济增长产生了重要促进作用。然而"知识性经济"增长效应的实际发挥，不能脱离 IT 硬件条件以及全社会范围在电脑以及相关基础设施领域大规模的投资。由于技术进步与人力资本积累通常不会以纯粹形态独立存在，而是不同程度地与固定资本以相互协同与补充方式发挥功能，因而固定投资与资本存量等可量化指标仍是理解长期经济增长的关键解释变量。

　　日本 20 世纪 90 年代后投资增长乏力并经常出现负增长，构成了"低增长稳态"的重要背景条件。数据显示，进入 20 世纪 90 年代以后，日本资本形成增长率呈现波动下降趋势，进入 21 世纪后，多数年份资本形成出现负增长的萎缩态势。用 1990 年不变价衡量，日本资本形成 1996 年达到 15.3 兆亿日元峰值，此后呈现波动下降趋势，2011 年只有 11.6 兆亿日元，比 15 年前的峰值下降 24.8%。

　　过去 20 年前后投资增长率与绝对规模双双下降，导致 20 世纪末以来日本资本存量长期增势明显趋缓，近年甚至出现绝对规模下降的动向。我们初步估测的日本实际资本存量数据显示，2001—2008 年日本实际资本存量增长不到 5%，2010 年实际资本存量反而比 2008 年下降了 2 个百分点。一国资本存量是社会生产函数的基本结构变量，在资本存量成长停滞甚至趋于萎缩的背景下，要想国民经济长期高增长不啻缘木求鱼。

　　人口结构与资本存量从潜在供给角度提示着日本经济长期增长乏力的根源，另外投资疲软不振还直接从总需求角度解释了"低增长稳态"。观察支出法 GDP 构成可以看到，资本形成对总需求增长贡献率在 20 世纪 80 年代后半期日本经济高增长进入最后一波高潮时达到年均约 2.5 个百分点。20 世纪 90 年代以后投资趋势性下降，导致资本形成对 GDP 贡献长期为负值：20 世纪 90 年代前半期和后半期资本形成对 GDP 增长年均贡献值分别为-0.18%和-0.12%，21 世纪第一个十年前半期和后半期贡献值分别为-0.28%和-0.47%。

进入"低增长稳态"后，日本经济增长需求面驱动因素主要依赖消费与净出口。数据显示，1990—2010 年的两个十年间，除 2000—2005 年五年外，其他时期消费与净出口助推总需求增长的效果都不同程度大于同期 GDP 实际增长幅度，说明同期日本经济增长完全依赖国内消费与国外需求。以 2005—2010 年为例，消费与净出口加总增长效果相当于 GDP 增长率的 1%，比同期 GDP 实际增长率 0.38%高出一倍多。

日本进入"低增长稳态"后，其国际收支经常账户收入项增长构成国民总收入增长的重要来源之一。数据显示，日本经常账户收入项金额从 1996 年的 58060 亿日元增长到 2007 年高峰时的 163720 亿日元，2010 年降到 125017 亿日元。经常账户收入项盈余相对日本 GDP 的比例从 1996 年的 1.13%增长到 2008 年的 3.23%，这部分外部收入增长相当于同期 GDP 增长的大约两成。

商品景气制约资源国增长[*]
——"全球经济减速调整"系列评论之四

得益于中国因素与发达国家经济高增长,21世纪初国际大宗商品出现20世纪70年代以来罕见的量价齐升的景气行情。商品价格飙升与贸易条件改善,为主要资源输出国带来了巨量额外出口收入,推高这些国家的经济增速并提升其国民福利。由于不同程度依赖外部环境,资源出口国经济高增长具有显著被动性。另外,因不同程度受"荷兰病"因素困扰,这些国家大宗商品以外的可贸易部门的自主发展面临更多制约。随着各类大宗商品价格近来趋于回落或增势减缓,资源出口国经济增长也呈减速态势。

观察1970年以来世界石油和部分金属原材料消费量增长情况,除石油消费21世纪初的增长率与早先30年大体持平外,金属原料消费增长率大幅甚至数倍高于早先时期。全球消费量增长,加上主要国际货币发行国流动性扩张,推动了国际大宗商品价格快速飙升。例如,CRB金属名义价格月度指数值在20世纪90年代和21世纪初大体在200—300波动,但是2003年以后持续大幅飙升,到危机前2008年3—4月突破千点大关,不到六年增长了两倍多。原油价格上涨幅度更大:20世纪90年代每桶原油价格通常不到20美元,21世纪初每桶约为20—30美元,但是2003年以后持续大幅飙升,到2008年危机前6—7月超过每桶130美元,不到六年增长了4—5倍。

考虑上述国际市场能源和金属价格都用美元标价,可采用美国PPI指数对名义价格进行调整以观察两类大宗商品的实际价格走势。由此得到国际原油和金属可比价格同样在21世纪初出现数倍飙升,达到过去半个多世纪的创纪录水平。不过这两类资源性商品的实际价格在20世纪70年代日本和东亚四小龙快速追赶时期也曾大幅上涨,近年实际价格与历史峰值差距大为缩小。

---

[*] 原文发表于FT中文网,2012年11月26日。

21世纪初价格空前飙升使主要资源出口国获得巨大的商品景气红利。为对此提供一个粗略度量，我们选择铁矿石、铜、铝等金属原料以及原油、天然气和煤炭等能源商品为对象，以1990—1999年这些商品价格作为基准，计算21世纪第一个十年部分主要资源输出国出口因为价格上涨带来的额外收入。具体而言，对于某国出口特定商品来说，如果2001—2010年某年份价格高于1990—1999年均价，该国会因商品溢价获得额外收入。给定价格相对增幅，特定国家额外收入大小由其出口商品数量决定。反之，如果特定商品在21世纪初特定年份价格低于1990—1999年均价，出口该商品则被定义为获得负值额外收入。

我们选择澳大利亚、巴西、俄罗斯、加拿大、挪威、OPEC等经济体为对象，匡算其能源和金属原料出口获得额外收入的情况。对澳、巴、俄、加四国分别计算两类商品出口额外收入，但是考虑挪威和OPEC出口金属原料规模相对较小，仅计算二者能源出口额外收入。结果显示，21世纪最初十年，上述经济体金属原料出口因为溢价因素获得大约3000亿美元额外收入，能源出口获得5万多亿美元额外收入，总共获得额外收入高达5.58万亿美元。

新一轮大宗商品景气行情，给资源出口国带来巨大经济利益和新发展机遇。额外收入增长等于外生环境条件改变使这些国家猛然获得大量新增储蓄，获利国家不仅可以借此扩大国内消费和改善民生，还可以把部分新增储蓄用于投资或偿还国家债务，从而推动国民经济以较快速度增长。

普京时代俄罗斯经济超预期表现，是21世纪初大宗商品景气改变一个大国经济命运的典型案例。我们初步匡算结果显示，商品景气在2001—2010年给这个能源出口大国带来大约10500亿美元额外收入，相当于俄罗斯1998年2850亿美元GDP总额的3.68倍。借助商品景气红利，俄罗斯2006年提前偿还了1998年曾将其拖入债务危机的几乎所有外债，重振苏联解体后一蹶不振的军力武器装备并高调重返国际政治舞台，同时还有能力通过提高国内消费和投资在2003—2008年达到年均7%的高速增长。正如普京总统2003年就曾指出的，"俄罗斯经济增长首先归功于近几年有利的世界市场行情，由于对外贸易条件的空前改善，俄罗斯获得相当大的经济优势和很多额外收入"，否则"我们在社会经济发展中的成就在很多方面都会是微不足道的"。

为观察主要资源出口国经济增长表现与大宗商品景气行情的关系，我们整理计算了部分重要资源出口国1990年以来年度经济增长率以及不同时期增长率的简单平均值。当然，这些国家在20世纪末和21世纪初两个时期增长表现差异受多方面因素影响，大宗商品价格波动仅是因素之一。例如，俄罗斯经济20世纪

90年代严重衰退，显然与苏联解体冲击以及1998年俄罗斯债务危机影响有关，21世纪初的增长表现一定程度也与早先政策调整措施以及普京新政效果有关。然而对比这十多个国家在商品价格走势上的反差较大以及不同时期的经济增长特点，对认识大宗商品行情与主要资源出口国增长表现仍有借鉴意义。

数据显示，11个国家有7个在2001—2010年的经济增长率简单平均值高于20世纪90年代，有9个国家2003—2008年商品景气鼎盛时期的经济增长率简单平均值高于20世纪90年代，加拿大2003—2008年的增长率与20世纪90年代持平，只有挪威一个国家较低。可见大宗商品景气行情可能确实对大部分重要资源出口国经济增长产生了显著的助推效应。

进一步观察，商品景气时期相对增长表现最明显的国家大都是发展中国家和新兴市场国家，而商品景气效应不明显甚至呈现反向关系的国家是挪威、加拿大、澳大利亚这样的发达国家。商品景气宏观增长效应在国家组别分布上存在差异，其背后原因除了与不同国家资源出口相对规模大小不同外，也提示发展中国家和新兴国家通常面临较多的结构和储蓄约束，在国际市场上融资面临较多信用制约，因而国内经济增长对商品景气行情带来的额外收入增长更为敏感。对于比较成熟的发达国家而言，或由于国内投资机会比较有限，或因在国际资本市场上的融资能力较强，因而经济潜在增长受到自有资金和储蓄约束程度较低。对于挪威这样人口不到500万的小国，商品景气行情带来的大量额外收入，可能会通过其主权财富基金（SWF）在国外进行组合投资或直接投资，因而与国内经济增长联系较弱。

国际金融危机终结了21世纪初国际大宗商品价格持续飙升的景气行情，此后大宗商品市场经历剧烈波动。2008年金融危机爆发前后，国际金属和能源的名义与实际价格都经历了50%以上的剧烈下跌，这对高度依赖资源出口收入国家的经济增长带来特别严峻的紧缩效应。如俄罗斯2009年实际产出下降7.8%，巴西也从此前两年5%—6%的高增长落入-0.3%的负增长。得益于各主要经济体联手刺激经济的效果，国际大宗商品价格从2009年3月开始触底反弹。WDI油价两年后重新突破百美元大关，2011年4月达到116美元。金属价格指数也从2009年年初404点的低位上升到2011年3月1090点的历史峰值。主要资源出口国也大都经历经济复苏和重回较快增长轨道。

然而随着全球经济增长动力减缓，大宗商品价格从2011年第二季度开始进入下降通道。2011年主要资源出口国虽仍总体保持不错增长，但是已有超过半数国家增速回落或持平。展望未来，如果全球经济减速环境下商品价格稳中有降，则重要资源出口国经济增速也会相应受到制约。因而商品价格回落一方面是主要经济体增长减速的结果，另一方面又构成主要资源出口国经济减速的原因。

中国经济的能动性[*]

——"全球经济减速调整"系列评论之五

研究中国经济形势需讨论一个判断,就是中国与其他主要经济体比较更具有能动性。能动性包含两层含义:一是指中国在宏观经济与长期发展的重大问题上,有较多支配策略选项,政策选择自由度较高;二是作为体量最大与快速追赶的新兴经济体,中国经济增量全球影响最大。"三驾马车"宏观讨论流行语境,通常强调我国经济对外需的被动依赖性,对中国的能动性重视不够。当然,能动性是中性概念,较高能动性并非总是好事。如果判断和选择有误,能动或许不如被动。

对中国经济选择的能动性,可以从不同方面观察探讨。第一,中国当代经济成长合规律性内涵,构成未来持续发展能动性的基本条件。第二,仍处于城市化和工业化较快推进发展阶段,是中国经济选择能动性的现实保障。第三,身居全球经济最大增量国地位,是实现中国经济能动性并派生全球影响的客观依据。第四,应对国际金融危机的政策实践与增长表现,提供中国选择能动性的最新证据。

中国改革开放以来的经济成长道路,受起点条件与外部环境影响,具有深刻特点,在呈现发展形态的历史多样性方面提供了当代大国案例。系统和深入研究中国经济发展具有的特征性实践探索与经验教训,有望为深化认识当代经济发展规律做出重要贡献,为丰富和推进经济发展理论创新提供多维度新鲜案例、素材和思想。不过特殊形态总是在一般规律的基础上展开。就本质内容而言,中国发展经验与一般发展原理以及国际比较经验并非根本矛盾。

例如,无论是通过艰苦持久地推进市场化改革引入和发挥价格与竞争机制,还是结合中国国情不断探索调试产权界定方式以培育市场主体的长期行为预期与激励机制;无论是通过提升国民教育水平、"干中学"以及数亿农业劳动力转移方

---

[*] 原文发表于 FT 中文网,2012 年 12 月 7 日。

式积累人力资本，还是通过"拿来主义"与自主创新相结合谋求技术进步；又无论是利用产品内分工的全球化环境特征发掘后发比较优势作用，还是重视财政与金融稳定并对严重宏观失衡进行果断调整……中国经济发展的基本实践经验与其他国家的成功发展经验相得益彰，与现代发展的经济学基本思想也相映成趣。

中国当代经济成长具有普遍性与特殊性相结合意义上的合规律性，意味着只要继续坚持以经济建设为中心的正确方针，坚持中国当代发展转型的正确实践经验，直面经济体制转轨进程中"行百里者半九十"的挑战，力推改革解决阻碍中国可持续发展方面的制度瓶颈并释放制度创新的潜在能量，中国经济就有望在未来较长时期持续追赶和实现现代化转型目标。中国经济发展的内在合规律性，决定了中国经济发展的前景终究由我们自己认知与行动选择来决定，并非存在无法回避的外在"陷阱"，由此构成中国选择能动性的前提条件。

中国目前城市化率仍仅略高于五成，提升城市化水平的历史进程仍方兴未艾。2010 年我国农业劳动力占比 35.6%，仍远高于 OECD 成员国的平均水平，未来相当长时期每年仍会有数以百万计劳动力转移到非农部门工作。中国目前用美元衡量的人均收入仍不到主要发达国家平均水平的两成，客观存在的巨大差距表明中国后续增长仍有巨大潜力。中国如能深化改革，完善体制，校正机制，理顺关系，聚精会神搞建设，一心一意求发展，完全有可能在未来一段较长时期继续利用城市化和"后发优势"潜能推动经济较快增长。客观具有与发展阶段性相联系的较快增长潜能，构成中国经济能动性的现实保障。

中国已成为全球经济增长的最大增量贡献国。利用 IMF 全球与国别数据库，并假设 2010—2015 年用市场汇率和美元衡量的中国 GDP 增长率将在 2005—2010 年的基础上每年递减 2 个百分点，可匡算与估测 2000—2015 年中国对全球经济增长的贡献率。匡算结果显示，中国在 2005—2010 年已成为全球经济最重要的增长贡献国，这一时期中国对全球经济增量贡献比为 21%，比同期美国增量贡献比 10.9%高出近一倍，比欧元区增量贡献比 11.5%高出八成，比日本增量贡献比 5.24%高出三倍。预测结果显示，中国 2010—2015 年对全球经济增长贡献率将有望进一步提升到 29.4%，超过美国、欧元区、日本这三大最重要发达经济体加总预测值 25.7%。中国特大型国家经济体量，决定其快速追赶阶段对全球经济具有异乎寻常的增量贡献，使得中国经济能动选择必将产生显著的全球影响，构成中国经济选择能动性与全球影响力的客观依据。

纵观过去四年全球经济的演变大势，中国经济已经历一个相对完整的宏观周期，最近似乎重回原点与发达经济体一起讨论如何稳增长的问题，这个事实本身就凸显了现阶段中国经济具有更大能动性。面对外部国际金融危机冲击和国内经济增速下滑的形势，中国政府 2008 年年底推出一揽子刺激政策，很快拉动货币信贷快速扩张，并在外需剧烈收缩的背景下通过内需快速反弹推动总需求 V 形回升。事后看这轮罕见刺激措施的效果实际利弊互见，其经验教训有待专题研究进行理性分析总结，然而中国通过内需扩张推动宏观经济在全球主要经济体中最早、最快 V 形回升是不争事实，表明流行观点过于强调中国经济增长对外需依赖度的观点并不正确。同时，应对危机的政策实践也显示，中国虽有能力相对独立地刺激增长，然而货币与经济扩张过快、过猛也会造成宏观失衡并面临被动局面，这又提示我们应更好地认知和运用我国政策选择的能动性，对超常刺激措施的运用保持必要审慎和警戒。中国应对国际金融危机的政策实践与增长表现，是体现中国经济能动性的最新经验证据。

　　回顾新时期中国开放宏观经济的政策实践，在基本方针上重视积极主动与审慎稳健之间的平衡，正确应对现实挑战并取得很大成就。不过在内外环境快速演变的背景下，对一些新的重要政策问题选择边界与能动性认识，从总结经验角度看也有必要进一步反思探讨。例如，新时期开放宏观经济出现一个新情况，就是如何认识和管理外贸顺差、汇率调整与外汇储备增长之间关系的问题。实践表明，如果过于看重外需对我国宏观经济的影响，简单地把外贸归结为外需，对汇率政策以及国内改革调整的能动性缺乏足够认识，我们就可能真的会被动面临持续顺差失衡与外汇储备过量扩张的尴尬现实，并通过开放型经济内外失衡联系机制对货币信贷与总需求管理带来新困难。

　　我们知道对外贸易的本质功能，是借助比较优势等利益创造效应，推动国际分工深化与资源配置效率提升，并不是通过出口扩大需求。在理论上，即便假设各国贸易都以平衡方式扩大，各国外贸对外需的"贡献"都为零，与外贸相联系的分工专业化效率与国民福利仍可得以拓展和提升。中国从计划封闭经济转向对外开放的历史也证明这一点。早年的特区探索使我们认识到，积极参与国际分工与扩大贸易，能扩大利用外资并更有效地利用劳动力等国内不可贸易要素，从而更好地促进中国经济发展。我国逐步确立改革开放基本国策，扩大需求显然不是主要考虑因素。

　　然而不知始于何时，国际贸易与分工提升生产率的供给面积极功能一定程度渐被淡忘，外贸扩大需求的意义被过于放大，以至于言下之意外贸似乎就是外需，顺差减少似乎必然会落入通货紧缩陷阱。由于对内需增长潜力的认识和信心不足，对阻碍内需增长的体制政策改革不够得力，加上一段时期在产能过剩之类的名义下人为限制民营企业投资，结果出现顺差失衡持续扩大与外汇储备过度增长的被动局面。这个局面形成后，又较多地从人口结构、国际货币体系等外生条件方面加以解释，而对我们的认识和政策选择方面的滞后与局限因素缺少足够反思。回头总结，如果当初对开放经济增长能动性有较好认识，在投资体制、汇率体制、分配政策等领域加快改革，中共十八大报告提到的"发展中不平衡、不协调、不可持续问题依然突出"困难应能有所缓解。

重新探讨我国经济选择能动性，不仅适用于如何看待外需与国际收支失衡问题，在我国改革发展的其他重要问题上也具有不同程度的适用性。在我国利率市场化改革、农地制度改革、小产权房有序合法化改革、放松准入管制与税制改革，甚至在我国影响 G20 全球宏观经济政策协调方针等诸多领域，都有可能在加深认识选择能动性的基础上加快调整与改革。

重视中国经济选择能动性，当然不是主张脱离现实或随心所欲。相反，是要重视观察研究我国开放型经济发展进程中出现的新现象、新矛盾与新问题，重视分析理解大国经济追赶过程中不断呈现的新关系、新机制与新规律。只有充分认识自身策略的选择边界与可能，才能通过果决而审慎的科学选择达到又好又快发展的目标。21 世纪中国开放经济成长面临的新挑战与新争论，背后有如何看待中国经济选择的能动性问题。

中国如何应对经济减速？*
——"全球经济减速调整"系列评论之六

与全球经济类似，近来中国经济也出现增速持续减缓走势。受四万亿超常刺激措施作用，中国 GDP 同比增长率 2010 年第一季度达到 11.9%的峰值，此后总体上呈现回调趋势。2010 年第四季度 GDP 增速从第三季度的 9.6%回升到 9.8%，此后七个季度持续下降。2012 年前三个季度经济增速持续走低，分别为 8.1%、7.6% 和 7.4%。从"朗润预测"†对中国 GDP 季度增长率预测值与实际值的偏差来看，2012 年前三个季度"朗润预测"连续三次出现正值误差，累计误差值为 1.1 个百分点，显示目前经济减速具有某种"超预期"特点。

中国经济为何减速？

外部经济环境影响无疑是重要原因。主要发达经济体作为我国主要贸易伙伴，其经济减速会抑制我国出口需求。虽然我国企业在开拓出口市场多元化方面多方努力并取得成效，但外部经济减速仍会通过外需环节拖累我国经济增长。不过分析大国经济表现的特点，更应从内在因素方面分析根源。从国内看，中国经济增速减缓至少有三个层面的背景根源。

第一是长期原因。中国总人口中劳动年龄人口比例正经历峰值期并将趋于下

---

* 原文发表于 FT 中文网，2012 年 12 月 13 日。
† "朗润预测"是北京大学国家发展研究院中国宏观经济研究中心（CMRC）"中国经济观察"季度报告会实施的一个子项目，内容主要是邀请国内主要宏观经济分析预测机构对我国主要宏观经济指标提供季度预测。从 2005 年 7 月开始，至今已发布 30 多次"朗润预测"。共有 30 多家特邀机构常规性参与"朗润预测"。北京大学国家发展研究院网页"中国经济观察"栏目提供历次"朗润预测"数据。

降，加上年轻劳动力供给增量趋于减少，对潜在供给增速产生着某种抑制作用。另外中国与发达国家可比人均收入差距较快缩小，意味着潜在后发优势的发挥空间逐步收窄并制约潜在供给增速。考虑长期结构因素趋势性变动对供给面的影响，中国经济潜在增速可能已从早先的两位数高位回落到一位数。虽然对潜在增长率难以精准估计，考察国际比较经验和学界主流看法，观察中国近年宏观经济表现，有理由推测长期潜在增速应已从早先 10%左右下降到目前的 8%—9%。

第二是周期原因。上一轮开放经济景气增长成就巨大，但是周期累积矛盾与失衡因素需逐步调整，要求一段时间经济增速减缓。例如，中国央行总资产从 2001 年年初 3.83 万亿元增长到 2011 年年初 26.9 万亿元，其间共增长 6 倍。同期我国广义货币 M2 从大约 14 万亿元上升到 73.4 万亿元，十年共增长 4.2 倍。然而同期我国实际 GDP 增长约 1.7 倍。即便考虑经济转型期"货币深化"因素，货币总量规模仍扩张过快，伴随着经济增长偏快偏热、通胀压力挥之不去、资产价格间歇飙升等失衡现象。另外央行资产负债表扩张幅度大比例超过广义货币，提示我国金融抑制程度可能有增无减。宏观金融过度扩张的累积矛盾，客观上需要一段时期的经济适度减速加以调整化解。

第三是短期原因。2008 年年底的一揽子经济刺激措施，对稳定当时就业形势与促成经济增速较快回升发挥了重要积极成效。然而刺激措施毕竟是通过透支未来收入与需求发生作用，"功成身退"后会由于透支回补效应派生经济减速现象。例如，刺激措施包括 2009—2010 年对汽车业提供降低购置税和下乡补贴，刺激我国汽车产销量从 2008 年的 965 万辆和 936 万辆，分别跃升到 2009 年的 1420 万辆和 1362 万辆以及 2010 年的 1875 万辆和 1804 万辆，两年产量累计增长幅度高达 94%。2009 年中国汽车产销量已居世界第一。但是常识告诉我们，汽车市场增速不可能维持在年均 30%—40%的超常水平，两年井喷式增长对汽车未来供需潜能的透支需要后续减速回补。结果在刺激措施退出后，2011 年产销量增速双双急剧下降为约 1.8%，2012 年车市仍处于"微增长"状态。另外刺激政策推动钢铁业反弹、地方融资膨胀、房地产扩张，这些领域也都发生了后续透支回补效应，构成宏观经济增速减缓的行业背景。

适度减速调整利大于弊

分析国内外经济减速形势，需要评估其潜在负面影响。外需不振、税收下降、企业经营困难、就业压力加大等方面困难是有关讨论担忧的问题。重视上述潜在不利影响无疑是务实和必要的，不过通过具体分析有关问题能够看出，宏观经济适度减速的上述影响其实具有较大程度可控性。考虑篇幅限制，这里主要结合我们对广义奥肯模型、中国奥肯关系以及就业形势的研究结果，简略讨论宏观经济增速减缓给劳动力市场与就业形势带来压力的问题。

保持经济就业创造，控制较快增长，控制城镇失业率过高，并为农业劳动力持续转移提供支持条件，是转型期中国长期发展和短期宏观政策的基本目标之一。然而认为减速调整必然会对失业造成难以承受的冲击的观点依据不足。实际情况是，给定我国人口和劳动力增长轨迹，过去一段时期经济偏快增长造成整体劳动力市场特别是相对低端的农民工市场供不应求压力，并伴随此起彼伏的"民工荒"现象。因而适度减速调整有助于改变这一状态，并有助于把劳动力市场压力转变为提升经济和就业结构高度化的动力。

我国改革开放以来就业转型的实际情况显示，除大范围国企改制与知青回城两次释放旧体制扭曲压力带来严重失业冲击外，经济快速增长对保证城镇劳动力比较充分就业提供了有利条件。从广义奥肯定律角度看，宏观周期对劳动力市场的影响主要体现为农业劳动力转移相对规模的变动，而不是传统奥肯定律重视的失业率变动。中国广义奥肯方程估计结果显示，宏观经济增长相对长期潜在增速降低 1 个百分点，会导致用农业劳动力转移量占社会劳动力总量比率衡量的转移速度回落近 0.37 个百分点，对城镇失业率也会带来上升近 0.35 个百分点的影响。不过模型显示，宏观周期对劳动力转移的影响高度显著和稳健，对失业率的影响不具有统计显著性。

如果上述经验估计值具有参考性，假定目前我国潜在增长率为 8%—9%，那么今年略高于 7.5%的预测增长率，可能会带来农民工就业增量回落 150 万—450 万。采用过去十余年农民工增量的年均数为基准，7.5%的经济增长率可能要使农民工增量比宏观经济在充分就业状态时下降 16%—48%。万一实际经济增长率过度下滑到 5%—6%，可能出现农民工增量为零和劳动力市场就业压力较大增加的情况。由此可见，应对经济减速调整需关注劳动力市场动态和就业形势变动这个民生重点问题，然而也需客观认识到，现实环境与 20 世纪末因为消化旧体制扭曲面临严重就业压力的形势已有本质不同。经济减速到 7%上下虽然会对劳动力市场特别是农民工转移带来显著影响，但是这一影响更可能是增量一定程度下调，而不是农民工增量趋势性逆转。

从积极角度看，适度减速的必要性和基本意义在于有助于调整化解早先累积的宏观失衡因素，并为深化改革创造有利的宏观环境。此外，在外部经济关系方面，适度减速调整也客观上具有几点积极功能：

一是有助于增加我国获取外部大宗商品原料和能源供应的宽松度。第二次世界大战后，全新的国际经济秩序与全球化环境，使我国这样的后起大国可以从国际市场大规模获取大宗商品原料与能源，从一个侧面显示和平发展的道理具有可行性。然而近年经验也显示，如果全球经济普遍增长偏快，则会造成供给弹性偏低的资源性商品供应相对紧张的格局，甚至对国际政治关系趋紧产生推波助澜的作用。全球经济减速调整，有助于提升资源性产品市场供给宽松度，有利于我国实现经济现代化目标。

二是有助于抑制贸易条件恶化的不利影响。过去十余年的经验数据显示，以中国作为最重要的增量大国的体量规模，总需求扩张偏快会通过"货币扩张—投资增长—进口数量增长—进口价格增长—贸易条件恶化"的传导机制，对我国经济带来负面经济效应。个别年份贸易条件恶化的负面影响相当于减少超过 2 个百分点的 GDP。减速调整虽然未必能带来价格贸易条件持续动态改善，然而至少可能降低我国价格贸易条件的恶化程度。

三是有助于保障我国作为巨大外部债权国的利益。我国是拥有 3 万多亿美元外汇储备的最大外部债权国之一，通货膨胀对债权方不利而对负债方有利，我国庞大的债权投资收益对未来预期通胀相当敏感。比如假设全球通胀上升 3—4 个百分点，我国外部债权损失可能会超过千亿美元。如果主要经济体货币与经济过度扩张，会显著抬高全球通胀水平，使中国作为外部债权国利益受到损失。适度减速调整有助于中国庞大的外部债务资产保值。

趁势调整、力推改革、培育自主性景气增长基础

中国经济减速一定程度是全球经济减速调整派生的结果，又是全球经济减速大势的一个重要组成部分。应对新的宏观形势，需告别一段时期"刺激经济保增长、行政干预抑通胀"的调控模式，在继续温和宽松的宏观政策基础上，趁势实施经济调整方针，着力推进关键领域改革，为新一轮自主性景气增长到来积极创造条件。

目前经济增速应低于潜在长期供给增速，因而有必要实行稳增长政策，舒缓

正常经营企业面临的困难，防范经济过度失速。中国经济具有能动性含义之一，是我们拥有较多能发挥促增长作用的政策工具，包括各种宽松取向的货币政策工具，积极取向的减税与财政政策措施，适度增加保障房与基础设施投资政策，放松对企业投资数量管制等。近来中国政府实施的比较积极审慎的稳增长保增长政策，大体符合温和宽松政策范畴。最新宏观数据显示，中国宏观经济明显出现企稳回升势头，显示政府前一段采取的进取而有克制的稳增长措施正在发挥预期效果。

在实施逆周期宏观调节政策的同时，我们需要总结过去十余年宏观调控实践的经验与教训，对开放型市场经济下宏观调控政策的功能、目标与定位加以反思，针对转型期宏观失衡现象的深层体制根源进行调整改革，使短期总需求管理政策与长期结构性改革措施形成合理匹配与动态协调。当我们实施积极的宏观政策保增长时，需要明确应保或力求的是自主性与内生性增长，而不是刺激政策催生的增长；是准入公平与鼓励竞争的增长，而不是维护垄断前提下的增长；是品质提升惠及民生的增长，而不是质量低下和运营粗放的增长；是稳健与可持续增长，而不是失衡累积、难以持续的增长。宏观政策的基本功能应逐步集中于调节总需求，不能指望通过宏观调控解决所有结构问题。应把政策思路与重心转变到调整和改革方面，在破解深层结构问题和理顺机制方向上下功夫，为培育新一轮自主性、内生性与可持续的景气增长奠定基础。

一段时期经济整体的比较快速扩张与关键领域的改革进程相对滞后，使目前中国市场化取向改革面临"行百里者半九十"的挑战。展望未来，中国面临的改革议程千头万绪。从本文考察的通过市场力量推动经济减速形势向自主性景气增长转变的视角分析，以下几方面的改革议程具有特殊意义：一是要深化农地制度改革。在年底基本完成农村集体土地确权登记的基础上，趁势推进以界定农民土地流转权为关键内容的改革，引入新规范使小产权房有序合法化。二是扩大民营企业准入，给企业家的能力发挥创造更大空间。要力推企业减税减负改革，减少需政府核准的投资项目，缩小审批对象范围。三是加快深化汇率与利率体制改革，创建与开放性大国经济需要相一致的现代宏观调控架构，并为根除金融抑制和治理资产泡沫创造体制条件。

"强劲"、"持续"难两全[*]

——2011年G20戛纳峰会系列评论之一

二十国集团（G20）2009年9月在美国匹兹堡举行第三次峰会，提出促进全球经济"强劲、可持续与平衡增长"目标。此后峰会一直把贯彻这一增长目标和政策框架作为会议基本议程之一。日前戛纳峰会闭幕发表公告，在规划"全球增长和就业战略"时，没有继续沿用"强劲增长"表述，显示G20的增长目标发生某种调整。

从建设未来全球治理结构角度看，在2008年年底金融危机爆发的特殊形势下，G20峰会的应运而生是一个标志性的历史事件。当时提出"强劲、可持续与平衡增长"目标，对凝聚国际社会共识，提振应对危机信心，扭转危机冲击带来的负面连锁效应并推动全球经济早日步入复苏轨道，具有积极而重要的意义。

近年全球经济增长事实表现与G20增长目标的关系如何？增长目标实施有什么成功经验？又有什么新情况和新问题？戛纳峰会调整增长方针传达出什么信息？笔者拟用一组短文来讨论这方面问题。

首先，依据近年全球经济实际运行情况，我们来观察早先增长目标中"强劲"与"持续"诉求之间存在的两难事实。

数据显示，全球经济在2009年负增长0.5%的基础上，2010年增长率达到5%，这个增长率虽仍低于危机前的2006年和2007年，但超过全球经济长期增长率平均水平，实现了比较强劲的增长。2010年强劲复苏增长，避免了全球经济落进人们一度担忧的百年不遇的衰退甚至萧条局面，无疑是G20协调合作抗击危机取得的重要成果。

问题在于，全球经济比较强劲的增长势头能否得到巩固和维持？匹兹堡峰会

---

[*] 原文发表于《第一财经日报》，2011年11月10日。

提出的增长目标中强劲与可持续子目标是否相互兼容？从最近全球经济运行的表现看，形势不容乐观。正如戛纳峰会公告开宗明义所坦言的，全球经济增速正面临"减缓走弱"的事实。

考虑影响全球经济增长不同因素的消长，国际有关权威机构动态调低2011年全球经济增长率预测值。国际货币基金组织（IMF）今年4月发布"世界经济展望"，预测2011年全球经济增长4.4%，9月将预测值进一步下调为4.0%。考虑目前各国经济不确定性增大和经济增速走低，不排除今年全球经济增长率会回落到4%以下，显著低于金融危机前五年4.7%的年均增速。可见2010年的全球经济表现具有短期性，可能不是可持续强劲增长。

金融危机爆发后，世界主要经济体增长表现分化明显，在增长强劲度与持续性匹配关系上差别较大。基本特点是：欧美发达国家在强劲、持续、平衡要求方面成绩单都差强人意，主要新兴经济体增长动力强劲但难以持续。

发达国家整体经济2008年零增长，2009年衰退收缩3.7%，2010年经济复苏获得3%的增长率。通常情况下增长3%是不错成绩，但与以往严重衰退后复苏第一年的增长比较，其实是较平淡的成绩。更麻烦的是，这个相对乏力的复苏增长也难以维持和巩固。依据IMF秋季预测，发达经济体今年增长率将大幅回落到1.6%，2012年预测增长率只有1.9%，显著低于发达经济体危机前2.5%—3.0%的长期增长水平。

新兴经济体增长表现抢眼。包括六大经济区板块的全球新兴经济体2009年经历2.8%低速增长后，2010年总体增长率达7.3%，虽低于危机前五年的平均速度，但可以说实现了较强劲增长，对全球经济复苏做出重要贡献。不过这一较强劲增长势头难以持续，预测今年新兴经济体增长率将回调到6.4%，2012年增长率将进一步走低。

中国应对危机的政策和效果最为引人关注。中国政府2008年11月实施以财政支出和货币信贷扩张为主轴、以十大产业振兴政策为辅助支撑的超强刺激经济增长措施，推动总需求从2009年第二季度开始V形回升。2009年和2010年在以贸易盈余衡量的外需规模净收缩1000多亿美元的基础上，总需求扩张速度分别达到9.2%和10.4%，两年用汇率衡量的GDP绝对规模扩大了1.34万亿美元，是这两年全球经济扩张绝对值1.72万亿美元的78%。应该说G20以强劲增长为首的政策目标，中国实施得最为得力，效果也最为凸显。

中国经济虽在强大刺激措施作用下重回两位数增长率，但也付出了信贷货币过度扩张带来通胀压力加剧等方面的代价，促使中国政府务实调整宏观政策取向。

随着一段时期紧缩政策的实施，经济增速随之减缓。今年前三个季度 GDP 增长率分别为 9.7%、9.5%和 9.1%。依据我们综合 20 多家预测机构意见发布的第 26 次季度"朗润预测"，今年第四季度我国经济增长率将进一步回落到 8.7%—8.8%。一般认为今年我国经济增速会减缓到略高于 9%的水平，明年有望回调到 8%—9%。

其他主要新兴经济体的情况是：2009—2011 年印度经济增长率及其预测值分别为 6.8%、10.1%和 7.8%，巴西为 0.6%、7.5%和 3.8%，俄罗斯为-7.8%、4%和 4%。同期印度消费价格指数（CPI）年增长率及其预测值分别为 10.9%、12%和 10.6%，巴西为 4.9%、5.0%和 6.6%，俄罗斯为 11.7%、6.9%和 8.9%。可见印度和巴西 2010 年增长虽相当强劲，但今年经济增速会大幅下降，俄罗斯自经济危机以来表现较平淡。这几个新兴大国不同程度面临着显著通胀困扰，显示经济增长可持续性存在困难。

对过去两三年全球宏观经济形势扫描观察显示，G20 匹兹堡峰会确立的强劲、可持续与平衡增长目标，对提振全球经济在经历金融危机冲击的形势下重拾信心具有积极意义，全球经济 2010 年确实较快实现强劲复苏增长。不过全球经济运行的最近表现显示，去年较为强劲的增长缺乏后续动力。"强劲"、"持续"难两全，构成评估 G20 近年增长目标框架的基本事实背景。

"强劲"与"持续"两难矛盾的根源*
——2011年G20戛纳峰会系列评论之二

G20匹兹堡峰会确定"强劲、可持续与平衡增长"目标，应具有最高层级的政治权威性与政策优先度。通常情况下，一项政策目标经各国最高领导人达成共识，并由各国政府联手实施，应能取得较好效果。

上篇评论观察情况显示，2009年G20峰会提出增长目标框架后，全球经济确实在2010年较快复苏和增长，不仅成功避免金融危机可能带来的更为糟糕的局面，也彰显G20全球治理新平台特有的领导力功能。

不过，令人遗憾的是，今年全球经济增长明显走弱，预计明年也难以强劲，峰会增长目标客观面临"强劲"与"持续"两难。

观察当下全球经济大势，不难看出两难现象并非偶然，而是两个层面的简单经济逻辑发生作用的结果。只有找准问题根源，认识规律作用，才能把握全球经济增长的未来走势。

直接原因在于，2010年较为强劲的增长与各国应对危机的超常刺激措施有关。这类特殊环境下或有必要的人为政策措施，虽能一次性提升短期增长率，但难以改变经济长期可持续增长的轨迹。

以美国为例，2008年金融危机爆发，小布什政府即刻设计和启动各种前所未有的金融工具，大规模救助在危机去杠杆化冲击下陷入流动性"休克"的银行和金融机构。2009年奥巴马上任后，以最快速度推出7870亿美元巨额一揽子刺激经济法案，配套出台"旧车换新车"等消费补贴政策，同时实行零利率超级宽松货币政策。欧盟也是借助超常刺激政策走出危机。不难理解，这类政策强心针对激活经济增长可收一时之效，但难以稳定持续。

---

* 原文发表于《第一财经日报》，2011年11月14日。

中国等新兴市场经济体并未发生资产负债表危机，但是出于应对外部冲击考量也实施了罕见的刺激政策。如中国2008年年底推出以财政和货币信贷扩张为主轴、以十大产业振兴政策为辅助的刺激组合措施，推动总需求从2009年第二季度开始率先V形回升。中国经济2010年重回两位数增长，对全球经济复苏做出特殊贡献，但是借助大手笔放松货币"拼来的"高增长，同样也面临可持续性挑战。

全球通胀快速回升，也显示靠刺激政策推动的强劲增长难以稳健持续。2009年美国CPI温和下降0.3个百分点，但是2010年就回升到1.6%，今年预测将增长到3%的显著通胀水平，超过1993—2002年2.5%的长期平均水平。发达国家整体CPI从2009年的0.1%增长到2010年的1.6%，今年预测将回升到2.6%，也高于1993—2002年2.2%的长期平均水平。

新兴经济体整体面临更为显著的通胀，预计CPI增长率将从2010年的6.1%上升到今年的7.5%。中国2009年的CPI温和下降0.7个百分点，2010年快速回升到3.3%，今年有望超过5%。对中国而言，在可贸易部门生产率快速追赶抑制CPI增长的背景下，商品房等资产价格成为通胀的重要参考指标。2008年年底中国刺激经济后17个月内，全国商品房统计销售均价升幅高达45%。金融危机后通货紧缩昙花一现，主要经济体很快重新面临通胀困扰，这从一个侧面显示刺激政策推动增长难以持续。

"强劲"与"持续"两难更为深层的根源在于，20世纪90年代以来全球经济增长虽取得前所未有的成就，然而同时也积累了各类失衡因素和结构矛盾，客观上需要一段时期来调整化解。金融危机爆发和深化的演变进程显示，长期过度扩张和失衡增长最终要面临调整，且调整期来临不以人们的主观意志为转移。大调整时期仍需重视保持经济稳健增长，但以强劲增长为首要任务则不再现实。

过去20多年，世界经济政治格局发生几方面前所未有的变化，推动全球经济开放增长取得新成就：一是以中国为代表的新兴市场经济体通过改革开放逐步融入全球经济体系，释放出巨大增长能量；二是苏联解体和"冷战"结束推动了经济全球化在各国共识度提升和体制覆盖面扩大；三是美国经济在互联网和IT行业率先突破，形成信息产业革命，并向全世界快速扩散。

1992—2000年全球经济年均增长率超过3%，国际贸易年均增长率为6.5%；危机前五年全球经济增长率更是提升到5%上下，国际贸易年均增长率超过8%。

不过，增长繁荣期财富积累伴随各类结构性矛盾积累，成为增长持续的内在羁绊。当代全球经济结构矛盾的第一位表现是，发达国家在制度因素和机会主义政策诱导下，普遍出现政府财政长期寅吃卯粮、赤字透支，最终陷入空前严重的债务困境。美、欧发达国家的巨额债务在相当程度上是对"非居民"负债，包括对中国这样的"相对穷国"负债，显示这一结构矛盾与全球化环境具有内在联系。

第二次世界大战后，美国巅峰期巨无霸国力逐步被内外政策销蚀，20世纪80年代已面临财政与对外贸易"双赤字"困扰。经沃克尔紧缩调整，加上20世纪90年代互联网革命，美国经济一时风光无限。互联网泡沫破灭后，小布什政府在大手笔减税同时增加军费对外动武，相当程度上仰仗"次贷—次债金融衍生品创新"支持的外部融资模式，导致外部逆差和政府负债大幅飙升。奥巴马政府以巨额赤字为代价刺激经济，把债务率推高到90%以上，也使美国经济落入"复苏不易，景气难再"的被动状态。

欧盟福利国家的理念原本更胜一筹，公共部门高支出倾向有过之无不及。欧洲政要和精英好大喜功设计建立欧元体制，统一货币的"支出扩张效应"导致财政负债加大。市场误读欧元，导致希腊这样传统的外部融资面临较大约束的国家债券收益率错配，举债约束历史性放松为其公共和私营部门支出扩张提供了条件，并反过来支持欧元区内德国等顺差国增长。

这场欧元增长盛宴的唯一代价是，繁荣期各国负债率也处于令人不安的高位。当这个扩张系统内最脆弱的链条受冲击断裂后，欧元区发现自己深陷在公共债务和货币制度双重危机的泥潭中难以自拔。

新兴市场经济体的基本面不可同日而语，但多年高速扩张也积累了结构矛盾，制约着增长潜力有序释放。

以中国为例，货币信贷扩张引导宏观经济多年增速偏快和通胀压力，汇率、利率等开放经济价格机制发挥作用受到过多限制，导致"宏观调控微观化"倾向有增无减，数以万亿美元的国民储蓄被动投资到美、欧国债市场，面临巨大风险。

在全球经济多年失衡增长累积矛盾积重难返的背景下，国际社会的当务之急是，在保持适度稳健增长的前提下，通力合作进行结构调整与改革。这时，要求各国经济很快重回强劲增长轨道，好比要求一个需要疗伤的运动员立马在赛场上跑出最好成绩，或难以如愿，或在激素作用下勉强跑出好成绩也难以持久，甚至会对机体康复造成长久损害。

强求增速代价大*
——2011 年 G20 戛纳峰会系列评论之三

强劲增长能提供更多就业机会并舒缓债务负担,这是当今世界经济尤其是发达国家最迫切需要的。G20 提出的"强劲、可持续与平衡增长"目标的表述也可谓完美。不过如果客观条件不具备,执意寻求强劲增长,则不仅欲速不达,而且代价不菲。

对此可分别从发达国家和中国两方面加以观察。

对美、欧发达国家和地区而言,过分强调经济强劲增长,可能助长在政策面上忽视和回避调整的现实,转而"病急乱投医",延误实施治本措施的最佳时期,甚至加剧病情的复杂度和治理难度。

美国货币当局在金融危机急救期过后,再次实施量化宽松应对经济低迷,可谓强求高增长心态导致政策走样的一个典型。按照这个政策倡导者的设计,量化宽松能通过压低长期收益率助推美国经济增长,以实现舒缓、降低失业率压力的目标。

然而我们知道,货币政策的基本目标是通过保持币值稳定支持经济稳健增长,长期收益率本身是调整货币政策的参照。现在反而要用本质上短期性的货币政策手段来调节长期收益率,就如同试图拉长身影来拔高身高一样本末倒置。

殊不知美国金融危机源头的房地产泡沫,相当程度上正是危机前过度宽松货币政策诱致的结果。美联储 QE2 不仅没能实质性地培育促进美国经济,反倒可能因为政策急功近利而对企业投资信心产生负面影响。美国作为主要国际货币发行国,这项不负责任的政策招致国际社会的质疑和批评,也在情理之中。

欧盟财政收支占 GDP 的比重高达 45%左右,财政自稳定机制作用更为彰显。

---

* 原文发表于《第一财经日报》,2011 年 11 月 21 日。

在欧元区经济2008年几乎零增长和2009年下降4.3%的背景下,自稳定机制已"自动"给经济系统提供大量刺激"弹药"。2009年年初欧盟额外推出2000亿欧元刺激经济计划,各主要成员国也推出规模不等的刺激经济项目。

例如,德国联邦议院2008年11月批准了第一个刺激经济计划,为310亿欧元;2009年1月政府又通过第二个刺激经济计划,为500亿欧元。英国2008年11月下旬通过预算报告,宣布将出台200亿英镑的刺激经济措施。法国推出总额为260亿欧元的刺激经济计划。这些刺激预算主要用于基础设施投资,补贴汽车业,推进国家产业政策,减税或直接发"消费券"等。

刺激政策虽对欧元区2010年经济温和复苏做出了贡献,但也付出了使本已不堪的各国资产负债表加剧恶化的代价。欧元区整体债务率从危机前的66.2%激增至2010年的85.1%,为欧债危机爆发做了铺垫。回头看得更加清楚,危机前的严重失衡,经过政府的大手笔刺激,只是将经济体内的"病灶"转移了位置,不仅没有根治疾病,反可能使后期治理更为棘手和被动。

美国和欧盟是全球两个最大的经济体,其应对方针的误判会给全球经济引入更大的不确定性,也不利于中国和其他新兴经济体的稳定增长。从直接关系看,主要国际货币发行国实行量化宽松政策,导致国际流动性泛滥并加剧大宗商品市场波动,对我国及相关国家经济增长尤其具有负面影响。

再看中国。首先,我国仍处在工业化和城市化较快推进时期,在生产力和总需求两方面都有较好条件保持较快增长。但是从近年刺激经济以及21世纪景气增长正反两方面经验教训看,增长过快得不偿失,需注意防范拼增长速度带来的过高代价。

进入21世纪后,中国经济经历空前景气增长,整体经济发展水平迈上了新台阶。但是由于深层改革滞后,高增长伴随经济增长速度偏快,非农就业扩张偏急,外部顺差失衡加大,通胀压力挥之不去,再加上资产价格间歇性飙升等难以持续问题,累积起具有阶段性特征的系统性矛盾。

通过人为政策手段拼经济增速,难免要大尺度地放货币、松信贷,或需政府大手笔过快投资。这不利于经济结构调整,不利于治理通胀、负利率和资产价格高企等顽症,也不利于调节收入分配和社会稳定。中国目前最需加快体制转型和结构调整,而不是刺激经济和强求经济增速最大化。

其次,经验证据显示,我国经济过快增长会加剧贸易条件恶化,使得国内产出增长转换为用实际购买力衡量收入增长时减少一块,从福利损益角度看不合算。

如 2009 年刺激经济措施的力度最大，2010 年贸易条件损失占当年 GDP 的比例超过 2 个百分点。

货币与总需求扩张派生实体经济扩张并导致进口数量上升，又通过大国效应推动进口价格上涨和贸易条件恶化，构成我国经济运行特有的"回旋镖"效应。

导致贸易条件产生不利变动的原因是多方面的，有的在目前发展阶段还难以完全消除。不过，避免经济扩张过快的推波助澜作用，则是宏观政策应当并可能达成的目标。

作为最大增量贡献国，中国对全球大宗商品、投资和宏观经济增长具有显著影响。我国对增长目标做稳健适度调整，抑制大宗商品价格过度波动，有助于缓解与资源出口国之间的经贸和投资争议。资源出口国虽短期贸易收入增长慢一点，但是其增长平稳度提升，以便于更好应对"荷兰病效应"，谋求自身长期发展。

最后，通货膨胀对债权方不利而对负债方有利。我国拥有 3 万多亿美元外汇储备，应是最大外部债权国。各国追求不可持续的强劲增长目标，会显著抬高全球通胀水平，使中国作为外部债权国的利益受到损失。

我国目前空前规模的外部债权，绝大部分是在过去十来年的不长时期内，主要通过官方储备形态积累而来的，投资对象难免较为集中在所谓"安全性、流动性、盈利性"综合水平较高的证券资产方面。这类投资收益对未来的预期通胀高度敏感。比如全球通胀上升 3—4 个百分点，我国外部债权实际损失会超过千亿美元。

反过来看，发达国家的国外投资中较大比例是直接投资，对通胀伤害天然具有较强抵御能力；即便是证券投资，由于主要是私营机构所为，在应对通胀方面自我调节性和灵活性较强。考虑潜在通胀对债权方和负债方的上述不对称影响，中国应鼓励 G20 制定稳健增长而不是过于强劲增长的目标。

客观认识人为追求强劲增长的负面作用，才能更好地理解当今全球经济大调整时代的客观现实与规律，并通过实施务实合理的应对措施，在保持经济稳健增长的同时加大结构调整力度，为未来新一轮全球经济繁荣的到来创造必要条件。

直面全球经济调整*
——2011 年 G20 戛纳峰会系列评论之四

欧债危机使年轻的欧元面对生死考验，美国复苏乏力仍经受高失业率煎熬，中国等新兴经济体面临治理通胀的挑战，资源出口国增长被动跟随大国经济涨落。虽然世界主要经济体各有不同故事，全球经济已步入调整期应是一个基本事实。

大调整的背景

扩张孕育矛盾，繁荣承接调整。20 世纪 70 年代末和 80 年代前期的全球经济调整，为后来全球化开放发展廓清了基础，目前全球经济受全新因素推动，正处于一个更为深刻的大调整的历史节点上。

推动新一轮调整的大历史背景，是中国等新兴经济体经发展探索，先后选择改革开放道路，发挥比较优势快速追赶，并以其逐步增大的体量与全球经济旧格局互动并派生内在调整诉求。直接驱动因素则是孕育危机风暴的早先失衡增长模式不可持续，集中表现为发达国家"过度负债下的消费增长"及其融资模式的无法持续。

希腊、意大利等国正品尝过度负债增长的苦果。以希腊为例，1990—2008 年经济增长对消费的平均依赖程度为 90.4%。高消费率加上基本投资支出导致显著外部失衡，危机前十余年希腊经常账户逆差占 GDP 的比率通常在 10% 以上，外债从 2004 年的 1220 亿欧元上升到 2009 年的 2230 亿欧元，外债 GDP 占比从 65% 上升到 93%。

如果说传统宏观纪律松弛的希腊能轻松举债多亏了欧元"托市"之功，美国

---

* 原文发表于《第一财经日报》，2011 年 11 月 25 日。

的类似表现则更直指问题本质。2001—2009 年美国消费对总需求增长贡献率为112%。即便在 2002—2007 年的景气时期,消费对总需求增长贡献率仍高达 89.5%,比此前半个多世纪的均值超过 10 个百分点。21 世纪初美国投资疲软,资本形成增速已降得很低,但高消费仍导致外部逆差空前扩大,债务率从 2001 年的 57%上升到 2008 年的 70%,2010 年到达 93%的高位。

负债与债权形影不离。两类经济体是美、欧过度负债的主要借贷方。一类是中国等具有制造业竞争优势的贸易盈余国,一段时期以来经常项与私人资本项盈余大规模增长,通过官方储备扩张被动积累外部债权。2000—2010 年全球外汇储备总量从 1.98 万亿美元增长到 9.65 万亿美元,增幅三倍多;同期中国外汇储备从 1683 亿美元增长到 2.85 万亿美元,全球占比从 8.5%上升到 29.6%。

资源出口国是第二类储蓄输出国。在全球景气增长的环境中,这些国家将"地下资源储蓄"挖到地上,再通过出口转换为用美元、欧元标价的各类资产,派生对发达国家的大量债权。由于近年石油等资源价格飙升,拉高"地下储蓄"相对金融资产的转换比率,使这些国家输出储蓄的能力得到惊人增长。

初步匡算结果显示,21 世纪最初十年,涨价因素使 OPEC 成员国石油出口的"额外收入"高达 3 万亿美元。俄罗斯的"额外收入"约 1 万亿美元,使得俄罗斯在扩充军备和改善民生的同时,仍能坐拥 5000 多亿美元外汇储备。资源出口收入激增通过各类投资渠道为美、欧负债增长提供了融资。

这个前所未有的负债增长模式能否持续?危机前美国朝野曾就此展开争论,以致 2006 年美国总统经济报告认为有必要专章回应这个问题。遗憾的是,由于误判和国际政策机会主义动机,这个集美国政、学两界精英共识的权威报告,对上述问题得出了过于乐观的不正确结论。

这里抄一段原话:"原则上说,假如美国能够利用这些资金来促进未来增长,从而维持美国外资流入首选之地的地位,美国可以无限期吸纳净资本流入并维持(经常项目逆差)。实质问题不在于外资流入规模,而在于外资利用效率。如果外资能够促进投资、生产率和增长,则外资流入能够对美国和全球产生积极影响。"

当时美国信心满满,关键是凭仗其金融优势:由于华尔街在全球范围内不可取代的金融能力和地位,全世界把钱借给美国符合行业分工规律。然而就在"金融优势论"仍余音绕梁之际,美国金融系统的心脏——华尔街成为引爆危机之源。

大调整推动三重转变

早先的增长模式已经终结，全球经济大调整难以避免，调整将伴随和推动三重转变：

一是各国需努力践行 G20 戛纳峰会确定的保增长方针，然而全球经济增速减缓成为调整时期难以回避的现实。

美国经济"复苏不易，景气难再"，其基本面条件仅能支持 1—2 个百分点的低增长。即便未来回归相对正常的状态，美国历史上对全球增长曾发挥的引擎带动作用也将下降。

随着潜在供给扩张速度逐渐回落，中国会告别过去三十余年两位数的平均增速，"十二五"年均增速估计会下调到 8% 左右。以美元衡量经济总量年均增长率，也可能会从 2003—2010 年 20% 的实际高位均值逐步回落，不过年增量贡献将从目前的 1 万亿美元逐步上升到五年后的 2 万亿美元。如无特别意外的情况，中国会在一个较长时期居于全球增量最大贡献国地位，并有望以十年左右时间成为用汇率衡量的全球最大经济体。

欧元区增长前景的不确定性最大。即便目前应对危机第二阶段实施的紧锣密鼓的措施大体奏效，欧元区经济未来几年的平均增速也会下降到低增长甚至零增长区间。如果出现目前欧盟政要警告的欧元解体的最坏情况，则可能一段时期内将面临跌幅为 15%—20% 甚至更高的负增长。欧债危机的不同演变路径和最终如何了断，是决定未来全球经济增长的最重要因素之一。

二是无论出于主动或是被迫，各国在调整期都需将结构调整政策置于更为优先的位置。欧盟在应对刻不容缓的债务危机的同时，将不得不正视欧元体制与生俱来的道德风险问题，切实调整和解决其体制矛盾和缺陷。主权债务危机与货币制度危机叠加并发，使欧盟调整之路最为艰难也最具悬念。

作为全球最强大经济体，美国应正视调整现实，放弃采用货币数量超常宽松手段来摆脱困境的意念，通过艰苦的结构调整将巨大债务回调到可持续水平，从而为真正强劲持续增长奠定基础。作为处于全球技术产业前沿的国家，美国只有成功拓展这个前沿边界，才能从根本上为全球和美国经济繁荣注入活力。美国从自身战略利益出发，也应尽快务实改变历史形成的对华政策中的封堵因素，以更加重视利用中国发展的积极机遇作为坐标调整的政策取向。不切实进行上述调整，发誓搞"再工业化"和出口翻番,都不是治本之道。

作为最重要的新兴大国,中国面临自身特有的改革调整使命。当务之急是要深化改革,完成体制转型。要加快土地制度改革以赋予农民土地流转权,推进户口制度改革以赋予城乡居民平等的公民权,要深入反垄断、松管制以赋予民企平等的市场准入权,推进公共财政体制改革以调节收入分配,深化汇率、利率体制改革以建立和完善开放大国经济所需要的宏观政策架构。

中国过去几十年奇迹般增长的基因密码在于改革开放,中国审时度势推进改革完成体制转型仍将释放巨大能量,为支持中国经济未来持续追赶提供后续动力,也将为全球经济在大调整时期维持基本增长态势提供重要保障。

三是因应世界格局演变,从增量和存量两方面入手改革调整全球治理架构。要重视培育发挥 G20 这个全球事务新治理平台的特殊作用,积极改革 IMF、世界银行等国际机构的内部治理方式;要更加重视发展主题,利用发达国家和新兴市场国家的各自优势,更有效地帮助经济后进国家解决发展面临的特有瓶颈和结构难题,使全球化开放增长更具有全球包容性和普惠性。

在这次大调整阶段,欧洲将更多忙于应对内部危机,日本的经济地位仍将相对回落,美国与新兴经济体特别是中国关系的演变,将对世界的未来产生前所未有的影响。中、美两国能否摒弃前嫌、减少误解、增加互信、扩大合作,将是决定全球经济调整平顺展开和最终成效的最重要因素之一。

中国应弘扬邓小平"三个面向"的指导方针,在当代国内、国际形势发展的新制高点上,重新审视六十余年成长的历史经验和教训,大胆改革现有体制、制度,以及意识形态中残存的糟粕因素,为中华民族崛起构筑现代制度和价值观基础。而美国,应正视中国和新兴经济体崛起的时代现实,调整改变自身制度安排和战略认识误区,尽快在中国重大核心战略利益上调整历史上形成的封堵思维和政策,切实拓展两国的合作空间和战略互信基础。

二

汇改为何这么难?

汇改为何这么难?*

以计划时期人民币汇率固定与高估体制为起点,中国转型时期汇改的基本任务,是要建立由国际收支基本面条件和汇市供求基本关系决定的有管理的浮动汇率制。转型两大阶段的汇率改革取向大相径庭:1994 年之前是如何通过持续大幅贬值使早先高估的汇率逼近大体均衡,近年来则是如何因应生产率追赶要求容纳趋势性升值使汇率不至于过度偏离动态均衡。

两个阶段都伴随争议。目前第二阶段的争议仍未完结。从 2001 年 8 月英国《金融时报》发表题为"中国廉价的货币"署名文章算起,人民币升值争论已有十余年历史。以这一争论 2002—2003 年在国外扩大发酵并在中国引起热议为发端,距今也已有近十年时间。

其实起先争论涉及的一些问题早已有结论。比如早先反对升值的重要观点之一,是认为我国外汇储备不多,拒绝升值多积累储备挺好。随着 2006 年年底外汇储备过万亿美元,后相继过 2 万亿和 3 万亿美元,"储备不足论"早已销声匿迹。现在问题倒是,升值会定义性导致储备账面价值缩水,反过来成为牵制汇改的因素之一。

又如从劳动市场角度看,世纪之交面临的企业改制带来一次性超常下岗失业压力,推延升值有助于缓解这方面压力——这或许是最初质疑人民币升值的唯一较为合理的考量。不过随着 21 世纪初新一轮宏观景气增长展开,2004 年沿海地区遭遇"民工荒"冲击,并转变为近年各地频频报道的"用工荒"现象,城市求人倍率显著上升。劳动市场朝供求偏紧方向趋势性转变,早就为人民币汇率直面升值要求提供了现实可能性。

---

* 原文发表于搜狐财经"十年十人谈",2012 年 3 月 10 日。

十年开放宏观经济史显示，在可贸易部门生产率快速追赶要求本币升值的背景下，单边干预汇市遏制升值趋势会带来多方困扰和损失。以国内投资平均高回报为背景，数万亿美元外汇储备从储蓄配置角度看意味着相当大的国民福利损失。维系非均衡本币汇率，会牵制利率市场化改革进程。汇率、利率等价格型宏观调控工具受到过多限制，面临宏观失衡冲击时更容易诉诸形形色色的产业政策和行政干预手段，使"宏观调控微观化"问题有增无减。

十年宏观调控实践表明，汇率、利率等基本价格没搞对，政府很难实现管好货币的目标。近年来与汇率不平衡相联系的外汇占款规模扩大成为倒逼货币过度扩张的主动力来源。我国广义货币 M2 从 2003 年年初的 19.05 万亿元增长到 2011 年年末的 85.2 万亿元，增加了 66 万亿元。同期 GDP 从 13.6 万亿元增长到 47.1 万亿元，增加了 33.5 万亿元。M2 与 GDP 比率从 1.4 的高位进一步攀升到 1.8。通胀压力挥之不去，资产价格间歇性飙升：同期 GDP 年均通胀率过 5%，房价年均增速达两位数。

汇改滞后与外部失衡给管理外部关系带来新困难。维护这个对我国整体利益得不偿失的汇率体制，不仅成为我们跟美、欧等发达国家经贸关系紧张的根源之一，而且使我们与巴西、印度等发展中大国也发生不小分歧。据报道，在 G20 有关汇率和外部失衡定义的讨论中，我国代表有时竟不得不面临"一对十九"的困境。

为什么三十多年仍未能真正建成市场化的汇率体制？升值问题为何如此纠结难断？回头观察可见，多种因素组合作用使得汇改与升值具有特殊挑战性。

首先有认知问题。升值争议初起时，由于对生产率追赶要求本币升值的规律缺少足够认识，未能从大国开放经济成长规律层面理解汇率升值的客观必然性，改革整体策略缺少主动性。另如宋国青教授注意到的，外部逆差失衡在国际收支上面临"外汇储备不能低于零"的简单约束，因而在早年争论是否应贬值以解决汇率高估问题时相对容易达成正确共识；储备规模增长的上限约束没有单一阈值，认识汇率低估失衡的不可持续性更为困难。

其次是利益作用。低估汇率等于给出口部门提供补贴，讨论汇改时有关部门问卷"测试"出口企业的看法，得到比较消极的结果在情理之中。在出口依存度较高的地区，官员会担心升值影响当地经济增长或加大就业困难。外贸管理部门以贸易增长为工作目标，担心升值会妨碍达标。强有力的利益联盟对决策会产生显著影响。

再次是"价格不管用"心态影响。周其仁教授多年前的一次演讲，以"价格不管用的市场经济"为题剖析我国转型期的一种矛盾心态。一方面在一般原则上早已接受市场经济体制定位，另一方面在经济活动协调管理的具体场合对价格机制仍带有太多保留、置疑和否定。汇率是调节开放经济内外关系的基本价格，"价格不管用"心态不利于让汇率回归相对价格的基本功能定位。

主动改革缺少动力，汇改讨论往往在回应外国诉求的语境下发生，如何看待内外利害关系使问题平添一层复杂因素。改革开放以来双赢理念不断深入人心，不过面临汇率升值这类新的复杂敏感涉外议题时，零和游戏思维方式仍有相当大的影响。不过事实表明，汇改上如采用凡是敌人拥护的我们就应反对的策略，最后会面临作茧自缚的形势。总之在中国的转型环境下，做一件事，无论涉及价格调节，或是关乎内外利益调节，都会很难。汇改等于把两件事搁在一起做，难上加难。

另外汇改争论还受到误读日本经验以及阴谋论观点的影响。日本 20 世纪 90 年代房地产泡沫破灭并伴随长期衰退，日本与国际学术界对其根源有大量研究，主流观点认为，过度扩张货币政策、快速增长银行信贷和过低利率是导致资产泡沫的根本原因。国内媒体一度把日本泡沫经济的根源简单归结为日元升值，进一步把人民币升值解读成外国针对中国的货币战争，这类流行观点一度制约对汇率政策进行理性而务实的调整。

周小川行长与合作者 1993 年出版《走向开放型经济》一书，其中对早年人民币汇改历程提出中肯的评估："改革开放以来，我国政府对汇率的调整表现了务实和客观的态度，即希望建立一个真实而合理的汇率。问题在于，政府前些年在调整汇率时的步子总是偏小的，过于胆怯的。"

过去 20 年来，尤其是周行长主政央行的近十年间，我国一直在探索如何建立一个与中国开放大国利益一致的"真实而合理的汇率"。1994 年汇改接受单一的、以供求关系为基础的、有管理的浮动汇率制目标，"十一五"和"十二五"规划都提出要致力于完善有管理的浮动汇率制，目标设定无疑是科学而正确的。然而从改革推进过程看，我们似乎仍未彻底摆脱"过于胆怯的"浮动恐惧心态羁绊。时至今日，汇改攻坚仍是建构完善中国开放型市场经济体制的一项重要议程。

中国经济成长进入实际汇率升值新时期[*]

——评人民币汇率体制改革最新进展

2005 年 7 月 21 日晚,中国人民银行发布公告,宣布我国实行以市场供求为基础、参考一篮子货币进行调节、有管理的浮动汇率制度。同时宣布美元对人民币交易价格调整为 1 美元兑 8.11 元人民币,升值约 2 个百分点。

汇改新政一经公布,立刻在国内外财经界、政界和学术界引起广泛关注和积极评价,甚至引发有关国家汇率政策的相应调整。我国实行一项经济政策,在国际上立刻引起如此热烈反响,折射出我国对全球经济的重要性。分析理解汇改新政的影响和作用,是一个具有理论和现实意义的问题。

汇改新政的长期意义

对新出台的汇率改革政策,现有评论大都侧重从短期背景、时机选择、政治因素等方面考量。短期影响确实重要,并对企业等市场主体具有操作含义。不过,这一政策的长期意义同样需要重视。汇率新政的最重要长期意义,在于它从政策面对人民币实际汇率的升值趋势给以响应和支持,是我国经济成长进入实际汇率升值新时期的一个标志。

一国货币的实际汇率,是对该国与外国相对物价变动加以调整后的汇率,因而是对调节一国与外国经济关系更具有实质意义的价格变量。依据国际经济学理论常识,一国经济长期持续增长和追赶过程,通常会通过劳动生产率相对增长,推动本币实际汇率升值并向绝对购买力平价描述的状态逐步收敛。如日本在第二次世界大战后经济高速成长,伴随着实际汇率长期大幅升值,是上述调节过程的

---

[*] 原文发表于搜狐财经,2005 年 7 月 25 日。

典型事例。

我国改革开放以来，经济保持持续高速增长。然而由于我国经济成长环境和路径的具体特点，人民币实际汇率并非一开始就呈现升值趋势，而是经历了一个从长期贬值转向升值的趋势性变动。20世纪70年代末到90年代初的十多年间，人民币对美元的名义汇率和对一篮子外国货币的有效名义汇率，贬值4—5倍；实际汇率贬值2倍左右。从90年代中期开始，随着中国经济基本面进步，人民币实际汇率逐步表现出与标准经济理论预测一致的升值趋势。虽然因为后来国内宏观经济出现通货紧缩，特别由于东亚金融危机引发人民币贬值预期，人民币实际汇率在世纪之交再次发生贬值；然而上述因素短期作用改变和化解后，实际汇率的升值趋势近年重新成为影响整体经济运行的深层关键因素。新环境下，调整为应对外部危机冲击采用的准固定汇率安排，让实际汇率这一基本价格参数更好地发挥调节内外部经济的功能，成为一个具有全局性和紧迫性的问题。在这个意义上，近年有经济学家提出"汇率是纲，其余都是目"的判断，不无道理。

实际汇率升值趋势的成因分析

问题在于，为什么我国经济快速成长过程中，本币实际汇率经历了由贬值到升值的趋势性转变？初步研究结果表明，主要由三方面相互联系的因素所决定。

一是由我国可贸易部门劳动生产率相对增长方向趋势性转变决定的。虽然我国改革开放以来经济一直快速增长，但是就最重要的可贸易部门制造业来说，我国劳动生产率在20世纪80年代无论与美国相比，还是与十几个OECD成员国平均水平相比，都没有得到相对提升，反而小幅下降。进入90年代后，我国制造业劳动生产率才开始相对增长；特别是90年代后期以来，劳动生产率相对追赶速度加快。初步测算结果显示，1995—2003年，我国制造业劳动生产率与美国和OECD成员国相比累积相对增长1.2—1.5倍。依据国际经济学的巴拉萨—萨缪尔森效应，可贸易部门劳动生产率相对增长会派生本币升值压力。

二是由我国国际收支账户平衡态势的趋势性转变决定的。20世纪70年代末和80年代的绝大部分年份，我国国际收支的基本平衡结构，是贸易和经常账户逆差与资本账户顺差相匹配，并且资本账户资本流入的主要形式是外债融资。估测结果显示，这一时期12年中有8年是经常账户逆差与资本账户顺差相匹配，累积经常账户逆差约为185亿美元。持续外汇短缺和国际收支逆差，推动名义汇率以高于相对通货膨胀的速度贬值，从而导致实际汇率贬值。90 年代以来，随着我国经济在国际产品内分工的基础上与全球经济的融合程度加深，国际收支账户出现实质性变动，逐步形成贸易经常账户与资本账户同时盈余的双顺差局面，并且资本账户表现出外商直接投资成为支配形态的新格局。从 1990 年到 2004 年的 15 年间，共有 12 年为双顺差；累计经常账户顺差为 2569 亿美元，资本账户顺差为 3178 亿美元。我国国际收支持续双顺差，是经济发展领域的罕见现象，同时也对促成实际汇率的升值趋势发挥了关键作用。

三是与改革开放逐步消化计划经济扭曲效应的阶段性进程有关。计划经济时期我国名义汇率被高估，企业缺乏竞争力，经济在封闭和低效率的状态下运行。计划体制对汇率及与其紧密相关的贸易体制的扭曲影响，突出表现在两个方面：一是改革开放最初十多年间，我国采用内部结算价和外汇调剂市场之类的双重汇率安排，显示官方汇率高估的性质；二是采用出口补贴、高关税和配额等干预手段，勉强维持国际收支的基本平衡。改革开放逐步降低和消除了这类体制性扭曲。一方面通过多次间隔性汇率政策艰难改革，最终在 1994 年汇改时建立了单一汇率体制，基本消化了双重汇率体制体现的扭曲影响。另一方面通过几波推进开放政策，特别是结合"入关"、"入世"谈判做出扩大开放承诺，逐步降低关税和非关税壁垒，使我国目前经济整体开放度高于发展中国家平均水平。不断减少对外经济体制领域的扭曲性政策安排，对促进经济开放成长厥功甚伟，同时也对汇率引入贬值压力；而扭曲效应逐步消化和消除，则有助于人民币实际汇率形成升值趋势。

从劳动生产率相对增长、国际收支平衡态势转变、改革开放进程阶段性特点等角度观察，人民币实际汇率先贬后升合乎我国经济成长的具体规律。然而需要指出，这里的升值趋势，是指人民币实际汇率由经济成长基本面因素作用派生的长期走势，不等于说实际汇率在未来每个时点总会升值。人民币实际汇率的未来展开路径，不仅会受趋势因素影响，而且受国内外其他复杂因素作用，短期可能朝不同方向变动。另外实际汇率升值不等于名义汇率升值，因为实际汇率可能通过相对物价上升而升值。然而经验证据表明，在浮动汇率制时代，名义汇率变动通常是实际汇率变动的最重要解释因素和实现方式。

应对成功带来的新挑战

如果说人民币实际汇率升值是与我国经济成长基本面因素相联系的长期趋

势，从体制和政策配套性角度看，则有必要建立一个具有弹性的市场化汇率体制，来认可和支持这一客观要求。从这一角度观察，7月21日出台的汇改新政具有长期和深远的意义。反过来看，如果长期固守旧汇率体制和平价水平，同时又利用极具中国特色的宏观调控手段遏制住相对物价上涨，则实体经济成长可能会因为实际汇率的升值要求不能得到政策面响应而受到损害。好比一个发育时期青春少年的成长过程，可能被一件过分紧狭僵硬的衣服妨碍。

新汇率政策有助于缓解有关国际政治压力，有助于缓解贸易顺差飙升表现出的内外经济不平衡压力。从长期看，汇率政策调整，有助于利用市场价格手段鼓励企业进行产业结构升级，促进服务业等不可贸易部门成长，逐步提升我国的产业和贸易结构，从而更有效地落实政府倡导的科学发展观。逐步推进人民币汇率市场化改革，对于实现人民币走向完全可兑换这一更为长远的目标，也是一个积极的步骤。

如同其他价格机制作用，深化汇率体制市场化改革也会带来新的困难。经济学理论常识表明，本币实际汇率升值，意味着向经济引入了紧缩因素。21日宣布的汇率变动幅度较小，紧缩效应可能比较有限。然而考虑到目前我国宏观经济正处于景气状态周期性变动敏感时期，并出现某些朝通货紧缩方向转变的迹象，因而对相关政策可能产生的短期影响也需要足够关注，特别要预防汇率政策调整和宏观景气看淡双向夹击可能带来的负面冲击。汇率升值会给我国低端出口部门带来困难，对扩大就业带来压力，对农村劳动力转移速度和时间表产生不利影响。然而本文分析从一个侧面显示，这些冲击和负面影响，毕竟是我国经济发展实质性成功所派生的问题，最终应能在经济开放成长过程中得到逐步解决。

大体从20世纪60年代以来，依托当代技术进步和制度改革条件，产品内分工这一全球生产分工新形态得到空前发展，构成了当代经济全球化新高潮的重要微观基础，并为经济落后国家制定发展战略提供了新的选择空间。过去20多年间，我国实施改革开放政策，对内围绕引入价格信号和激励机制逐步推进市场化改革，对外通过参与国际产品内分工并在产品供应链内拓展攀升加深融入全球经济体系，初步探索出一条具有中国特色的当代大国经济成长道路。在经济发展进程内生出人民币实际汇率升值趋势的背景下，汇率改革新举措对于推动经济持续协调增长具有长期的积极意义。笔者相信，这次汇改新政将不仅是人民币汇率体制改革的一个里程碑，还会作为反映我国整体经济成长的一个标志性事件记入历史。

透视外汇储备过万亿美元现象*

外汇储备超过万亿美元,这一现象成因何在?对于中国经济是福是祸?它释放出怎样的政策信号?长期关注全球化背景下中国经济成长的卢锋教授,对上述问题给出了清晰的答案。

外汇储备过万亿美元是反常态现象

记者:11月6日,央视报道中国外汇储备已过万亿。您如何看待?

卢锋:在新闻意义上这毫无悬念,但它的确是一个具有里程碑意义的事件。这一现象提示我国经济成长进入新阶段。一个发展中国家的外汇储备过万亿美元,无论从标准理论还是国际经验角度看都是反常态现象。特殊现象背后有特殊机制,特殊机制背后有特殊规律。

记者:为何这一现象反常态?

卢锋:所谓反常态,是指一个大国国际收支十多年保持双顺差。

万亿外汇储备的直接成因是我国国际收支的持续双顺差——国际收支中经常账户与资本账户(不包括官方储备)同时出现外汇收入大于外汇支出的盈余状态。我国1994—2005年的12年中有11年为双顺差。而此前,我国国际收支结构较多表现为经常账户和资本账户逆顺差不同方向平衡方式组合,1982—1993年的12年中有9年逆顺差组合。

从理论上看,第二次世界大战后流行的发展经济学标准模型通常假定发展中国家面临两重缺口约束:一是实现目标经济增长率所需投资与国内储蓄之差构成

---

* 记者余力采访撰文,原文发表于《南方周末》,2006年11月16日。

的储蓄缺口；二是经济增长所需进口规模与出口能力之差形成的贸易缺口。外资流入（包括外援）弥合两重缺口是经济发展的必要条件。由于发展中国家需要通过资本流入利用外部储蓄，以弥补国内储蓄不足，并为贸易缺口提供融资，国际收支结构应具有经常账户逆差和资本账户顺差的"逆顺差组合"特点。我国持续双顺差是上述标准模型难以解释的现象。

选择全球 50 个贸易量最大的国家和经济体，统计它们 20 世纪 70 年代以来发生双顺差和显著双顺差的频率。中国发生显著双顺差的频率是全球范围同一指标值的十倍。另外，从外部情况看，这类显著双顺差主要发生在新加坡、韩国、丹麦、中国台湾地区等中小型经济体，中国大陆这样的大型经济体出现显著双顺差极为罕见，最近四年连续保持显著双顺差更是绝无仅有。

万亿储备现象的结构成因：加工贸易与直接投资互动作用

记者：如您所说，标准经济理论可以解释我国在 20 世纪 90 年代初期之前的国际收支结构。那么，为什么在这之后发生了显著变化？

卢锋：这是加工贸易顺差和外商直接投资持续增长互动作用的结果。

改革开放初期近 20 年，我国加工贸易的增长速度显著高于非加工贸易；到 20 世纪 90 年代后期，两类贸易在全部贸易中大体各占半壁江山。加工贸易有一个经济属性，就是它的平衡方式具有创造外汇盈余的特点。截至 2005 年我国加工贸易累计顺差 6609 亿美元，2006 年可能超过 8200 亿美元。与加工贸易不同，我国非加工贸易基本保持逆差，到 2005 年累计逆差超过 3000 亿美元。可见如果没有加工贸易顺差，就不可能有经常账户累计顺差。

从资本账户角度看，外商直接投资到 2005 年累计总额为 6200 多亿美元，2006 年可能要增长到 6700 亿美元，构成支持我国资本账户顺差的最重要因素。加工贸易累计盈余与 FDI 流入额之和到 2005 年约为 12775 亿美元，比当年末外汇储备 8189 亿美元多出 4586 亿美元，除弥补非加工贸易累计逆差 3114 亿美元外，还对国际收支其他项目累计逆差 1000 多亿美元提供融资。

尤其值得注意的是，我国外商直接投资与加工贸易之间存在密切联系。2003 年数据显示，约八成加工贸易由外资企业承担或参与，其中外商独资企业是从事加工贸易外资企业的主角。

万亿储备现象的深层根源：产品内分工与开放追赶

记者：什么动力推动我国加工贸易顺差和外商直接投资持续增长？

卢锋：这与产品内分工作为微观基础的当代经济全球化特点存在深刻联系。

从国际分工形态演变的角度看，当代经济全球化的最重要特点，是产品内分工迅速兴起并在国际分工领域扮演越来越重要的角色。产品内分工，是指将产品生产过程包含的不同工序或区段分布到不同国家和经济体进行，使特定产品生产过程的不同工序或区段通过空间分散化展开为跨区域或跨国性生产链条或体系。

当代产品内分工的最基本源泉仍是由不同国家资源禀赋结构决定的比较优势因素，企业内部和外部规模经济也构成产品内分工的利益来源。产品内分工的发展动因来自当代技术进步和制度改进。特别是信息通信和交通运输技术革命，多边、双边、单边、区域贸易自由化取向制度改革，极大地降低了跨境经济活动的交易成本。

从当代产品内分工的具体发展过程看，1963 年美国实行"生产分享"政策，鼓励服装、电子等行业产品劳动密集型工序向海外转移，中美洲和东亚的某些国家和经济体承接美国企业外包工序，构成推动当代产品内分工兴起的早期关键因素。

产品内分工新生产方式的兴起，为经济落后国家探索和选择外向型发展模式提供了新的有利外部条件。东亚四小龙的经验显示，早期通过承接和参与某些制造业最终组装等相对简单工序切入全球生产分工体系，随后通过在产品内分工系统内部学习和提升能力，有可能向有较高增加值的工序和环节攀升，构成推动经济持续增长的关键因素。

我国计划经济实践受挫后探索新的发展道路，借鉴其他国家利用产品内分工环境促进自身成长的经验，构成开放战略的有机内容。

观察数据表明，加工贸易盈余是我国经常账户顺差的最重要决定因素。外商直接投资大规模流入，重要动因之一在于利用我国资源的比较优势，通过直接投资形成生产能力以获取利润，并在客观上推动我国经济成长为全球供应链的一个重要环节。由此可见，双顺差现象的直接原因是加工贸易与外商直接投资的互动作用，深入观察则是在以产品内分工为特征的当代经济全球化背景下，我国改革开放政策大幅度降低参与国际分工的交易成本后，企业和劳动者通过学习和创新发挥出我国资源比较优势和大国规模优势的结果。

万亿储备现象的政策背景：人民币实际汇率低估失衡

记者：以产品内分工为特征的全球化进程影响了众多发展中国家，可以看到，加工贸易顺差和外商直接投资持续增长这两个因素在这些国家也存在。那么，为何从国际比较看，中国会出现如此与众不同的持续双顺差？

卢锋：由于双顺差和相应外汇储备增长是国际分工深化和比较优势原理发生作用的结果，经济快速追赶国家一定时期可能出现双顺差局面。同时，我国近年外汇储备超常增长又与人民币实际汇率低估存在显著联系，从政策角度看具有失衡性因素。

实际汇率定义为经过名义汇率调整的国内外相对价格。一个经济实体基本竞争力很弱时，本币实际汇率需要定在较弱水平，才能在国际竞争中发挥资源比较优势并支持开放发展战略。如果经济竞争力持续增强，则需要实际汇率升值以协调内外部经济关系。

依据国际经济学巴拉萨－萨缪尔森效应理论假说，本币实际汇率的长期走势由可贸易部门相对劳动生产率决定，名义汇率由可贸易部门相对单位劳动成本决定。如果一国经济追赶伴随可贸易部门劳动生产率相对增长，本币实际汇率可内生出通过一般物价相对上涨和（或）名义汇率走强而展开实现的长期升值趋势。

20 世纪 90 年代中后期以来我国可贸易部门的劳动生产率相对快速增长，可贸易部门的单位劳动成本相对持续下降，经济成长基本面变动与 20 世纪 90 年代后期实行的钉住美元汇率制不相匹配，构成近年人民币汇率低估失衡的基本背景。

一方面，相关数据显示，1995－2005 年我国可贸易部门的代表制造业的劳动生产率提升 3.4 倍，不可贸易部门的代表服务业的劳动生产率增长 80%，制造业相对服务业生产率提升 2.4 倍；这一指标比美国等发达国家相对增长 60%－90%。依据巴拉萨－萨缪尔森效应假说，要求人民币实际汇率通过相对物价上升或（和）名义汇率升值而显著升值。

另一方面，1995－2005 年我国制造业的名义工资增长 2.1 倍，实际增长 1.6 倍，年均增长率约为 10%，实际工资增长不仅与计划经济时期年均 0.4%的增长率不可同日而语，也大大高于 1978－1995 年 4.2%的年均增速。然而由于劳动生产率增长得更快，制造业的单位劳动成本下降 30%，比美国相对下降 22%，比 13 个 OECD 成员国下降幅度更大，要求人民币名义汇率显著升值。

然而由于种种因素制约，人民币汇率在一段时期内难以对经济基本面变动做出相应调节和反应。人民币名义汇率在东南亚金融危机后采取钉住美元政策，2005年7月汇率体制改革后才开始温和升值。

给定名义汇率走势，加上世纪之交国内宏观经济出现通货紧缩，一般物价增幅低于发达国家平均水平，因而实际汇率不仅没有升值反而有所贬值。人民币钉住汇率制与我国生产率追赶不匹配所引入的汇率平价与国际收支失衡性影响，在世纪之交被东南亚金融危机冲击引发的人民币贬值市场预期因素抵消冲淡，然而由于东南亚金融危机没有改变我国经济成长基本面派生的升值压力，2002年前后危机影响烟消云散之后，人民币实际汇率低估失衡的属性便凸现出来。

记者：关于人民币汇率政策的争论一直没有停息。显然，您认为，人民币实际汇率的低估并不利于我国经济？

卢锋：汇率低估和外汇储备过量增长对我国经济发展具有负面影响。被动持有过量巨额外汇储备，会因为本外币资产未来预期收益差异以及人民币实际汇率最终升值带来很大的国民福利损失。更重要的是，汇率低估会限制利用利率等市场性手段调节宏观经济运行，而过多依赖替代性行政调控手段，这会对经济发展的长期成长带来不利影响。

万亿储备现象的启示意义：经济成长进入名义追赶提速新阶段

记者：人民币实际汇率升值的趋势会长期持续吗？

卢锋：从长期供给面角度看，我国经济成长前景根本上取决于能否通过生产函数持续变动推动劳动生产率持续增长。如果回答是肯定的，则人民币实际汇率将会面临长期升值趋势，并推动我国经济成长进入名义追赶速度超过实际追赶速度的新阶段。

改革开放以来，我国经济的名义追赶与实际追赶相对速度在不同阶段具有各自特点。数据显示，1978－2005年，美国人均GDP从1.03万美元增长到4.2万美元，中国用汇率折算的人均美元GDP相对美国的比重从2.2%上升到4.1%，相对美国人均收入的比重或名义追赶增幅不到1倍。

将用美元衡量的我国相对美国人均GDP比例变动作为分子，将用我国本币衡量的人均实际收入相对美国增长幅度作为分母，二者相除得到"名义/实际追赶指数"。以1978年"名义/实际追赶指数"为100，该指数在改革最初十多年间持续下降，1994年达到最低点为29。过去十年前后该指标止跌回升，但是上升速度缓慢，2005年为34。改革开放时期28年总计，我国经济名义追赶速度仅约为实际追赶速度的三分之一。

由于我国未来经济增长将继续伴随劳动生产率快速追赶，同时由于目前实际汇率的某种低估，有理由相信人民币实际汇率将面临长期升值趋势，从而派生出未来一段时期我国经济名义追赶超过实际追赶的特点。从我国经济发展历程看，这无疑将代表一次历史性跃迁。

我国经济成长新阶段的机遇和挑战

记者：进入名义追赶超过实际追赶的阶段意味着什么？

卢锋：外汇储备过万亿美元的现象，提示人民币实际汇率正在进入"后升"阶段，也提示我国经济成长进入名义追赶速度超过实际追赶速度的新阶段。

我国未来经济成长的前景，关键取决于我们能否继续推进并基本完成市场化取向改革，取决于经济全球化相对开放的外部环境能否得到维护和发展。在上述内外体制环境假定能大体满足的前提下，我国国内快速物质和人力资本积累，大规模技术转移、吸收和创新等基本增长因素，将为总体生产函数的结构和参数持续变动提供必要条件，从而奠定我国经济未来一段较长时期持续快速增长的可能性。依据劳动生产率快速追赶与本币实际汇率升值趋势关系的一般原理以及国内外相关经验，持续实际追赶将通过人民币实际汇率升值使名义追赶以更快速度展开。因而从理论、现实、历史等不同角度考察，20年后我国人均收入超过一万美元的预测分析目标是有可能实现的。

记者：20年后我国人均收入超过一万美元，这会是一个依据经济内在规律自然实现的目标吗？

卢锋：需要清醒地认识到，这更是一个时不我待因而需要力争实现的目标。我国人口结构的演变趋势清晰显示，能否在未来一段时期保持快速追赶，将决定我国经济崛起最终能够达到的相对历史高度。

联合国人口及预测数据显示，我国已经进入快速老龄化阶段，年龄60岁及以上的老龄人口比例到2030年将达到24%，与美国当时的24.7%预测值相差无几；2050年将达到31%，超过美国26.4%的预测值。我国劳动人口总抚养比将从2005年的0.41下降到2010年的最低点0.38后止跌回升，到2025年将达到0.462，平均劳动力负担老龄和儿童人口的人数相对增长 21.6%。如果我国未来 20 年不能快速缩短与发达国家的差距,"未富先老"的人口结构将意味着历史可能永远不会给我们第二次机会。

实现经济成长新阶段的发展目标需要多方面政策调整。促进资源有效配置和持久经济活力的体制保障是经济追赶的根本条件,因而需要深化改革以健全和完善社会主义市场经济体制和运行机制。近年经济发展实践提出新改革议程。一是切实落实民营企业在行业准入方面的平等待遇,真正解决很多领域准入方面存在的"玻璃门"问题。二是科学界定宏观调控的范围和手段,政府发挥宏观管理和调节职能应与市场体制原理和机制运行要求兼容一致。三是深化和推进土地、矿产等基础资源产权制度改革,满足经济成长新阶段对体制创新的更高要求。

管理一个快速变动的经济和社会转型进程,面临如何协调各种复杂矛盾和利益的挑战,因而需要加强以控制外部性和增进社会和谐度为目标的干预政策。需要切实加强环境保护监管,应对经济发展带来的环境压力;通过支持基础教育和技能培训,以及必要的收入转移政策,缩小居民收入差距并使更多人民分享到发展成果;需要重新评估传统人口政策,适当放松人口出生管制以缓解未来人口老龄化和总抚养比快速增长带来的压力。

企业是经济大时代的主角,我国企业的表现是未来我国经济发展目标能否实现的最终决定因素。企业要成功应对经济成长新阶段实际汇率升值和要素价格提高带来的新挑战,需要系统提升自身的素质和能力,其中深化产权改革和完善治理机制是前提,发挥学习效应以积累人力资本是关键,推进技术创新并提升产业结构是重点,强化竞争优势以增进盈利能力是根本。

对人民币汇率争论的理论思考[*]

对中国汇率低估问题的讨论，从 2001 年英国《金融时报》发表评论文章开始，至今已延续 5 年多。我国的单个经济政策在国内外引起如此广泛的关注，分析观点和意见在学术界出现如此大的分歧和争论，在我国经济政策史上也属罕见。汇率作为调节开放经济与外部经济联系的基本价格变量，具有牵一发而动全身的复杂影响，对这个经济发展实践提出的重大问题，需要把理论和现实结合起来进行深入探讨。

我认为对这一问题需要从比较长期和理论分析角度进行研究。我的看法可概括为两点：一是人民币汇率政策争论集中在名义汇率调整问题上，但是从分析角度看实质问题在于实际汇率是否失衡，因而需要有实际汇率概念；二是可以中国经济发展为视角，分析在经济快速追赶的背景下人民币实际汇率的长期变动是否存在趋势和规律，作为我们把握短期问题讨论的参照。为此需要结合我国现实情况，重新研究国际经济学巴拉萨—萨缪尔森效应理论假说（以下简称"巴拉萨效应"）。

在汇率政策讨论中建立实际汇率概念和分析视角，是国际经济学理论的常识性要求。实际汇率是利用名义汇率调整得到的两国相对价格。一个盒饭 8 元钱，这个名义价格还不足以显示盒饭贵贱，需要与其他物品和服务的名义价格比较才能得到显示其相对稀缺度的实际价格信息。依据类似道理，开放经济体调节内外经济关系的基本价格变量是实际汇率，名义汇率的影响需要在实际汇率的基础上加以定义和阐述。

从长期分析思路看，人民币汇率争论的实质在于要回答一国经济在快速成长

---

[*] 原文发表于《学习时报》，2007 年 5 月 7 日。

并逐步缩小与发达国家差距的追赶过程中，其本币实际汇率是否存在某种变动趋势？如果存在这方面趋势，如何在经济学理论和国际比较经验基础上阐述其发生机制和经济学逻辑？如果这方面趋势能在一般理论层面得到解释，如何结合我国经济发展经验证据现实分析人民币近年是否失衡？

国际经济学巴拉萨效应理论构成从这一角度讨论的起点模型。名称有点生僻，然而经济含义很简单，是要解释国际价格比较领域的一个司空见惯的现象，就是如果把 100 美元用汇率兑换为不同国家的货币，在穷国能够买到比富国更多的物品，也就是穷国物价比富国低，或者说穷国的市场汇率平价高于购买力平价因而二者比率即实际汇率小于 1。以我国现阶段情况为例，2005 年汇率转换人均收入为 1740 美元，用购买力平价转换人均收入为 6600 美元，说明我国物价比美国这类富国便宜三倍以上，相对价格即实际汇率不到 0.3。

巴拉萨效应通过引入两部门劳动生产率差异等假说解释这类现象。假设各国产出或消费品中包括"可贸易品"和"不可贸易品"两部门商品，假设可贸易部门劳动生产率国际差异较大，即穷国生产率远低于富国；不可贸易部门劳动生产率国际差异较小。国际贸易使可贸易品价格大体可比，穷国相对国外很低的劳动生产率，导致该部门相对国外很低的工资水平。然而一国内部劳动力部门间流动性对两部门工资产生趋同性影响，结果不可贸易部门虽然生产率与国外差距不大，由于工资与可贸易部门大体均衡也远远低于国外水平，从而使该部门价格也相应低于国外水平。由于一篮子产品价格包含两部门产品，穷国不可贸易品价格相对国外较低，导致一般物价相对国外较低，因而实际汇率并不像购买力平价假设的那样等于 1。这个理论简洁清晰，对国际相对价格差异提出了一个逻辑一致并且得到广泛国际经验证据印证的解释。

把这个解释运用到经济发展过程，可以获得对我们研究问题具有重要认识参考意义的推论。如果巴拉萨效应对给定时点处于经济发展不同阶段的国家相对价格差异具有解释力，把它运用到一国经济追赶动态过程中对其实际汇率变动也应具有解释力。依据巴拉萨效应的基本逻辑，一国经济如能发生持续追赶过程，其生产率提高的结构属性会内生出本币实际汇率的升值趋势。由此可见，巴拉萨效应并不是一个全面解释实际汇率决定因素的理论，但是对不同国家实际汇率的差异或者一个国家经济发展不同阶段实际汇率的变动，提供了一个长期供给面因素的理论性解释。

可以用一个思想试验进一步表达上述推论。假定得到"神力佑助"，我国经济在一夜之间赶上美国，我国人均收入与美国大体相当，依据巴拉萨效应推测，人民币实际汇率也会在一夜之间升值3倍左右，使人民币汇率与购买力平价大体一致。对这个凸现巴拉萨效应实质含义的假设性推论，国际比较数据给出了确定无疑的经验支持。对100多个国家相对价格与经济发展指标的回归分析显示，至少在人均收入大跨度变动的分析场合，两个变量由巴拉萨效应所提示的对应关系显著成立，把这类截面数据证据推演到时间序列场合也应当成立。另外当代成功完成追赶国家的相对价格变化轨迹也支持这一推论。

实际追赶当然不可能在思想试验中完成，对于中国这样的大国即便能有幸实现追赶，也至少需要几代人的持续努力才有望实现，因而巴拉萨效应推论的实际汇率变动在现实世界会作为一种趋势性力量逐步展开。然而上述讨论说明，如果我们相信中国经济追赶有望持续，给定目前我国不到0.3的相对价格水平，人民币实际汇率迟早需要进入升值通道。在这个意义上，人民币实际汇率升值是我国经济发展成功带来的问题，也是管理一个成功追赶进程所难以避免的问题。

问题在于人民币实际汇率的升值阶段何时到来？对这个问题需要通过仔细观察我国经济发展实践的经验证据寻求解答，而不能仅仅根据理论推论或成见加以判断。观察我国经济发展的实际情况，观察人民币汇率的争论情况，可以看出最近几年人民币实际汇率升值开始变成重大现实问题。这一议题确实较早在外国媒体中提出，甚至被外国某些不怀好意的政客和评论家借题发挥，然而我们不能因为外国人首先提出，就认为这一定是没有实质意义的伪问题。2001年《金融时报》那篇题为"中国廉价货币"的评论文章，用日本果农面临中国水果进口压力作为人民币低估的证据，认定操纵汇率是日本和中国经济追赶的基本战略，其逻辑和推论都错得离谱！然而也不应否认，正是这篇短文在错误的时间和地点，用错误的对象和推论，提出了一个有意义的问题。对此不必因人废言，也不必因言废事，而应从我国经济持续追赶目标出发，依据我国经济发展的现实情况，实事求是地分析问题背后的客观规律。

如果发生可贸易部门劳动生产率相对追赶，依据巴拉萨效应假说，本币的均衡实际汇率需要升值。问题在于这一升值是通过名义汇率升值实现，还是通过一般物价较快上涨升值，抑或通过二者某种组合实现。在巴拉萨效应理论提出的1964年，布雷顿森林国际货币体系仍如日中天，固定汇率制是讨论现实经济问题的普遍假设，因而有关原始文献没有特别讨论通过名义汇率升值的可能性。然而从理论和经验分析上看，可以假设由巴拉萨效应发生的实际汇率升值要求，有可能通过物价变动实现，也可以部分甚至完全通过名义汇率升值实现。

可以通过一个简单修改的模型对巴拉萨效应提出一个拓展表述，得出可以通过名义汇率变动实现巴拉萨效应派生的实际汇率升值要求。分析实际汇率升值具体方式，关键取决于劳动生产率快速增长的同时，工资是否与劳动生产率同比例增长，即单位劳动成本是否变动。从理论上看，如果可贸易部门的劳动生产率与工资同方向并且同比例增长，那么实际汇率升值会通过物价变动实现。如果可贸易部门的工资增长低于劳动生产率增长，该部门单位劳动成本会下降，实际汇率升值则至少部分需要通过名义汇率升值实现。

由此可见，从巴拉萨效应角度观察人民币汇率的长期变动趋势，关键是要考察两方面的经验证据。

一是考察我国可贸易部门相对劳动生产率变动情况，观察人民币实际汇率是否发生趋势性变动。我在研究中以制造业作为可贸易部门的代表，服务业作为不可贸易部门的代表，仔细整理估测了改革开放以来两部门的劳动生产率数据，并与美国等13个OECD成员国的同类数据比较，发现1995年以来的十余年间，我国可贸易部门在两重相对意义上劳动生产率增长接近一倍，对人民币实际汇率引入了升值压力。然而对照现实情况，虽然人民币实际汇率在1994—1997年明显升值，然而1998年以后直到2005年汇改前反而呈现贬值趋势，由此推论人民币实际汇率可能存在显著低估。

二是考察我国可贸易部门的单位劳动成本相对变动情况，观察人民币实际汇率升值是否需要通过名义汇率升值来实现。通过考察相关数据，发现1995年以来的十年前后，我国制造业的单位劳动成本相对发达国家呈现下降趋势，不同度量指标累计下降幅度在30%—40%。依据巴拉萨效应拓展解释，这方面变动对人民币名义汇率引入了升值压力。对照实际情况，人民币兑美元以及有效名义汇率虽然在1994—1997年明显升值，然而从1998年到2005年汇改前也表现出贬值趋势，由此推论人民币名义汇率可能存在显著低估。

巴拉萨效应并不是完整的均衡实际汇率理论，而是揭示了一个经济追赶过程中的国家其货币均衡实际汇率的供给面最重要的长期动态因素，因而仅仅利用巴拉萨效应并不足以解释给定时期实际汇率的具体表现。讨论人民币汇率问题，还需要考虑巴拉萨效应模型没有包括的其他重要变量。例如我国计划经济时期为推行进口替代战略而人为高估人民币汇率，改革开放时期消化汇率高估扭曲在一段时期内要求实际汇率持续贬值。另外研究近年来人民币均衡实际汇率的变动，还需要考虑经济景气周期的变动以及东亚金融危机外部冲击影响等方面因素。我在系列研究论文中分别考察了这些因素，结果发现上述人民币汇率低估判断仍能成立。

对于一个发展中国家，高估汇率与低估汇率在面临硬性约束方面具有某种不对称性。维持一个低估汇率并非不可能，然而要承担国际收支失衡所带来的直接和间接代价。与商品价格人为高估会导致供过于求和过量库存的道理相类似，汇率低估即高估外汇资产价格，会表现为贸易盈余和外汇储备过量增长。我国近年贸易盈余和外汇储备超常增长，外汇储备去年年底超过万亿美元这一全球范围创纪录水平，一方面与当代以产品内分工为微观基础的经济全球化环境下我国经济开放成长的具体道路有关，另一方面也与人民币汇率低估存在联系。经济规律作用意味着，你可以不接受汇率低估判断，然而难以阻止通过外汇储备激增表现的国际收支失衡；好比过去我们不承认汇率人为高估，但是没法阻止外汇黑市交易一样。

目前汇率高估和国际收支失衡的第一个代价，是外汇储备占款的机会成本太高导致负面福利影响。过去近半个世纪美国长期国债的平均实际收益率大约在3个百分点上下，考虑管理大国庞大外汇资产实行组合投资在委托代理层面存在特殊困难和风险，考虑上面讨论的人民币实际汇率升值趋势，未来10—20年万亿美元规模外汇储备资产用本币——人民币衡量的实际年均收益率期望值，可能接近于零，不排除等于零甚至为负值。CCER/CMRC"中国经济观察"研究组最近对我国工业资本回报率进行了深入研究，经过仔细分析，数据显示，我国资本回报率近年来发生趋势性强劲增长，近年真实回报率大约在10%上下。汇率低估、国际收支失衡和过量外汇储备，显然对国民福利带来不小损失。

从宏观经济管理和市场经济体制改革的角度看，汇率低估使得运用货币政策调节经济景气面临约束和困难，因而不利于控制和改变宏观调控微观化倾向，对健全和完善社会主义市场经济体制也有不利影响。在我国经济快速追赶的阶段贸易摩擦难以避免，然而汇率低估会使这方面压力更为严重。相关政策需要在权衡利弊和比较损益的基础上做出选择，因而我认为政府2005年汇改是一个明智而务实的政策调整。解决我国国际收支失衡需要采取综合措施，然而允许实际汇率升值应当是其中一项必要而重要的内容。仅用汇率手段确实不行，然而在汇率低估的背景下完全不用汇率工具也是不行的。

中美经济外部失衡的镜像关系[*]

人均收入仅有 2000 美元的中国,为世界上最富裕、最强大的美国提供最大规模的融资,无疑是当代经济全球化背景下出现的极为新奇和重大的经济现象。

过去不到半个世纪里,美国经历了三次引起广泛关注和政策调整的外部不平衡。最近一次就在眼前——2006 年贸易和经常账户赤字占 GDP 的比重超过 6%。与此同时,中国成为美国最大贸易顺差国,中美两国各自的外部不平衡一定程度上构成了互补对称的镜像关系。

近年来,美国学术界对其外部不平衡现象提出"可持续论"和"不可持续论"两种观点。前者认为,在金融体系方面,美国资本市场和金融系统提供多样化金融工具,资本市场广泛且深厚,因而其他国家净储蓄资金流入美国具有经济合理性。

可持续论有其道理,而且一段时期以来在美国财经决策层中居支配地位。不过,从这次次贷危机可以看出,可持续论者过于乐观了。对于目前仍在深化发展的次贷危机,分析人士通常从金融监管必要性、金融工具创新和金融分散风险功能的两面性等角度讨论。然而我认为,次贷危机与美国经济的外部失衡也有重要关系。深入理解次贷危机可以发现这样的因果链条:外部失衡—流动性过剩—房价虚高—过量消费—放贷过度—次贷危机。

从危机发生的深层根源看,外部不平衡和次贷都与美国金融能力的相对优势有关,是同一条"好事变坏事"树藤上的两颗果实。从次贷危机爆发影响看,美国在调整外部失衡时不仅面临通胀和衰退双重压力,还面临金融体系动荡问题,使美国经济前景面临更多复杂性和更大不确定性。我用一个比方来解释次贷危机与外部失衡之间的深刻关联:有人认为,美国人体质好,可以多吃人参鹿茸;我

---

[*] 原文发表于《上海商报》,2008 年 8 月 14 日。

国人体质差，只能吃五谷杂粮。而次贷危机的教训正是——人参吃得太多会上火。

作为美国外部不平衡的主要镜像国，中国近年经济景气增长也伴随外部不平衡快速扩大。我国贸易顺差虽然从产品内分工和加工贸易角度看有一定合理性，然而近年来几何级数式的激增显然也同样难以持续。去年以来新一轮通胀，把近年来"汇率偏低、顺差偏高、货币偏多、增长偏快"的宏观运行模式失衡性进一步明显呈现出来，也把中国外部不平衡的不可持续性更清晰地显现出来。随着政府宏观调控政策取向调整和力度加大，中国经济正在对多年累积的失衡进行修正。但调整确实带来了经济收缩的阵痛，特别是给外需产能最为集中的部分沿海省份带来较大压力，引起眼下关于"保控"优先度的讨论。

中国政策调整可以出的"牌"比美国多。随着我国经济规模扩大，建立比较灵活的汇率调节机制，搞对汇率这一开放经济最重要的相对价格，不仅对经济可持续增长与宏观经济稳定具有重要意义，对全球经济增长也有可识别的积极影响。

外部失衡增长模式终结[*]

新千禧初年，中国经济见证强劲景气增长。其他领域也取得长足进步，推动经济社会发展迈上新台阶。快速追赶不可避免地伴随多方面矛盾展开。宏观增长结构方面的突出问题，是受汇率低估调整滞后和其他结构性因素的影响，加上美国对外部赤字治理不力等外部条件配合，出现外部不平衡持续扩大，并造成宏观稳定运行困难。对此，可以从以下几方面来观察。

一是外需迅猛增长并推动总需求过快增长。比较1979—2002年与2005—2007年两段时期，最终消费增长贡献率从63.8%下降到40.3%，降幅超过三分之一；其中，居民消费贡献率从47.3%下降到29.4%，降幅近四成。固定资本形成贡献率从32.1%上升到39.9%，增幅约四分之一。贸易顺差贡献率从2.1%上升到19.2%，增长逾8倍。

二是外汇储备飙升推动货币和信贷过度扩张。在"强制结售汇"体制下，汇率失衡推动外汇储备指数型增长，迫使央行通过大规模公开市场操作来控制货币供给过量扩张。2002年开始大规模发行央票，作为短期货币政策工具，到2008年4月，累积余额已高达4.3万亿元。然而，对冲难以完全阻隔储备激增对货币增长的"倒灌"作用，广义货币过快增长的压力挥之不去。

三是推动资产价格虚高增长。住房、股票甚至字画、古玩等各类资产价格大幅增长，是新一轮景气增长的重要特征。资产重估在相当程度上具有合理性，反映了中国产权改革、消费和投资结构变动、不可贸易品相对价格趋势上升等积极变动作用。然而，本币汇率低估鼓励外资流入套利，对某些资产价格过度飙升有明显的推高作用。

四是推动日常消费品价格上涨，使通货膨胀在消费物价这个最常规的指标上

---

[*] 原文发表于《财经》2008年第21期。

得到体现。外部失衡"倒灌"发行的过量货币在经济体内部游走一圈,并将早先的"价格洼地"填平加高之后,前一段再次在消费品领域发力。CPI 同比增长率从 2007 年年初的 2.2%一路上升到 11 月的 6.9%;今年年初,一度上升到 8%以上。

五是维护低估汇率导致难以灵活运用利率这一货币政策利器。2007 年 7 月,美联储开始快速降息。受人民币与美元利差等因素制约,进入 2008 年后,央行未能动用利率工具,不得不主要通过准备金率和信贷数量控制等低效手段来实施货币政策。名义利率呆滞,消费物价飙升,实际利率为负,基本参数扭曲给宏观经济运行注入较大风险。

六是在美国次贷危机带来全球经济不确定因素增加的背景下,人民币升值预期以及人民币与美元利差等因素推动境外套利资金违规流入,加剧国内货币供应过多压力。人们呼吁停止升值以"打消升值预期"并"挡住热钱流入"。然而,问题在于,目前的困境与前一段汇率调整滞后具有因果关系。如果币值客观低估失衡,试图通过政府停止升值来改变市场预期,难免有缘木求鱼之忧。

2007 年以来,国内通胀走高、美国负债消费增长盛宴杯盘狼藉,内外条件变动使"汇率偏低、顺差偏高、货币偏多、增长偏快"的矛盾更加突出,凸显现行运行模式的不可持续性。政府通过加快升值、收紧货币等措施调整失衡,并取得广义货币增长率、经济增长率、CPI 同比增长率"三回落"的成效。面对宏观经济严重失衡,2007 年下半年和 2008 年上半年的紧缩政策显然具有必要性。

然而,我们也在承受治理失衡的阵痛。对汇率扭曲鼓励形成的低效外需产能实施调整,伴随着增长减速。次贷危机引发全球金融风暴,加大了中国外需调减的冲击压力。加上房地产市场低迷、结构性成本上升以及奥运会等因素影响,国内投资和经济增速下滑较快,货币和总需求走弱态势逐步明朗。9 月 16 日,央行降低"两率",显示调控政策正在对经济形势转变作出反应。货币政策本质是短期政策;如果总需求疲弱和紧缩风险增大,货币政策也需要跟进,进行相应调整。

从更广阔的视角看,目前还要加快推进相关改革和结构调整。应抓住有利时机,尽快推出增值税转型等税制改革,加快多年滞后的农地流转权改革,实施拓宽民间融资渠道的金融体制改革,还应加强劳动力就业转岗培训以提升劳动力灵活调整能力。中国仍处于经济快速追赶阶段,长期基本面因素向好。如果政策调整得当,有可能在较高资本回报率的支持下,通过重新激发国内投资,启动新一轮内需导向的均衡增长,并由此对稳定动荡不安的全球经济形势发挥积极影响。

中国治理外部失衡须增紧迫感*

我国最近发布的"十二五"规划建议指出,将推动"国际收支趋向基本平衡"。这无疑是正确的方针。然而从近年经验和现实情况看,治理外部失衡要增加紧迫感和提高政策优先度。

新世纪的最初十年,我国经济强劲增长,但也面临"双顺差"规模扩大、外汇储备飙升等外部不平衡问题。"十一五"规划就已经把"国际收支基本平衡"作为经济社会发展的主要目标之一,显示决策层早就认识到了外部失衡的危害。

然而政策执行效果并不理想。数据显示,我国贸易顺差从2000—2003年的年均不到230亿美元,增长到2008年的2900多亿美元,几年间扩大了十几倍。受金融危机影响,我国贸易顺差去年和今年年初明显下降,然而今年前三季度又重新增长,第三季度回升到了650多亿美元的高位。

我国处于经济追赶阶段,国内投资回报率较高,虽然对外资投资证券实施了较为严格的QFII管制,但外商直接投资和私人资本账户仍有相当规模的顺差。经济学理论通常假定,发展中国家面临储蓄和贸易"双缺口",因而需要外资提供融资。但我国的情况完全不同,过去十余年一直存在经常账户和资本账户"双顺差"。

持续"双顺差"导致外汇储备规模超常增长,从世纪初的1600多亿美元,增长到2006年年底的超过万亿美元,近年更是持续飙升至目前的超过2.5万亿美元。由于外汇储备投资收益率较低,加上人民币的升值趋势,用人民币衡量,外汇储备的收益率或许为零。对比我国近年通常十多个百分点的工业资本回报率,把我国的国民储蓄被动置换为外汇储备显然要承受很大的财务和福利损失。

外部不平衡有诸多原因,其中一个关键因素是,我国生产率快速提升与人民币汇率弹性不足不相匹配。我国制造业的劳动生产率在2000—2009年增长了2.33

---

* 原文发表于FT中文网,2010年12月7日。

倍，是 OECD 成员国的 1.65 倍。在生产率和相对竞争力快速提升的背景下，僵硬的汇率难以发挥对国际收支的价格调节作用。人民币汇率动态低估，意味着外汇资产的人民币价格被高估，部分造成了外汇储备的福利损失。

汇率弹性不足也限制了对利率政策的灵活使用，货币政策调节总需求的功能无法充分发挥。对近年经济增长偏快、通胀压力挥之不去以及资产价格间歇式飙升等宏观问题，只好采用形形色色的产业政策和数量控制手段加以应对，不仅派生出"宏观调控干预微观运行"的问题，也导致政策干预的"叠加效应"，使宏观调控难度越来越大。

外部失衡不利于维护相对宽松的外部经贸环境。诚如我国官方表示，中国并未刻意追求扩大贸易顺差，且美国对全球经济失衡负有主要责任。然而多年来顺差增长过快、规模偏大等事实，让我国在应对外部失衡带来的国际矛盾时处于被动地位。近来一些国家干预汇市和竞争性贬值，也明里暗里地用人民币汇率和我国外部失衡情况"说事"。最近巴西财长还提议 IMF 创建"汇率操纵指数"报告机制，显示我国在这方面可能面临更多的外部压力。

外部失衡使我国经济陷入了一种前所未有的高风险国际关系游戏之中：巨额贸易顺差意味着美国可以大肆印钞购买中国商品，中国出口企业按低估的汇率向央行结汇，央行资产负债表累积了价值超过 20 多万亿人民币的外汇资产，不得不用外汇购买外国国债，变相向美国等发达国家的消费提供融资。这一游戏持续时间越久，规模越大，我国国民储蓄的风险就越高。

可见，无论是从保持宏观经济的稳定增长，或是从维护宽松的外部经贸环境，还是从规避和控制风险过度积累等方面考虑，我们都需要加紧治理外部失衡。

与世纪初相比，目前治理外部不平衡，时机更为成熟。当年，对外汇储备规模是否过量，有不同观点，而目前外汇储备已超过 2.5 万亿美元，规模过大已成不争事实。上世纪末，国企转型阵痛中失业压力大增，客观上约束了治理外部失衡的努力。而"十一五"期间，得益于经济的快速增长，我国非农岗位创造的就业和农业劳动力转移规模，双双打破历史纪录，就业压力得到缓解，为应对外部失衡提供了较多的政策腾挪空间。

治理外部失衡需要一系列组合措施。它们包括，通过减税和增加财政转移支付改革增加居民可支配收入、减少投资部门准入管制以鼓励民营企业扩大投资、进一步降低进口关税等。尤其关键的是，应转变视角，以中国经济发展长远利益为本位，探讨人民币汇率改革问题，通过"干预限量、价格放开"，来增加汇率弹性。

直面人民币升值"恐惧症"*

中国经济追赶基本面条件形成了人民币升值趋势,体制政策安排应当顺势而为,建构适应大国成长的开放宏观政策体系。

近日,沉寂一时的人民币汇率问题再度被热炒,国内外专家学者各执一词,争论不下,其中不乏阴谋论说辞。在某种意义上讲,对于人民币汇率问题,国内一直存在着这样一种情绪:不喜欢提升值,尤其是不喜欢外国人提升值。其实,问题的关键,不在于国外指责人民币汇率的意图何在,而在于如何调整汇率才能更符合中国经济发展的要求,中国究竟需不需要恐惧人民币升值?为此,《小康·财智》专访了北京大学中国经济研究中心卢锋教授,与他探讨对这个问题的看法。

以我为主看升值

有关人民币汇率问题的讨论,从 2001 年英国《金融时报》发表题为"中国廉价货币"的评论文章开始,到 2009 年已有 8 年时间,并且每次争论往往是由国外选手"开球"。人们可能要问,汇率制度的选择和改革归根到底是一国内政问题,西方国家凭什么对人民币汇率指手画脚?对此,卢锋表示:"汇率变量的常识性定义,是指两国货币的比率关系,定义性地涉及对外经济关系,因而对这个问题,国外企业、学者、组织机构从不同角度和动机出发自然会有不同评议和诉求。其实,关于人民币汇率问题,外国人意见也并不一致。很多外国人认为应该升值,也有不少学者持相反观点,如麦金农教授、蒙代尔教授一直高调倡导人民币不应当升值,在国内媒体都有广泛报道。因而研究人民币汇率问题,虽然需要关注外

---

* 原文发表于《小康·财智》2009 年第 11 期。

国人的看法，但是基本分析立场应当以我为主，以我国经济利益作为根本出发点，研究浮动和稳定对我国经济开放发展整体的长远利益，分析人民币汇率在长期过程中到底有没有客观的浮动升值要求，在此基础上导出相应政策方针。从人民币升值不能解决外国问题立论否定人民币政策调整的必要性，甚至把是否赞同人民币浮动升值作为'好人坏人'标签的观点，无益于求得正确认识。"

在卢锋看来，目前关于人民币汇率的争论集中在名义汇率调整的问题上，但是从分析角度看，实质问题在于实际汇率是否失衡。

"事实上，人民币汇率升值趋势的形成是我国经济追赶阶段性成功派生的新问题。从理论上讲，对于一个处于追赶过程中的经济体，尤其是像中国这样一个大国，随着经济的快速增长，竞争力的迅速提高，它的本币实际汇率客观存在升值趋势。如果名义汇率钉住某个货币求稳难变，开放宏观经济规律作用会对经济运行引发通货膨胀压力，推动资产价格间歇式飙升，导致宏观经济失衡。我国上一轮经济景气增长经验说明了这一点。这个时期宏观经济运行面临挥之不去的通胀压力，汇率失衡背景下难以充分利用货币参数性工具调节总需求，只能通过产业政策限制特定部门投资，从而又派生了'宏观调控微观化'问题，结果使得决策部门穷于应付而难以集中精力更好地应对追赶阶段的其他挑战性问题。可见无论从开放宏观经济理论常识看，还是从我国新世纪开放宏观经济运行经验看，我认为与其让国内处于通胀失衡来代替汇率失衡，还不如通过汇率政策主动调整建构开放宏观政策体系，获得利用参数性工具调节宏观经济潜在失衡的主动权。赋予汇率更大的灵活性，更好地发挥汇率这个开放经济基本相对价格的调节功能，是一个牵一发而动全身的问题。浮动汇率制不能解决所有问题，然而固定汇率制必不能实质性解决任何问题。"

卢锋称："汇率调整将价格调整和对外开放、协调外部关系结合在一起，是个非常复杂的问题，同时也是一个大国追赶过程中绕不开的问题，虽然2005年中国开始实施有管理的浮动汇率制度，但是管理或管制的成分或因素太大，灵活度不够，仍然是准钉住汇率制。2007年后的一年多通胀压力加大，人民币升值快一些，说明有关部门也认识到汇率对宏观失衡的调节作用，应通过深化改革使这种调节更加常态化和制度化，使调节作用更充分发挥。"

副作用不足为虑

从长期发展的角度看，人民币存在一个升值的趋势，但是具体到政策层面，什么时候升,怎么升,则需要综合考虑多种短期因素。目前,主流观点认为人民币不适宜升值,其担心主要有三:升值影响出口增长,造成巨额外汇储备贬值,导致总需求不足引起通货紧缩。但是卢锋分析称,这几点担心都不足为虑。

在卢锋看来,在汇率和国际收支大体均衡的条件下,符合比较优势原理的出口增长是好事,然而如果低估币值保出口则未必可取,那样实际上得到的是一个阶段性的、缺乏微观依据的、不可持续的出口增长。币值低估实际上是给出口部门一个错误信号,如果实际汇率水平应该是 6:1,政府人为地将之定在了 8:1 的水平上,出口部门就会按照 8:1 的汇率水平计算自己的盈利,使得很多不应该上的项目显得有利可图。随着外国发生经济危机,出口随之不可避免地出现暴跌,说明对于中国这样的大国来说,在动态过程中客观上压低汇率鼓励出口,不可能具有持续性,也不符合科学发展观。

目前,中国持有的外汇储备已经超过 2.2 万亿美元,虽然 2009 年外汇储备增幅减缓,但是增量仍在上涨。现在人们已经认识到巨额外汇储备的不利影响,央行和其他部门已在花大力气去应对外汇储备带来的这些影响,出现很多似是而非的"保护外汇储备"的方案。现在要注意的是,如何避免用新的政策扭曲去应对此前的政策扭曲带来的后果。如果经济发展客观上要求人民币汇率更灵活变动,那么越早实行更为灵活的汇率制,我们的损失也就越小。

人们还有一个担心,就是担心人民币升值后,出口需求减少,总需求不足,导致通货紧缩。但是卢锋认为事实并非如此,自 2005 年人民币汇率改革至今,人民币对美元累计升值约 20%,然而 2005—2007 年我国经济面临的主要问题是通货膨胀,而非通货紧缩。此次危机中,在对外贸易急速萎缩的情况下,中国经济实现了 V 形回升,也说明我们对内需应有更大信心。

"如果把参与国际竞争比作下围棋,开放初始阶段不得不对人民币大幅贬值,在国际竞争中就好比要求对手让子才能下棋比赛。现在随着我国可贸易部门的生产率追赶和企业国际竞争力的提升,在经济成长阶段性成功的形势下,我们下棋的棋力提升,可以也应该在减少此前让子数目的条件下博弈。随着中国企业竞争力持续动态提升,即便在比较灵活的汇率制下,我们仍可能赢得国际竞争。我们都对中国经济有信心,汇率分析也有一个如何看待信心的问题。"卢锋感慨道。

顺应趋势才可釜底抽薪

面对国外要求人民币升值呼声的日益高涨,中国政府的态度较为审慎,表示将继续保持人民币汇率基本稳定。对此，卢锋指出，在危机的特殊短期形势下，避免人民币过多升值的做法是正确的。问题是经济复苏和回归正常后，我国经济追赶过程还要继续，要从目前人均不到3000美元增长到2025年的12000美元左右，面对在这个空前规模的经济追赶和收敛过程中，我们如何看待中长期的汇率体制安排问题。综合考虑，卢锋认为无疑应该实行更为灵活的汇率制度，赋予汇率更大程度调节国际收支的作用，从而也给国内货币政策等大程度调节国内总需求的作用。只有在灵活汇率制和利率市场化的基础上建构开放宏观政策体系，才能有效地实现宏观均衡稳定目标，为国民经济又好又快增长保驾护航。卢锋称："其实改革条件一直具备，我国政府有关部门和官员的操作能力堪称一流，关键在于如何把这个问题的基本道理想明白，是否真有改革意愿。"

另外，随着人民币升值预期的增强，如何管理这种预期的问题摆在了人们面前。"管理预期不是说说而已，而要有具体政策措施跟进支持。就像管理通胀预期一样，要通过一些政策手段控制货币信贷超量发放，就通胀预期的本质根源处入手。"卢锋称，"人民币一段时期明显低估，是因为经济追赶，竞争力提高较快，需要通过汇率调整实现均衡发展。从某种意义上讲，采取更灵活的浮动汇率制，允许人民币应相对竞争力变动升值，本身具有管理预期含义，有助于减少和消除这类预期推动的套利行为所带来的扭曲影响。"

汇率政策讨论如何跳出被动反应模式[*]

最近关于人民币汇率的讨论越来越热。中国政府的态度很明确,"人民币币值没有被低估和被操纵"。而学界则发出不同的声音:龚方雄和哈继铭认为"人民币升值可以抵御输入型通胀",许小年认为"实行更灵活的人民币汇率政策对解决中国经济结构失衡有好处"。

亚洲开发银行、经合组织、世界银行、国际货币基金组织均希望人民币升值,并称"何时回归更为灵活的汇率制度应由中国当局来决定"。人民币升值与否对中国经济有何影响?近日,《中国经济时报》记者就此话题独家专访了北京大学国家发展研究院副院长卢锋教授。

记者:近日,全球范围内尤其是美国奥巴马政府要求人民币升值的呼声越来越大,您对此如何看待?

卢锋:近年人民币汇率政策讨论不幸落入一种被动反应模式。国内推动汇改的意愿和动力不足,外国对人民币汇率形形色色的批评和压力"进口"到国内自然被演绎为"外国人压我们升值,我们怎么办"这类问题。这样"国外施压、国内反弹"的被动反应方式所界定的问题,虽能提供"口水战"热议题材,但对加深对这个复杂问题的认识和理解的作用有限。

从大国决策的政治经济学视角看,我们当然不应屈服外界压力。克鲁格曼最近的有关文章确实不怀好意也错谬多多。然而我们如果一定"反其道而行之",也可能陷入"凡是敌人反对的我们就要拥护"的简单化误区,并且使得这个经济政策问题变得更加扑朔迷离。

美国经济虽走出"急救室",但由于受到多方面结构性矛盾的制约,处于"复苏不易、景气难再"的困境中。人民币升值或许在短期和边际上对美国经济困境

---

[*] 原文发表于《中国经济时报》,2010 年 3 月 26 日。

略有舒缓，然而其深层问题不可能通过人民币汇率调整得到解决。美国需要痛下决心进行结构改革才能真正走出困境，指望通过外部释放压力寻求出路无疑是抓错药方。

我们也要认识到，肯定人民币改革不可能解决美国问题，不等于汇率政策调整必然无助于解决我们自己面临的困难。应把汇率改革和是否应当升值的问题，与美国人或其他外国人的诉求理性地切割开来：不能因为老外有这个诉求，人民币就升值；反过来，也不要陷入误区，因为老外要我们升值，我们就坚决不升值，致使错失改革良机。我们应转变视角，以中国经济发展长远利益为本位，探讨汇率政策改革和人民币可能升值的问题。

记者：您认为应当如何转变视角，从我国经济发展的根本利益需要入手分析选择人民币汇率政策的立场呢？

卢锋：我认为，可以把"四个有利于"作为衡量与评估汇率政策改革和人民币可能升值问题的标准。一看是否有利于我国经济长期增长和结构高度化调整；二看是否有利于短期宏观经济稳定运行和保持大体均衡；三看是否有利于建立和完善有效调节总需求所必要的开放宏观政策架构；四看是否有利于做大做强人民币的远景目标。

首先，我国正在经历前无古人的大国经济追赶过程，前几年我们研究发现，制造业代表的可贸易部门从20世纪90年代中期以来经历快速生产率追赶过程，人民币实际汇率升值有助于更好地实现和展开开放环境下的生产率革命和经济追赶。在一个比较灵活的汇率制度下，通过汇率这个最基本的价格变动，向企业和市场提供反映我国经济相对竞争力动态提升的信号，也有利于实现市场机制推动的经济结构调整。

其次，在长期范围内总需求增长并非经济成长的瓶颈。目前宏观经济仍被通胀预期困扰，在经济偏热和通货膨胀的环境中，增加汇率体制弹性，允许本币适当升值，可以促进宏观均衡，并改善贸易条件和国民福利。

再次，经历快速结构转变的大国转型经济，难免会遭遇不同方面的冲击，需要建立和完善与市场经济机会和准入平等原则相一致的总需求管理政策框架。过去几年的宏观经济经验表明，钉住或准钉住汇率派生了过于僵硬呆滞的利率体制，等于一定程度上不得不放弃利率这个最重要的货币政策工具。于是面对各类冲击和宏观失衡压力时，不得不采用五花八门的替代工具进行调控，导致"宏观调控越位干预微观运行"的问题。

最后，大国崛起的门槛之一是要培育和贡献一个具有广泛国际影响力的货币。从长期看，要想人民币茁壮成长，不可能老是钉住一个正在走下坡路大国的货币。我们要有信心，在实行汇率改革的基础上，夯实发展根基、维护宏观均衡、保持币值稳定，最终实现做大做强人民币的目标。

从对我国长期发展和短期均衡的"四个有利于"标准看，我们应当尽快改革人民币汇率制度。改革的基本取向应当是"脱钩换锚"：与美元脱钩，转向钉住因应我国经济发展动态调整的国内一篮子商品和劳务，在严控通胀目标和维护人民币币值稳定的基础上，推动我国经济在战略机遇期又好又快增长。

记者：您的"四个有利于"标准颇有新意，不过有人担心，人民币升值会对中国出口企业和就业产生不利影响。

卢锋：汇率变动必然利弊互见，需要采用权衡比较方法去分析。从一般学理看，假定汇率变动具有调节国际收支的功能，就应逻辑肯定汇率变动对劳动力需求和就业具有相应影响。因而出口企业和相关就业问题是设计汇率政策改革应当考虑的重要因素。

进一步看，如果宏观经济处于总需求不足和通货紧缩状态，失业率高于成熟市场经济条件下的自然失业率，或对于我国转型经济来说城市的就业增长速度显著低于某种宏观均衡标准衡量的合意水平，这时汇率升值不利于宏观均衡，应当避免，甚至还应适当贬值。然而如果总需求增长偏强，就业增长速度高于与宏观均衡相一致的合意水平，劳动力市场处于间隔性"民工荒"的偏紧状态，升值潜在的就业冲击就会被市场机制本身的力量限制在比较可控的范围内。

我们更应关注的是汇率体制和制度改革，而不是在维持"过度管理"体制的前提下，将政策性升值作为应对之道。给定中国经济生产率追赶趋势性的背景条件，在宏观总供求大体均衡甚至像近年面临总需求偏热和通胀压力的环境下，灵活的汇率体制会通过市场力量推动本币升值。如果由于受某些内外因素影响，国内宏观经济面临总需求不足和通货紧缩压力，并且我国主要贸易伙伴的总需求相对强劲，则不排除人民币短期出现贬值的可能。

人民币汇率无论是升值还是贬值都应主要看作一种宏观调节，其变动效果应当主要从宏观总量关系角度考虑。升值可能使少数或一些缺乏竞争力的企业面临困难，虽然可以考虑设计一些针对性政策应对这类困难，然而对个别地区和少数企业的影响不应作为宏观政策考虑的主要因素。从另一角度看，汇率变动的微观影响客观上具有通过价格机制进行结构调整的积极功能。

至于 2008 年年底我国沿海地区大片中小型出口企业破产，最重要的原因不在于此前一段时期人民币较快升值，而在于西方国家遭受危机打击，外需订单急剧萎缩。从一个侧面提示，在经济基本面快速演变的环境中，人为维持钉住汇率制，不利于企业更早认识到调整的必要，在重大冲击面前可能处于更为被动的局面。

记者：也有人担心汇率升值会导致我国外汇储备大幅缩水。

卢锋：现在中国的外汇储备高达 2.399 亿美元，占全球近三成。外汇资产投资的损益情况关乎国民财富和福利高低。

对于本国货币尚未实现完全可兑换的发展中国家来说，为保证拥有进口支付和国际收支必要安全的流动性手段，拥有一定规模的外汇储备是必要的。但是外汇储备数量同样受到"过犹不及"法则的约束。

在 2003 年前后即人民币汇率改革和升值讨论的以后几年，否定升值必要性观点的陈述理由之一，是强调中国外汇储备不足，增加外汇储备对中国利益多多。等到储备快速超过 1 万亿美元和 2 万亿美元，我们终于发现持有过多外汇储备存在极大的风险和潜在亏损。

给定目前拥有过量储备的前提，需要从存量与流量两个层面考察汇率改革与储备资产之间的关系。从存量角度看，目前的过量储备积累作为过去包括汇率决策在内的一系列决策后果，本身是一个难以改变的事实。应坚持以"安全、流动、收益"排序的稳健为先原则加以管理，尽量减少损失。我曾提出，低估汇率下累积的巨量外汇储备资产，最终如能实现用人民币衡量的零收益可能就是最好的投资收益。这是汇率政策调整滞后的经济代价之一。把已有过量储备难免会发生的预期收益损失看作某种意义的沉没成本，有助于从控制外汇储备流量增长的角度加深认识汇率改革的紧迫性。从流量角度看，我们恰恰应当通过加快汇率改革，避免低估人民币造成外汇储备过快增长，控制在被动收购外汇资产时过度抬高外汇资产价格。

反之，如果不加快进行改革，过去几年被动积累储备的机制，将导致未来更多的损失。可见为外汇储备资产忧心可以理解，然而如果出于担心储备资产缩水而否定汇改必要性，实际是倒因为果和似是而非。

记者：目前我国应采取什么对策？

卢锋：中国需要建立更加灵活的汇率体制，让汇率更好地反映和调节国际收支基本面因素。同时推进利率政策改革，更好地利用利率等参数手段调节总需求和宏观经济均衡。要坚守管好货币、严控通胀的方针，在保持人民币对国内一篮子商品币值稳定的基础上推动经济持续追赶和收敛，越大做强人民币。

汇率问题需要探讨的重点，可能是如何跳出目前被动反应的模式，如何从中国经济发展的根本要求出发在改革必要性和紧迫感方面达成共识。

人民币国际化过三关[*]

美联储应对危机实行量化宽松政策,显示美国通胀与美元贬值风险上升,激发了对现行国际货币体系特别是储备货币安排的新一轮质疑与改革呼声。中国作为美国最大债权方,2 万亿美元外汇储备中估计大半投资于美元债券,美国物价与美元汇率走势对中国影响很大。

国际货币体系通常是比较冷僻的专门领域,目前各界的热议从一个侧面反映了我国开放发展的阶段性成功,也折射出我国经济成长新阶段的新矛盾和新困难。

目前国际货币体系发生了什么问题?出现问题的根源是什么?我们能选择哪些应对方式?什么选择能更好地实现我国经济开放追赶和全球经济持续增长的长期利益?深入反思和探讨这些问题具有重要的政策和认识意义。

目前的讨论大多从储备资产安全角度出发阐述国际货币体系改革的必要性和途径。储备资产安排是国际货币体系的三大支柱内容之一,从这一角度探讨确有必要性与合理性。给定我国持有庞大储备资产的背景条件,这一分析思路尤其具有务实性和现实意义。然而对这一重大而深刻的问题,还需要从不同角度深入讨论。

本文试图在反思目前国际货币体系危机及其根源的基础上,从经济追赶与国际货币体系演变关系的历史视角入手,分析现实改革议程以及我国面临的选择。

国际货币体系的三段变革

为发挥国际交易媒介或流动性功能,一个国际货币体系至少需要回答三方面的基本问题。

---

[*] 原文发表于《21 世纪经济报道》,2009 年 6 月 8 日。

一是货币兑换比率与规则：只有通过各国货币兑换才能实现国际交易，汇率制度安排在国际货币体系中占据中心地位，甚至被看作国际货币体系狭义定义的全部内容。

二是国际收支调节机制：国际收支大体均衡是国际交易平顺持续进行的前提，国际货币体系设定采用包含汇率在内的各种手段达致国际收支平衡的机制、方法和途径。

三是储备资产的选择与构成问题：保证国际交易支付过程平稳进行，需要选择一种或若干流动性较强的货币作为所谓的储备资产货币，因而派生出储备货币安排问题。

一般认为，在 19 世纪末近代经济全球化的高潮阶段，才出现比较完整意义上的国际货币体系，至今已大体经历了三个演变时期。

一是金本位时期。英国 19 世纪初就实行了金本位，然而需要各主要国家同时实行金本位并在此基础上进行大规模国际交易，才能进入比较系统成熟的金本位时代。一般认为 19 世纪 70 年代到第一次世界大战前是比较典型的金本位国际货币体系时期，它与近代经济全球化高潮互为因果。

二是金汇兑本位或布雷顿森林体系时期。这个在第二次世界大战后建立的凸显美元霸主地位的国际货币体系运行了不到 30 年，在 20 世纪 70 年代初退出了历史舞台。

三是信用本位时期。以黄金非货币化、美元与黄金脱钩、浮动汇率制为标志，又称牙买加体系，其核心原则和基本架构延续至今。

虽然影响货币体系演变的因素纷繁复杂，但国际经济发展不平衡规律以及后起国家经济追赶派生的调整推动力，对于国际货币体系演变具有一脉相承的解释作用，因而可以把国际货币体系的演变史解读为三次追赶、危机、变革的故事。

金本位与金汇兑本位制

我们首先来看金本位货币体系。英镑在金本位货币体系中具有特殊地位。估计在 1860—1914 年，世界贸易中约有六成用英镑报价和结算，英镑在外汇储备资产中占 50%—60% 的最大份额。英镑的特殊地位是英国当时一流的经济实力、军事实力以及国际政治影响力的结果。英国最早发动工业革命并实现工业化，是 19 世纪的"世界工厂"。英国是最大的服务出口国，同时是最大的原料和食物进口国。

金本位在第一次世界大战前达到全盛，两次大战期间经历危机与整合，第二次世界大战后让位于布雷顿森林体系，构成国际货币史上的第一次重大危机与变革。两大基本因素推动了金本位——英镑时代的谢幕：一是黄金作为本位货币，其供给数量不能满足经济增长要求；二是美国经济逐步取代英国经济的霸主地位，需要国际货币体系的重大变革来满足国际竞争格局的实质演变需要。

首先看黄金数量不能满足经济增长需要。数据显示，黄金存量从 1850 年的约 1 万吨增长到 1910 年的约 2.5 万吨，增长 1.5 倍；用欧美等 16 个主要国家 GDP 估计的全球经济同期增长 3.6 倍。对比而言，GDP 与黄金存量的比率上升 86%。

其次，大西洋彼岸的美国对大英帝国的生气勃勃追赶，则为寻求国际货币体系危机的历史解决方案提供了现实条件。南北战争后美国经济追赶提速，到 20 世纪初和第一次世界大战前已超过英国和欧洲列强。例如，美国南北战争时 GDP 总量和人均 GDP 都显著低于英国，但是到 19 世纪末 GDP 总量超过英国，20 世纪初年人均 GDP 赶上英国。第二次世界大战结束时美国经济总量是英国的 4.7 倍，人均收入是英国的 1.7 倍。

两次世界大战使欧洲列强国力消耗殆尽，而美国则凭借经济、政治和军事领域的雄厚实力，成为西方世界的拯救者和领导者。与此同时，由美国主导设计的布雷顿森林体系也应运而生。

布雷顿森林体系作为一种金汇兑本位制，对国际货币体系的三大问题提供了新的解决方案。

一是在黄金作为基本计价单位的基础上，通过"35 美元/1 盎司黄金"使美元与黄金挂钩，规定各国货币与美元大体的固定兑换比率。

二是国际收支短期失衡和流动性困难甚至危机时，通过调整储备或由 IMF 救助应对。同时规定对经济基本面变动导致的根本失衡，可以通过一定程序改变汇率平价加以应对。

三是黄金贵金属和美元同时作为储备资产，然而由于战后储备黄金主要集中在美国，因而美元这只主权信用货币实际成为普遍性储备资产。

要使这个高度人为性体系持续稳定运行，需要满足四方面难以长期满足的假设条件。

一是黄金供应量增长与经济增长大体一致，保证黄金的经济稀缺度或潜在相对价格大体稳定。

二是美国拥有并增持充足数量的黄金储备，作为维持这一体系信心的"定海神针"。

三是美国潜在总供给或长期经济增长速度与其他主要经济大国大体一致,即排除经济追赶过程的发生。

四是美国自觉严守宏观稳定自律原则,在内外均衡前提下保证物价持续稳定。

在上述四个假设条件下,美国有可能在维持贸易项目和投资收益巨大盈余的基础上,通过对外投资或(和)单方面转移支付,持续向国外流出相当于其经济总量稳定比例的美元资金,从而为外部世界经济增长提供源源不断的美元流动性供给。

实际颠覆这一体系的力量,相应地来自真实世界经济运行的四个不一致的方向。

第一,黄金供应增长不足仍是一个深层问题。1950—1970年全球黄金存量从约5.6万吨增长到约8万吨,增幅为43%左右;同期美国实际GDP增长约1.2倍,德国和日本大约增长4—5倍,英、美、德、法、日五国出口实际增长约2.6倍。黄金供应量的增长速度远远低于实际经济交易规模的增长速度,这会提升黄金相对一篮子商品的价格。

第二,欧、日等对美国经济追赶,逐步改变了战后国际竞争力格局,引入了颠覆该体系的基础条件。1950—1970年,法国、德国、日本制造业劳动生产率的增长率分别是美国同期的1.69倍、2.05倍和4.53倍。法、德、日三国同期的累计经济增长幅度均高于美国。

第三,由于在居民可用纸币兑换黄金这个贵金属制度下政府货币发行的最重要约束机制早已被法律废除,加上美国战后奉行凯恩斯干预理论政策以及宏观政策受政治周期影响等因素,美国战后出现了历史上和平时期罕见的显著通货膨胀。长期显著通胀派生了美元对黄金高估的压力,并鼓励外国政府抛售美元并置换为黄金以套利。

第四,从国际收支结构的角度看,美国贸易盈余的减少显示了相对竞争力的下降,这使得美国无力在保证美元价值预期稳定的基础上实现规模庞大的单方面转移以兑现与其西方世界领导者地位相对应的承诺义务。上述历史事实构成了所谓"特里芬难题"的经验基础。

美国战后大规模单方面转移支付,满足了当时欧、日和美国其他盟友经济恢复成长对国际交易媒介和流动性的需要,客观上对战后西方世界经济黄金增长具有积极意义。然而在国际经济发展不平衡的基本规律作用下,美国黄金储备快速耗散，并且不可阻挡地内生出更快耗散势头，根本上挑战了各国对布雷顿森林体系的信心。经历多次危机冲击后，1971 年尼克松单边宣布关闭黄金兑换窗口，布雷顿森林体系最终以美国人信誉遭受重大损害的仓皇溃败方式退出历史舞台。

中国的经济追赶将是时代主题之一

布雷顿森林体系崩溃后，当代体系呈现出"多样化"特点。

一是汇率制度政策选择多样化：大体上发达国家较多实行浮动汇率制，发展中国家较多实行固定或钉住汇率制。

二是国际收支调节机制多样化：包括汇率通过不同机制变动调节国际收支，通过国内宏观政策调节，IMF 参与危机救助和调节等。

三是储备资产多样化：美元仍是最大的储备货币，欧元、英镑、日元也在不同程度上承担了储备资产功能。

进入 21 世纪后，全球经济见证了新一波前所未有的国际追赶浪潮，中国、印度等一批新兴经济体开始成为追赶的主角。从过去一段时期相关国家经济表现的经验证据看，中国目前无疑是新一轮追赶的领跑国。

21 世纪最初七八年间，用汇率衡量，中国 GDP 相对美国的规模从 12% 上升到 30%，进出口相对规模从 23% 上升到 69%，固定资本形成相对规模从 26% 增长到 65%。在制造业这个最重要的可贸易部门，2000—2007 年中国制造业增加值相对美国的比率从 16% 增长到 76%，该部门劳动生产率相对美国的比率从 6% 增长到 13%。

中国经济目前的发展水平与美国等发达国家比较仍存在很大差距，意味着中国经济追赶仍处于前中期阶段。追赶进程在未来一个较长时期内将持续展开，构成观察当今经济大时代的主线之一。我们同时看到，面对新兴经济体前期追赶，美国作为中心国已经面临外部失衡空前加剧的结构性压力。

人民币占优策略

从我国经济发展与国际货币体系改革关系的角度看，至少有四类改革建议需要关注和讨论。笔者认为，在四类建议中，回归金本位、发行世界元和东亚区域货币这三类方案要么是缺乏可行性，要么是道路漫长曲折，因此短期内并非中国的上乘选择。相对来说，做大做强人民币是中国的占优策略。

做大做强人民币是指在全力推进中国经济开放持续追赶的同时，培育人民币逐步成长为主要国际货币之一，并借此推动未来国际货币体系积极的演变和改革。其中包含两个相互联系的命题和目标：一是实现中国经济持续追赶的根本目标；二是要以"人民币第一"为原则，着力稳健推进人民币国际化。

中国等新兴国追赶导致国际竞争力分布版图变迁，是国际货币改革诉求的深层根源。由于实现持续追赶具有"主动在我"的相对独立性和可选择性，人民币国际化与国际货币体系改革的其他思路具有兼容互补性，做大做强人民币应是我国的占优策略。

从中国经济开放成长的角度看，人民币国际化有助于降低本币汇率波动对国际贸易和投资的不确定性影响，降低本国企业涉外活动交易成本。本币国际化还有助于摆脱在国际融资币种和期限方面所受到的所谓"原罪"约束，降低对大规模外汇储备过度依赖的风险。国际铸币税支付数量甚至方向转变，相应具有改进国民福利的效果。另外从"为世界做出较大贡献"的角度看，成功培育一个稳定、强大、具有国际货币素质的人民币，客观上为全球经济发展贡献了一项优质公共品，本身会推进国际货币体系的改革和完善。

在"人民币第一"理念的指导下做大做强人民币，需要研究和解决人民币国际化过程中所面临的很多操作性和技术性问题，然而决定这一战略能否成功以及多大程度成功的根本因素，在于我们能否正视国内经济发展的深层体制和结构问题，通过体制改革和结构调整为经济持续追赶创造条件。

笔者认为，人民币国际化在未来还要过三道坎。

一是倒逼人民币完全可兑换进程。道理简明清晰，国际货币地位的形成最终是各类市场主体自发选择的结果，要让市场最终选择人民币，需要为境外居民持有人民币创造更为广泛的资产配置空间，包括逐步允许外国居民通过合法渠道获得人民币以及回流中国进行投资选择。由此可见，实行人民币国际化战略，需要加快改革和完善我国资本市场，推进资本账户进一步开放，逐步实现人民币比较完全可兑换目标。

二是倒逼更为灵活浮动的人民币汇率机制。不可能三角揭示了开放宏观经济学的基本约束关系：资本流动、货币政策、固定汇率三者不能兼得，必然要选择放弃一条。给定逐步实现人民币可兑换和资本账户开放，考虑对于中国这样的大国来说不可能放弃独立的货币政策，过度管制汇率的政策将越来越不适应现实经济需要。因此中国需要加快推进人民币汇率形成机制的市场取向改革，以更好发挥汇率作为开放经济基础性相对价格的功能。

三是倒逼组合性体制改革和结构调整。这是为中国经济成功追赶提供持久性动力的最重要保证。从新一轮经济景气与收缩周期的经验和教训观察，以下反思和改革议程具有重要意义：一是依据 30 年改革发展经验和现实条件，重新审视人口、土地、粮食安全等基本国情因素，尽快进行必要的认识转变和政策调整；二是以进一步破除国有垄断和扩大准入，为民营经济提供更为广阔的平等竞争平台；三是推进汇率和利率形成机制的市场化改革，建立和实行通货膨胀目标制，减少宏观调控的行政化因素，建立适合开放型市场经济的宏观管理体制；四是推进公共财政体制改革；五是参与包括国际货币体制改革在内的全球治理架构设计和建设。

三

宏观经济与就业形势

克鲁格曼的中国预言*

近来的经济走势在国外引发了新一波看空中国的舆情。日前美国普林斯顿大学的克鲁格曼教授也加入中国经济危机预言家的行列,他于2011年12月18日发表题为"中国会崩盘吗"一文,宣称中国经济"正在变成世界经济的又一危险区域"和"危机的新震源"。

这位经济学诺贝尔奖得主提出预言的方法也非同一般:他无须仔细研究相关数据,因为在他看来中国的统计数据"最像科学幻想";他只要看看媒体最近的有关报道,便足以断言"中国故事与我们在其他地方看到的崩盘局面如出一辙"。

作为正经历快速转型的国家,中国总会面临各类困难和问题,给愿意用耸人听闻预言放话的人士提供机会。不过经验证明,用"媒体报道+线性推论+简单类比"方法得到的中国危机预测准头实在欠佳。时间会告诉我们,号称擅长精准预测危机的克鲁格曼教授这次运气如何。

前几年超强刺激政策确实给中国经济带来了新困扰,关键改革滞后也使中国面临增长后劲不足的风险,然而在世界主要经济体中,中国具有较好的防范危机条件和增长潜力。如果决策者能在微调宏观政策的同时着力推进关键改革议程,中国不仅有能力证伪崩盘预言,而且能保持较快增长,并对全球增长做出更大贡献。

目前中国经济形势呈现几方面特点和问题。

从短期宏观经济角度看,随着近两年紧缩取向宏观调控政策实施,加上外部经济环境变化,中国的主要宏观经济指标如GDP、CPI、工业生产、投资、出口等增速先后放缓走低,宏观经济景气程度显著回落。

---

* 原文发表于FT中文网,2012年1月19日。

房地产市场行情和政策波动是宏观经济运行面临的又一挑战。2009年前后货币过度扩张重新激活房地产过度投机因素，2008年11月后不到一年半内全国商品房均价飙升四成以上。政府2009年年底以来紧急实施四道调控措施，才使房地产一度过热的形势和泡沫化风险得到控制。

过度货币扩张还导致地方政府负债在2009年前后快速膨胀，债务总额从2008年的5.7万亿元上升到2010年年底的10万多亿元，与房地产一度失衡增长并列成为中国经济和金融潜在风险的两大聚焦领域。

不过近两年的相关调控措施使地方负债的失控风险初步得到控制，地方债务率增速下降并趋于企稳。另外也要看到，中国七成以上的地方债务融资用于交通运输、市政建设、教育文卫等广义社会基础设施投资，与一些发达国家借钱用于消费导致债务危机本质不同。

从长期看，关键领域改革滞后是更需关注的问题。中国决策层一直坚持改革立场，不过关键改革议程在实际政策优先度排序上多年处于相对靠后位置。改革动力不足不仅导致一些深层矛盾难以根本解决，也不利于中国经济长期可持续增长。

中国的长期问题主要是改革进程滞后，短期问题则与前几年过度刺激政策的副作用有关。克鲁格曼教授的政策分析立场以力主凯恩斯主义闻名，他几年前评论奥巴马总统新政时建言刺激措施剂量总要加倍才好的观点让人愕然。中国目前面临的短期困难，其实正与克鲁格曼教授笃信的过度凯恩斯主义政策有关。

虽然面临多重矛盾和困难，中国在世界主要经济体中最具有抗击危机和保持经济较快增长的基本面条件。这首先与中国的发展阶段特点有关。中国仍处于工业化和城市化较快推进阶段，目前人均收入相当于美国10%左右，仍有三成半左右劳动力在农业部门就业，仍有可能利用后发优势保持经济较快增长。

未来的关键改革对中国发展具有长治久安的意义，同时不同程度具有利好短期增长的效应。例如放松民营企业市场准入管制改革，长期看是完善市场经济体制需要，短期则有望提振民间投资和促进增长。在户口、农地制度、公共财政领域加快推进改革，也会产生扩大内需的效果。长期改革与短期增长目标内在一致，便于实施"以改革促增长"的政策应对经济增速走低形势。

这与欧美发达国家目前"高债务、高失业"两难的困境本质不同。面临两难困境的国家要降低债务率就要紧缩支出，这在短期会加剧失业阵痛；反过来通过扩大政府支出舒缓短期高失业率压力，又会使长期高债务沉疴更趋恶化。

中国崩盘论难有胜算的另一关键原因，在于总体而言中国私营和公共部门的基本财务状态，远远好于世界范围绝大多数主要经济体。如果说增长潜力深厚有利于中国防范经济衰退危机，基本经济部门资产负债表稳健则有利于中国控制金融和债务危机风险。

数据显示，过去十余年中国工业企业的资本回报率呈增长趋势，2009年虽经历波动，近年税前利润率又回升到接近20%的较高水平。中国商业银行部门的资本回报率变动具有类似走势，绝对水平显著高于工业企业。多年良好的资本回报使中国金融和非金融企业部门的资产负债表得到改善和充实。

中国家庭部门的银行借贷从2007年的4万亿元增长到2011年的13.3万亿元，其中购房贷款约7万亿元，但同期家庭部门的银行存款从18万亿元增长到33.3万亿元，目前家庭银行存款大体相当其贷款负债规模的两倍半之数。可见虽然近年居民负债特别是房贷较快增长的潜在风险需要关注，但是中国家庭整体作为净储蓄部门资产负债表仍相当稳健。

过去十年中国财政支出增长约三倍，同期财政收入大体同步增长，年均赤字率控制在不到2%的低水平。中央政府债务率大体稳定在17%—18%，与世界主要经济体比较处于最低位置。即便考虑上述地方政府负债增长等相关问题，中国公共部门的资产负债表还是比主要发达国家强得多，为中国防范债务和金融危机提供了有力屏障。

另外，中国拥有近2万亿美元正的国际投资净头寸，绝对规模居世界前列。需要指出，在国内投资高回报的背景下主要以官方储备形式积累大量外部净头寸，提示中国国民储蓄的配置效率还有待改善。不过庞大的外部净债权客观上为应对国际收支的潜在逆向冲击提供了安全屏障，增强了中国防范危机的主动性和有利条件。

利用IMF数据库可推测中国未来几年对世界经济增长的相对贡献。IMF数据显示，2005—2010年全世界用现价美元衡量的GDP年均增长为6.68个百分点，中国贡献了其中1.61个百分点，贡献率为24%，在世界各经济体中名列第一。

IMF预测2011—2015年世界美元GDP增长6.58个百分点。假如中国用美元衡量的GDP年增长率比过去五年的实际均值每年持续递减1个百分点，中国将平均每年对全球增长贡献2.44个百分点，贡献率将上升到37%左右。这个预测贡献率高过IMF预测的美国、欧元区、日本贡献率的总和。

在克鲁格曼看来，"英明领导"也无法庇佑中国经济免遭崩盘前景；笔者认为，中国只要不是做得太糟就有望保持较快增长并对全球增长有更大贡献。时来天地皆用力：这是新兴经济体崛起时代规律使然，也是眼下全球经济大调整形势使然。克鲁格曼教授在经济学理论领域成就斐然，然而对当今天下大势似乎仍有隔膜之处。

中国经济的最大问题，不是增速减缓导致衰退，也不是看空派预言的崩盘前景。真正的挑战来自体制转型的历史过程中"行百里者半九十"的特殊困难，在于改革疲劳症可能导致深层体制问题凝固化从而在根本上制约中国经济成长能够达到的历史高度。中国需要加快改革，为经济追赶注入持久动力，为社会现代化转型奠定基础。

目前经济收缩的根源与应对之道*

目前的经济困难无疑与全球金融危机有关。然而，对我国这样一个正在经历快速追赶、在一些重要领域领跑全球的巨型经济体而言，经济运行的成就和困难应有相对独立的内在决定机制，需要从我国经济增长模式的特征和矛盾角度分析目前困难的深层根源。21世纪初景气增长结构的特点对目前的特殊困难具有特殊解释作用。

结构趋重加剧宏观波动

新一轮经济增长的突出特点之一，是基础金属原料和材料密集型机械设备部门快速增长并显著改写全球产业版图。"重制造业崛起"和"结构趋重"在相当程度上具有经济合理性，然而，由于汇率失衡的影响以及这些部门内部循环的特点，也出现了一定程度过度扩张的问题，并在下行调整阶段对宏观经济带来较大冲击。

21世纪初钢产量强劲增长是我国重制造业崛起的标志性事实。20世纪初全球钢产量3000万吨，经过美、英、日、苏等国领跑增长，20世纪末接近8亿吨。我国钢产量在1999年1.28亿吨的基础上快速增长，到2007年已达到近5亿吨，成为全球增长新的领跑国。作为重制造业崛起的另一表现，我国在机械设备、运输设备、汽车等部门的产量占全球比重在过去7年持续每年提升1—2个百分点或者更高。

结构趋重通过开放模式展开。我国初级产品进口中四种矿物的比重从1999年的27%上升到2008年第一季度的64%，出口中重制造业产品的比重从18%—

---

* 原文发表于《上海商报》，2009年1月24日。

19%上升到近 30%。我国外贸增长推动了全球海运需求和价格提升，新造船订单大增。2002 年以来的造船浪潮中，我国承接的新增船舶订单占世界的比重从 6.7%激增到 41%。我们领跑全球确实会面临新矛盾，然而，我们同时有能力提供解决方案。

一方面，从大国经济成长规律看，我国结构趋重具有需求和供给基本面条件的支撑，在相当程度上具有经济合理性。另一方面，这些行业可贸易程度较高，汇率低估刺激增长的作用较大；加上这些部门不同程度地存在自我需求和自我循环特点，更容易在景气增长中累积起更大的失衡压力，调整过程对宏观经济带来较大冲击。目前，重工业跌幅高于轻工业，原料工业高于重工业，钢铁产量波动最大，从消极方面表现是结构趋重的影响。

房地产起落放大波动

房地产业涨落足以影响宏观经济，是由其经济特征决定的。一是房地产当期购置和多期消费的特点，决定了银根松紧等宏观参数对房地产需求具有显著影响。二是房地产短期供给弹性较小，需求陡然增长通常会刺激房价超常增长；房价增长反过来刺激投机性需求，导致价格进一步飙升和泡沫化因素。三是住房购买支出在居民可支配收入和消费中所占比例很高，房地产信贷和投资的相对规模较大，其失衡和调整对宏观经济会带来较大冲击。

我国近年房地产的火爆行情还与特殊体制条件和该行业发展阶段的特点有关。在我国现行土地制度下，面对房地产走热局面，主管部门紧缩土地供给数量，地方政府经营土地获利，客观上会推高房地产价格。另外，我国处于房地产商品化初级阶段，市场参与方第一次经历市场火爆局面，更可能在行业走势判断上出现过于自信和投机冲动的问题。

近年我国房地产伴随宏观经济景气繁荣超常增长。房地产销售面积从 2000 年的 1.66 亿平方米增长到 2007 年的 7 亿平方米，平均价格同期从不到 2000 元/平方米增长到 2007 年的 3654 元/平方米。量价齐升显示房地产异常火爆。房地产投资占 GDP 的比重从 2000 年的 5.8%上升到 2007 年的 8.8%，占全社会固定资产投资的比重也维持在 16%—17%的较高水平。

从商品房住宅销售金额占城镇居民收入和消费支出的比重看，消费支出比重从 2000 年的 10.5%上升到 2007 年的 36.8%，占居民收入的比重从 6.8%上升到

15.9%。这两个指标近年异常上跳,提示房价飙升对鼓励居民家庭提前购买住房以及投机性购买可能产生了显著影响。

随着宏观经济形势转变和房地产行业转折点到来,房地产销售"休克式"下跌,销售面积和金额从 2007 年 8 月同比增长率接近 60%,持续下跌到 2008 年 11 月同比增长率在-30%上下;住宅投资同比增长率从 2008 年 6 月的 40%下降到 11 月的不到 8%。从长期看,我国房地产业发展潜力巨大,然而,近年异常火爆累积的失衡压力,在最终经历调整时将显著加剧宏观经济波动。

过度依赖外需增大风险

受汇率调整滞后和收入分配格局偏差的影响,近年我国经济增长的外需依存度超常提升。例如,1992—2002 年季度顺差平均值为 49.2 亿美元,但是 2003—2007 年季度平均值上升到 299.3 亿美元,是此前十余年的 6 倍。从 2005 年第一季度到 2007 年第四季度,顺差更是呈现陡直增长轨迹,季度平均值高达 474.3 亿美元,突出显示增长反常性。

改革时期经济增长率与顺差占 GDP 的比重直至近年仍存在明显反向关系,即宏观经济增速较高时顺差占比较低,反之亦然。然而,这一关系最近三年发生改变:虽然经济增长率明显高于趋势水平,但顺差占比仍然不断冲高。比较 1979—2002 年与 2005—2007 年的情况,净出口即贸易顺差增长对整体经济增长贡献率从 2.1%上升到 19.2%,贡献率增长超过 8 倍。

假设净出口增量与总需求比率为 0.2%和 2%,分别代表对外依存度比较正常和过高两种情况,又假定上述比率对美、欧 GDP 增长率的弹性为 0.5。这时,美、欧增长率下降 1 个百分点,正常依存度下我国总需求受影响约为 0.1 个百分点,高依存度下则高达 1 个百分点。过高的对外依存度好比巨大的堰塞湖,当国外发生经济增速下降或衰退之类的溃坝事件时,国内总需求会面临更大的冲击和威胁。

总收入分配失衡的不利影响

由于消费具有较强的自我平滑趋势,消费比重过低导致宏观经济面临外生冲击时波动更为剧烈。这一问题与三方面原因有关。

第一,消费比重下降是居民收入比重和消费倾向"双下降"的结果。资金流量表的数据显示，居民收入比重从 1996 年的 69%下降到 2005 年的 59%，应能解释同期消费支出比重变动的绝大部分。居民消费倾向从 2001 年的 75%下降到 2005 年的 64%。这与居民的预防性储蓄有关，可能也与近年居民购买住房当期支出增长提高储蓄统计值有关。

第二，消费相对不足是企业和政府收入比重"双增长"及储蓄比重"双增长"的结果。企业部门收入比重从 1998 年的 14.5%上升到 2005 年的 20%，政府收入比重从 17.5%上升到 20.5%。从社会总储蓄的构成看，居民储蓄份额直到 2004 年都在下降。企业储蓄比重从 1998 年的 38%上升到 2005 年的 50%，政府储蓄比重从 1998 年的 14%上升到 2005 年的 23%。如把国有企业归为广义政府部门，政府收入分配和储蓄比重还要大幅提高。

第三，上述问题与两个领域的改革滞后有关。一是向公共财政体制转型的改革相对滞后：税收超常增长，民生性支出比重增长相对滞后，具有提升储蓄率的作用。二是近年垄断改革乏力，一些宏观调控措施加大准入限制，导致国有企业垄断利润超常增长和储蓄率过高。数据显示，近年国有企业利润的七成左右来自石油、天然气、电力、热力四个行政垄断和准入限制较多的部门。

从两个角度看，目前经济下调具有客观必然性：一是从经济运行周期性的角度看，几年过快的经济增长累积了调整压力；二是从经济成长阶段性的角度看，增长结构和体制转型的特点和矛盾，孕育了目前的经济调整压力。新一轮景气增长伴随的结构趋重、房地产起落、过度依赖外需、分配格局失衡等特征，对目前的经济收缩具有重要解释作用。

中长期应对政策讨论

虽然目前经济面临短期收缩压力，但是我国经济仍处于工业化、城市化推进阶段，快速追赶的基本面条件没有根本改变。如果我们能利用目前的调整形势，在三个领域实行组合改革措施，就有可能较快地走出困境和再造景气增长，并在某些重要经济领域甚至更大范围内继续发挥全球领跑国的作用。

第一个领域涉及建立完善宏观经济管理的基础架构。一是在适应大国追赶的客观要求下，在中长期完成汇率形成机制的市场化改革，让汇率更好地发挥调节开放型经济内外关系的相对价格功能；二是在搞对汇率价格信号的基础上，更好地发挥利率对宏观经济的常规调节作用；三是注意防止过分区分核心和整体通胀的偏颇，货币政策强化严防整体通胀的目标定位；四是重视资产价格，在理论研究、国际经验研究、我国自身经验教训研究的基础上，寻求风险对称的应对策略和措施。

第二个领域涉及建立完善社会主义市场经济体制和经济结构调整的内容。一是要实行减税政策，在消费型增值税转型的基础上降低增值税率，降低进口税率，提升个税免征额；二是深化部门垄断改革和扩大市场准入，切实贯彻"非公36条"非禁即准的规定，深化对电信、航空、金融、电力、医疗等领域行政垄断体制改革；三是清理近年出台的政策性管制法规和条例，放开对经济实体不必要的限制和束缚；四是推进土地制度改革，在逐步缩小征地范围的同时，规范地启动集体非经营性建设用地入市，推动城乡建设与和谐发展。

第三个领域涉及国际化和参与全球治理的内容。考虑我国外汇储备仍在扩大以及人民币升值趋势，可以积极探索发行人民币债券的途径和方法。要全面评估我国经济发展的内外新形势，积极参与经济全球化制度建设，逐步从过去的接受国际惯例转向参与建立国际新秩序。

中国宏观经济的V形走势[*]

去年年底和今年年初我国经济增速急剧下滑，政府出台刺激经济政策，评论人士分析经济走势并提出了 L 形、U 形、W 形、V 形甚至 VVV 形的不同推测观点。经济刺激政策已实施半年有余，综合半年来宏观经济走势的各种证据，笔者认为中国宏观经济运行将出现 V 形走势。

首先，从若干部门产出增长和采购经理指数角度看。钢产量从去年 7 月的 5053 万吨下降到去年 10—11 月低谷时的 4300 万吨上下，此后回升增长到今年 5 月的 5396 万吨。发电量从去年 5 月的 2970 亿千瓦时下降到今年 2 月低谷时的 2606 亿千瓦时，过去几个月回升到 5 月的 2869 亿千瓦时。工业增加值以 1995 年为基期指数，从去年 6 月的 598 下降到 11 月的 568，此后回升到今年 5 月的 627。PMI 指数从 2008 年 4 月的 59.2%下跌到 2008 年 11 月的 38.8%，此后回升到今年 4—5 月的 53%左右。

其次，从汽车、房地产、股市等市场表现看。汽车月度销量从 2008 年 1 月的 92.6 万辆下降到 62.8 万辆，过去 5 个月回升到 107.4 万辆。房地产销售额从上次峰值 2007 年 8 月的 2898 亿元下降到 2008 年 11 月低谷时的 1641 亿元，此后强劲回升，今年 5 月达到 3616 亿元。上证 A 股指数从 2007 年 10 月的 6000 多点下降到 2008 年 10 月的 1600 多点，此后反弹至今 3200 多点。

随着更多统计数据公布，宏观经济 V 形回升的判断会被更多观察人士接受。问题在于 V 形走势在提振总需求的意义上是否具有内在推动力或可持续性？其持续展开是否会在不久的将来派生总需求增长过快和通胀压力？质疑 V 形走势具有内在推动力的看法较多从以下两方面阐述逻辑和经验依据：一方面，去年年底政

---

[*] 原文发表于《上海商报》，2009 年 8 月 12 日。

府实施空前规模的保增长政策，目前 V 形走势主要是刺激政策的一次性效果，释放殆尽后经济可能会再次快速下滑，V 形走势的基础不稳，因而难以自我推动和持续。另一方面，侧重从产能过剩角度分析的人士可能认为，"如果全球经济没有明显的实质性反弹，那么以外需为主要增长动力的中国经济也不可能迅速复苏"。美、欧危机阴霾未散，我国总需求增长难以一枝独秀，还会再次下滑探底并走出 W 形甚至所谓 VVV 形轨迹。对比 1998 年的情况，那次通货紧缩前后延续了 4—5 年，被看作目前 V 形走势难以持续的历史依据。

重视经济回升仍面临基础不稳因素有一定道理，避免过早改变扩张性政策导致保增长出现反复也有现实意义。然而系统分析经济回升的表现和根源可以发现，目前 V 形走势存在后续内推力。

4 万亿元概念下新增投资项目对经济较快企稳回升确实发挥了关键作用。然而回顾 1998 年的情况告诉我们，当时政府虽在三年间增发 2000 多亿元国债大举投资启动内需，全国信贷增速却不升反降，2000 年下跌到 10%以下的历史低位。这次经济复苏的突出特点，在于上半年信贷增长近 30%，比 2008 年 15.9%的增长率提升了 10 多个百分点。信贷超常增长推动强劲复苏，显然不能完全由财政刺激政策来解释。

我国经济对刺激政策具有超常敏感性，还与我国处于城市化和工业化快速推进阶段这个国情特征有关，我国目前所处发展阶段的特点为实施投资主导的刺激政策提供了客观便利条件。更为重要的是，得益于体制转型效应和近年来经济快速增长，我国家庭和政府部门的财务状态良好，银行和企业部门的资产负债表强健，在实行大规模扩张刺激政策时受到财务约束较小，为配合和呼应短期总需求刺激政策提供了独特的有利条件。

就与投资关系密切的财务条件观察，1998 年我国银行系统普遍资本金不足，并受到估计高达 20%—30%坏账率的困扰；目前我国商业银行资本金普遍充足，2008 年坏账率不到 3%。企业财务状况也有利于顺利复苏：规模以上工业企业的资产负债率从 1998 年的 63.7%下降到 2008 年的 59.2%，同期净资产收益率从 3.6%上升到 14.6%。

虽然两次应对紧缩采取的货币政策性质类似，但在操作时机和实际效果方面大相径庭。受到"九五计划"实行从紧货币政策方针及其他有关认识制约，1998 年财政货币政策调整比较滞后，名义利率下调过慢，实际利率在 10%上下，远高于投资回报率的平均水平，对扩大合意投资构成深层制约。目前贷款实际利率也不低，然而资本回报率相对较高，有利于快速启动投资提振总需求。

现在需要关注海量信贷扩张以及经济过度刺激的潜在风险。如信贷增长过快刺激投资和总需求反弹过快，不久可能会带来经济增长过快和显著通胀压力。总需求回升和投资增长过快，在上游矿物原料资源进口依存度较高的背景下，推动国际大宗商品价格过快回升，通过进口价格上涨和贸易条件恶化造成国民福利的不利影响。过量货币发行与未来通胀预期，可能会推动资产价格快速走高并逐步引发泡沫因素。目前一线城市楼市趋热并向二线城市传递延伸，股票市场行情快速走高，虽包含对前一段资产价格低迷进行调整的积极意义，也不同程度地显示出通胀预期推动资产价格失衡的迹象。

宏观政策成功应对总需求疲软冲击，既要果断推出足够力度的刺激措施，也要依据形势演变选择最佳调整时机。在 V 形走势提示宏观运行从年初单向风险转变为双向风险类型的形势下，宏观政策需要同时防备和应对信贷和经济过度扩张可能派生的问题。

经济增长过快不划算*

中国开放增长的经验显示,在大国快速城市化、工业化的成长阶段,经济增长过快会加剧贸易条件恶化。这使得用国内生产总值(GDP)产出增长转换为用实际购买力衡量国内总收入(GDI)时有所减少,因此从贸易条件和福利损益的角度看,增长过快并不划算。

一国贸易条件是指该国出口价格与进口价格的比率。如果特定年份一国出口价格相对进口价格下降即贸易条件恶化,则表示一国需要出口更多产品才能从国际市场上买进与上年同样数量的外国产品,或者出口与去年相同数量的产品仅能交换到较少量的外国产品——这意味着一国国民福利相对损失;反之,特定时期出口价格相对进口价格上升,则表示贸易条件和国民福利改善。

20世纪90年代中后期以来,中国贸易条件在波动中呈现显著下降趋势。除2009年外,2001—2010年中国贸易条件持续下降,累计降幅达23%,年均下降约2个百分点。同时,贸易条件短期变动与国内宏观涨落相关联,即增长偏快会加剧贸易条件恶化。在开放成长的特定阶段,贸易条件的不利变化难以完全避免,但通过提高总需求管理水平减少贸易条件恶化的程度,则是可以并且应当谋求的改进。

贸易条件不利变动会导致直接和隐含的福利损失。从数字来看,最高为2010年的8000多亿元,其次2008年达到4800多亿元。从损失占GDP比例的最高值来看,2010年最高为2.2%,其次为2004年的1.6%。过去10年福利影响占GDP的比例损益相抵之后,累计损失9.46%。

世界银行的相关数据显示,中国2008年贸易条件恶化导致超过3个百分点的

---

* 原文发表于 FT 中文网,2011 年 8 月 25 日。

国民总收入损失，10 年累计损失近 9 个百分点的国民总收入。

由于度量技术和数据来源方面的原因，福利影响的年度变动结果有相当大的差异。不过二者结果均显示：过去近十年来，贸易条件变动造成中国经济总量年均接近 1% 的福利损失。也就是说，由于贸易条件的不利变动，每年国内产出增长的近 1 个百分点被动转移给了国外贸易伙伴。

上述贸易条件不利变动中的大部分趋势性因素，可能与中国特定阶段的经济增长特点有关：大国快速追赶阶段，不同制造业部门劳动生产率快速增长，推动这些部门国际相对竞争力提升，对这些具有比较优势部门的出口品价格构成抑制性压力。

同时，快速追赶伴随城市化、工业化的高速推进，推高了各类原料、能源等资源性大宗商品的进口增长。"增量大国"需求快速扩张，与这些部门产出供给的短中期弹性较小，以及某些大宗商品供应方寡头垄断的市场结构相结合，客观上构成了推高进口价格较快增长的合力作用。

由此，过去十多年进口价格与出口价格的增长速度差异呈现喇叭口形状，派生出中国现阶段贸易条件不利变动的基本轨迹。贸易条件朝不利方向变动，可谓"买啥啥贵，卖啥啥便宜"，这在一定程度上可能是大国开放成长特定阶段难以回避的困难。当然，由于中国出口部门劳动生产率快速追赶，中国的"劳动要素贸易条件"实际上大幅改进，说明选择开放发展道路对中国根本有利。

从宏观经济分析角度而言，需要重视贸易条件的变动同时与总需求涨落因素有关。观察中国宏观周期与贸易条件变动的关系，可以发现国内宏观经济过度扩张，会对贸易条件恶化发挥推波助澜的作用。货币与总需求扩张派生实体经济扩张并导致进口数量上升，又通过大国效应推动价格上涨和贸易条件恶化。

就"货币扩张—实体经济扩张—进口数量增长—国外商品价格上升—中国进口价格上升—贸易条件变动"的传导链条而言，除个别环节统计证据的显著度不高，绝大部分传导机制都存在相当程度的经验证据支持。我们把上述货币和总需求扩张通过传导效应导致自我不利的福利影响，称作大国开放经济的"飞去来器效应"。

上述结果具有常识性政策含义：经济增长是好事，但是应管好货币，防止总需求过度扩张。即便在封闭小国的假设下，过度扩张也会带来通货膨胀、资产泡沫、收入分配等方面的消极影响；对于中国这样的开放大国，过度扩张还会通过贸易条件变动，导致国民福利不必要的损失。

目前，中国宏观形势的特点在于，早先超强刺激政策之后的宏观调控政策正在产生效果。入夏以来重要宏观数据的走势出现分化。在外部经济联系方面，宏观调控政策的阶段性结果是贸易顺差快速增长，贸易顺差从年初的负值回升到6、7月分别为260亿美元和278亿美元的相对高位。

顺差额近来较快回升，主要原因应是国民经济增速放缓后进口数量回落，可能也与经济放缓后大宗商品价格回落导致贸易条件对我国有利变动有关。实施宏观调控政策治理通胀，在导致经济增速放缓的同时，也伴随一定程度国际收入转移对我国有利变动。

对宏观形势和政策而言，无疑应主要立足总供求、通胀等基本变量的状态和走势加以评判。同时，对中国这样的大型开放经济体而言，也需适当考虑本文讨论的"增长过快不划算"的制约因素。

理解中国经济增速减缓[*]

2011年11月9日晚,由北京师范大学经济与工商管理学院研究生会主办的"京师经管名家讲坛"第16期在后主楼1620室成功举办。北京大学国家发展研究院副院长、北京大学中国宏观经济研究中心主任卢锋教授做了题为"理解中国经济增速减缓"的专题讲座,讲座由经济与工商管理学院李实教授主持。

卢锋教授首先提到最近经济增速放缓,并从几个方面通过数据和图表进行了说明。例如,今年第三季度GDP同比增长率为9.1%,无论与危机后峰值2010年第一季度11.9%的增速比较,还是与危机前峰值2007年第二季度14%以上的增速比较,都有差距。钢铁和发电量增长率从刺激经济高峰时期的超过40%,到目前在10%上下波动,显示工业生产扩张速度减缓。在经历危机后的高峰增长后,固定资产投资和消费增长率也在波动中显著下调,商品房销售面积和价格增长率也经历了增速显著下调。

说到这里,卢锋教授还谈到了各方面专家对于这个问题的不同估计和意见。国外少数炒家认为,随着内外环境改变,中国经济将"硬着陆",甚至出现泡沫破灭和崩盘,终结长期高增长的局面。国内一些观点认为,我国长期的潜在增速并未改变,目前调整已过度,应尽快转变宏观调控取向,使经济重回两位数增长快车道。上周决策层提出宏观政策应预调、微调以应对这种局面。

卢锋教授认为,近来经济增速下调首先是紧缩政策发生作用的结果,同时也可能提示经济长期的潜在增速逐步下降。短期增速下调对治理通胀和抑制贸易条件恶化有积极意义。潜在增速伴随经济成熟度提升而逐步下降具有客观性,也不是坏事。中国经济的最大挑战不是经济增速放缓,而是深化改革完善体制。如果

---

[*] 原文发表于北京师范大学网站,2011年11月15日。

能解决好深层体制问题，中国仍能保持长期快速追赶，10年后超过美国成为最大经济体。

接着卢锋教授对此进行了详细分析。受国际金融危机的影响，我国实行了刺激经济的政策。刺激经济时，货币和信贷过度扩张会带来两方面的效果：经济增长以超常速度重回快车道，一度被扼住咽喉的通胀野马卷土重来，例如常规通胀指标显示，材料能源价格在2010年4月达到12.1%，PPI和CPI分别在今年7月达到7.5%和6.5%。商品房均价从2008年11月的每平方米3700元，快速飙升到2010年4月的每平方米5440元，不到一年半狂增45%。在存款利率受到上限管制的环境下，通胀给银行储户带来了负利率损失。按照奥地利学派和泰勒定律，自然利率应显著为正，至少应有2个百分点。考虑2010年7月至今的存款负利率以及城乡居民近30万的储蓄存款规模，估算居民收入因此减少了1万亿元以上。

另外，我国总需求过度扩张会加剧贸易条件恶化。大致的传导机制是：实体经济扩张导致进口特别是大宗商品进口较快增长，派生出进口价格和贸易条件以及国民福利的不利变动。据计算，过去10年绝大部分年份贸易条件恶化导致国内福利损失，损失最大的是2010年，超过GDP 2个百分点。卢锋教授把我国经济过度扩张带来贸易条件恶化和国民福利损失的传导影响，称作大国开放经济的负面"飞去来器效应"。

在上述形势下，政府改变了刺激型宏观经济政策取向，转而采用各种具有紧缩性效果的宏观和经济政策措施。包括银监会在内的诸多部门实施限制信贷扩张的政策措施，2010年以后实施以新增贷款额度为中心指标的调控手段，同时规范地方投融资平台，出台了一系列限制购房需求的措施。这些紧缩性的宏观和经济政策措施对于经济增速下调起到了一定作用。

从更长期的视角观察，目前经济增速趋缓可能也与一些正在发生显著变化的长期结构性因素有关。

首先是人口红利因素逐步消失。中国正在经历人口长期演变的转折点：一是用特定年龄段人口粗略衡量的"经济活动人口"或劳动力总数处于"由升转降"的拐点。二是由少儿和老龄抚养比相加共同定义的总抚养比处于"止跌回升"的拐点。所谓人口红利助推经济增长的作用趋于消失。

其次是农业劳动力转移驱动因素趋缓。过去10年间，中国创造了大约1.2亿个非农就业岗位，超过6000万个农业劳动力转移到城镇的非农部门就业。农业劳动力转移是中国经济长期增长的又一重要推动因素。发达国家农业劳动力占总劳动力的比例一般在 10% 以下。经过 30 多年劳动力市场转型，中国农业劳动力已从 80% 左右下降到 35% 上下。中国劳动力市场转移及其对增长的贡献仍将持续，但是转移规模最大和速度最快的高潮已经过去，对增长的助推作用将趋于减缓。笔者在河北魏县进行调研时得到的数据为这个观点提供了佐证。

最后是"后发优势"推动作用减弱。一个后进国家如能实行改革开放政策，就有可能在全球化环境下适当利用外国积累的资本、知识、技术存量来助推经济较快增长。利用后发优势是我国经济长期快速增长的重要因素之一。1980 年我国人均 GDP 为 200 多美元，约为同年美国的 1%。2002 年我国人均 GDP 近 1000 美元，约为同年美国的 3%。去年我国人均 GDP 为 4450 美元，相对美国的比率近 10%。目前我国的发展水平与发达国家仍有相当大的差距，但与改革初期甚至 10 年前比较已显著收敛，借助后发优势推动经济快速增长的动力有所减缓。

针对目前这种状况，卢锋教授提出了他的政策建议：从短期宏观政策看，应针对形势演变并在货币稳健的基础上灵活实施宏观调节。"水多加面"，通过资本深化和动员资源入市来吸纳回笼货币。当目前的紧缩政策随着宏观形势的进一步演变需要调整时，首先应采用放松准入限制、放松数量管制的措施。

不过中国经济发展归根到底是来自改革开放制度转型带来的深层推动力。目前中国制度转型尚未完成，中国经济面临的根本挑战不在于短期经济增速回调，而在于能否推进完成改革开放的历史进程。我们需要通过深化土地制度改革，赋予农民土地流转权；通过户口制度改革，赋予农村和城市人口在迁徙、居住、教育、医疗方面平等的公民权；通过深化市场取向改革破除行政垄断，赋予民营企业平等的市场准入权；通过深化公共财政体制改革，应对收入差距过大的矛盾并建立完善的基本社会保障制度；以深化汇率、利率体制改革为枢纽，建立和完善开放性宏观经济政策架构。

如能深化改革，巩固持续发展基础，即便中国的潜在增长速度逐步下降，未来仍可能有较长时期的快速增长。假定未来 10 年下降 2 个百分点，仍有可能维持 8% 左右的增长速度。按照目前的增长态势看，如果国际、国内不发生大的动荡，按美元现价计算，中国将在 10 年后超过美国，成为世界上最大的经济体，中国人均收入指标有望从目前中低收入水平国家提升为中高收入水平国家，不过届时将仍不到美国预测人均收入的 30%。

经济增长与就业增长的关系[*]

经济发展能否带动就业增长？就业增长多少？就业如何增长？这些都是各国学术界和决策部门非常关心的重要问题。我认为，经济增长与就业增长的关系，长期内生于经济制度和体制选择，短期内生于宏观周期和相对景气。

第一，对于发展中国家来说，经济发展与就业增长的关系内生于经济体制选择，即取决于基本经济制度和劳动用工制度的选择。如果选择开放型市场经济体制，选择以劳动者自由流动择业为基础的灵活度较高的劳动力市场体制，经济发展与就业增长会呈现良性互动关系。反之，如果在赶超战略思想的指导下实行过度干预微观甚至否定市场机制的体制，则会面临经济增长创造就业能力不足的困难，最终经济增长也难以持续。

中国对两种体制的实践为经济发展与就业增长内生于体制选择的规律提供了难得的大国经济史试验。改革开放时期，非农就业创造的岗位是之前 30 年的 3 倍多，农业劳动力下降程度也快得多。对比在计划体制下，企业大量冗员成为痼疾，数以千万的知青上山下乡成为近现代经济史上罕见的逆城市化现象。同一国家、同一历史、同一文化、同一人民，60 年的就业表现前后迥异，体制选择无疑是最重要的根源。

建立在价格信号、竞争机制作用和独立微观主体决策基础上的市场配置资源方式，与比较优势规律和要素禀赋结构具有一致性，比较有利于产生更多经济剩余和较多积累，并助推经济持续增长。市场竞争中展开的产业和经济结构，有利于劳动力需求与供给通过良性互动，实现动态意义上的总量平衡和结构平衡。反之，如果实行赶超战略和计划体制，必然需要较大程度地屏蔽市场相对价格信号

---

[*] 原文发表于《中国劳动保障报》，2011 年 8 月 23 日。

和抑制竞争，由此形成的产业结构不仅缺乏内在活力与可持续性，也不可避免地会损害就业增长目标。

第二，适当运用就业弹性的分析方法。有关就业研究的文献在评估长期就业形势时经常利用弹性分析方法，取得了很好的效果，也提出了一些需要探讨的问题。弹性是经济学中一种重要的定量分析技术，但不是经济学理论。特定就业弹性值下降，可能是经济增长方式不合理和结构失衡的产物，也可能是经济结构合理演进的结果，具体情况需要结合相关的经济学理论逻辑和现实经济状态加以判断。在长期分析场合，弹性度量可以补充但无法代替经济关系分析，因此需要重视研究就业弹性值变动背后的根源和规律。

经济学中的"弹性"概念指两个经济变量的比例变动的比率值。由于特定变量比例抽象掉具体度量单位的特征属性，不同变量的比例变化具有可比性，因而弹性成为衡量和比较不同场合的两个经济变量紧密程度的有用技术。不过两个变量之间是否具有因果关系？其因果关系走向如何？因果关系产生的结果是否合意？这些问题无法由弹性度量值决定，而应由相关经济理论进行分析并结合研究对象的实际情况判断。

由此可更好地理解就业弹性度量值下降的含义。从发展与就业体制内生性的角度看，计划经济时期的体制扭曲可能导致就业弹性较低或下降，这时低就业弹性反映了深层体制和战略选择的问题，需要进行体制和政策改革调整。在开放型市场经济环境中，特定就业弹性下降则未必是消极负面的现象。例如一国经济发展过程中，人口和劳动力增速下降，"总体就业弹性"可能会因为劳动力供给变动而趋于下降。依据配第—克拉克定理，第二产业就业增量在经济发展到一定阶段后会相对或绝对减少，也可能伴随第二产业就业弹性下降。客观解读就业弹性变动有助于理解长期就业增长的规律。

第三，短期就业增长内生于宏观经济过热。经济过热的时候，就业增长得快；经济衰退或者是不景气的时候，就业增长得慢。把中国过去 30 年第二、三产业的就业情况与 GDP 波动放在一起分析，它们具有相当显著的短期联系。过去 30 年的数据显示，GDP 增长相对均衡的时候，非农就业的扩张是 1100 万；如果高 1 个百分点，就业就要多增长 130 万。

当然，对这一经验关系的具体数值也不必过度解读，对中国这样的人口大国来说，就业多 100 万不是什么大问题。在中国过去 30 多年的转型历史过程中，就业的短期波动与总需求周期的变动还是有一个显著的关系，与第一产业的波动也有类似的关系。这一观察提示我们，在实行就业优先和积极扩大就业方针时，应注意充分就业目标的宏观均衡基准约束。

从上述经验关系看，受宏观经济增长偏快形势的影响，"十一五"时期，非农就业增长 8000 多万，可能超过了潜在可持续规模。就业超常增长的好处在于实质性缓解了世纪之交失业压力比较严重的困难，推动中国就业转型进入了新阶段。但是超常就业增长也给中国劳动力市场带来了新矛盾和潜在风险，需要采用宏观与就业相配套的措施加以应对。

综合分析，中国劳动力市场近年"量价齐升"，推动中国就业转型迈上了一个新台阶。要保持就业形势"长治久安"和良性发展，需要超出狭义就业政策的努力。首先，要加快和深化改革，完善开放型市场经济体制。其次，要完善开放宏观政策架构，管好货币，稳定币值，平滑总需求。最后，要加快改革培育现代劳动力市场体制，充实和完善积极的就业政策。在未来 20 年，争取逐步实现向发达经济体就业结构的转型。

中国劳动力市场火爆的隐忧*

今年开春后,"用工荒"再次成为媒体讨论的热点,甚至中西部传统劳务输出地区也出现了用工紧缺现象。对此企业加薪招工,各地政府纷纷提高最低工资标准。2011年劳动力市场有望继续"量价齐升"的火爆形势。

去年劳动力市场就很旺。城镇新增就业人员1168万人,比年初有关部门规划的900万人超出四分之一。就业数量超预期扩张,伴随着工资快速增长。笔者去年暑期到四省七市县考察就业,所到之处农民工工资涨幅大都在两成以上。

把观察镜头向前推,21世纪最初10年,特别是"十一五"时期,就业与工资双双快速增长。2000—2009年第二、三产业新增就业12370万人,其中2005—2009年新增8360万人,高于历史上所有其他连续10年或5年期。"十一五"期间农业劳动力净减少5000多万人,超过历史上任何一个5年期相同指标的减少量。

工资的增长势头也很强劲。过去10年,职工年均实际工资保持了超过10%的增速。2002—2009年农民工现价月工资增加121%,年均增长12%;考虑同期经CPI调整的不变价,工资增长88%,年均增长9.4%。

近年的劳动力市场走势,扭转了世纪之交严峻的失业形势。劳动工资尤其是农民工工资改变了早先多年增长乏力的局面,上涨较快,显示市场机制"发力",推动经济发展更好惠及普通劳工,其积极效应尤其令人鼓舞。

不过全面观察我国就业和劳动力市场的形势,"就业—工资双增长"背后,也存在多重隐忧。与开放宏观失衡因素相联系的潜在问题、劳动力市场内部的结构性矛盾、就业转型与农业补贴政策取向不尽协调等,都不同程度地制约着劳动力市场的稳健运行,需要政策调整加以应对。

---

* 原文发表于FT中文网,2011年4月7日。

宏观经济新一轮强劲增长，是就业扩张需求面的一个支撑。但由于汇率、利率等基本要素价格的关系尚未理顺，宏观增长也面临一些失衡因素，如经济增速偏快和间歇性通胀的总量失衡因素、汇率"被动和动态低估"和顺差过大的外部失衡因素、宏观调控手段过于宽泛的政策失衡因素等。

与开放宏观失衡因素相联系，就业扩张在总量和结构方面也出现一些新矛盾。

首先，非农就业扩张偏快，恐难持续。过去30年的经验证据显示，当总需求增长与潜在总供给大体均衡时，非农就业年均增长约1100万；总需求偏离潜在总供给1个百分点，就业扩张对可持续水平偏离约130万人。"十一五"时期我国第二、三产业就业岗位增长8000多万，显著超过可持续水平。

我国仍处于转型时期，需要大量非农就业岗位支持农业劳动力转移。增加非农就业岗位是好事，不过从经济规律和宏观均衡的角度看，经济的长期增长趋势决定非农就业的长期增长趋势。宏观经济增长偏快、偏热，会带来非农就业扩张偏快的隐忧，并蕴含调整风险。

其次，与宏观经济增长外向依赖度偏高相联系的是，就业扩张过度向制造业等可贸易部门倾斜。初步研究结果显示，2002—2008年新一轮宏观景气增长中，制造业就业岗位估计增加了3000多万，制造业就业增长占到非农就业增长总量的30%以上，占同期总就业人数增长的九成上下。

制造业扩大就业本身是好事，但问题在于，如果汇率以及其他相对价格扭曲，不能适当反映我国资源在国际比较意义上的相对稀缺程度，微观主体形成的投资和就业决策就可能出现偏差，并累积调整风险。

再次，劳动力市场内部面临低端工种"民工荒"与大学生就业难的结构性矛盾。由于1998年开始实行的大学扩招政策，高校毕业生从2002年的134万人激增到2009年的531万人，7年增长近3倍。劳动力市场目前的结构性矛盾显然与高校扩招有关。

当然，这也与劳动力市场不完善有关。由于户籍和农地制度改革滞后，外出务工者难以真正融入打工城市，加上"次等市场"劳动力流动率较高和难以签订跨年度合同，数亿农民工每年用在全国范围迁徙的方式行使"用脚投票"的权利。这样每年一次代价昂贵的讨价还价过程，会放大劳动力供求关系的短期波动，也是我国劳动力市场发育过程中急需解决的问题。

最后，如何协调劳动力市场与其他结构政策的关系也需探讨。例如近年政府实行重农政策，其中免除农业税和增加农村教育投入等措施成效显著。政府同时还实行了空前力度的农业补贴政策。据估计，种粮直补、农资、良种、农机具等四项农业补贴金额，从 2004 年的 145 亿元激增到 2009 年的 1275 亿元，占农业总产值的比重从 0.8%增长到 4.16%。

我国或已走上补贴农业的道路。全面评估补贴农业的利弊，需另文探讨。从劳动力市场和就业转型的角度看，大手笔补贴农业，意在让农民留在农村务农，而刺激经济政策，则要求农业劳动力大量向外转移。如何协调二者的关系需要探讨和考量。

要解决劳动力市场的深层矛盾，需要把开放宏观与就业政策结合起来配套改革。一是以汇率和利率改革为枢纽，加快完善开放宏观政策架构。二是应确立以宏观均衡为基准的充分就业目标。三是通过组合措施，加快培育城乡一体化的劳动力市场，包括加快推进农地与户口制度改革，对进城打工的农民工子女提供平等的公共教育服务，完善普惠城乡居民的培训、职业介绍和社保服务网络建设等。

我国就业转型的特征与启示（1978—2011）*

作为人口最多的国家，我国有最大量的新增劳动力需要就业；作为最大的发展中国家，我国有最大量的农村劳动力需要转移就业；作为曾经实行计划经济的国家，旧体制隐性失业显性化需要创造大量新工作岗位加以消化。三重因素叠加，使我国面临极具特色的就业转型挑战。卢锋教授通过梳理就业形势演变的五方面特征性事实，分析了我国当代就业转型历史进程的成就、问题及所需的政策调整。

一是数亿农村劳动力转移到非农部门就业。转移农民工数量从 1985 年的 6000 多万增长到 20 世纪 90 年代初的超过 1 亿门槛，2005 年超过了 2 亿数量大关，最新的 2011 年数据达到 2.538 亿人。农民工中外出打工与本地打工占比在 1985 年分别为 12%和 88%，经不断演变，近年大体稳定在 36%—37%与 63%—64%。

随着劳动力转移的持续，我国农业劳动力占总劳动力的比例从改革初期的七成以上下降到目前的约 35%。结合第二次世界大战后东亚四小龙和更长期 OECD 成员国的经验，观察我国农业劳动力增量变动趋势，可预计我国农业劳动力转移仍将长期持续，未来 20 年农业劳动力比率有望逐步下降到接近 10%。不过就年均转移规模以及占比值未来下降幅度看，我国农业劳动力转移洪峰期或许正在甚至已经过去。

二是乡村劳动力变动和非农就业增长速度，与宏观经济周期涨落具有显著联系。数据显示，虽然农业劳动力趋势性减少，非农就业趋势性增长，然而二者消长的相对规模和速度与宏观经济周期涨落存在显著联系：在宏观经济高增长和通胀年份，第一产业就业减少较多而非农就业增长较快；在紧缩调控低增长年份，第一产业就业量减少和非农就业增长都相对较慢。

---

* 原文发表于人民网，2012 年 2 月 28 日。

这对认识转型期我国劳动力市场与宏观均衡规律之间的联系机制具有启示意义。一般认为，我国农业劳动力无限供给，宏观过度扩张派生的"劳动引致需求"总可以通过第一产业劳动力减少或农民工数量增长得以满足；宏观均衡规律要求通过农产品价格上涨等导致通胀和相应紧缩调控政策表现出来，不会彰显为劳动力市场供不应求的约束。上述经验证据提示，在替代劳动力的农业技术进步速度短期受到制约的背景下，总需求过度扩张可能通过农产品需求上升以及农业劳动力转移偏快导致农产品供给相对不足，由此推动农产品价格上升并成为一般物价指数（如 CPI 和 GDP 通缩指数）上升的关键组成部分。劳动力市场被动过度伸缩，既是宏观周期失衡涨落实现机制的环节之一，也是宏观均衡调整机制的因素之一。由此看来，转型期中国充分就业的目标也存在宏观均衡基准。

三是城镇失业率变动凸显旧体制转轨对劳动力市场和就业领域的冲击。用官方城镇登记失业率加上下岗人员数得到调整的城镇失业率，过去 30 多年该指标值相对其趋势和均值的演变轨迹呈现一低一高两个峰值。第一个较小峰值发生在改革初期，主要知青政策改革派生数百万知青回城潮，给劳动力市场带来了冲击，1980 年前后城镇失业率相对上升约 1 个百分点。第二个峰值发生在 20 世纪 90 年代后期到 21 世纪初，企业改革派生上千万下岗人员把城镇失业率推高了好几个百分点。

大体平顺地化解计划体制隐性失业显性化难题是重大成就，不过转型阵痛客观上使很多下岗人员承受较多损失甚至不同程度的伤害。与知青制度改革具有帕累托改进性质不同，企业改革属于卡多尔改进，应通过转移支付手段对利益受损方提供补偿。政府当时在促进再就业和补助下岗人员方面做了大量努力，然而由于财力有限难以达到比较充分合理的补偿。如今公共财政能力今非昔比，笔者认为可回头考虑这个历史形成问题，用适当方式对当时利益受损的群体追加补偿。这不仅能更好地体现公平公正原则，也有利于排除干扰，重新凝聚改革共识。

四是近年来劳动力市场多年出现"民工荒"、"用工荒"、"招工难"现象。21世纪初以来，间歇性"民工荒"已演变成多年持续的"用工荒"和"招工难"现象。城市劳动力市场求人倍率从 21 世纪初的 0.6—0.7 上升到近年的 1 上下。2012年春节后，媒体对各地用工市场报道，更是描绘出"东南西北中，无处不缺工"的不无夸张情景。"用工荒"、"招工难"之类的现象，其真实经济学含义始终是"市场机制为农民工涨工资"，长期效果是倒逼结构调整。

估测数据显示，过去 30 余年农民工工资增速大体可分"两慢两快"四个阶段。

一是 20 世纪 80 年代增长较慢，从 80 年代初不到 100 元上升到 80 年代末 200 元上下；二是 90 年代前期增长较快，从 90 年代初 200 元左右上升到 90 年代中期 500 多元；三是 90 年代后期到 21 世纪初增速较慢，2000 年和 2001 年两年均值约为 600 元；四是近年来较快增长，2011 年达到 2045 元，是十年前的 3 倍多，采用经 CPI 调整的实际工资，过去十年也年均增长 8%—9%。

五是近年劳动力市场呈现相对低端员工短缺而较高学历和较高端工种求职困难的结构性特点。数据显示，虽然城市劳动力市场总体求人倍率趋势性增长，但是区分教育背景和高低工种的工作岗位求人倍率呈现分化趋势。如 2011 年城市职业介绍机构低学历组对象求人倍率在 1.1 以上，高学历组则在 0.9 上下；较低端工种对象求人倍率在 1.2 上下，高端工种约为 0.9。

除人口结构变动与高校扩招等方面原因外，劳动力市场近年的矛盾也体现汇率、利率等开放经济相对价格尚未理顺导致增长方式偏于粗放的影响。例如与宏观增长外向依赖度偏高失衡相联系，我国新时期就业扩张过度向可贸易部门倾斜。估测结果显示，2002—2008 年制造业就业增长约 3400 万人，占同期总就业人数增长的九成以上。这虽有利于缓解早年的失业压力，满足农业劳动力快速转移的就业需求，同时也加剧了我国就业结构中工业比例偏高的问题，助推了相对低端用工短缺的矛盾。早年制约汇率和宏观政策调整的原因之一是就业问题，现在就业形势发展本身要求调整汇率和宏观政策。

我国当代就业转型已取得化解旧体制转轨释放失业压力和实现 2.5 亿农业劳动力转移两大成就。我国就业转型的历史进程仍将长期持续，不过从数量扩张的单维度指标看，这一进程的最为高潮阶段可能已经或正在过去。依据就业形势客观变化特点，考虑劳动力市场运行与宏观经济涨落的内在显著联系，未来就业政策应从侧重数量扩张朝"数量与质量、速度与结构"并重方向调整，并与开放宏观政策架构和人口土地等深层改革相配合，推动就业和经济社会整体最终成功转型。

怎样保障就业实现转型*

《2012 中国大学生就业压力调查报告》显示，在度过金融危机带来的 2009 年就业寒冬后，今年大学生就业的压力指数达到 4 年以来的最低点。然而，在整个"十二五"期间，高校毕业生仍将处于一个就业人数的高峰期，年均在 700 万人左右，大学生就业形势仍不容乐观；与此同时，农民工"用工荒"的问题几年来一直未得到有效缓解——我国的劳动力结构失衡问题构成了经济转型的主要压力。本期我们邀请到北京大学国家发展研究院副院长卢锋教授就就业结构转型发表观点，他认为，未来就业政策应与开放宏观政策和人口、土地等深层改革相配合，保障我国就业和整体经济最终实现成功转型。

农业劳动力转移反映经济周期涨落

记者：根据国家统计局的数据，2011 年年末，我国农村地区非农劳动力已达到 2.5 亿人，为什么会出现数十年的农业劳动力向非农部门转移？这样的进程还将持续多久？

卢锋：过去 30 余年，我国非农就业总量从 1.2 亿增长到 4.8 亿，非农就业占从业人员的比例从 30%上升到 61.5%，显示我国就业结构转型快速推进。农民工是推动这一历史进程的主力军。农民工数量从 20 世纪 80 年代中期的 6000 多万，增长到 90 年代末的超过 1 亿，2011 年达到 2.54 亿，占同期非农就业增量的七成。一个国家 30 多年有超过 2.5 亿农业劳动力转移到城市工作，迄今为止在人类经济史上应属绝无仅有。

---

* 记者王婧怡采访撰文，原文发表于《金融时报》，2012 年 7 月 16 日。

与非农就业占比大幅度下降具有"镜像关系"的事实是,农业劳动力占比从改革初期的七成以上下降到目前的约35%。参考发达经济体的发展经验,这个比例值还会持续下降,在今后20年大概会降到接近10%的水平。这意味着我国农业劳动力向非农部门转移的进程仍将持续推进,仍需持续拓宽非农就业渠道和增加就业岗位以满足这一要求。不过从单维度数量指标看,农业劳动力转移的高潮或许已经过去。2003—2006年连续4年农民工增量超过1000万,最高是在2004年达到1390万,这一时期可能是我国农业劳动力转移数量的高峰期。

农业劳动力转移是就业转型大趋势,表现为非农就业与农民工总量持续单方向扩张。但是就某个特定时段而言,无论是第一产业农业劳动力转移规模的大小,还是非农就业增长速度的快慢,都与宏观经济周期的涨落存在显著联系。

改革时期第一产业就业量变动与GDP增长率之间的基本关联形态是:当总需求扩张偏快并派生显著通胀时,乡村劳动力的减少速度比较快;当宏观经济景气度较低和经济增长偏弱时,乡村劳动力的减少速度就会偏慢。"第一产业就业变动量"与"GDP增速相对其趋势偏离"之间的简单统计关系显示,GDP增长率超过其平均可持续水平1个百分点,第一产业就业会超量减少近140万人。

过去30余年非农就业变动与宏观经济周期则呈现显著正向关系。虽然非农就业趋势性上升是长期增长,但在短期或周期范围内,非农就业扩张规模的大小受到宏观经济景气周期涨落的制约。"非农就业变动量"与"GDP增速相对其趋势偏离"之间的统计关系显示,GDP增长率超过其平均可持续水平1个百分点,非农就业会超常增加134万人。

这对认识我国转型期劳动力市场与宏观均衡规律之间的联系具有启示意义。一般认为,我国农业劳动力无限供给,宏观过度扩张派生的劳动引致需求总可以通过第一产业劳动力的减少和农民工数量的增长得以满足。上述经验证据提示了另一种理解思路:虽然现代农业技术进步提升了农业劳动生产率,使长期经济增长需要的劳动力供给可以通过农业劳动力转移得以满足,但在短期或周期分析场合,农业技术进步速率受到制约,总需求过度扩张可能通过农产品需求上升以及农业劳动力转移偏快导致农产品供给相对不足。因而从宏观均衡角度看,农业劳动力转移在短期也有一个适度问题。

近年来农民工供求关系偏紧,工资增长较快

记者:与农村地区从事农业生产的人口日益锐减的事实相对应的是,近年我国农民工市场频频出现"用工荒"的现象，应该如何理解？

卢锋：近年我国农民工市场出现供求偏紧态势，2003—2004年出现的"民工荒"演变为持续多年的"用工荒"和"招工难"。城市劳动力市场整体求人倍率（城市求职机构登记的工作岗位数除以求职人数所得倍数）从21世纪初0.6—0.7上升到近年的1上下。虽然今年宏观经济增速减缓，开春后媒体对各地的用工市场仍有不少缺工和招工难方面的报道。

"用工荒"、"招工难"之类的现象，其真实经济学含义始终是"市场机制为农民工涨工资"，长期效果是倒逼结构调整。对我国农民工名义工资长期走势的估测结果显示，改革时期农民工现价名义工资总体呈现增长趋势，大体分"两慢两快"四个阶段。一是20世纪80年代增长较慢，从80年代初不到100元上升到80年代末200元左右；二是90年代前期增长较快，从90年代初200元左右增长到90年代中期500元左右；三是90年代后期到21世纪初增速较慢，2000年和2001年两年均值约为600元，比90年代中期增长近100元，增幅仅约为20%；四是过去近十年较快增长，2010年达到1690元，年均增速超过10%。30多年名义工资趋势值年均增长率约为9.7%。

用经CPI调整的农民工实际工资可分三个阶段观察。一是20世纪80年代波动中仍有明显增长，其趋势水平到80年代后期上升约六成，年均增长率约为6%；二是随后十来年即80年代末到90年代末情况不同，其间少数年份如1992—1993年实际工资仍有明显增长，不过这个时期整体趋势值没有显著上升；三是进入21世纪后农民工实际工资增长较快，2001—2010年用1978年物价衡量的不变价工资从131元增长到316元，年均增长率约为10%。2011年农民工平均月工资超过2000元，增长幅度超过20%，实际工资增长率也超过两位数。

记者：农民工"用工荒"和大学生就业难同时存在，是否与我国第二产业占GDP比例过高有关？

卢锋：近年来劳动力市场呈现相对低端员工较为短缺与较高学历和较高端工种求职困难的结构性特点。虽然城市劳动力市场总体求人倍率趋势性增长，不过区分教育背景和高低端工种的工作岗位求人倍率呈现分化趋势。如2011年城市职业介绍机构低学历组对象求人倍率在1.1以上，高学历组则在0.9上下；较低端工种对象求人倍率在1.2上下，高端工种约为0.9。数据显示，过去十年上述结构性差异总体上持续存在，并在近年呈现扩大趋势。

求人倍率整体上升与我国就业形势整体改善趋势具有一致性。城市劳动力市场的结构性差异，与过去十余年我国高校毕业生规模四五倍超常扩大有关，也与汇率、利率以及其他要素价格调节不够充分以及经济增长方式转变滞后有关。例如，与宏观增长外向依赖度偏高问题相联系，我国新时期就业扩张过于向贸易部门倾斜。2002—2008 年制造业就业估计增长约 3400 万人，占同期就业增长总数九成以上。这有利于缓解早年失业压力，满足农业劳动力转移的就业需求，不过也加剧了就业结构中工业比例偏高的问题，助推了相对低端用工短缺的矛盾。

失业率变动凸显体制转轨对劳动力市场的冲击

记者：能否为我们分析一下近年来失业率趋势反映的问题？

卢锋：我国城镇登记失业率统计指标具有自身的特点和局限性，但是对认识劳动力市场运行规律，特别是对显示体制转型不连续冲击具有认识意义。用城镇登记失业数加上下岗人数得到经调整的城镇失业率，这个指标在过去 30 多年都先后出现两个峰值。第一个较小峰值发生在改革开放初期，当时实际失业率比均值和趋势要高 1 个百分点左右。第二个更大峰值发生在 20 世纪 90 年代后期，比趋势值和整个时期平均值高出 2—4 个百分点，与 20 世纪 80 年代失业率的绝对水平比较高出 6—7 个百分点。

两个峰值体现了两次重大政策和体制调整的影响。第一个较小峰值显示了知青政策调整对劳动力市场的冲击。因应"文化大革命"后政治形势变化，决策层决定改变知青上山下乡的体制政策，几百万知青在很短时间内返回城市。这一政策调整本身深得人心，不过也带来短期内推高城镇失业压力的问题。随着 20 世纪 80 年代经济搞活和工作岗位增加，几百万失业（当时称作"待业"）问题较快得到解决。20 世纪 80 年代大部分年份城镇失业率都较低，显示当时城市就业形势相对宽松。

第二个峰值与国有企业改革有关。20 世纪 90 年代后期深化企业改革，这对于再造市场经济体制的微观基础具有重要意义，对 21 世纪初宏观经济的快速增长都产生了重要支撑作用。不过企业改制伴随大量员工下岗，失业率的上升幅度相当于成熟市场经济国家一次深度经济衰退对劳动力市场带来的冲击力度。21 世纪新一轮的经济高增长使失业率逐步回落到长期趋势和均值水平，目前城镇失业率略高于 4%，主要反映了结构性和摩擦性失业，与现阶段低水平的充分就业目标状态比较接近。

改革开放推动就业率长期高增长并消化旧体制遗留的大量隐性失业，是中国经济转型最重要的成就之一。不过转型过程客观上使很多下岗人员承受了较大损失甚至伤害。与废除知青政策具有帕累托改进属性不同，企业改制本质上属于卡多尔改进，应通过转移支付对利益受损方提供补偿。当时政府在促进再就业和补助下岗人员方面做了大量努力，然而受财力限制难以达到比较充分的合理补偿。如今公共财力今非昔比，可回头考虑这个历史形成问题，应用适当方式对当时的利益受损群体追加补偿。这不仅能更好地体现公平公正原则，也有利于排除干扰，重新凝聚改革共识。

应实行总需求管理政策架构调整和完善就业政策的组合措施

记者：依据对就业转型基本事实的梳理观察，可对我国劳动力市场和就业形势做出怎样的判断？

卢锋：第一，改革开放30多年，中国就业转型取得了巨大成就，其中最关键的有两点：一方面释放和消化了旧体制转型过程特别是企业制度改革带来的失业下岗冲击；另一方面依托现代开放经济增长实现了2.5亿原农业劳动力转向非农就业。

第二，21世纪最初10年特别是"十一五"时期，我国就业与工资双双较快增长。无论是非农产业的扩张规模，还是农业劳动力的净减少数量，都显著超过早先可比时期。世纪之交我国就业领域面临严重失业压力的形势已逐步发生实质性缓解和改观。

第三，我国劳动力供应总量增长不久或将见顶，16—45岁青壮年劳动力今后将持续下降，年青劳动力供应将会面临增量下降甚至总量减少的约束。不过未来20年前后，每年仍将有约400多万农业劳动力转移到非农部门就业，"十二五"时期平均每年仍需要创造和提供约千万非农就业岗位。从劳动力供给面角度看，我国就业压力仍将长期存在，保持就业创造活力仍应是我国长期经济政策的基本目标之一。

第四，21世纪头10年就业需求空前增长的条件是我国宏观经济的新一轮强劲增长。从基本面和长期条件看，新一轮宏观增长和就业转型代表我国开放经济成长的阶段性进步，具有可靠基础。从政策面和阶段性特点看，汇率和利率等开放宏观经济基本要素价格的关系尚未理顺，宏观增长面临失衡因素困扰，使就业扩张和劳动力市场面临新矛盾和新问题，就业形势后续发展潜伏着调整风险。

记者：应如何因势利导？

卢锋：针对新时期宏观经济和劳动力市场的形势特点，应在坚持改革开放、促进就业等方针的基础上，实行总需求管理政策架构调整和完善就业政策的组合措施。未来就业政策应从侧重"数量"扩张朝"数量与质量、速度与结构"并重方向调整，并与开放宏观政策和人口、土地等深层改革相配合，保障我国就业和经济整体最终实现成功转型。

应加快培育城乡一体化劳动力市场体系来促进和完善我国就业政策。要加快推进户籍管理体制改革，实现城乡居民在择地居住和择业工作等方面享有同等公民权。要加快推进农地制度改革，在加强土地用途管制的前提下更大程度实现农民土地流转权。要加快推进完善对农民工子女给予与城市居民平等的公共教育服务方面的改革，在更好实现公民平等权利目标的同时，通过提升下一代劳动者素质为经济的未来发展注入持久动力。

要推进完善普惠城乡居民的劳动培训、职业介绍和社会保障公共服务网络建设。要着力帮助劳动者提高就业能力，在肯定20世纪90年代以来我国高等教育朝大众化方向发展的积极意义的前提下，针对性解决一些高校定位不明、过度追求发展研究型大学、忽视劳动力市场需要大量应用性技能人才等方面的偏颇。要引导劳动需求方改变在招聘过程中片面强调学历、性别、年龄与证书等倾向，加强对岗位技能的需求调研，向教育系统和人才供给方传导准确的需求信号。

在开放宏观经济领域，要以宏观均衡为基准界定充分就业目标，在总结近十年经济增长和宏观调控经验的基础上，改革和完善"开放宏观政策架构"，实现就业扩张与经济增长之间的良性互动。要在人民币汇率形成机制方面推进市场取向改革，更好地发挥汇率这个开放经济"基本相对价格"的调节作用。要加快改革利率形成机制，让利率更好地发挥调节货币和总需求的基本功能，从而更好地实现管好货币、平滑总需求、保持宏观经济又好又快增长的目标。

四

中国式宏观调控与改革

负责任的宏观政策——习近平的 G20 新主张[*]

二十国集团（G20）第八次峰会近期在俄罗斯历史名城圣彼得堡召开，中国新任国家主席习近平的首次出席成为一大看点。以推动全球经济更加平衡发展及可持续增长为主旨，他在峰会上提出发展创新、增长联动、利益融合等新理念，倡导成员国携手努力维护和发展开放型世界经济，呼吁继续改革国际金融机构与完善全球经济治理，得到各国普遍接受与认同。

G20 峰会合作机制在金融危机的推动下产生，协调各国开放宏观经济政策以应对危机与管理复苏是 G20 的关键合作议题。习近平 G20 论述的一个引人注目的亮点，是在对危机五周年以来全球经济客观演变趋势整体把握的基础上，呼吁各国实行"负责任的宏观经济政策"。这一重要观点对国际社会应对当前全球经济困难，对推动 G20 这个高层多边对话机制"从危机应对向长效经济治理机制转型"，提出了中国的新思路与新主张。

习近平在正式讲话和记者答问等场合多次阐述这个新主张。在 9 月 4 日接受土库曼斯坦等五国记者联合采访时，他论及 G20 合作方针的第一条就是倡导"共同采取负责任的宏观经济政策"。9 月 5 日在 G20 峰会所做题为"共同维护和发展开放型世界经济"的发言中，同样把"采取负责任的宏观经济政策"作为对 G20 合作建言的首要方针，2000 来字的演讲中，"负责任"、"责任"等词的出现频率不下五次。

从中国主席言辞殷切的表述中，可以看到"负责任的宏观经济政策"命题包含多方面内涵。

第一，要正确处理经济政策治标与治本的关系，避免过度刺激。以"发展创

---

[*] 原文发表于 FT 中文网，2013 年 9 月 18 日。

新"推动世界经济可持续增长,"要提高经济增长质量和效益,避免单纯以国内生产总值增长率论英雄。各国要通过积极的结构改革激发市场活力,增强经济竞争力"。反过来看,"单纯依靠刺激政策和政府对经济大规模直接干预的增长,只治标、不治本,而建立在大量资源消耗、环境污染基础上的增长则更难以持久"。

第二,要正确处理经济发展长期与短期的关系,避免竭泽而渔。习近平在峰会发言中指出:"任何一项事业,都需要远近兼顾、深谋远虑,杀鸡取卵、竭泽而渔式的发展是不会长久的。"在接受五国记者联合采访时指出:"如果我们继续以往的发展方式,我们会有更高的增长率。在宏观经济政策选择上,我们坚定不移推进经济结构调整,推进经济转型升级,宁可主动将增长速度降下来一些,也要从根本上解决经济长远发展问题。因此,这样的增长速度,是良性调整的结果。"

第三,要正确处理经济发展内部和外部的关系,避免以邻为壑。习近平指出:"各主要经济体要首先办好自己的事,确保自己的经济不出大的乱子。这是我们最起码的责任。""在此基础上,各方要加强政策协调,相互带来正面而非负面的外溢效应,共同应对当前世界经济金融领域的重大风险和挑战。"

习近平阐述的"负责任的宏观经济政策"方针,既是对伙伴国家领导人以及G20对话平台的要求和呼吁,也是对中国自身经济政策定位的概括和承诺。他郑重表示:"中国采取的经济政策既对中国经济负责,也对世界经济负责。中国经济基本面良好,今年上半年国内生产总值增长7.6%。中国也面临着地方政府债务、部分行业产能过剩等问题。这些问题处于可控范围之内,我们正在采取措施解决。""中国有条件有能力实现经济持续健康发展,为各国创造更广阔的市场和发展空间,为世界经济带来更多正面外溢效应。"

由此可见,"负责任的宏观经济政策"是中国领导人在对目前全球经济形势特点全盘观察与深思熟虑的基础上提出的具有现实针对性与统领全局性的重要命题,这个命题既与中国外交奉行的"负责任大国"传统定位与理念一脉相承,又与时俱进地包含了对开放宏观经济领域新世情与新国情动态演变特点的科学分析,传达了中国领导人对如何管理全球经济快速演变新格局所提出的新思路与新方案。

新思路首先是对近年全球经济增长"强劲、持续难两全"客观演变事实的理性认识与务实反思的结果。金融危机爆发后各国实施超常刺激政策,推动主要经济体从2009年下半年开始走出低谷。基于当时对危机后全球经济比较乐观的看法,2009年9月在美国匹兹堡召开的G20第三次峰会提出"强劲、可持续与平衡增长"框架目标。虽然全球经济 2010 年确实快速回升到 5.2%的较高增速，然而随后事实显示，在基本结构问题需要调整应对的背景下，主要依靠刺激政策人为拉动的复苏增长乏力。2011—2012 年全球经济增速分别下降到 4.0%和 3.2%，今年预计将进一步回落到 3.1%。

正确方针不仅应以良好政策意愿为前提，更要建立在对客观现实及其背后规律认知的基础上。危机五周年来全球经济"强劲"、"持续"难两全的客观态势，要求大国政治领导人正视现实，务实应对，切实重视和着力解决深层结构调整问题，回归负责任宏观政策的基本定位，为经济重回可持续高速增长奠定基础。

新思路包含对近年主要发达国家宏观政策"宽松比赛"可能误入歧途的警示和告诫。金融危机爆发后，主要经济体宏观政策上演了一场"没有最宽松，只有更宽松"的怪诞竞赛。

以美国为例，危机爆发初期金融系统面临崩溃风险，实施超常量化宽松政策进行急救或许情有可原；然而在渡过危机急救期经济复苏后，面对增长不够强劲的形势竟接二连三追加实行量化宽松政策，既缺乏学理依据，也缺乏长期责任。美国经济"复苏不易、景气难再"并非由于银根过紧和流动性不足，而是根植于全球经济格局大变革的时代条件，超宽政策不仅难以刺激出繁荣，反而会引入不确定性妨碍长期增长。作为主要国际货币国，美国量化宽松政策难免带来负面溢出效应，近来短期国际资本流动加剧了部分新兴经济体的经济困难，从一个侧面显示出这类政策的消极影响。对迷信人为刺激政策的思潮与政策偏颇，习近平的新主张无疑是中肯对症的良药。

新思路也是对中国宏观经济政策实践经验教训反思总结的结果。改革开放 30 多年，中国一方面立足"发展是硬道理"的理念，着力推动国民经济又好又快发展；另一方面在宏观经济明显失衡或深层结构问题妨碍长期发展时，多次以壮士断腕的勇气整顿纠偏。总体而言，治理通胀不手软，结构改革有决断，实行负责任的宏观经济政策，是中国经济发展的基本成功经验之一。2008 年外部金融危机冲击叠加国内紧缩政策，使中国经济增速较快下滑，中国政府罕见地实施一揽子刺激经济政策，在取得经济增速较快 V 形回升成效的同时，货币信贷过快扩张也带来了一些遗留困难与风险。

中国新一届政府就任半年来，针对刺激政策退出后经济增速减缓的表现，实施稳增长、调结构、促改革、控风险组合措施，货币信贷管理坚持盘活存量、用好增量的方针。即便在第二季度宏观数据不尽如人意、6 月出现银行间市场短期拆借利率波动的背景下，仍顶住压力坚持稳增长与防风险双重导向的宏观调控政策。7—8月最新经济数据显示中国宏观经济企稳好转动向，中国新一届政府实施负责任的宏观政策也显现初步成效。中国负责任宏观政策的新主张，既正人也正己，体现了大国风范，展现了普适意义。

目前世界经济增长动力不足，国际金融危机深层次影响不断显现，表明主要经济体与全球经济早先失衡累积的张力仍在释放调整之中，折射新兴经济体追赶带来全球经济格局大变革的进程持续展开。管理当代全球经济变局，需要G20政治领导人展现远见与领导力，用正确理念和政策引导全球经济走向可持续增长的新繁荣。习近平初次亮相G20峰会提出负责任宏观政策新命题，立足当下，着眼长远，出语平实，寓意深长。随着中国及各国谋求可持续增长的认识与实践不断深化，习近平这一新主张有望不断丰富与发展，并彰显越来越大的影响力。

坚持双重导向政策立场[*]

对中国经济减速的担忧持续至今。在经济下行的过程中，结构转型遭遇更多掣肘。此时，政府期望的稳增长、调结构、促改革多重目标能否兼顾？政策措施着力点何在？北京大学国家发展研究院中国宏观经济研究中心主任卢锋认为，如果把政策预期建立在宏观增速困难会迫使决策层出台大规模刺激政策的基础上，则可能是一个对预期者而言风险很高的预期。

卢锋在接受财新记者采访时提出，中国应对经济增速下滑的政策工具储备较多，坚持稳增长与防风险双重导向的政策立场，经济增速可以接近7.5%。

记者：改革多是慢性药，其功效及红利均在长远，当政策对当前的正面影响不明甚至略有抑制时，政府能否忍受？

卢锋：当下经济增速仍处于较低位盘整状态，季度增长总体维持在7.5%上下的水平，这可能比经济学家推测的经济潜在增长速度略微低些。需要考虑目前经济增速偏弱的根源是什么，我觉得主要不是由于目前宏观政策过于紧缩。客观而言，宏观政策总体看来属于中性与温和。比如今年货币增速的目标定在13%，在"钱荒"之前M2和信贷增速达到15%—16%。年初财政预算赤字也有所增长，考虑目前税收增速较快下降，从一个角度看意味着宏观内嵌式自动逆周期调节机制发生了作用，回头预算结算赤字可能还要大一些。宏观调控政策确实没有像过去曾经发生的那样大手笔刺激，但是政策本身不能说特别紧。

在目前中性温和的宏观调控政策下，经济增速在合理区间低位运行，重要原因在于目前国民经济正在消化调节过去一段时期积累和遗留的一些杠杆率偏高风险因素。调整过程一方面会对经济增速产生短期抑制作用，另一方面也会出现货

---

[*] 财新记者采访撰文，原文发表于财新网，2013年8月8日。

币信贷增长速度与实体经济增长速度数量匹配关系的变化。针对这一形势，用稳健货币金融政策逐步化解遗留杠杆化偏高风险因素，同时多方采用提振总需求的稳增长政策是正确的，这个稳增长与防风险双重导向的政策是务实与合理的。这个政策有助于为更好地发挥市场机制调结构提供一个合理稳健的宏观金融环境，并为重回内生可持续较快增长奠定基础。

当下经济确实处于经济增速低位盘整状况，需要适时采用短期稳增长政策措施。长期改革政策有的具有短期提振经济效果，也可以考虑加快推出。例如民营企业投资限制问题，上届政府出台了两个"非公36条"，但是由于种种原因实际改革措施难以落地。决策层与相关部门如能下大决心，大刀阔斧地推进相关改革，显然有助于提振民营企业在早先准入管制比较严格的部门和行业的投资积极性，因而具有某种短期稳增长效果。税收改革是长期政策，然而一些减税措施如能加快推进，也可能在较短时期内对总需求增长发挥积极作用。

记者：政府对经济增长设定了7%的底线，你如何看待这一增长底线？

卢锋：决策层由此表达了稳增长目标的重要性，并通过量化指标更好地向市场和社会传达了宏观政策意图。下限与底线表述，也显示高层清醒意识到盘活存量、治理风险难免会与经济增速存在短期制约关系。其实今年虽然经历政府交接，但宏观调控政策一直重视稳增长目标。鉴于第二季度经济增速不如预期，政府更是比较密集地出台了多方面稳增长措施，包括棚户区改造、推动电信投资鼓励信息消费、"金融十条"对金融支持实体经济进一步提出指导和要求等。中国经济现状与主要发达经济体比较，应对经济增速下滑的政策工具储备较多。继续坚持目前稳增长与防风险双重导向的政策立场，不出特别意外的话今年经济增速完全有可能接近7.5%。

宏观经济规律与国内外经验教训都告诉我们，经济过度扩张带来的失衡因素终归需要调整，无非是主动调整还是被动调整，调整过程中难免要付出一些代价。观察上一届政府后期政策的演变情况，高层实际上也在实践中加深了对这一宏观规律重要性的认识，表现在稳增长措施方面比早先较为克制和谨慎。新一届政府继续实施稳增长与防风险方针，意在进一步强调宏观财金纪律，引入必要合理的硬化预算约束，这对于搞对方方面面政策预期，使得市场经济运行与宏观经济规律要求相一致，显然是必要与合理的。为了达到这一目标，经济增速即使短期放慢也仍是利大于弊。当然在实施双重导向调节政策时，也应重视避免出手过重和经济大起大落，下限和底线的最新信号显示决策层操作政策层面极为审慎以力求稳健。

记者：市场对于经济潜在增长率的看法分歧也比较明显，你的观点是什么？

卢锋：一国经济的潜在增长率，在一般概念上能够比较清晰地给出定义。对较长历史时期的潜在增长率，也能比较靠谱地根据实际增速表现与增长结构事实加以分析估测。然而要确定当下或推测未来的潜在增长率，学者之间可能会发生较大分歧。由于我国人口构成与劳动力市场正在经历结构性变化，这方面差异可能更大一些。

我个人觉得，潜在增长率概念对思考一段时期正常情况下的合理经济走势具有借鉴意义，但是对评估特定合理增长目标如何处理 0.5 个百分点这样较小量级的差异时几乎没有什么作用。在大方向上，是要把制度改好，价格搞对，宏观政策既不要放水，也要避免过度紧缩，然后让市场去决定合意经济增长率。

记者：一旦经济出现大幅下滑，政府是否存在施救的空间？这与当下调结构的目标是否存在冲突？

卢锋：在我看来，除非发生现在难以想象的情况，中国应该不会再出现大规模刺激政策。我想市场利益相关方可能也大都有类似预期。反之，如果把政策预期建立在宏观增速下降会迫使决策层出台大规模刺激政策的基础上，则可能是一个对预期者而言风险很高的预期。当然，万一经济增速下降到可承受的底线以下，政府仍然有很多正常调节手段加以应对。货币政策方面，我们存款准备金率仍高达 20%，随着宏观形势逐步演变，总有一天要逐步降下来。公开市场操作投放货币甚至调节利率都属于常规性选项。这一点中国与美国的情况很不一样：美国调节宏观经济只剩下量化宽松这一个工具。现在美国经济出现一些亮点，但是否真有那么好？如果量化宽松真能刺激出持久繁荣，那么发展还是什么硬道理？我对此存疑。不过美国调节宏观经济的政策空间逼仄是客观事实。如真到万不得已，我国财政扩大支出也还有空间。目前机关团体存款增加到 14.6 万亿元，都是地方政府和事业单位在财政体制内分配的资源，过去 4—5 年增加了 6—7 倍。这些政府或准政府控制的货币存量，如能通过适当方法有效盘活，也能对稳增长发挥作用。

记者：在经济增速回落的过程中，如钢贸行业以及其他行业的潜在风险也会逐渐显露，你是否对此存在忧虑？

卢锋：我国钢贸业本来是一个草根创业成功的案例。例如福建某地农民工群体转型为企业家，在为钢铁业发展做贡献的同时，也使自身得到发展，背后有不少体现正能量的创业故事。但是 2006—2007 年货币过度扩张和资产价格泡沫化时期，不少钢贸商开始利用钢铁仓单重复质押融资便利，从银行贷来大量额外资金投资高风险泡沫化资产套利。从2007年到2008年上半年宏观紧缩时期，这些行业过度投机冒险的企业家已经面临第一次调整压力。但是不料想刺激经济政策推出后，在货币信贷天量扩张的背景下，有关部门鼓励银企合作、银地合作，银行竞相贷款，钢贸商不仅立马摆脱了去杠杆化的困扰，反而摇身一变成为银行追捧的对象。于是，一些钢贸商借助融资便利和2009—2010年新的资产价格飙升环境，开始新一轮更危险的扩张投资便利。2011年年底，我曾有机会看过这个行业，当时已经面临严峻的调整难题。去年又出现行业协会致商业银行公开信，显示行业资金链面临断裂的危机。虽然银行暂时退一步妥协，但是问题并未解决。光伏行业扩张也有类似的特点，今年5月有机会考察这一行业，其实在2008年上半年调整压力就很明显，但是刺激政策实施后，光伏业又被列为新兴行业给予进一步政策鼓励，客观上使得这个行业产能过剩的问题加剧，个别龙头企业也面临难以为继的困境。房地产价格调整过程也是在刺激政策后暂时中断。

刺激政策确实在应对外部危机冲击方面取得重大积极成效，不过我们也需要认识由此派生的高风险、高杠杆累积因素需要加以调整，并且也完全有可能在稳增长的前提下给予必要和适当的调整。要在一个稳健的货币和金融环境下，通过市场经济重组机制化解个别行业产能过剩的压力，避免地方政府干预和妨碍这一调整机制发挥作用。同时要对资产价格泡沫化因素进行必要调整，早先利用资产价格飙升过度冒险扩张套利的投资方可能要承担一些损失。但是上述事例毕竟是个别或少数行业的情况，绝大部分银行和金融机构资产负债表的风险因素处于可控状态，积极审慎调整风险也在可控范围。

记者：政府在金融创新和金融改革方面进行了很多尝试，包括温州金融改革等，但迄今为止，小微和民企的融资困境似乎并未明显改善，在此方面，政府还应做哪些尝试？

卢锋：温州金融改革方向是对的。不过当时推出匆忙，系统设计考虑不够，指望它改变小微和民企融资难显然不够现实。小微和民企融资难是发展中国家的普遍现象，就我国的体制和政策环境而言，客观上加剧这方面困难的最重要因素，是我国银行和金融机构部门准入管制太严，同时利率管制没有完全放开，信贷市场竞争不足。虽然十年前学界和社会对银行准入放松管制就呼声很高，但这方面的改革举措推进迟缓。在大银行主导小银行不足、利率行政管制的金融生态环境下，对小微企业和民企的融资歧视是常态经济现象。

应对这方面问题要标本兼治。在现有体制和政策格局尚未根本改变的前提下，主管部门通过各种政策方针表述和窗口指导，指导和督促金融机构加大对小微和民企贷款力度是必要的。例如，最近"金融十条"文件重申对小微企业贷款增速和增量"两个不低于"要求，就是这类措施的具体内容。但是要根本缓解这方面问题仍要深化改革，放宽金融行业的准入门槛，让更多小银行去为小微企业贷款；放宽在利率和经营方面的过多管制，增加金融机构的竞争程度；同时银监部门要真正负起对资产负债表的监管责任，加强对金融机构经营风险的监管。这样才有望出现地区性小银行服务地方性小企业的局面。到地方调研考察，能看到有的地方银行和金融机构的风控意识和机制相当不错，为当地小微企业客户服务比较到位。在体制改革到位的基础上，总结基层好经验，加强部门指导和监管，才能破解小微和民企贷款难的痼疾。

中国宏观调控政策"求稳"与"谋变" *

新一届政府宏观调控政策取向选择大体包含"求稳"与"谋变"两层目标。"求稳"即运用短期宏观调控工具，培育 2012 年年底出现的经济增速企稳与温和回升势头。"谋变"则要通过加快宏观金融改革，更好发挥汇率、利率等价格杠杆作用，建立完善的适应开放大国成长需要的宏观调控体制。日前公布的第一季度宏观数据，为观察目前宏观经济形势和分析下一步宏观调控政策和改革提供了最新信息。重要数据指标走势的分化，提示宏观经济欲稳而未稳。依据对目前宏观经济走势原因的分析，短期宏观调控政策以适度微调、继续观察为宜，一动不如一静。考察总结十年宏观调控实践的经验教训，现行过于侧重非价格手段的宽泛化宏观调控体制亟待改革，宏观调控体制改革需系统设计和重点突破。

第一季度宏观经济数据概括

经过 2010 年下半年以来减速调整，宏观经济去年第四季度呈现企稳回升的动向。日前公布的第一季度宏观数据，则呈现出短期较为发散的走势和复杂局面。若干基本数据显示宏观经济仍处于企稳区间，并提示下一步经济温和回升的有利条件。另外一些指标则表现出与早先温和回升预期不一致的动向。

经济企稳与温和回升的有利条件主要体现在以下几方面：一是 7.7% 的增长率仍高于政府 GDP 增长率的下限；二是投资仍然处于 20% 上下的不低水平；三是第一季度 CPI 涨幅控制在 2.4% 的较低水平；四是企业利润以去年低位增长为基础，出现 17.2% 的恢复性较快增长；五是广义货币维持 15.7% 的较快增长速度，广义

---

* 原文发表于 FT 中文网，2013 年 4 月 25 日。

流动性增速更高；六是城市劳动力市场求人倍率上升到 1.1，显示劳动力市场失业压力并未增加。

另外一些指标与早先温和回升的预期有所不同。9.5%的工业生产增速偏低，电力消费 2.9%的增速则与预期偏离较大，消费增速 12.6%也偏低，GDP 增长率比朗润预测值低 0.45 个百分点。然而第一季度三个月房价增长率都超过两位数，1—2 月增速达到 19%的高位，2 月 CPI 增速达到 3.2%的较高水平。可见宏观经济短期仍面临下行压力，并且资产价格和 CPI 通胀压力并未消除。

短期宏观走势的原因与对策探讨

如何解读目前宏观形势"乱花渐欲迷人眼"的特点？对部分指标比预期较低大体可从短期和周期两个角度理解。

从短期性根源看，除了闰年因素导致可能不到 0.1 个百分点走低，中央"八项规定"限制公款高端消费等因素外，财政支出年末相对增速下降可能是第一季度经济增速偏低的原因之一。依据宋国青教授初步测算的结果，2012 年财政预算支出增长 14.1%，到 7 月累计支出同比增长 23.4%。在没有追加预算的情况下，第四季度不得不较大程度压缩支出。12 月财政赤字与当月季度调整后财政收入的比例在 2003—2012 年 10 年间均值为 2.17 倍，然而 2012 年为 1.16 倍，差了近九成。年末相对支出减少规模应在万亿元上下。

从周期性原因看，消化上一轮货币与经济超常扩张影响的因素仍在发酵。部分政府地方平台杠杆率偏高仍在消化，传统行业（如钢贸业）与新兴行业（如光伏业）的调整仍在发酵与进行。银监会 3 月底发的 8 号文规范商业银行理财业务投资运作，从一个侧面显示上一轮的过度杠杆化仍在调整中。不同领域过度扩张的遗留问题各有特点，然而调整过程难免会不同程度地影响经济正常运行和增长。调整过程在一定程度上导致金融活动被债务"借新还旧"吸收，对目前货币金融指标与实体经济指标的短期偏离具有解释作用。

上述两方面因素中，短期因素大体是一次性的，时过境迁后会趋于消失。就此而言，后手经济增长有望温和回升，与稳增长目标具有一致性。超常扩张调整制约增长的效应则具有周期性甚至阶段性，化解这方面影响需要多长时间其实难以准确预判，需持续观察和动态评估。依据上述理解，短期宏观调控政策可采取"一动不如一静"方针：即保持早先稳增长政策态势，在货币和财政政策领域适度微调，同时继续观察宏观经济走势，待形势更趋明朗后再统筹考虑应对策略。

十年宏观调控实践与宏观调控体制改革

十二届一次人大记者招待会上，李克强总理提出实施三方面改革以实现三项任务的施政方针。他在陈述"能够牵一发动全身"的改革议题时，开宗明义强调："推动经济转型要注意发挥财政、金融、价格改革的杠杆性作用"，"在金融领域要推进利率、汇率市场化改革"。系统考察十年宏观调控实践，笔者认为"财政、金融、价格改革"或可聚焦改革以"部门过于多样化、工具过于宽泛化"为特征的现行宏观调控体制，全面创建与完善适应开放型大国市场经济的现代宏观调控体制。

回顾新时期宏观经济运行与宏观调控政策的实施过程，大体表现出以下几方面特点：一是宏观运行易热不易冷；二是宏观调控功效治冷难治热；三是宏观调控参与部门多样化组合；四是宏观调控工具手段宽泛化分布。多年形成的这套过渡性宏观调控体制，对21世纪开放景气增长发挥了宏观保障的积极作用，然而从发展要求看也存在两方面的矛盾和问题亟待改革。

一是汇率和利率体制改革比较滞后，使开放宏观经济这两大基本价格的杠杆作用发挥不够。受多重因素制约，汇率市场化改革推进滞后，一段时期是否要升值陷入某种程度的好人坏人画线的简单思维语境中难以自拔。利率市场化改革也比较滞后，利率对宏观经济调节的相对力度仅相当于市场经济条件下通常水平的两成上下。实践证明，在开放追赶条件下，两率价格搞不对，货币总量就难管好，结构性物价上涨和资产价格间歇性飙升就难应对，负利率收入分配消极影响以及资产泡沫化因素就难以根治。

二是多样化宏观调控部门和宽泛化宏观调控工具，既是价格杠杆和政府职能转变不到位的产物，同时又为各类部门在宏观调控名义下"相机抉择"干预经济提供逻辑支持，从而构成不利于政府职能转变的制约因素。体制改革滞后与现行宏观调控模式的内在局限，二者其实具有双向因果关系。例如，在市场化宏观调控手段发挥不足的条件下，利用产业政策目录管制投资成为重要的结构性宏观调控手段。如果一方面要求投资主管部门依据覆盖几十个行业上千种产品和技术的产业政策目录进行宏观调控，同时又要求有关政府部门真正转变职能，不干预微观，不过多限制投资，二者显然不相兼容。

宏观调控体制改革需做加减法

宏观调控改革要"破"、"立"结合。"破"就是做减法。一是在认知和概念上做减法,更为科学和严谨地界定宏观和宏观调控的范围,减掉原本不属于宏观和宏观调控内涵的因素和对象,这是宏观调控改革的认识前提之一。二是要在宏观调控主体方面做减法。一些部门职能定位需"去宏观调控化",改变宏观调控"九龙治水"的格局。让环保宏观调控、土地宏观调控、农业宏观调控这类流行概念逐步淡出。三是减少用行政手段搞宏观调控。进一步减少采用行政手段进行重大宏观调控事件发生的概率。四是在"产业政策宏观调控化"方面做减法。随着经济发展阶段提升与市场经济运行经验积累,即便早先有必要的产业政策或许也需消减瘦身。另外对仍有必要实行的产业政策,实施过程应与宏观调控干预适当区隔。产业政策应界限清晰和相对稳定,宏观调控则应因时而异和相机抉择,二者属性有别。如果以宏观调控名义实施产业政策,难免派生更多任意性干预与微观化宏观调控。

宏观调控改革成败的关键在于做好加法,即"立"。

一是深化汇率市场化改革,在增加汇率价格杠杆调节功能上做加法。新时期开放宏观运行的经验显示,在中国可贸易部门生产率快速追赶的背景下,本币实际汇率依据巴拉萨效应客观上面临趋势性升值压力。如名义汇率调节不够灵活,实际升值规律就会经由各种传导机制通过国内通胀顽强地释放出来。2005年以来汇率改革已取得不少进展,下一步需深化改革,制度性限制货币当局对汇市的干预,使汇率机制基本完成向市场化方向转轨。

二是要加快利率市场化改革,在更好地发挥利率价格杠杆调节作用上做加法。20世纪90年代以来利率市场化改革取得很多成就,然而目前存贷款利率仍维持2004年引入的"上下限"管制,超稳定利差与银行准入垄断相结合,形成了金融体制转型的一道难关。新时期银行应对市场竞争的能力明显提升,货币市场基础建设也有长足进步。需排除既得利益干扰,加快推进利率市场化改革,为更好地发挥利率价格调节功能创造体制条件。

三是应调整现行央行体制,在提升其执行货币政策独立性上做加法。借鉴国际比较经验,特别考察和总结十年宏观调控实践的经验,适当扩大央行执行货币政策的独立性,这应该是利大于弊。这方面改革有助于提升货币政策的专业性和有效性，有利于减少地方、部门等局部利益的过多影响，有利于提升货币政策的透明度并增强其可问责性。

四是推进财税体制改革，在扩充财政宏观调控功能上做加法。改革时期中国财政的宏观调控功能从无到有初步发展，不过受体制转型进程的制约，这方面功能发挥仍较为有限。下一步财税体制改革，将提升财政预算制度的透明度，减少政府财政直接投资的比重，推进结构性税制调整。加快建成大国公共财政体制，是现代国家的基础制度建设，同时也有望提升财政总量"自动嵌入"与"相机抉择"两重宏观调控功能。

宏观调控改革与农地制度及户口制度改革相结合，将实质性改善中国宏观经济运行的结构条件，有利于提升宏观经济运行稳定度。汇率和利率市场化改革深化，将为稳健推进资本账户开放和人民币国际化创造有利条件。通过五至十年改革发展，在中国经济总量规模逼近和达到世界最大经济体的同时，将基本完成向开放市场经济宏观调控体制的转变。

央行用心良苦[*]

6月7日晚央行公布："次日起对金融机构一年期存款和贷款基准利率都下调0.25个百分点，同时将金融机构存款利率浮动区间的上限调整为基准利率的1.1倍，将金融机构贷款利率浮动区间的下限调整为基准利率的0.8倍。"

近来内外经济形势演变使央行面临两个方向的压力。一方面，宏观经济持续下行，中国政府宏观调控方针转向强调稳增长，市场随之出现降息预期。然而目前复杂形势下出手降息其实多有不便之处，央行面临利率"降与不降"的权衡选择。另一方面，央行近年推动人民币国际化和资本账户开放取得明显成就，同时也引发学界有关金融开放与内部改革优先序的争议，各界对加快利率、汇率改革呼声日高。对利率管制"快改与慢改"的问题央行也需有自己的判断。

上述背景下，"6-7利率新政"把基准利率下调与放松管制利率合二为一推出，可谓用心良苦，可圈可点。

从新近出炉的5月宏观数据看，虽然外贸增速回升超预期，投资和零售等内需增长趋势仍较为稳健，但工业生产与宏观整体增速仍处下行探底区间。4月偏弱的宏观数据公布后，央行半年内第三次下调存款准备金率，刺激经济的微调政策接二连三出台。

5月下旬温总理多次提到"要把稳增长放在更加重要的位置"，刺激政策力度随之提升。发改委加快审批投资项目，有关部门陆续出台推动节能消费补贴、落实保障房专项资金、扩大"营改增"税收改革试点范围、加大铁路银行授信、鼓励民间投资、允许中小企业发债融资等一系列政策措施。人们熟悉的中国特色多样化手段宏观调控机制，正朝刺激经济的方向发力。

---

[*] 原文发表于FT中文网，2012年6月11日。

随着经济增速与通胀指标双双回落，市场降息预期出现并趋于增强。然而在是否应降息的问题上，学界和业内仍有不同意见。2011 年 11 月以来，存款准备金率虽已三次下调，然而绝对水平仍处 20% 的高位，显示通过瘦身央行资产负债表应对经济增速偏低仍有不小空间。这时是否应马上动用降息工具尚可斟酌。

在中国特色宏观调控微观化的体制下，利率在应对通胀时并未充分发挥作用，现实中往往较多利用形形色色的数量控制、产业政策以至行政干预措施勉强控制住通胀。前两年新一轮紧缩调控后，对宏观经济施加的不少非市场管控措施仍未松绑。这时很难让人确信过高的利率是制约目前经济增长的关键短板。

另外是负利率问题。在存款利率上限管制的背景下，新一轮通胀给银行储户造成了负利率损失。数据显示，2010 年 2 月出现经 CPI 调整后的负利率，直到今年 3 月才结束。2008 年 10 月刺激经济后不到一年半时间内，官方统计的全国平均房价飙升约 45%，如考虑资产价格，负利率问题会更严重。在刚刚走出两年有余的负利率之后，马上又通过管制力量强行降息，央行不能没有顾忌。

近来有关金融内外改革优先序的争论所涉及问题，或许也会影响央行利率政策的选择。全球金融危机暴露出国际货币体系的缺陷，我国多年累积的巨额外汇资产风险也更加显现。中国政府大力推进跨境贸易人民币结算，积极培育香港离岸人民币市场。规模膨胀的离岸人民币要求回流机制，反转要求加快内地资本账户开放。

对人民币国际化和资本账户开放的长期目标存在广泛共识，然而对经由本币跨境贸易结算和扶持人民币离岸市场方式推进国际化是否可行与可取，学界有不同意见探讨争论。一些学者认为，当今之计，应把加快推进利率和汇率市场化改革、理顺国内金融体系与宏观政策的内部关系置于更为优先的地位。

过去十几年间，中国央行致力于推动利率市场化改革并取得了多方面成就。如 20 世纪 90 年代建成全国银行间统一市场并形成统一透明的市场化银行间同业拆借利率，2007 年上海银行间同业拆借利率（SHIBOR）上线，目前已成为较好反映国内货币市场资金供求变动状态的市场化基准利率。

存贷款利率市场化改革也经历不断探索，2004 年形成存款利率上限管制但下浮不限、贷款利率下限管制而上浮不限的阶段性市场化改革成果。目前这个半市场化利率体制已运行近八年。其间空前稳定的存贷款管制利差给银行体系输送了巨额利润，然而也使广大银行储户承担了较大的利益损失。

近年不少学者和官员从不同角度分析了这个过渡性制度安排的不合理因素，

探讨了如何突破我国金融体制转型的最后壁垒。温家宝总理不久前在温州调研时，批评银行获利太容易，宣布决策层对打破银行垄断已形成共识。周小川行长 4 月底在某财经杂志发表题为"利率汇率改革再推进"的长篇访谈文字，提出"推进利率市场化改革的条件已基本具备"。

观察上述背景，"6-7 利率新政"的"二合一"内容设计虽在预料之外却在情理之中。利率基准下调 0.25 个百分点，回应了宏观经济走低风险以及市场希望央行再出手的诉求；放宽贷款利率下限浮动区间，特别是允许存款利率上浮 10%，则以举重若轻的方式开启了利率市场化改革最后一段行程的破冰之旅。

利率新政推出后，一些大银行的第一反应是并未调减存款利率，而是以接近浮动上限的水平为基准上调利率。这表明目前政策利率并未从过高方向严重抑制经济增长，也显示银行对存款上限利率改革破题的初步反应尚属理性，并未出现银行争相高息揽存和"一放就乱"的局面。

利率新政"调放结合"，看点在"放"不在"调"，显示央行对利率改革攻坚似已成竹在胸。排除既得利益干扰，逐步走出存贷款利率上下限管制藩篱；辅以深化人民币汇率改革，减少直至放弃央行对外汇市场的过度干预；再以从容心态推动资本账户开放以及人民币国际化。金融改革由此内外兼修，一个开放大国的市场化金融体制也将呼之欲出。

金融改革优先序[*]

从人民币走向自由兑换的历史角度观察，对金融国内改革与对外开放的关系，早在20世纪90年代已大体达成共识。近来围绕资本账户开放与人民币国际化等金融开放问题的争论，折射出近年内外经济环境演变在认知与实践上带来的新挑战。

货币可兑换是指因应国际交易需求可自由地把本国货币兑换成外国货币。依据国际收支账户结构，分经常账户可兑换与资本账户可兑换。货币可兑换需满足汇率自由化、利率市场化、宏观相对稳健等方面的先决或配套条件。个别大国货币在演化过程中承担国际交易的计价、结算、储备等职能，不同程度地实现了"国际化"。

人民币30多年的可兑换之路，以1996年年底实现经常账户可兑换为标志，前期节奏虽有起伏，不过推进逻辑的线索比较彰显，在认识上逐步达成共识，总体比较顺利。过去十几年主攻资本账户可兑换呈现始料未及的特点，如开放思路和突破方向经历较大变化，推进成效不尽如预期，关键内容甚至早年共识都发生较多争议。

除两次外部金融危机的影响，导致中国资本账户开放进程比较曲折的关键原因，并不在于这些领域改革本身的特殊困难，而在于内外环境的几方面现实演变提出的全新挑战。

一是汇率升值趋势的新挑战。中国经济发展的一个具体规律是可贸易部门生产率追赶"先慢后快"。21世纪头十年制造业生产率增速加快，增幅是OECD成员国的2.75倍，派生了本币实际升值压力。给定管好货币与控制通胀目标，需容纳名义汇率趋势性升值。然而做到这点殊为不易。事实表明，生产率追赶背景下汇

---

[*] 原文以"优先推进国内金融改革"为题发表于FT中文网，2012年5月4日。

率弹性不足引入动态低估,已成为新时期中国开放宏观经济遭遇的"成长的烦恼"。

货币自由兑换绕不过汇率自由化,这不仅是国际学术界的主流观点,也是中国早年改革实践达成的共识性看法。周小川行长20世纪90年代对此做过系统而透彻的阐述。不过当年汇率改革面临的主要直接问题,是计划时期"遗传"的高估失衡,要求结构性贬值;近年则是汇率体制不适应派生的动态低估,容纳趋势性升值提出新困难。

从现实角度看,中国资本回报率较高,加之本币动态低估,流入资本的投资收益较高,流出资本的收益较低,资本账户开放面临流入与流出难平衡的困难。21世纪初中国政府先后放行QFII与QDII,二者平均收益水平的高下提供了验证。目前中国制造业的劳动生产率只有美国的两成,如继续追赶今后仍会内生出升值要求,汇率改革问题难以回避。

二是20世纪国内学界就认识到货币可兑换需要"消除金融抑制"(周小川语),然而汇率动态低估伴随宏观调控过于宽泛化和微观化,导致金融抑制有增无减,使推进资本账户可兑换面临困难。

在汇率动态低估的背景下,外汇占款膨胀导致货币过度扩张。我国广义货币M2从2002年到2011年增长3.6倍,是同期真实经济增速的2.63倍。去年年底央行28.1万亿元总资产中,国外资产占总资产的85%,外汇占国外资产的95%。货币过量扩张导致经济增长偏快、偏热,通胀压力挥之不去,资产价格间歇性飙升。

调控"胀热失衡"却无法灵活运用利率等常规手段。数据显示我国利率对通胀反应的灵敏度与成熟市场经济比较不到四分之一,2007年以来大半时间内几十万亿元银行存款承受负利率。与不便充分利用总量价格调节手段相联系,有关部门采用了五花八门的部门性、数量性和行政性干预手段调控经济。

在宏观调控工具过度宽泛和多样的环境下,银行准入和竞争自然会受过多限制,信贷数量难免频受"窗口指导"的干预。通货膨胀与利率管制是诱致、催生体制外集资、融资的适宜温床,有关部门为限制和惩处非法融资,又诉诸强化金融管制。在这样的宏观环境下,金融抑制难免有积重难返之势。

三是美国爆发金融危机,随后引发欧债危机,主要国际货币发行国和经济体深陷债务危机泥潭。形势急剧转变引发对我国数万亿储备资产投资风险的担忧,同时也对人民币国际化产生了一些新的客观助推效应。

四是近年美、欧实行超低利率政策,与中国利率水平发生"常态性差异"。无论比较同期限SHIBOR与LIBOR,还是比较央行政策利率,中国与主要国际货币发行国或国际市场标准利率之间，目前都大尺度存在"内高外低"的利差格局。考虑经济基本面反差条件，中外大幅利差短中期难以改变。"结构性利差"使推进资本账户可兑换遭遇新困难。

计算人民币对美元的抛补利率，并与欧元对美元、日元对美元、新台币对美元的抛补利率比较，可见人民币对美元的抛补利率参照利率差异比其他相对开放经济体的类似指标高得多。这不仅提示中国与外国利差较大的事实，也显示中国资本管制总体仍有相当效果。考虑人民币抛补利差远离平价背后的结构根源，很难相信快速放开资本账户能得到总体合意的效果。

直面现实新挑战，中国应将国内金融改革置于更优先位置，同时推进资本账户开放并呼应人民币国际化需求。

应尽快实施汇率改革。关键是限制央行对汇市的干预，以求在体制上兼容人民币趋势性升值要求。其次应尽快分步骤放宽存款利率上浮区间和贷款利率下浮区间以实现利率市场化目标。利用目前经济增速走缓的时间窗口，松绑早先的行政干预与数量管制，瘦身央行资产负债表，逐步消除金融抑制，完善开放型市场经济总需求管理政策架构。

有序推进资本账户开放。积极放开对流出和流入直接投资的不必要管制和限制。随国内资本市场改革推进，逐步开放证券投资。在国内金融改革大体完成、"结构性利差"显著改观后，再考虑审慎放开货币市场等短期资本项目。

一国货币国际化，本质上是经济和制度的自然演化过程，政策上应取顺势而为与积极呼应立场。可积极呼应企业对人民币外贸结算的微观诉求，积极回应国际财经合作对双边货币互换安排的需求，积极配合外国央行选用人民币作为储备货币的需求。不过都无须刻意追求，也不必操之过急。中国如能成功深化改革，保持经济持续追赶，人民币国际化最终会水到渠成。

宏观调控多样化反思[*]

中国经济近十年快速追赶,并在大宗商品、投资甚至总需求等指标上成为全球最重要的增量贡献国。这一时期,本币汇率调整滞后伴随外部不平衡,使中国经济总体呈现"顺差型总需求偏强"的格局,通胀指标表现出"四高四低"的结构分布特点。

在上述背景下,宏观调控部门采用了什么措施调节总需求以保证宏观稳定?中国总需求管理政策有什么特点?分析这些特点对完善中国"开放型宏观政策架构"有何启示?

目前中国经济处于城市化高速推进和生产率快速追赶的阶段,通货紧缩和总需求不足并非难以避免,而总需求增长偏快和结构型通胀压力是更具常态意义的挑战。从总需求管理角度看,由于现行政策架构尚不能很好地适应开放型宏观经济要求,运用市场化调节工具应对偏热通胀受到较多限制,于是较多采用"中国特色"的调控手段。中国近年的宏观调控政策,既不同于成熟市场经济环境下倚重货币和财政政策的情形,与中国早先时期比较也有明显差异。

21世纪初,面临总需求偏弱和温和通缩的形势,宏观调控政策取向延续1998年开始的扩张性财政和货币政策促进内需的做法,还实行包括抑制若干部门投资在内的治理产能过剩的政策。

2004—2007年前后,采用多种手段控制经济偏热。2004年重手调控使得当时经济过快扩张的压力暂缓,然而2006—2007年前后出现了更为明显的经济偏热和通胀形势,并引发新一轮更广泛的紧缩性调控。2004年前后,第一轮紧缩调控大体包括货币政策、财政政策、金融监管、暂停供地、大案查处等七类措施。从2006年至2008年上半年的新一轮紧缩,还包括对股票市场和房地产价格上涨的干预、

---

[*] 原文发表于财新《新世纪》2010年第23期。

对 2007 年年初夏猪肉价格飙升的调控、2008 年年初实行暂时价格管制措施等，实际动用十来种调控工具。

2008 下半年，经济增速下滑与国际金融危机深化，政府的刺激政策力度空前。去年上半年信贷和货币超常扩张，推动总需求 V 形回升的同时派生出通胀预期，并进一步表现为房地产偏热和一些物价上涨冲动。政府扩张性宏观政策表述至今虽未发生实质改变，不过从去年夏季"一行两会"频频微调、有关部门重新强调治理产能过剩、近来抑制房地产价格飙升等情况看，宏观调控政策取向与 2009 年年初比较早有重要调整。

面对通缩和通胀形势，中国总需求管理政策的调整速度和内容组合呈现不同特点。在应对总需求偏弱和通缩压力时，宏观调控方针转变较为快捷果断，应对措施选择与成熟市场经济国家的刺激政策机理甚至名称表述都比较接近；在应对总需求偏热和通胀压力时，政策方针调整则比较审慎甚或偏于滞后，紧缩性措施选择更多彰显中国特色。

在最近一项专题研究中，我们回顾和列举了 24 种实际运用过的宏观调控政策工具。对象既有利率、准备金率、国债与赤字这类其他市场经济国家也较多采用的政策工具，也有信贷数量控制、银行窗口指导、投资审批核准、特定行业投资资本金要求等比较接近产业政策的手段，还有冻结建设用地供应、暂时价格管制、重大案例查处这类力度更大的措施。

这些政策工具在设计原理、目标对象、使用频率上多有差异，不过都与宏观偏热压力存在明显联系，被不同程度作为紧缩总需求和治理通胀的手段加以运用，显示出中国宏观调控工具多样化的特征。

宏观调控工具多样化是与中国体制转型相联系的现象，对其利弊得失应结合转型背景全面分析，不宜照搬教科书的结论来简单否认。面对近年中国经济追赶提速背景下宏观运行出现的新问题和新矛盾，采用多样化措施应对和治理，在政策设计上或能较好地体现求实务实、证伪试错、不受教条约束的积极方针。从政策效果看，宏观调控措施对新时期宏观环境的基本稳定发挥了保障作用，为大国转型追赶阶段总需求管理探索和积累了有益经验，对其积极功能和意义应充分肯定。

然而，宏观调控工具多样化现象确实提示了许多需要重视探讨的问题。对此可以从两方面观察。

一是与市场经济原则兼容度较高的参数性、总量性、间接性调节工具利用还受到较多限制，比较集中地表现为汇率弹性不足和利率相对呆滞。开放的经济大国追赶阶段需要增加本币汇率弹性，但由于人民币汇率体制改革推进比较滞后，汇率弹性不足使得我们难以充分利用价格手段调节国际收支失衡。另外，利率调节相对呆滞，未能充分发挥利率在调节总需求中的"常备军"作用。例如，2000年以来，中国消费物价变动 10.2 个百分点，存款利率仅变动 2.16 个百分点；同期，美国消费物价变动 6.33 个百分点，基准利率变动 6.41 个百分点。中国利率调节的相对灵敏度只有美国的大约五分之一，与更多国家比较也显示类似结果。当下中国的宏观形势和政策特点，也显示利率这个总需求管理基本工具运用灵活度不足的问题。

二是准入性、数量性、行政性手段采用偏多，难免导致"宏观调控干预微观化"。应对 2007 年后经济偏热和通胀形势时，启用早先已决定放弃的比较缺乏效率的信贷数量控制，以及依托产能过剩概念，超越环保和安全管制标准限制和禁止特定部门投资，这些手段的合理性和有效性有待探讨。把环保、土地、IPO 审批、金融监管等职能作为宏观调控手段，会面临宏观政策周期变动的必要性与功能性监管长期相对稳定性之间的矛盾。至于采用冻结土地或查处大案进行调控，或直接干预微观价格调节机制，即使是迫于某种特殊形势不得已而为之，相信为政者也深知存在明显副作用。

特定时期的宏观政策属于总需求管理范畴下相机抉择的短期问题；然而利用何种机制、采用什么工具调节总需求，涉及如何界定政府权力与市场作用范围，属于长期体制安排问题。中共十七大报告指出："要深化对社会主义市场经济规律的认识，从制度上更好发挥市场在资源配置中的基础性作用，形成有利于科学发展的宏观调控体系。"宏观调控工具多样化折射的深层矛盾，印证了十七大报告的论断是中肯而正确的。

需要在回顾总结近十年经济增长和宏观调控经验的基础上，从几方面入手深化改革，建立和完善适应大国快速追赶要求的"开放宏观政策架构"。

一是深化人民币汇率体制改革，让汇率更好地发挥调节国际收支的相对价格功能。近年中国开放宏观经济运行的经验表明，在生产率革命和城市化助推国民经济快速追赶的发展阶段，在总需求增长偏快和通胀成为主要矛盾的宏观环境中，过于看重钉住汇率制的表面稳定功能，不利于下活总需求管理这盘棋，也难以真正掌握宏观调控的主动权。

二是加快改革利率形成机制，让利率更好地发挥调节货币和总需求的基本功能，跳出宏观调控不能"牵牛鼻子"而不得不"抬牛腿"的被动局面。

三是提升央行执行货币政策的独立性，更好地实现平滑总需求和币值稳定的目标，为中国经济持续成功追赶提供必要和稳定的货币与宏观环境。

搞对价格，管好货币*

虽然确实有结构性因素的影响，我个人认为去年以来持续发展的通胀主要原因应来自经济总量失衡，源自一段时期以来总需求增长相对潜在总供给能力增长过快并伴随货币发行过多。

去年通胀初起阶段伴随猪肉价格由于供求周期叠加蓝耳病疫情冲击超常飙升，近来通胀走高又伴随粮食和其他商品（如牛奶）价格呈现上涨压力，可见现实的宏观通胀压力没有一次是所有商品和劳务价格整齐划一上涨，宏观总量失衡在现实生活中通常会与特定产品供求失衡相互交织纠缠。

如果对所谓结构性失衡现象背后的宏观失衡实质重视不够，采取价格管制应对特定产品价格上涨，可能难以达到预期的政策效果。

不仅如此，价格管制延续过长，难免会妨碍微观相对价格机制对特定商品供求失衡的调节，甚至人为造成供求失衡，使得宏观失衡与微观扭曲同时发生，造成更为复杂的局面。等到最终不得不放开价格时，一次性价格反弹会带来更大挑战。因而应当慎用价格管制手段。

有观点认为，应当主要通过实行鼓励供给而不是需求管理政策应对通胀。从宏观经济理论常识看，通胀的根源在于总需求决定的实际产出显著超出特定时期潜在的总供给能力，因而定义上假定难以在短期范围内进一步提高总供给能力。通货膨胀属于短期分析概念，给定资源和生产能力已被运用到极限，因而应主要从调节和抑制总需求角度寻求解决思路。

破解通胀局面，我认为还是要重视"搞对价格，管好货币"。搞对价格，即更充分发挥相对价格调节作用以达到特定商品市场的微观均衡。无论通胀的具体根

---

* 原文发表于中国新闻网，2008年6月13日。

源是外部需求过高还是外汇储备增长过快，毕竟都以货币发行过多作为充分必要条件，因而难以避免需要通过调整汇率和紧缩银根等货币手段应对。管好货币，即更多采用货币等总量工具调节总需求以实现宏观均衡。

重回通胀经济学[*]

去年以来有关中国宏观经济趋热的讨论中，农产品与通货膨胀的关系是争论的焦点之一。有关宏观经济形势的分析虽有多种表述，但实际上一直贯穿着两种视角：一是强调农产品和食品价格上涨的影响，认为一般物价上涨具有结构性，不属于通货膨胀；二是从货币扩张推动总需求过快增长的角度解释，认为总量失衡派生通货膨胀。这方面争论虽有重要的政策含义，但遗憾的是，短期内难以达成共识。在这一背景下，正确认识全球农产品供求关系的变化与影响，对理解中国当下面临的问题具有借鉴意义。

从农产品价格上涨的角度看，国内主要推动因素是猪肉价格在蓝耳病疫情及周期因素的互动影响下反常飙升。粮价最大幅度的上涨发生在2003年年底和2004年上半年，近一年多来粮价上涨尚属温和，对一般物价的影响实属有限。国际市场粮价对国内的影响在不同品种上有所差异。中国作为大豆净进口国，受国际影响明显，然而小麦、玉米、大米等，中国都是净出口国，并且净出口数量增长有限，因此，国际价格飙升的影响较小。

在粮食和农产品价格上涨的背景下，有必要理性客观地评估中国的粮食安全问题。中国目前已摆脱了粮食的绝对紧缺，高悬头顶的"达摩克利斯之剑"已经由于粮食与农业生产率的提升而渐趋消失，技术进步与体制改进使目前保障粮食总量供给安全并不困难。粮食安全的基本内涵已发生转变，除继续提升生产力，粮食安全已更多转向粮食市场波动对低收入阶层的影响，以及农产品价格与宏观经济稳定的关系等。应对这些问题，需要更多地利用市场力量。

从全球范围未来长期粮食和农产品供求关系的角度看，最大的不确定性显然

---

[*] 原文发表于《财经》2008年第7期。

来自能源替代。中国未来农业政策与能源政策需要结合起来设计，寻求替代能源应当成为中国新能源战略的一个重要支点。

评论人士强调食品价格对 CPI 的贡献，然而无论从学理还是经验来看，不仅农产品价格上涨会推动通货膨胀，通货膨胀也可能刺激农产品价格上涨甚至超调。这在中国农业政策史上有过教训。忽视通胀环境可能反转提升粮价，是中国 20 世纪 90 年代中期粮食政策偏颇，并导致几千亿元巨额财务窟窿的认识根源之一。

1999 年保罗·克鲁格曼出版的《萧条经济学的回归》，预言凯恩斯"刺激需求"的理论会重新占据政策制高点，近年部分经济大国也确曾经历通货紧缩困扰，发生相对温和的经济衰退，然而克氏预言的大萧条并未重现。近年来，高油价、高粮价、流动性过剩、CPI 上涨等组合现象，与 20 世纪 60、70 年代美国等西方国家通货膨胀逐步恶化的经历或有相通之处。至少从中国挥之不去的通货膨胀压力来看，应该可以预测，我们不是要回归"萧条经济学"，而是要重温"通胀经济学"。

靠什么调结构？*

在我国经济政策讨论场合，调结构是一个重复率很高的词组。一国经济发展，本质上是技术结构、产业结构与经济结构在要素禀赋与要素相对价格变化推动下不断嬗变升级，并伴随劳动生产率、社会福利与财富水平的提升。由于结构调整与经济发展相当程度上是同一过程的不同侧面，把调结构作为优先目标之一，显然是合理和正确的。

问题在于谁来调结构？如何调结构？有两种手段与机制选择。一是通过市场看不见的手调结构，二是通过政府看得见的手调结构。从现代经济学与国际比较经验看，二者各有必要并相互补充，然而市场机制对推动经济结构持续动态调整具有基础性作用，政府干预之手直接调结构发挥辅配性作用。

市场之手在产权清晰界定的基础上，经由价格信号引导与公平竞争筛选，通过企业独立进行投资与经营的前瞻性决策改变资源部门配置状态，从而动态实现调结构目的。企业作为调结构的市场主体，未必心存整体结构调整蓝图，即便有宏观愿景也未必正确；然而在"产权—价格—竞争"的市场环境中分散决策与优胜劣汰，会客观产生整体结构嬗变演进的效果。市场调结构具有间接性与机制性，本质上是自然演化进程。

我国改革开放 30 余年，涌现出无数对调结构发挥积极推动作用的微观个案。无论是寿光菜农或希望饲料对农业产业结构调整的影响，还是海尔冰箱、联想电脑、振华重工、三一重工对制造业结构调整的贡献，抑或阿里巴巴策动电子商务与网络营销革命的骄人成就，都显示企业微观主体在市场纪律约束下的自利诉求，是经济结构动态调整的基本力量。正是主要得益于市场机制作用，我国从 30 年多

---

* 原文在《人民论坛》2013 年 8 月上期摘要发表。

前农业劳动力占比超过七成、工业落后、内向封闭、人均收入极低的结构状态，转变为现今农业劳动力占比降到三成多、总体规模全球第二、制造业国际竞争力仍快速提升的中等收入经济体。

市场机制调结构的特征在于，产权界定是基础，微观企业是主体，价格变动是信号，竞争选择定结局。企业家精神作为一种特殊人力资本，在市场之手调结构过程中发挥着关键作用。他们或对新技术做出响应，或对市场需求演变做出较好预判，或对相对成本做出反应，甚至对制度与政策的松动和改进做出响应，加上企业家特有的创业与冒险偏好，是推动企业成功与结构调整的关键能动因素。

政府是文明时代最重要的社会组织之一，现代社会中政府更是承担了广泛的经济、政治与社会职能。政府凭借其特有的权威地位与资源掌控能力，承担着保护各类产权、维护竞争秩序、稳定宏观环境等职能，构成市场机制发挥其正常与合意功能不可或缺的前提。

然而政府承担重要经济职能与政府直接调结构，二者不是一回事。政府是否直接参与或多大程度参与调结构，以及政府调结构的范围界定与方法选择，不能由政府经济职能这个普遍性命题直接推导而来。经验观察，在不同外部环境（原生和追赶）、不同发展阶段（自身早期和后期）、不同体制环境（一直保持市场体制还是经历转型过程），政府直接调结构的广度、深度大相径庭。

政府之手调结构，是指政府基于特定经济和非经济目标，通过设计和实施特定产业政策，直接影响稀缺资源在不同产业和部门的配置状态。政府调结构的直接抓手是各类产业政策，要点是超越市场机制作用范围，通过鼓励、限制或禁止手段实施，使资源配置和产业结构与没有产业政策作用的市场竞争机制引导形成的状态显著不同。由于政府调结构实际归结为产业政策，考察政府直接调结构的利弊得失，实际是评估产业政策的利弊得失。

应当肯定，即便是英、美这样较有"原生性"的发达国家，也在一定程度上实施产业政策。国家战略会影响国防工业。政府通常会用某种方式鼓励新技术和新产业。贸易干预也会包含保护国内特定产业的含义。后起发达经济体如日本、韩国及我国台湾地区，产业政策在经济发展中的作用更为明显。国外政策讨论很少用"调结构"表述，不过有关产业政策讨论实际有"政府之手调结构"的含义。

然而就经济发展比较成功国家的经验而言，主要依靠市场机制调结构，产业政策仅发挥辅助作用，这应是具有较大共识的判断。对英、美早期发达国家，这一判断很少有争议。对日本与东亚四小龙模式，学术界对产业政策的作用有争议。

不过仔细研究这些经济体的发展经验,"市场机制为主,产业政策为辅"的判断应仍能成立。

例如,20世纪80年代40多位日本经济学家用两年多时间合作实施一项专门考察日本产业政策的研究项目,在1984年出版名为《日本产业政策》的长篇著作。其中,无论是分行业研究,还是分时段研究,抑或最后总结,研究结果都认为,日本成功故事的基本动力来自市场竞争机制而并非产业政策。

该书主编小宫隆太郎教授在"本书的总结"中郑重其事地写道:"参与本合作项目的全体人员都认为,除了战后初期有限时期之外,基本上高速增长是通过建立在竞争基础上的价格机制和旺盛的企业家精神的作用取得的。……战后主要时期(尤其是五十年代和六十年代)产业政策的历史,是民间企业的首创精神和活力,不断地否定政府控制性直接干预意图的过程。"(见该书中译本,第535—536页)

我国产业政策反思*

经济发展成功需要结构不断调整，调整结构需要政府产业政策适度协调引导，但是更要重视发挥市场机制的基础性调节作用。我国计划经济与改革开放两个时期的经济发展探索，为上述规律认识提供了大国实践的正反两方面经验教训。一段时期以来，与体制深层改革乏力与滞后相适应，大量各类产业政策以结构调整或规范市场的名义出台实施，使我国经济的管制干预程度有所推高。反思产业政策利弊，通过加快改革为市场机制发挥作用开拓更大空间，是未来经济发展与结构调整的重要课题。

对计划体制也可从调结构角度解读。依据计划体制背后的理念，一国经济落后根源在于产业结构落后，依靠国家动员资源的特殊能力，摆脱市场机制的约束作用，集中投资建立和扶持发达国家标志性行业，就可以迎头直追并实现"赶英超美"的目标。就此而言，计划经济提供了一种完全靠国家力量"调结构"的体制解决方案，在实施层面表现为一个庞大的、全面覆盖的产业政策集合。

然而，无论是苏联版计划体制，还是其他政治制度下集中计划管制体制，第二次世界大战后几十年发展实践屡遭挫折，显示一味依靠政府调结构的思维误区与挫败。我国30多年前启动改革开放，推动经济体制从命令经济逐步转向融入全球化环境的市场经济体制，推动稀缺资源配置机制逐步从政府用命令方式配置转向开放竞争环境下由市场机制配置，对我国经济成长与结构转型发挥出积极效应。

然而一段时期以来，体制转型进程面临新困难，表现之一是在用什么方式调结构问题上出现过于依赖产业政策的格局。虽然中共十四大确立社会主义市场经济体制已经有20年，十六大提出完善社会主义市场经济体制也已逾10年，对"市

---

* 原文在《人民论坛》2013年6月下期摘要发表。

场能管的让市场管"这样一般理念的表述已没有多少争议,然而实际情况是大量繁复、形形色色的产业政策出台和实施,给市场经济运行编织了一张无远弗届的管制之网。

首先是产业政策管得较宽。政府投资主管部门制定范围广泛和内容庞大的产业政策目录,对几十个行业和数以千种产品投资,采用"鼓励、限制、禁止"三种措施加以规制。其他部门也有各自的审批清单:医药用品上市要审批,企业上市融资要审批,金融部门准入要审批。这些管制措施及其背后的产业政策,无不以促进结构调整和规范竞争秩序作为设计理由,然而如果范围过大、对象过宽,反倒可能抑制企业竞争活力,不利于微观搞活和结构调整。

其次是产业政策管得较深。国外的产业政策主要针对行业并以鼓励为主。例如日本产业政策主要采用贸易、配额、税收、信贷等优惠政策,扶持特定产业或行业发展,对于企业自主投资和经营决策限制较少。我国的产业政策不仅有诸多鼓励类项目,还包含大量限制和禁止对象,管制政策不仅涉及行业,而且针对大量微观主体投资经营行为审批与核准。尤其是限制对象,往往涉及快速增长与利润率较高的部门,是否核准和何时核准特定企业投资项目影响很大。产业政策还经常用不同方式干预影响企业兼并重组。实施过程中,难免出现国企与民企、中央与地方国企之间苦乐不均的情况。

再次是产业政策透明度较低。笔者不久前在外地考察企业,某制药民企负责人指出,新药注册审批程序虽有150天期限,但有时300天甚至500天不给结果,企业也不敢抱怨。并且审批期长短节奏取决于无法预期的因素,遇到危机或有领导人考察指示,可能会有集中审批,一大批新药同时出来。说是科学发展,其实并不科学。去年湛江的钢铁项目,历经多年艰辛周折终获核准,以至于一纸批文到手后市长难掩激动竟在记者面前乐极而泣。管制政策实施过程的透明度和可问责性较低,增加了企业的交易成本。

最后是产业政策变异度较高。产业政策作为结构性政策,制定过程应当透明合理,制定后就应相对稳定。然而我国的产业政策往往作为宏观调控政策的组成部分制定实施,而宏观调控政策本质是调节总需求周期变动,具有短期变动性和相机抉择性。产业政策与宏观调控政策混同,给产业政策取向与措施频繁变动提供了便利。如2003年,有关部门把抑制钢铁、电解铝投资作为宏观调控与结构调整的重要内容之一,随后几年近乎年年讲、月月讲,然而刺激经济时,钢铁、有色金属又跻身十大产业振兴对象。房地产更是如此:2003年国务院第18号文件强调房地产支柱产业的地位，鼓励其健康发展，后来随房地产过热和泡沫因素出现又实行抑制政策，2008年年底刺激经济政策又转而扶持房地产业，随房地产价格再度飙升再次接二连三出台抑制政策。有评论者认为："如果没有时捧时压，中国房地产业可能发展得更健康。"

虽然我国市场经济体制初步建立已有20年，各类产业政策实际上仍发挥如此广泛的作用，其背后具有历史和认识根源。发达国家在市场经济比较成熟的背景下设计实施产业政策，在尊重企业权利与竞争规则方面具有较高的共识，对产业政策范围和方法具有天然限制作用。我国曾经历命令经济体制，国家随意干预经济具有深厚传统，改革开放以来虽然发生实质性转变，然而传统力量仍有不可忽视的影响。在深化国企体制改革滞后的背景下，国企对政府部门的影响力构成一些产业政策出台和实施特点的重要解释变量。另外，在认识上对两种机制调结构区分不够明晰，"调结构"这样类似于定义性正确的"无主语表述"，容易被误解为政府干预政策应当承担主要功能，客观上有利于形形色色的产业政策在调结构说法的掩护下推出。

过多依赖产业政策调整结构会派生多方面负面作用。一是客观上会抑制微观经济活力，不利于市场公平竞争；二是不利于政府职能转变，客观上会鼓励寻租行为甚至诱致以权谋私；三是在不该管处管得过多，该管之处必然管不到位，导致政府部门"缺位"与"越位"并存问题。我国经济要更好地转型升级，就必须通过深化改革，减少产业政策管制范围，改进产业政策实施方法，真正贯彻中央决策层4月底提出的搞活微观方针。

首先，需要在理论常识上正本清源，明确企业是调结构的最重要主体，市场机制是调结构最基本手段，政府用产业政策调结构应适当界定范围，在认识上给"调结构"这个动宾词组加上适当的主语和状语。需反思产业政策的现状和成效，破除对行政部门产业政策的迷信，谨防过多不合理产业政策在调结构这个"天然合理的命题"掩护之下大量出台与频繁变动。

其次，改革调整目前产业政策范围过宽、程度过深、透明度低、变异度高等方面偏颇，使之成为落实政府职能转变方针的具体内容。要缩小产业政策覆盖范围，瘦身产业政策，落实把错装的政府之手转变为市场之手的改革方针。要大幅减少对企业投资行为的审批干预，增加其透明度，并提升其问责性，为企业营造更加公平合理的竞争环境，从而更好地发挥市场机制优胜劣汰的调结构功能。

最后，需对产业政策与宏观调控政策适当区隔。产业政策应界限清晰、相对稳定，宏观调控则因时而异、相机抉择，二者混合利用会派生更多任意干预与微观宏观调控。产业政策独立于宏观调控政策，有助于提升产业政策的规则性与透明度，促进宏观调控体系建设，提升效率，助推政府部门转变职能与避免过多微观干预。为此要加快推进汇率与利率机制改革、央行与财政体制改革，加快建立完善的适应开放型大国的宏观政策架构，在"产业政策去宏观调控化"之后采用与市场经济原则更具有兼容性的手段调节总需求以维护宏观稳定。

治通胀一定会疼[*]

夜色环抱下的朗润园静谧非常，偶尔还能听到几声布谷鸟的叫声。

走进卢锋的办公室，迎面而来的是三面靠墙的书架，剩下的，一张书桌，几把椅子而已。

卢锋指着一边书架的角落处，不无得意地告诉《英才》记者："这些是我过去研究中国粮价的资料，很多已经是孤本，全中国仅此一份。"

卢锋现在是北京大学国家发展研究院副院长、中国宏观经济研究中心主任，他从2004年开始从事人民币汇率的研究，并连续发表了十余篇与此相关的学术论文，其成果得到了学界和国家有关部门的重视。

不管是研究粮价还是研究汇率，还是目前正在做的"中国十年宏观调控史"等课题，卢锋采用的是同一套方法，那就是通过"逻辑、数量、历史"三个维度去分析所面对的经济问题。卢锋自信地对《英才》记者说道："这其实是经济学分析的基本方法，不仅适用于现实经济问题的研究，也能用于研究和解释过去，所得结论有相应预测能力。"

通对过历史的梳理、定量验证、经济理论逻辑的分析，卢锋发现，最近十年来，中国经济始终面临的问题是通货膨胀挥之不去。而通货膨胀挥之不去又与中国开放宏观经济架构未完善有关。

这样的背景使得中国的整套宏观调控政策"治冷不治热"。首先，在经济过热时，它不会觉得热；其次，当它认识到经济过热时，又先会采用产业政策、行政管制等非常规政策手段去治理，对货币政策等总量工具运用重视不够；最后，当开始使用货币政策时，又重数量工具，利率政策往往滞后。

---

[*] 记者郑景昕采访撰文，原文发表于《英才》2011年第7期。

滞胀不大可能

记者：有人认为我们过去一段时间的紧缩政策可能导致经济下行风险，通胀的严重性是否被过分夸大了？

卢锋：这要分两块讲：一块是从短期来讲如何去治理当下的通胀，这里总会有一个政策拿捏分寸的问题，有时可能过了，有时可能还不到位，这里有很多讲究，有很多需要动态观测和研究的问题；另一块是从过去十多年较长时期的经历来看，中国在经济快速追赶、增长的过程中，怎么能管理好自己的货币、总需求，避免出现明显的甚至严重的通胀，这是关系到宏观增长稳定和质量的一个非常重要的问题。

我们正在做一个"中国十年宏观调控史"的研究。总体来讲，2003年以来将近10年，中国经济增长总的看来有一股冲劲，经济容易偏热，通货膨胀的压力也挥之不去。一轮通胀好不容易压下去了，大家就觉得过了，决策层可能就有种种考虑和担心，稍微松一松，过一阵子通胀便又起来了。

过去七八年的通胀还是很显著的。不是说我们承受不了了，但是显著的通胀还是带来了显著的负面影响：对于经济稳定的影响，对于人均收入分配的影响，对于一般老百姓福利的影响。

从较长时期经济运行实际情况的角度来讲，不存在夸大通胀的问题，因为过去七八年的事实已经摆在那里。从另一个层面来讲，可能是对货币过度扩张的危害或消极作用的认识还有待深入。

记者：通胀挥之不去的原因是什么？

卢锋：第一个与中国经济的发展阶段有关。中国经济就像一个年轻人处于个头体量成长最快的时候，其基本面总体上是挺强的，有一股往上冲的劲，这样的背景下，即便实行一个中性的宏观政策，中国的经济增长也会挺强的，不会轻易疲弱下来。

第二个是政策背景，或者叫政策不到位或政策失衡的背景。由于种种原因，中国汇率政策的调节相对滞后，这给货币调控带来了一些困难。并且，中国体制下仍有诸多改革没有到位，比如由于一些要素价格的扭曲，刺激了投资偏快、偏强。这些原因加在一块，通胀压力就会慢慢积累，就会起来。

具体到当前这轮通胀，显然跟危机后的刺激政策有关。全球金融危机下，我们动用了超强的手段刺激经济。经济基本面本来其实并不缺增长冲动，再加上超常刺激工具的运用，强大货币扩张经过一个发酵期导致了目前明显的通胀压力。

记者：现在有一种担忧，在通胀尚未压下来的时候，经济增长却掉下来了，也就是出现滞胀，您怎么看？

卢锋：把滞胀这个概念用到中国来存在需要探讨的问题。典型的滞胀是指通货膨胀与经济负增长同时发生，它是西方国家20世纪70年代微观经济管制加上宏观凯恩斯过度刺激经济之后导致的结果。中国还是一个处于追赶中的经济体，即便经济增速下滑，也很难出现负增长。即便是1990年前后宏观经济最不景气的时期也没有发生负增长。

即便定义一个"中国式的滞胀"：通胀的同时，经济相对于它潜在的增长速度出现显著的偏离，比如下降到5%上下，我觉得目前也看不到这种可能。之所以有这种看法，实际上治理通胀就像拔掉坏牙一样，难免感到疼，并且不同方面疼痛感不同，会有"尽快打住"的诉求。然后就会说一些分析性观点，来加强这种说法和诉求。

记者：对紧缩政策施加压力？

卢锋：可以这样看。这也是可以理解的。治理通胀一定是疼的，疼怎么办？不是说就不要治理通胀了。最理想的情况是管好总需求、管好货币，尽量不要让通胀出现。如果出现通胀，就应该治理，就像一个人生病了，就得吃药，虽然吃药挺难受的。

过热导致三荒

记者：您对当前备受关注的"钱荒"问题怎么看？

卢锋：所谓"钱荒"，实际上是央行在调控由显著的货币扩张导致的通胀时表现出来的一个阶段性现象，它实际上是宏观经济周期变化中通常会出现的一件事。

收紧银根作为治理通胀的一个措施，表现为信贷规模一定程度的紧缩，这也就引起了大家对"钱荒"的抱怨。现在银根挺紧的，如果你之前就这么紧，当然就没有通胀，可问题是你原来放那么多水，现在龙头尽管紧一些，可是通胀还是没有完全下来。

简单看，还有一个负利率。而且我们讲的通胀带来的一些危害实际上现在都还是存在的，在这个背景下，政策保持一个相对紧缩的态势是可以理解的。

记者：从总体宏观经济上看，您怎么看当前出现的"电荒"？

卢锋：电实际上是一个产品，但是作为一个上游产品，影响大一些。过去两年，电力消费增长很快，幅度均超过10%。为什么电的需求增加这么快呢？我们知道电是典型的不可贸易品，主要用于内需，显然是投资和消费高增长拉动了电的需求高增长。这又证明了中国经济总体上是挺强的，也与目前宏观经济面临通胀压力的判断具有一致性。

另外，"电荒"可能还与电的投入品——煤有关。由于价格、体制不顺带来煤在供给上的困难，可能也会加剧电力的供不应求。但是总的来讲，如果说过去一段时间内电力使用量的增长都是10%以上，说明我们的总需求是挺强的，主要应当还是需求侧的因素变动结果。

记者：还有"民工荒"您怎么看？

卢锋：从2003年以来，"民工荒"间歇性出现，这里既有供给方面的原因，也有需求方面的原因。中国劳动力供给在慢慢发生阶段性的变化，它导致了新增劳动力特别是年青非熟练劳动力供给增速下降甚至绝对量减少。对此学术界和媒体有较多讨论，也有一定程度的共识。但同时需要重视劳动力市场需求方面因素的影响。至少有两重影响：一是劳动力需求是经济增长派生的"引致需求"，在宏观经济增长偏强、偏快、偏热的环境中，非农劳动力需求整体扩张偏快，构成劳动力市场暂时性供不应求的宏观环境；二是由于本币汇率的低估，中国对外竞争力有点过度增长，外向部门增长过快，好比农作物养料失调导致"徒长"问题。由于相对低端的外向部门密集需要年青非熟练劳动力，构成低端农民工相对紧缺的所谓"民工荒"现象背后的结构原因。

汇率绑架利率

记者：我们看到央行在治理通胀的过程中，总倾向于用数量工具，而较少使用价格工具——利率，这是为什么？

卢锋：简单地说，汇率如果不能灵活调节（当然汇率为什么不调节这背后有好多原因），就会造成一方面我们的外需很强，同时另一方面会导致我们的外汇储备增加、被动地释放货币。尽管央行想回收，但它本身由于技术和其他方面限制，也收不干净，结果导致货币量过大，导致通货膨胀。另外还导致央行很难独立地、灵活地、充分地利用利率工具，一个简单的道理是，央行如果要提升利率的话，央行对冲外汇储备发行央票的成本就会增加。

这实际上构成中国特色的"不可能三角"的基本元素。"不可能三角定理"作为开放宏观经济学假说，讲的是开放经济中你要获取汇率稳定（固定汇率）的好处，就要放弃货币供给的自主性。当然它是一个理论模型，讨论极端情形下特定功能"有还是没有"这样纯粹的分析结论。有人说，我们虽然管制汇率，利率工具不是还在用吗？或者说人民币汇率经常变动，哪里有什么汇率固定？总之"不可能三角"在中国不管用。我觉得这恰恰误读了理论表达与理论运用的关系。理论要讲一个纯粹的状态——有还是没有，现实中它恰恰不是"有还是没有"，而是如果你还不能让汇率灵活地调节，那么你的利率就不灵活，这两个东西是有联系的，是现实版的"不可能三角"的表现。

除了汇率政策调整不到位之外，导致利率用得不够的要素可能还有两条：一条是我国转型环境中，虽然市场经济早已成为共识，但是在认识或思维习惯上，对价格调节经济的能力实际仍有较多保留，即所谓"价格不管用的市场经济"。另一条是价格调整必然有利害效应，从管制中获利的利益主体会自觉不自觉地愿意接受或倡导价格不管用的各种说法。

记者：为什么您认为中国需要更灵活的汇率政策？

卢锋：汇率说到底是一个价格，是一个调节开放经济体内外部经济关系的最基本价格变量。当然汇率价格调节是有成本和代价的，这也可视为市场经济的局限性。但是我们改革开放或者计划经济转型的基本经验是什么？你不要价格调节产生的代价比你面临价格波动产生的代价可能要大得多。我们一段时期内，把汇率调节的代价过分夸大了。

中国这样一个大国，在经济追赶的过程中，可贸易部门的生产率增长得很快，生产率变化要求实际汇率有一个升值的趋势，这就是国际经济学所谓的"巴拉萨效应"。理论上说，你如果要保持名义汇率不变，那就会导致通胀，即通过国内商品价格的升高以实现与生产率的提高相匹配。如果你不想要通胀，那么你的名义汇率就需要升值。还有一种逻辑上可能但是谁也不愿看到的情况，就是物价和名义汇率都不让升，逻辑上就是"憋死"——让生产率增长停滞，也就一劳永逸地消除了升值趋势的压力。好比我们在计划经济时期，或者在改革早年生产率追赶尚未高速发力的时期，那时都不会有什么升值压力。如果生产率追赶停止，升值问题也就消失了，但这种"自废武功"显然不是我们愿意看到的解决方案。

记者：您认为应该升值多少是合适的？

卢锋：老实说，多少我不知道，也没有人知道，也不需要知道。市场经济某些参数是不需要知道的。价格调节是什么意思呢？就是说到底调节到一个什么样的数量值人们预先是不知道的，而计划经济恰恰假定了我们什么东西都有一个计划的数量。准确预知未来的汇率平价水平，并不是市场经济中汇率政策的前提性条件。

当然，你反过来做一个思想实验也是可以的：现在 6 块 5，这个价钱下，有很多人愿意持有美元吗？如果大家都不愿意，从市场经济调节来讲，就意味着这个价钱还是偏高的，就会往下调，理论上会调到一个均衡价格上。

记者：会不会出现汇率超调——过度升值？

卢锋：确实会。市场调节会有一个波动，会有一定的代价，否则也不会有计划经济出现。我觉得实践证明，过分地干预汇率会比不干预它或较少干预它的代价大得多，这是一个取舍的问题。

我说汇率应该有更大的灵活性，我绝对不是说汇率灵活以后能解决所有问题，就完美了，而是说你需要让汇率这个基本价格发挥调节作用。如果你这个国家的经济追赶还没有起色，经济结构和相对效率变动不明显，汇率保持不变可能问题还不大。给定中国经济快速追赶的现实形势，保持汇率不变理论上不成立，近八年的实践经验证明不可取。

改革开放三十年以来，客观上就要求汇率灵活性。人民币汇率从 1980 年的 1.5 贬到 1994 年的 8.3，基本经验也是要让汇率灵活，只是当时中国经济的基本面是要让汇率贬值。当时也有各种争论，周小川 20 世纪 90 年代初就评论过 "汇率恐惧"——恐惧贬值，而如今则是恐惧升值。总的来讲，我们的社会对价格调节还是有下意识的过多抵触，心理上不必要的恐惧。这是我们下一阶段改革和发展要切实解决的一个问题。

中国宏观调控的内在困境[*]

宏观政策改革终究还是应该让总需求管理回到主要依靠价格参数调节手段的框架之下，把汇率、利率搞对，更多用市场兼容手段来进行总需求管理，使宏观政策与改革和发展目标更好地兼容一致。

反思宏观调控工具的多样化

中国宏观经济政策的具体内容是个短期问题，但政府选择什么样的方式调节总需求，以及中国宏观政策的设计方法，实际上不仅仅是一个短期问题，而是一个制度问题。经济学上讲，宏观政策的目标是尽量把总需求调节到和总供给大概均衡的水平。总供给能力扩张的问题是一个长期的制度性问题，在中国则是关于改革开放的问题。而总需求管理是一个短期问题，即如何保证一个经济体的短期需求与它潜在的供给增长相一致。短期内如果总需求增长过快，宏观经济就会过热，出现通货膨胀，目前中国的宏观经济大概就是这样；反之则会通货紧缩，就业不足，经济衰退。

通过梳理 10 年来中国的宏观经济政策，我们能看到一个特点，就是中国在选择宏观对策的工具时，有相当大的相机抉择的权利和相当多样化的选择可能性。这样一个模式有它的好处，即中国经济还处在转型过程中，选择不同的方法可以比较务实的进行多种尝试，不受教科书的限制。这个模式的问题在于，很多手段被贴上"宏观调控"标签后就可以放手实施，其中包括市场比较兼容的手段，也包括不同种类的干预市场手段。政府有关部门如果过于宽泛地选择它认为便利的

---

[*] 原文发表于《商务周刊》2010 年第 14 期。

方式进行干预，就难免会影响甚至损害市场自身调节机制正常发挥功能，也会使得市场主体在建立对市场和政府行为一般规则稳定预期方面产生不利影响。所以我感到宏观调控工具多样化是值得反思和改进的。宏观政策的架构如果没有完善，即便政府想推动很多方向的改革，也会面临宏观经济不稳所带来的诸多压力和矛盾。

过去几年中国的宏观调控政策经常会出现宏观干预微观，为什么？因为宏观稳定的问题不容回避，通货膨胀一来就像房子着火一样，一定要想方设法控制住，利率、汇率这些手段不好用或者不愿意用，必然得启用一些微观干预手段。在政府觉得宏观经济失衡会危及经济甚至社会稳定时，更可能选择超常变异的政策工具。宏观调控无疑是必要的，然而如果不能很好利用正常工具手段，那么政府宏观调控部门就会采用它能用的一切手段，虽然短期调控取得效果，然而又会妨碍合理机制的建立，导致短期问题缠住长期问题。应该说，这几年一直有这种情况。

中国的宏观调控具有非常强的中国特色，集中到一点就是多样化选择。"宏观调控"（macro-adjustment and control）这个概念本身就具有中国特色，从经济学一般原理的角度看，宏观政策的基本内容表现为政府通过管理总需求调节宏观经济，大体可以表述为 macro-management 或 macro-adjustment。至于 macro-control 则属于我们的特色内容，也跟计划体制控制经济的思维方式藕断丝连。

今年以来政府这么忙，实际上在忙什么？房地产市场去年12月就有个很重要的四条，1月出了个九条，然后又有个新十条，3个月发三道金牌。用孙冶方先生的话说，这叫"抬牛腿不牵牛鼻子"。牛鼻子是利率政策、货币政策，但货币政策由于有汇率政策挡着不好用，于是"抬牛腿"，这只腿抬起来那只腿还得抬，一个个抬，抬起来挪步还不方便，所以政府就非常忙。

中国经济增长的五个宏观特点

我们先看这几年来中国经济增长与宏观运行呈现出哪些特点，这对于我们理解宏观政策问题非常有必要。我认为有这么几个特点：

第一，制造业等可贸易部门的劳动生产率在快速追赶，这是非常基础性的演变。这意味着汇率体制要有足够弹性，允许汇率水平也随之调整。

第二，资本回报率持续增长，推动投资高速增长。任何一个快速追赶的国家一定要快速投资，我国投资增长快存在如何深化改革提升效率的问题，但是我国投资高增长的根本原因并非制度扭曲，而是在中国经济发展阶段性特征和规律客观需要的背景下，较高投资回报推动的投资增长。

第三，"增量大国"的地位凸显，中国经济规模"块头"大，导致它快速增长的过程中，需求密集的领域对全球的需求影响特别大，比如钢铁以及其他基础资源性产品。大宗商品涨价和波动，我国国内总需求波动是其最重要的影响因素之一，因而输入型通货膨胀对我们这样的增量大国最不适用。

第四，汇率改革滞后伴随顺差性外部失衡局面，经济增长快同时保持顺差快速增长，说明中国现阶段增长能力超强。过去几年中国的增长一直很快，贸易依然顺差，说明在大国生产率快速追赶的特定阶段，经济增长具有强大内生能力。

第五，宏观经济运行呈现总需求偏强的主导形态，总需求很强导致通货膨胀，但通胀又有"四快四慢"的结构性特点：进口产品价格涨得较快，而出口产品价格涨得较慢；资产价格涨得较快，商品价格涨得较慢；农产品价格增长较快，制成品价格增长较慢；投资品价格增长较快，消费品价格增长较慢。从上述经验看，把通胀经验表现完全归结为 CPI 表现显然存在局限，有专家提出用"居民消费和投资指数"来替代 CPI，并把房价适度纳入这个新的指数，作为通胀的经验指标，在分析逻辑上可能更有道理。

调控组合拳的特色逻辑

我们再结合这些特点看这些年的宏观政策。总体说来，21 世纪的最初 10 年，我国大体经历了"走出通货紧缩"、"应对偏热通胀"和"大幅 V 形波动"三个时期，宏观调控政策也相应发生着调整和演变。2000—2002 年，宏观经济偏冷，政府实行了积极的财政政策和货币政策；2003—2004 年经济过热，经过查处江苏铁本钢铁有限公司等一系列宏观调控措施，把过热势头打了下来；到 2006 年以后又出现更为明显的经济偏热和通胀形势，并引发新一轮更为广泛的紧缩性调控；到 2008 年碰到全球金融危机，政府出台力度空前的刺激政策；到 2009 年上半年，我们看到总需求 V 形回升，伴随着通胀预期压力。去年夏秋特别是今年以来，宏观政策在基本方针的表述上维持"积极、扩张"表述，然而实际操作已逐步反向调整，可以看作"中国式部分退出"过程。"部分退出"时实施的多方面收缩性政策，使得最近几个月宏观经济在 V 形回升后再度回落，呈现某些偏弱表现。

很有意思的是，你会发现，这 10 年中国的宏观政策在应对经济偏冷的时候，它的方法与教科书还比较接近,基本措施大体包括增加投资刺激经济,实行积极的财政政策和宽松的货币政策等。我们实施刺激经济措施的时候,出手快、出拳重、措施实,雷厉风行,但是面临宏观"炙热"时情况就较大程度不同了。我们提出退出刺激政策方针的表述一般更为审慎,甚至有些滞后。紧缩货币政策采用利率手段比较优先,财政政策退出比较慢。如2004年查处铁本时,宏观偏热早已是共识,然而到2005年积极的财政政策才全面退出。从具体过程看,2004年7月开始有关部门召集经济学家开会研究退出,10月又开会讨论,专家普遍认为世纪之交的积极财政政策应该尽早退出。有关部门到年底又召开外国专家会议,外国专家也建议尽快退出。最后到2005年3月"两会"的政府工作报告里才正式退出积极财政政策。

汇率方面,到2005年经济已经过热了,汇率还在贬值,贸易顺差不断增加,2005年贸易顺差增加了两倍,一直到2005年7月才退出钉住汇率制。治理经济过热时调控手段更为多样化,不仅包括货币政策、汇率、财政政策等市场经济通常利用的工具,还包括银行监管、产业政策、产能过剩治理、土地政策、房地产部门调控等各种各样的措施。梳理21世纪以来的有关政策实践,至少可以列举出24种紧缩性宏观调控工具。

比如土地政策,2004年宏观调控曾经实行过建设用地暂停3个月的紧急措施,是当时紧缩性宏观政策的重要举措之一。当时到地方调研,各地企业和官员"哇哇叫",投资项目等得干着急,业内把这类措施称作"土地水龙头"或"地根"调控。金融监管的首要目标本是防范风险,应主要属于长期制度性建设范畴,宏观调控则是短期周期性的事情,实际上在我国的特殊环境下,在宏观调控高潮时期金融监管实际总是把宏观调控的目标放在优先地位。这些政策工具对于达到特定时期的目标确有效果,然而也会因为"长期工具短期利用"派生深层问题。

房地产政策在宏观调控中发挥着关键作用,并且随着宏观周期演变急促演变。比如2005年房地产市场的"前国八条"和"后国八条",1个月就出了两个文件控制房市。去年5月我们还在鼓励房地产,4月底还把房地产开发商的自有资本金比例从35%降到20%。为什么?因为当时学界比较流行的观点是认为宏观经济和房地产业回升不稳,需要进一步在刺激政策方面"添柴加火"。实际情况是,在去年信贷超常扩张的驱动下,房地产快速回升带动房价飙升,迫使决策层年底开始转而抑制房地产需求和价格,去年12月到今年4月房地产调控下了三道金牌,频率之高和节奏之快堪称罕见,具体调控范围和严厉尺度也超乎寻常。

2008年宏观经济不好的时候证监会关闭了IPO窗口，2009年上半年经济V形回升推动股市反弹，有关部门加快了重启IPO的速度，并在重启后增加IPO数量和融资规模，IPO在一定程度上是调节股市和宏观过热的手段。信贷数量控制也是具有特色的紧缩方式。1998年政府有关部门曾宣布不用信贷控制这种非市场化的手段，转而对银行进行资产负债表管理、风险管理和资本充足率管理，然而真到宏观经济过热时，数量控制手段又重新派上用场。

新时期宏观调控的又一特点，是通过治理产能过剩进行宏观调控，实际上是采用部门性管制或产业政策手段进行宏观调控。比较常见的做法是在治理产能过剩题目下采用各种投资限制措施，比如针对钢铁、水泥、电解铝等被认定存在产能过剩的行业，采用投资核准审批，三年不上新项目等手段限制投资。实际上从经验研究角度看，如何认识经济追赶时期的产能过剩是一个有待深入探讨的问题，监管部门对一些部门长期存在严重产能过剩的判断并不准确，在超越环保、排放等功能性监管之外限制投资是否合理也有待探讨。治理产能过剩的产业政策变成宏观政策工具，突出反映了在正常宏观工具因为体制原因利用受限制的条件下，采用非市场性调控手段面临的内在矛盾。另外在特殊情况下，还可能采取直接查处大案的方式助推宏观调控，也可能通过直接价格干预的方式进行调控，这些措施无疑更有特色。

这几年宏观调控存在一个问题，即参数调节工具利用受到太多限制，其中一个是利率，另一个是汇率。比较中国和十几个主要经济体过去十年利率调节的相对频率和幅度，在全球除了日本我们是最小的。但在这十几个国家中，我国通货膨胀率即便用CPI衡量也是除了印度、巴西和俄国外最高的。通胀变动较大，利率变化很小，利率工具利用相对呆滞。为什么？重要原因之一就是汇率挡住了利率，也就是宋国青教授2004年阐述的"车马效应"的结果。因为若常规货币政策不便利用，数量性、部门性、行政性工具就要上来。

归结起来，目前宏观调控面临的内在矛盾是，因为汇率要维持稳定，所以经济偏热时不便调外需，只能压内需；内需包括消费和投资，压内需不能压消费只好压投资；调投资又不能有效利用利率等常规参数工具，只好用产业政策。结果难免出现宏观干预微观，以致在一定程度上派生所有制歧视、国进民退等一系列问题。

宏观政策改革终究还是应该回到一个价格参数调节的框架之下，把汇率、利率搞对，用市场兼容的手段来调节，来改变宏观调控的困境，使得宏观调控的政策与改革和发展的目标更好地兼容。

应改变动辄依赖政府救助的思维惯式[*]

调整结构的过程中,开放市场和加强监管缺一不可,钢贸、光伏等行业,不应再过度依赖政府救助,而应让市场机制实现重组与整合。

7月23日,北京大学国家发展研究院中国宏观经济研究中心主任卢锋在接受财新记者专访时表示,在一段时期经济运行过程中,对政府救助的依赖让一些企业形成了思维惯式。比如银行业,如果它们并非不知道流动性错配会出现问题,但仍相信一旦出问题政府会出手救助,那么在经营中就缺失了必要的约束与压力。

政府对市场的过度干预,也导致一些风险的累积。比如对产能过剩行业的调整,以前,政府用产能过剩的理由抑制民营资本进入这些行业,现在宏观经济景气度周期下降时,又有观点呼吁要由政府去救助早先进入这些行业的企业。在卢锋看来,应该更多发挥市场经济自身具有的重组机制来应对这类问题。通过竞争重组方式,让高效率企业胜出,让低效率企业或在货币宽松环境下扩张过度的企业收缩甚至退出,是实现优胜劣汰与建立市场经济硬预算约束的关键环节之一。

因而,政府面对贷款和财政救助诉求需要格外小心。"比如对钢贸行业,实际贷款额可能和真实需求相差数倍,至少要通过逐步有序的调整,回归到大致合理的量级上。同时银行和监管部门可能也应总结经验教训,当初仓单被多次重复质押来贷款,银行贷款经理和高管是否真的不知道风险?这类问题集中的地区和城市的有关监管当局是否应更早尽到监管职责?这些方面的经验教训值得认真总结。"卢锋称。

不过,他也指出,这在现实操作中的确存在较大阻力。如果相关企业规模较大,在地方经济中比较重要,地方政府因担心地方经济困难可能不情愿"壮士断

---

[*] 记者张环宇采访撰文,原文发表于财新网,2013年7月24日。

腕"。比如光伏行业，正常来说应该通过兼并破产去恢复企业的竞争力，然后一些好企业就可能较快走出困境，然而有的地方政府的应对措施客观上妨碍了市场经济重组机制有效发挥作用。

此外，如何为小微企业和民营企业提供更好的生存环境，也是政策制定者应该考虑的问题。而要实现这一目标，在加强监管的前提下，加快市场的开放速度必不可少。

卢锋认为，应对这方面问题要标本兼治。在现有体制和政策格局尚未根本改变的前提下，主管部门通过各种政策方针表述和窗口指导，指导和督促金融机构加大对小微企业和民营企业的贷款力度是必要的。但是要根本缓解这方面问题仍要深化改革，放宽金融行业的准入门槛，让更多的小银行去为小微企业贷款；放宽在利率和经营方面的过多管制，提高金融机构的竞争程度；同时银监部门要真正负起资产负债表监管责任，加强对金融机构经营风险的监管。

宏观调控改革需做"四加四减"*

十八届三中全会通过了《中共中央关于全面深化改革若干重大问题的决定》（以下简称《决定》），明确指出："科学的宏观调控，有效的政府治理，是发挥社会主义市场经济体制优势的内在要求。"

在上周末由北京大学国家发展研究院举办的"解读三中全会的改革政策"论坛上，有经济学家表示，如果中国在未来能正确处理好政府与市场的关系，科学宏观调控，中国经济仍然有较大的发展潜力。

此外，北京大学国家发展研究院卢锋教授还特别指出："回顾十一届三中全会以来的历史，十八届三中全会具有里程碑意义，尤其是在对宏观调控概念的表述上。按照《决定》的新表述，我国宏观调控未来将走向稳定与科学的轨道。"

宏观调控强调科学

究竟什么是宏观调控？卢锋表示，计划经济时代，政府是一个全能型的政府，不仅管宏观也管微观，事无巨细都在政府手里面，所以就没有宏观调控或者宏观管理这一说。

"随着改革的逐步推进，中国提出了宏观调控、宏观管理的问题。"卢锋说。1987年召开的十三大提出了"有计划的商品经济"这样一个基本的改革命题，同时也提出了"要逐步健全以间接管理为主的宏观经济调节体系"。1992年十四大提出了"我们要建立社会主义市场经济就是要使市场在社会主义国家宏观调

---

* 记者胡健采访撰文，原文发表于《每日经济新闻》，2013年11月19日。

控下对资源配置起基础性的作用",同时也提到了"要健全科学的宏观管理体制与方法"。卢锋说。

在他看来,过去二十多年宏观调控方针的演变有几个特点:第一是高度重视,每次都会讲;第二是与时俱进,有一些细节表述的调整;第三就是在不同阶段保留一些具有中国特色的要素。

卢锋表示,十八届三中全会的《决定》有几个特点:回到科学健全的说法,强调财政和货币政策为主要手段,强调机制化,强调参与国际经济的协调机制。

分析人士指出,科学的宏观调控,实际上就是要更加尊重市场经济的内在规律,通过使用经济手段,注重在法律框架内选择调控的各项政策和措施。

卢锋还表示,十八届三中全会在解读市场和政府的关系上做出了前所未有的努力,给真正实现科学的宏观调控目标提供了新的机遇。

面临三道难题

按照《决定》的说法,宏观调控的主要任务是保持经济总量平衡,促进重大经济结构协调和生产力布局优化,减缓经济周期波动影响,防范区域性、系统性风险,稳定市场预期,实现经济持续健康发展。

"二十多年了,我们一直在讲宏观调控,十多年了,我们一直要完善宏观调控,似乎这个题目还是一个挺困难的题目。从过去二十多年,特别是过去十年来看,困难至少有三个方面。"卢锋风趣地说道。

这其中究竟有何分歧呢?宏观调控对象本身,在卢锋看来,存在着界定不清晰的问题。在中国,很多部门性的问题可能都会用宏观调控概念表述与处理。比如说粮食和生猪生产,钢铁和水泥产能过剩,特定行业技术标准,某些污染指标加剧等。

"个人觉得这些问题政府可能都有必要适当干预,但是算不算宏观调控的对象值得探讨。"卢锋说。

他还指出,成熟市场经济条件下常规的宏观管理工具主要是总量工具,间接调节的工具包括利率、财政。但是根据中国的情况来看,工具五花八门。

"目标和对象决定了中国参与宏观调控的部门比一般市场经济国家宽泛得多,不仅有央行、财政部、发改委,还有农业部、环保部,国土资源部也说自己是宏观调控的主力。"卢锋说,"到底哪个部门是宏观调控部门,这大概也是未来怎样科学实施宏观调控的一个重要问题。"

《决定》中最重要的一点便是:"经济体制改革是全面深化改革的重点,核心问题是处理好政府和市场的关系,使市场在资源配置中起决定性作用和更好地发挥政府作用。"

卢锋表示:"如果宏观调控的对象过宽,工具过泛,部门过多,很多部门、很多官员都可以用宏观调控的名义来对市场的行为加以干预或者限制的话,那么市场经济的决定作用怎么能落实到位?"

"四加四减"解决难题

怎么解决宏观调控的问题?卢锋给出的办法是"四加四减"。

四项减法的第一点便是在认知和概念上做减法,更为科学和严谨地界定宏观和宏观调控范围,减掉原本不属于宏观和宏观调控内涵的因素和对象。二是一些部门职能定位需"去宏观调控化",改变宏观调控"九龙治水"的格局。"让环保宏观调控、土地宏观调控、农业宏观调控这类流行概念逐步淡出。"卢锋说。"三是减少用行政手段搞宏观调控。"四是在"产业政策宏观调控化"方面做减法。随着经济发展阶段提升与市场经济运行经验积累,即便早先有必要的产业政策,或许也需削减瘦身。

他认为,对仍有必要实行的产业政策,实施过程应与宏观调控干预适当区隔。产业政策应界限清晰与相对稳定,宏观调控则应因时而异与相机抉择,二者属性有别。"如果以宏观调控名义实施产业政策,难免派生更多任意性干预与微观化宏观调控。"

而宏观调控改革的成败关键在于做好加法。这一是体现在深化汇率市场化改革,在增加汇率价格杠杆调节功能上做加法。"尽快推进汇率机制基本完成向市场化方向转轨。"二是要加快利率市场化改革,在更好发挥利率价格杠杆调节作用上做加法。为更好发挥利率价格调节功能创造体制条件。三是应调整现行央行体制,在提升其执行货币政策独立性上做加法。适当扩大央行执行货币政策的独立性,应利大于弊。卢锋认为,这方面改革有助于提升货币政策的专业性和有效性,有利于减少地方、部门等局部利益的过多影响,有利于提升货币政策的透明度并增强其可问责性。最后一项加法在财税领域。推进财税体制改革，体现为提升财政预算制度的透明度，减少政府财政直接投资的比重，推进结构性税制调整。

加快建成大国公共财政体制，是现代国家的基础制度建设，同时也有望提升财政总量"自动嵌入"的逆周期宏观调控功能。

五

资本回报与产能过剩之谜

根治产能过剩的关键[*]

在全球金融危机和国内宏观紧缩的形势下,中国政府去年年底开始实行大力度经济刺激政策。2008年年底至2009年上半年,若干部门产业振兴计划一直提示抑制产能过剩的目标,然而政策重心却更多地落在了如何促进这些行业的增长上。随着总需求V形回升态势基本明朗,抑制产能过剩再次成为政府经济工作的重心之一,例如有关部门近来多次发文强调治理产能过剩问题,并指出钢铁、水泥和电解铝等行业产能过剩问题突出。那么从实证和经验的角度出发,我们应该如何评价过去十多年来政府治理产能过剩问题的成效呢?

本文把产能过剩定义为主要发生在工业部门的闲置富余产能超过某种合理界限的现象,通常伴随价格下降和利润减少以致持续亏损。

从过去几次集中治理产能过剩的情况看,有关部门会采用多种方法应对产能过剩,对这些具有不同经济属性的措施手段,有必要分门别类地评估和探讨:

第一,有关部门通过公布特定部门供求信息和提示风险进行引导和干预。有关文件经常对不同行业供求关系的现状和趋势提出评估预测意见并强调产能过剩风险。行业产能利用和供求关系等方面的统计数据,作为"信息产品"在收集、处理和提供方面具有规模经济属性,在消费利用方面则具有非竞争性经济特征,政府部门在观察问题的视角方面可能具有某种特点和优势。考虑到这些因素,政府有关部门提供信息和分析意见,不仅符合经济合理性原则要求,也是市场经济下政府发挥服务功能的体现。

如果把提供信息服务看作服务型干预,那么这类干预实际上不是过多,而是在数量和质量都似嫌不足。例如,政府大规模治理产能过剩已十年有余,然而无

---

[*] 原文发表于《21世纪经济报道》,2009年12月15日。

论是统计部门还是产业政策部门，在产能利用率数据系统发布方面似乎没有明显改进，对产能过剩问题提供专题研究成果或对有关政策成效提供分析报告则更属罕见，甚至付诸阙如。从这个侧面看，有关部门似乎恰恰在它有可能发挥特殊信息优势的领域作为不够。

第二，引入有关行业安全标准、排放污染控制、资源能源消耗等方面的管制要求，是治理产能过剩组合措施中的重要手段。例如，最近十部委对钢铁企业的吨钢综合能耗、耗用新水量、粉尘和二氧化硫排放量等都提出了具体管制目标。

从经济学常识看，在企业成本不能内生化的外部性场合，市场价格和竞争机制配置资源的结果，会出现与社会利益不一致的市场失灵问题。这时政府实施监管以减少直至消除外部性对资源配置的影响是必要与合理的。

对这类措施有两点探讨：

一是如何统筹发展与环保的关系。控制排放和污染，建设环境友好型和资源节约型的和谐社会，是一个贯穿经济发展全过程的长期工作，需要制定适当标准并循序渐进地有效实施。

二是与治理产能过剩的关系。提高环保排放标准，客观上具有抑制产能增长的效果，因而二者存在某种联系。然而从政府管制合理性依据上观察，环保排放监管本质在于应对外部性和市场失灵，与产能过剩或产能不足并非存在必然联系。因而中国需要在建设法治社会的进程中，逐步过渡到主要通过法律手段来实现环保等功能性监管要求的阶段，从而与产能过剩等产业政策目标相对分离。也就是说，逐步建立健全监管体制后，即便产能不足也不放松环保等监管标准，产能过剩时也不刻意拔高标准。

第三，治理产能过剩经常引入有关技术标准、设备规格和企业规模等方面的干预措施。如2006年治理产能过剩时，政府把"技术、规模等标准，提高准入门槛"作为"严格控制新上项目"的依据。

如果低规格设备导致污染排放加剧，那么应当依据环保排放标准加以限制甚至禁止。但这时管制措施的必要性来自上述市场失灵概念基础上的环保等功能性监管要求，并非来自技术水平和企业规模等市场属性特征。

是否有必要超越环保等功能性监管标准，由产业政策部门额外独立地对企业技术和规模选择进行管制呢？笔者认为基本没有必要。因为具有经济合理性的技术和规模选择，是由技术存量和投入品相对价格等经济参数决定的，并且受制于市场需求条件的变动，在市场经济条件下应当允许企业依据主客观条件自主决策。

只要企业决策对环保安全不构成显著的外部性影响，政府就不宜采用行政手段过多管制。例如，有的政府文件曾把"工艺技术落后，已有先进、成熟工艺和技术替代的项目"作为"禁止投资"的对象。试想如果这类管制要求真的强行实施，那么企业只能不顾自身条件而一律用"先进"技术替代"落后"技术了。假如真是这样，我们又可能重复脱离发展阶段和比较优势，片面追求技术赶超的失误，经济发展可能再次面临欲速则不达的不利局面。

第四，限制产量和淘汰产能也是治理产能过剩的措施之一，如2006年治理产能过剩，对水泥、铁合金、钢铁和焦炭等行业规定具体量化淘汰标准。

对这类措施也需区分不同情况探讨：一种情况是对无法达到安全、排放标准的设备和产能，确有必要依据相关功能性监管目标加以限制，但这类管制本质上仍属于调节外部性成本范畴。另一种情况是在企业产权和退出机制改革滞后的背景下，产能过剩压力很难通过市场机制正常调节和释放，这时一次性采用限产和淘汰产能等干预措施暂时缓解矛盾和压力也是必要的，运用得当甚至可能成为推进必要改革的配套措施。例如，1999年纺织业实行了压锭1000万的措施。孤立来看，我们很难理解压锭的合理性和必要性，然而从体制转型的角度看，强行压锭对推动纺织业乃至整个国企战略重组以及建立退出机制都具有重要意义。

然而也应看到，利用行政力限制产量和淘汰产能，不能长期替代市场机制的作用，本质上应是权宜性甚至一次性手段。同时应着力深化企业和社保体制等方面的改革，为充分利用市场价格、竞争和退出机制调节产能过剩创造条件。因而在采用这类措施时，应防止短期手段长期化，避免行政干预行为成为定式后淡忘了深化改革的目标。

产能过剩须标本兼治[*]

随着第三季度经济数据的发布,在经济回升趋于稳定已经成为各方共识的同时,"产能过剩"、"结构调整"等字眼也在诸多经济向好的言论中成为人们谈论的另一个重要话题。

究竟投资、产能过剩、结构调整有什么关系?如何来理解与之相关的经济现象?记者采访了北京大学经济学教授卢锋。

记者:"产能过剩"一词人们已不陌生,而近年来几次出现产能严重过剩的现象,似乎都离不开投资的身影。如何正确认识高投资与产能过剩这一问题?如何看待已有的产能过剩治理?

卢锋:国际金融危机之前,中国经济多年保持高速增长。一般而言,持续高增长经济一定是高投资经济。另外,从不同部门来看,有些部门产能利用率下降或出现波动。这两个方面的事实构成了产能过剩问题的背景。

客观来看,这些现象是存在的,关键是如何理解。一定程度的产能闲置在应对未来市场需求变动、推动竞争和增加福利等方面具有正常功能,闲置过度才会形成产能过剩。投资增加产能还包含企业对市场未来变动预期的因素影响。如果市场需求不断增长,企业为了占有未来市场更大的份额也会增加投资,因而不会特别担心当期产能的利用情况。另外市场机制对产能过剩也有自发调节作用,如开放市场经济下通过价格调整、市场范围变动、企业退出等机制对产能过剩发挥基础性调节作用。

不过,我国转型经济体制环境具有特殊性,存在一些因素妨碍市场调节,因而进行一些行政干预也是有道理的。关键是要总结经验教训,政府干预尽量与市

---

[*] 原文发表于《金融时报》,2009年11月9日。

场机制协调一致。此外，总需求管理政策对宏观周期变动引入的产能过剩具有关键调节作用。

对已有治理产能过剩的措施可分类理解和讨论。一是有关部门发布产能利用率数据，提示产能过剩风险并引导企业投资。这方面干预有益无害，应充实和加强。二是推广有关行业技术标准，以及能耗水耗、环保排放等要求。这类措施有合理性，关键是标准适当和执行到位。三是限产、压锭、关闭小厂矿等，部分由上述环保能耗管制要求派生而来，部分与改革滞后导致国有企业难以承担降价、退出等市场调节效果有关，因而采用这类权宜之计的同时，应加紧推进包括完善退出机制在内的改革进程，以求标本兼治之效。四是数量控制措施，即通过限制投资增长治理预期产能过剩。在市场经济体制环境下，在已有技术和环保等管制措施之外，进一步限制企业的自主投资决策，其合理性和合意性需要探讨。

记者：目前部分行业出现产能严重过剩，引起了国家的重视，您是如何看待当前部分行业的产能过剩？如何应对产能过剩呢？

卢锋：产能利用率的变化，有些部门还是比较低，或者有些波动，这是一直存在的现象。总体来讲，一直都存在某种意义上的产能富余现象，到底什么时候治理产能过剩，还受到一些其他因素影响。

2004—2006年治理产能过剩，一方面与相关行业产能利用率走低、环保能耗压力以及投资增速较快有关，另一方面也与总投资和总需求增长偏快的压力有关。在开放宏观总量政策架构有待完善的背景下，有关部门觉得需要通过治理产能过剩控制内需，从而达到应对可能的宏观偏热失衡。

2008年年底和2009年上半年，由于总需求增速下滑严重，产能过剩程度可能更高，目前随着经济的回升，产能过剩的周期性因素影响在减弱。上半年总需求恢复得特别快，刚开始大家可能还认为回升的基础不稳，后来逐步认同总需求快速回升的判断。第三季度数据出来后，各方面对总需求回升一定程度上达成共识。由于我国开放宏观政策框架还有待改进和完善，通过总量政策工具调节宏观走势偏强存在较多局限，因而需要利用治理产能过剩的产业政策作为替代性工具。应当结合改善开放宏观政策体系和措施的角度理解这一现象。

标本兼治产能过剩需要采取综合措施。一方面，要推进包括完善企业退出机制在内的改革议程，为市场机制对产能过剩发挥基础性调节功能创造更好的体制条件；另一方面，政府部门应通过提供有关信息提示进行引导和干预，制定实施适当的技术、能耗、环保标准加以干预，同时减少对企业投资的数量限制和审批干预。此外，更重要的是避免不得不采用投资数量控制手段应对总需求失衡。

记者：在保增长的同时，我国也提出兼顾调结构的目标。您认为目前在经济结构调整上，我们还面临何种问题？

卢锋：发展过程就是一个持续进行结构调整的过程，结构调整是一个长期性的问题。关键是用什么手段调整，谁去调整，用什么机制去调？我认为要更多发挥市场机制在调节结构中所应发挥的作用。例如在产能利用率和利润过低时，市场机制会通过价格下降甚至企业退出的方式进行调节，构成结构调整的一个因素。结构调整在市场经济条件下是一个动态和长期过程。

宏观经济具有周期性，宏观偏热、偏冷是短期问题，更多需要通过管理总需求的短期宏观政策来调节。对于中国这样的发展中大国，需要设计实行结构调整政策，例如鼓励一些政府认为具有特殊战略意义的目标，制定执行行业环保和技术标准，制定促进特定地区发展的目标性政策等。另外在实行宏观政策应对短期问题时，应兼顾长期改革和调整目标。不过仍有必要适当区分宏观政策和调整结构政策，以更好地界定宏观政策的应用范围。

产能过剩久治难愈[*]

2013年10月6日国务院发布第41号文，有关部门再次聚焦产能过剩矛盾。过去十几年我国曾三番五次治理产能过剩，然而转型环境下产能过剩顽疾久治难愈。如何总结已有政策实践经验，顺应市场经济规律要求，以深化改革为取向化解产能过剩矛盾，仍是在认识与实践上面临的难题。

最近专栏中讨论了2007年前后的通胀，当时实施的紧缩性宏观调控政策也包含基于产能过剩判断限制部门投资的措施。如2006年官方发布的治理产能过剩的文件，指出："钢铁、电解铝、电石、铁合金、焦炭、汽车六个行业已出现明显产能过剩，水泥、煤炭、电力、纺织四个行业也潜藏着产能过剩问题。"治理产能过剩的措施包括"切实防止固定资产投资反弹"、"严格控制新上项目"等。

同年有关部门发布了《关于加强固定资产投资调控从严控制新开工项目的意见》，强调从严控制钢铁、电解铝、电石、铁合金、焦炭、汽车、水泥、煤炭、电力、纺织等行业新上项目，提高环保、土地、安全、能耗、水耗、质量、技术、规模等方面的准入门槛。2007年年底政府再次强调："新开工项目管理是投资管理的重要环节，也是宏观调控的重要手段。"

我国大规模产能过剩治理可追溯到20世纪末。当时宏观通缩环境下，有关部门通过限制投资来治理产能过剩和重复建设，对一些部门实施严格的投资审批管制，对有的部门提出三年不上新项目的禁令。进入21世纪后，2003—2004年经济扩张加速并伴随通胀压力，基于产能过剩等方面判断限制钢铁、水泥、电解铝三大行业投资，成为当时宏观调控政策的重要举措。

2008年年底面临外部危机冲击和经济增速急剧下滑的形势，政府实施了四万

---

[*] 原文发表于财新《新世纪》2013年第43期。

亿刺激政策和十大产业振兴计划。在货币过量扩张、资产价格飙升、CPI 通胀预期形成的形势下，2009 年秋开展了新一轮产能过剩治理。当时认为钢铁、水泥、平板玻璃、多晶硅、电解铝、造船业等十来个部门存在产能过剩，为严控这些行业盲目扩张与重复建设，实施了严格市场准入与严格项目审批管理等措施。

最近发布的第 41 号文件标志着第五次治理产能过剩拉开帷幕。新一轮治理主要针对钢铁、水泥、电解铝、平板玻璃、造船五部门的产能过剩矛盾。文件认为"产能严重过剩越来越成为我国经济运行中的突出矛盾和诸多问题的根源"，强调"如不及时采取措施加以化解，势必会加剧市场恶性竞争，造成行业亏损面扩大、企业职工失业、银行不良资产增加、能源资源瓶颈加剧、生态环境恶化等问题，直接危及产业健康发展，甚至影响到民生改善和社会稳定大局"。

在新一届政府力推深化改革的背景下，应对产能过剩的政策设计体现出创新与亮点。如文件标题关键词从过去的"制止低水平重复建设"、"制止特定行业盲目投资"等改变为"化解产能严重过剩矛盾"。文件提出的"加快建立和完善以市场为主导的化解产能严重过剩矛盾的长效机制"使人印象深刻。

文件提出了广泛的具体任务与措施，包括"严禁建设新增产能项目"、"清理整顿建成违规产能"、"淘汰和退出落后产能"、"等量或减量置换"、"努力开拓国内市场需求"、"积极拓展对外发展空间"等。部分措施体现了新形势下的新思路，不过受产业政策基本逻辑的影响，一些举措仍大体沿用过往治理产能过剩的手段。

官方再次重拳出击产能过剩，无疑有现实合理性依据，也是新一届政府经济政策演变的新动向之一。从回望历史与学理分析两重视角看，在新形势下有效化解产能过剩矛盾，建立与完善以市场为主导的调节产能过剩的长效机制，有必要在认识产能过剩与选择化解方法上探讨和厘清几组关系。

一是宏观政策取向与治理产能过剩的关系。治理特定部门的产能过剩属于产业政策，然而宏观政策取向对部门产能过剩的形成与治理都有重要影响。工业部门的产能闲置率与宏观经济周期的变动存在显著联系，当下钢铁、电解铝等上游行业产能闲置率较高，一定程度与四万亿刺激政策以及 2010 年以后的宏观增速减缓调整有关。货币信贷过度扩张会刺激上游资本品行业过度投资，宏观景气度回落后产能过剩的矛盾就会水落石出。搞对价格、管好货币、严格金融纪律、维持稳健的宏观环境，是抑制和纠正微观层面所谓"盲目投资"的最佳宏观条件。就此而言，目前政府实施不刻意刺激、重长期持续的"负责任的宏观经济政策"，虽然未必能立马舒缓部分行业的过剩压力，但长期看是治理产能过剩的对症良药。

二是市场调节机制与化解产能过剩的关系。破除所有制歧视,充分发挥市场竞争优胜劣汰功能,鼓励基于微观绩效的兼并重组,是化解产能过剩的重要机制。我国家电行业也曾受产能过剩困扰,后来得益于较为充分发挥市场竞争的作用,行业局面大为改观。近年电冰箱、洗衣机的产能利用率在80%—90%的较高水平,电视机行业虽产能闲置率较高,但企业也有较强的自行化解能力。我国目前兼并重组相对资本形成的比率不仅远低于英、美等国,也低于其他金砖国家。应把产能过剩的压力变为改革的动力,通过深化改革,鼓励以市场规则主导的兼并重组,提升我国企业的整体运营效率,并为经济持久增长夯实微观基础。

三是控污染、促环保与治理产能过剩的关系。我国面临独特的环境压力,需政府与社会下更大决心治理污染以防范环境危机。不过在产能过剩命题下做环保文章是否妥当存在需要探讨的问题。产能过剩指特定行业产能闲置率过高,在其他条件给定时,闲置率高会减少排放,闲置率低即产能不过剩反而会加剧污染排放。产能过剩随宏观经济周期变动的特点,与治污环保的稳定性要求客观上也有不一致性。"恺撒归恺撒,上帝归上帝",应适当区隔产能过剩治理政策与环保治污监管政策。强化环保举措可以经济活动负外部性溢出效应作为基础分析概念,结合现实污染排放加重的基本经验事实,通过充实立法内容和加强执法力度加以应对。

四是投资管制与治理产能过剩的关系。一般认为产能过剩源自投资过度,以限制投资作为治理手段似乎顺理成章。然而市场经济的逻辑是,即便在特定时点特定行业产能闲置率较高,也不排除仍有动态意义上的合理投资机会。政策要务应优先深化改革,搞对要素价格,破除所有制歧视,管好环保门槛,在此基础上让市场决定是否需要投资,让竞争规律决定企业输赢,真正落实十年前十六届三中全会提出的"实行谁投资、谁决策、谁收益、谁承担风险"的企业自主投资方针。实践经验显示,如过多采用行政手段限制投资,不仅难以达到根治产能过剩的预期效果,还可能引发产业政策与行政干预反弹,不利于合理界定政府与市场的关系。

坚持稳字当头的宏观政策方针,发挥市场优胜劣汰的调节功能,是化解转型环境下产能过剩矛盾的治本之策。这当然不是灵丹妙药,也不可能立竿见影,而要通过一段时期润物无声的持久调节产生作用。政府有关部门协调管理也可能发挥积极的辅助作用。这就要求总结新时期多次治理产能过剩政策实践的经验教训,厘清政府干预与市场调节之间的合理界限,避免落入过多强化产业政策干预的窠臼,从而使化解产能过剩与深化市场改革之间形成相互配合促进的良性互动。

标准越多，人为因素可能越强[*]

"化解产能过剩政策的标准越多，人为因素可能越强。"北京大学国家发展研究院中国宏观经济研究中心主任卢锋关注中国特殊的化解产能过剩政策已经多年，他曾著有《产能过剩治理问题（1999—2009）》的报告文章。

12月24日，卢锋对《21世纪经济报道》记者分析了本轮化解产能过剩政策的情况。他认为，某些行业在特定宏观周期内存在过剩产能，属于常态现象，可以依靠市场办法去调整。环境问题不完全是产能过剩问题，应该注意以产能过剩政策控制环境污染的预期，但这可能在学理和效果上都有问题。

稳健的宏观政策是治理过剩产能的良药

记者：最近一些地方开始拆除部分已停产钢铁企业的设备，以表明化解钢铁过剩产能的决心，您如何看这样的清理行动？

卢锋：拆除已停产钢铁企业属于一种专项整治，对这种中国特色的做法可以理解。专项整治会有一些效果，不过应对市场体制下的产能过剩和环境污染问题，更需要机制性、常态化的办法。

已停产钢企确实导致产能利用率统计值低，因为它产能还在，但它不生产，从某种意义上说，它对环境的污染暂时没有了。这些已停产企业为什么不自己彻底退出并去除产能呢？可能是因为它预期什么时候市场高潮又会回来了。如果宏观政策坚持稳健方针，避免刺激，没有市场需求的停产企业最终会退出。

应对或淘汰所谓落后过剩产能，不让它死灰复燃的最好办法就是避免过度刺激经济，利用市场机制逐步淘汰掉它。某种意义上讲，宏观经济景气度较低，客

---

[*] 记者宋江云采访撰文，原文发表于《21世纪经济报道》，2013年12月27日。

观上就是一个淘汰机制:从宏观面上是纠正过去的过度扩张,在微观上的功能就是淘汰一些相对落后的企业。如果人为地一会"清理",一会"振兴",反而可能打乱市场预期,让该退出的企业不愿退出。

环境治理应独立于产能治理

记者:这一轮化解过剩产能与以往相比,是否有所不同?

卢锋:在新一届领导人力推改革的背景下,应对产能过剩的政策设计体现出创新和亮点。比如文件标题关键词就从过去的"制止低水平重复建设"、"制止特定行业盲目投资"等改变为"化解产能严重过剩矛盾"。文件提出要"加快建立和完善以市场为主导的化解产能严重过剩矛盾的长效机制",这使人印象深刻。部分措施体现了新形势下应对老问题的新思路,不过受产业政策基本逻辑的影响,一些举措仍然大体沿用过往治理产能过剩的手段。

我认为需要认真总结过往的政策经验教训,理顺产能过剩与市场调节、环境污染与政府干预、产业政策与宏观调控政策之间的关系,使新一轮化解产能过剩矛盾真正体现贯彻十八届三中全会改革方针的具体成效。

记者:一些地方把治理环境污染与化解产能政策结合起来实施,对此您怎么看?

卢锋:用治理产能过剩来应对环境压力,是过去相关政策的特点之一,逻辑上就不无矛盾,因为如果产能不过剩或产能利用率高,污染排放和环境问题会更严重。可见这类产业政策本身也有如何理顺关系力求科学的问题。

中国钢铁产量规模空前,确实带来环保压力,需要严格环境标准。不过治理污染应当独立于针对产能过剩的产业政策。产能过剩是市场经济常态,应当主要利用市场竞争和淘汰机制应对和化解。环境污染属于外部性即市场失效问题,需要通过适当的政府干预来应对,这种干预主要应当依靠环保部门制定透明、稳定的规则,并严格常态执法。集中整治虽有必要,最重要的还是要靠机制和长期执法坚持。

标准越多越难达到预期效果

记者:这一轮化解过剩产能的文件中,同时提到宏观调控、环境治理等政策,这些政策之间的关联是什么？

卢锋：首先应当明确，治理钢铁产能无论是对是错，都属于产业政策，而不是宏观政策。宏观政策是周期性的，产业政策则应在确定后大体稳定实施。若把这类产业政策当作宏观政策，则宏观政策难以科学化，也难以真正上轨道。在任何一个市场经济国家，在某些行业特定的宏观周期，过剩产能一定是会有的，最主要的办法还是要用市场的办法去调整。

过去集中整治产能过剩，主要由国家发改委主导，借助发改委作为宏观部门的特殊能力。发改委能力强是事实，也是好事，不过要在治理环境污染方面发挥机制化和常态化作用，还要重视更好发挥专属职能部门的功能，通过环保部等职能部门的严格常规性执法来应对。

政府可以从环境污染或安全角度进行管制，高炉的容积大小等技术标准一般不应当成为独立的管制甚至禁止理由。市场需求不同，企业特征不同，应有选择不同类型技术的空间。只有当选择特定技术引起过度污染后，才有理由对企业加以干预。任意选择一个指标去干预和治理，政府部门就有过多的挑选性，可能出现与合理界定行政干预范围目标不一致的情况。

从过去的实际情况看，产能过剩治理会衍生出很多东西，又是技术，又是污染，又是规模，又是投资准入。管制部门上下取舍，左右逢源。然而标准越多，人为因素可能就越强，客观上也很难达到预期效果。这次新形势下化解产能过剩，应力求在这方面加以改进。

我国资本回报率知多高？*
——新一轮投资增长与经济景气的微观基础

我国资本回报率有多高？这似乎是经济系一年级大学生查阅统计年鉴就能轻松回答的问题。然而正是这个看似简单的问题近来引发两派不同意见的激烈争论。一派研究人员观察到近年我国工业资本回报率快速增长，认为这一现象对理解目前我国经济成长具有重要意义；另一派意见强调相关统计数据高估了我国的资本回报率，认为我国经济并未改变投资驱动和低利润增长的模式。争论观点如此扑朔迷离，以致被评论为"中国利润率之谜"。

争论起因首先与获取和解读相关统计数据方面的技术性困难有关。我国体制转型伴随经济统计指标体系逐步调整改进，在计算回报率所需资本存量和利润指标的时间序列数据可获得性方面存在特殊困难；即便存在相关数据，由于统计体系、口径和方法变动，如何解读这些数据含义也多有疑义。另外，这场争论也折射出学术界对目前我国经济增长机制问题所做的理论反思和探讨。我国新一轮经济增长表现出高增长、低通胀的可喜组合特点，然而较高的投资增速又使人们对目前增长机制的合理性疑虑重重，并促使政府有关部门出台了一系列强势调控措施。从经济分析角度看，判断投资增长是否具有经济合理性，需要结合观察资本回报率等微观指标的变动加以辨识评估。

现有文献主要以短期形势分析、会议发言、报章评论等形式发表，对资本回报率的基本数据尚未进行系统整理、甄别和评估。CCER/CMRC "中国经济观察"研究组在仔细分析相关数据和其他有关经验证据的基础上，第一次估测我国工业企业 9 个资本回报率指标，并对度量结果的相关问题加以系统考察。这项研究获得了以下几点初步发现：

---

* 原文发表于人民网，2007 年 3 月 27 日。

第一，近年来我国工业资本回报率强劲增长。经过仔细分析，经验证据显示，1998—2005年9个资本回报率系列指标以很高的统计相关性同时增长。如以权益作为资本存量计算，净资产利润率从1998年的2.2%上升到2005年的12.6%，税前利润率从3.7%上升到14.4%，总回报率从6.8%上升到17.8%。以资产作为资本存量计算，总资产利润率从1998年的0.8%上升到2005年的5.3%，税前利润率从1.3%上升到6.0%，总回报率从2.5%上升到7.5%。

第二，不同类型企业的资本回报率存在显著差异。比较不同类型企业资本回报率的绝对水平，私营企业较高，三资企业其次，国有或国有控股企业（下面简称"国有企业"）较低。以净资产税前利润率为例，2005年私营企业为17.3%，三资企业为14.9%，国有企业为12.9%。不过比较1998年以来资本回报率的增长幅度，三类企业排序则正好相反：国有企业增幅较高为10.9个百分点，三资企业其次为10.2个百分点，私营企业较低为5.7个百分点。我国国有和私营企业的利润来源和结构大不相同，2005年国有企业74%的利润来自石油、电力、黑色冶金、烟草制品四个垄断和管制程度较高的行业，仅石油行业就占全部利润的43%。私营企业的利润主要来自纺织、非金属矿制品、通用设备制造等高度竞争行业。这提示国有企业盈利增长相当程度仍依赖行政管制政策的扶持和保护。

第三，体制转型背景下资本回报率呈现先降后升走势。我国体制转型和经济发展过程内生出降低和提升资本回报率两种力量，上述走势应是这两种力量在不同发展阶段消长盈缩的产物。利用资本回报率贡献因素分析构架进行具体考察，发现前期价格自由化改革带动原料价格相对上涨、竞争环境下垄断利润耗散、企业放权让利改革时期单位劳动成本上升等因素导致前期回报率大幅下降。近年来虽然原料的相对价格仍在上涨，然而劳动生产率快速增长基础上单位劳动成本下降、管理费用和利息费用相对下降、资本运营效率水平提升等因素推动资本回报率在1998年前后经历止跌回升拐点并强劲增长。

第四，调整物价因素后资本回报率增长的判断仍然成立。对企业会计利润率进行物价变动因素调整的结果显示，通货膨胀最高的1993年前后，用财务会计数据计算的企业税前利润率高估7个百分点左右，近年来物价对会计利润率高估的影响大约为3个百分点。调整通货膨胀因素后真实资本回报率在1990—1998年经历了"锅底形"低谷期，然而贯穿整个时期先降后升的大势形态依然存在。1998年以来真实回报率的绝对和相对增加幅度更高。

第五，资本回报率与经济景气波动存在显著联系。用资本回报率对其趋势偏离作为其波动度量指标，用实际 GDP 对其趋势偏离作为经济景气变动度量指标，发现没有经过物价调整的资本回报率与实际 GDP 波动存在显著联系，物价调整后真实资本回报率与实际 GDP 波动联系的显著程度进一步提升。近年来我国经济运行经历了宏观紧缩和高涨等不同景气阶段，然而真实资本回报率一直强劲增长，进一步证实回报率增长主要代表某种趋势性变动。

第六，企业毛利率下降与资本回报率增长并存不悖。主要受原材料能源动力价格上涨等因素影响，我国工业企业毛利率过去十余年呈现下降趋势。然而由于毛利率与常规资本回报率的概念定义不同，毛利率下降并不一定导致回报率下降。我们在阐述毛利率与回报率概念异同关系的基础上，通过考察单位劳动成本、管理和利息费用占营业收入的相对比例以及单位资本创造营业收入等回报率贡献因素的变动，对近年来原料价格上升、毛利率下降、回报率上升之间并存不悖的关系做出了逻辑一致的解释。

第七，上市公司与整体企业回报率走势存在反差。仔细分析有关数据发现，20 世纪 90 年代前中期上市公司回报率较高而整体工业企业较低，但是整体工业企业回报率 1998 年开始强劲增长的几年间上市公司回报率仍在下降，近年上市公司回报率虽止跌回升，然而回升速度仍低于整体工业企业，由此导致最近几年上市公司回报率低于整体工业企业。上述变动使两类企业回报率的变动轨迹呈现某种"剪刀差"形状。把上市公司调整为工业部门上市公司、对两类工业企业内部分行业结构做一致性调整后，上述反差现象仍然存在。因而从资本回报率角度分析投资和经济运行效率需要考虑企业样本选择问题。利用上市公司资本回报率数据推测和评估工业部门及整体经济的效率，所得判断在特定阶段可能存在较大误差。

第八，由于数据限制，仅对中、美、日工业和制造业资本回报率进行初步比较。我国资本回报率在 20 世纪 90 年代低谷时远不及日本快速经济追赶阶段制造业的回报率，与美国相比差距更大。近年来我国资本回报率快速增长，目前会计利润率已超过日本，真实回报率的比较情况有所不同，估计至少我国私营企业的该指标已超过日本。我国工业会计利润率与美国制造业的同一指标相比差距快速缩小，私营企业与美国企业已很接近，考虑两国近一阶段和更早时期物价的轨迹和动态，调整物价因素后的结论与会计回报率的比较情况应大体类似。

这一研究结果对理解目前经济景气增长和讨论宏观调控政策具有参考意义。它首先对评估目前投资较快增长和新一轮景气成长根源补充提供了一个新视角。流行观点倾向于认为高投资增长一定是低效率增长，倾向于相信投资增速超过某个数量水平必然过高、过热,倾向于假设近年投资增长的主要动因是地方政府干预和要素市场扭曲等。这类看法都有一定道理,对实际经济表现也有一定解释作用。然而依据经济学的基本分析逻辑,市场经济环境下投资增长受到资本回报率等微观变量的制约或推动。要更全面理解投资增长和新一轮经济景气的发生机制,还需要对基本面因素的影响进行更深入的实证分析。

如果我国的真实资本回报率正在发生趋势性持续增长,那么从有关投资的经济学分析视角看,应有理由假设我国目前资本存量与均衡分析意义上的合意资本存量相对不足,企业通过较快投资缩小现实资本存量与合意资本存量之间的差距可能具有较大程度的经济合理性。因而有理由相信,目前我国投资快速增长以及高增长、低通胀的宏观经济表现,可能具有相当程度的微观基础,实现中央最近提出的经济"又好又快"增长具有现实可能性。从一个更广阔的视角思考,一国经济起飞的早期阶段人均资本存量很低,快速投资及其导入伴随的嵌入式技术进步以及人力资本的积累和提升,不仅有可能构成持续增长的重要驱动因素,而且可能是经济追赶特定阶段的题中应有之义。因而把"投资驱动增长"无条件等同于"粗放低效增长"的流行看法是否准确,可能还要在理论依据和经验证据方面进一步探讨。

研究结果对我国宏观经济政策也有借鉴意义。如果认定目前投资增长与宏观景气较大程度上是地方官员干预等扭曲性因素派生的结果,那么便会逻辑推论出微观决策主体对利率、汇率、价格等市场性参数变动较大程度无动于衷,便会进一步逻辑推论出目前投资较快增长在很大程度上难免需要采用产业政策、数量控制等侧重行政性的手段调节干预,而市场性调节手段就顶多只能退而发挥某种次要和辅助的作用。反过来看,如果近年投资较快增长具有相当程度的经济基本面因素支持,如果目前经济景气在相当程度上是市场机制力量推动的结果,而地方官员干预和要素市场不完善等扭曲性因素仅发挥了相对次要和次生作用,那么宏观经济管理措施就有可能并且应当更加重视采用与市场经济原则兼容一致的操作手段。

我们愿意再次强调,政府在市场经济条件下进行总需求管理具有必要性,即便对具有经济基本面支持的景气增长政府也需要进行宏观调节。问题不在于一般意义上是否有必要进行宏观管理,而在于如何反思和评估我国独特的宏观调控;在于从我国体制和政策较长时期的演变进程看,是应更多利用市场性"调节手段"进行总需求管理,还是应更多采用行政性"控制措施"干预微观运行;是应不断深化改革使"宏观调控"逐步转变为"宏观调节",还是通过引入和强化形形色色的数量控制和行政干预,使"宏观调控"更接近"控制经济"。近年贯彻科学发展观取得巨大成就,然而如何防范大范围行政干预和寻租活动在宏观调控的名义下乘势回潮,如何把推进关键领域改革的议程与促进社会公平和谐的措施有机结合起来,创造我国经济追赶新阶段所迫切需要的体制和政策环境,仍是下一步经济发展大政方针选择所需考量的重大问题。资本回报率作为经济运行的重要微观效率指标,为这方面探讨提供了值得关注的经验证据。

六

"景气难再"的美国经济

格林斯潘做错了什么？*

美联储前主席格林斯潘主持下的货币政策到底对金融危机的发生有什么影响？在北京大学日前举办的CCER/CMRC"中国经济观察"第15次报告会上，北京大学中国经济研究中心教授卢锋分析认为，从货币政策影响的角度看，金融危机是人为、规则、环境等多重因素共同作用的结果。格林斯潘作为美联储货币政策的操盘手，的确在本次危机的形成过程中起到了重要作用。

卢锋认为，从经验比较的角度看，世纪之初的大降息确有异常之处。为了应对互联网泡沫破灭和"9·11"事件的影响，美联储从2000年7月开始到2003年7月将联邦基金利率从6.5%降到最低时的1%，并将1%的利率维持了一年之久。

第二次世界大战以后的50多年中，美联储的联邦基金利率经历了12次升息和降息。其中20世纪70年代的升息和80年代的降息力度非常大。20世纪70年代，在石油危机的影响下，西方世界出现了持续的、严重的通货膨胀。为了应对这种局面，美联储进行了大幅度升息，联邦基金利率上升到接近20%，才最终控制住了恶性通胀。此后，联邦基金利率在80年代下降到4%以下，绝对降息幅度超过15个百分点。相比于美联储的历次降息绝对幅度，世纪之初的降息绝对幅度为5.5个百分点，远不及80年代的绝对降息幅度，与其他降息行动相比也没有明显的异常之处。

但是，21世纪初的降息使联邦基金利率的绝对值降到1%，这是自1963年以来半个多世纪中的最低水平。此外，相对降息幅度达到84.62%，在50多年来的12次降息中位列第二。因此，卢锋认为，美联储21世纪初降息具有"低（基金利率的低位水平低）、中（降息绝对幅度中等）、高（降息相对幅度高）"的特点，

---

* 原文发表于《中国财经报》，2008年11月4日。

其中的一低一高可以看作异常操作的定量证据。

卢锋还认为，从货币政策基本操作的角度看，本世纪初美联储的降息显然存在过度放松货币政策的偏颇。

联邦基金利率作为美国货币政策的常规工具变量，其变动可被包含通货膨胀和经济增长两组变量的泰勒法则解释。联邦基金利率与失业率变动大体具有反向关系，与通货膨胀率具有正向关系。按照上述规则适当操作，工具性短期利率因应通胀率等指标变动调整，可能而且应当避免实际利率为负的情况。因而评估货币政策适当性的一个简单办法是看实际利率。美国在 2002 年年初到 2005 年 8 月出现了三年半的负实际利率，负利率程度在过去 50 多年中仅低于 20 世纪 70 年代。这是美联储世纪之初货币政策有失偏颇的重要表现。

三年半之久的负利率水平，对促成金融危机至少产生了两方面影响：一是诱使金融机构利用廉价货币发现收益更高的金融工具，鼓励次贷扩张；二是导致金融机构持有大量流动性很低的资产。

此外，卢锋认为，货币政策规则也存在问题。主要依据 CPI 等流量指标设计调整相关政策的做法，对存量资产价格重视不够；采用所谓核心 CPI 指标，可能对美联储低估负利率及其潜在危害具有推波助澜的作用。

核心通胀概念在 20 世纪 70 年代初由美联储研究部门首先提出，80 年代初被系统化。这一概念虽然缺乏理论依据，但却成为各国央行广泛采纳的操作方法。研究发现，用整体 CPI 衡量的世纪之初的负利率问题比用核心 CPI 衡量的结果更加严重。换言之，美联储以核心 CPI 衡量利率水平可能导致严重失误。因此，区分核心与整体通胀的理论和方法，在客观上不利于认识负利率提示的货币信贷过度扩张的风险。

由此，卢锋认为，格老为应对互联网泡沫破灭和"9·11"事件的"双重打击"而采取的应对措施，当时看富有魄力，现在看来却是培育危机的土壤。

人参吃得太多也有麻烦[*]

美国 2008 年 7 月 CPI 同比增长率达到 5.6%，创 17 年来新高；核心通胀增长率为 2.51%，超过政策目标上限。另外，美国消费减少，就业疲软，股市低迷，经济处于衰退边缘。结果，我们看到，虽然通胀压力不小，美联储 8 月初仍小心翼翼地把联邦基金利率维持在 2%的低位不变。比滞胀风险更难办的是，次贷危机已过周年，不仅没有很快走出谷底，反而伴随"两房"（房利美、房地美）从"救火队员"转变为"伤病员"，局势变得更加复杂。

美国目前通胀、衰退、金融动荡的"三角难题"再次说明，单纯通胀或衰退可以用常规景气周期变动来解释，滞胀组合背后则一定有特殊的深层结构原因。20 世纪 70 年代，西方滞胀根植于过度频繁的行政干预对经济基本面的损害；新近滞胀压力卷土重来，则与美国近年来房地产泡沫破灭相联系。

2000 年科技股泡沫破灭后，美国实行赤字财政和低利率政策，推动房地产价格以数倍于人均收入的增速飙升。美国通过"金融创新能力"，把数以百万缺乏支付能力的低收入家庭推进住宅市场，并通过衍生工具把次贷资产风险分散到全球各个角落。房地产过热拉动投资并刺激消费，与外部环境互动构成通胀压力上升的宏观背景。这场资产泡沫和过度消费的盛宴，曾被看作宏观波动隐退的"大调和"（the great moderation）新规律表现。然而，水落石出后呈现的图景，不过是用一个新泡沫来解决旧泡沫破灭带来的问题。

从宏观分析视角看，美国目前的"三角难题"与前几年外部不平衡有着重要关联。受 20 世纪 90 年代新经济产业革命的推动，美国内需高涨并伴随外部赤字增加，2000 年前后，贸易和经常账户赤字占 GDP 的比例超过 4%。科技股泡沫破灭后，本需要通过一次足够深度的调整来降低外部失衡，并重建进一步稳健增长的基础，然而实

---

[*] 原文发表于《财经》2008 年第 18 期。

际上，美国外部失衡反而快速扩大，2006年贸易赤字占GDP的比重上升到6.35%。

美国学界对外部不平衡出现两派观点的争论。可持续论者认为，其他国家净储蓄流入导致美国外部赤字扩大具有经济合理性。在他们看来，美国在推动技术和产业前沿发展以及把科技成果转化为生产力方面具有优势，有可能取得比其他发达国家更高的生产率增长。美国独步全球的资本市场和金融系统提供了多样化的金融工具，能够满足投资者的不同风险和时间偏好。加上美国历史上具有"危机避难所"的地位，并且已有大量投资具有转移成本，因而，外资流入美国或美国外部赤字可以持续。

与之观点对立的人士则强调，外部赤字持续上升将会带来美元暴跌、汇率崩盘、通货膨胀、利率高升、经济衰退的后果，不仅冲击美国和全球经济，而且会对美元的国际地位和美国的战略地位产生负面影响，因而，需要通过调整美元汇率和降低财政赤字来主动治理。然而，在次贷危机爆发前，可持续论在美国决策层显然占据上风，延误了采取必要治理措施的最佳时期。

近年来，美国外部净头寸为2万多亿美元负值，然而净投资收益仍然为正，说明美国人"长袖善舞"，能用负资产换来净收益。不过，次贷危机表明，可持续论者过于乐观了。对次贷危机的教训不仅需要从金融监管必要性以及金融工具创新两面性等角度总结，而且需要结合次贷危机与外部失衡的关系探讨。"外部失衡—流动性过剩—房价虚高—过量消费—放贷过度—次贷危机"的因果链条说明，过度依赖外部储蓄和消费驱动增长的模式不可持续，而且会对美国以及全球经济带来损害。

次贷危机与外部失衡的联系表现在不同方面。一是过量利用外部储蓄促成过度消费驱动增长模式，构成房价虚高和危机的重要宏观条件；二是促成银根宽松和流动性过剩，构成诱发次贷危机的货币信贷环境；三是外部失衡和次贷衍生工具都与美国金融的相对优势有关，是同一根"好事变坏事"树藤上的两颗果实；四是从危机爆发影响看，美国需要在通胀、衰退、金融动荡三角困境中完成对外部失衡的阶段性治理。

一国的金融能力，是在一定历史条件下，在特定制度环境和人为因素的作用下，通过持续的学习效应培育生成的软实力。美国人在金融创新领域占据相对优势的格局大概不会很快改变。然而，次贷危机与外部失衡的关系说明，发挥优势也受到"过犹不及"的客观规律制约。打个比方，过度迷信美国金融优势的可持续论者认为：美国人体质好，可以多吃人参、鹿茸；外国人体质差，只能吃五谷杂粮。次贷危机的教训是：人参吃得太多也会有麻烦。

奥巴马新政如何"再造美国"？*

自从 2007 年金融危机全面爆发以来，人们曾多次以为危机已经见底，但随后的事态发展又一次次打破了人们的乐观预期。在第二次世界大战后最大的金融危机面前，奥巴马作为美国的第一位黑人总统开始了他的新政。人们希望这位总统可以像大萧条后期上任的富兰克林·罗斯福总统一样，给予美国信心和希望，并开启新的繁荣时代。虽然奥巴马现在依然深受美国人的支持，但假如未来经济形势持续低迷，恐怕其新政最后也可能沦为笑柄。现在已有市场人士指出，奥巴马新政的目标过多，施政面过宽，很可能最后效果不佳。

作为全球最强大的经济体和中国出口最重要的海外市场之一，美国经济的兴衰在短期内显然会极大地影响中国经济的运转。为此，本报此次特刊登北京大学卢锋教授的相关文章，希望各界人士可以从中获取对自己有益的信息，以对未来早做安排。

2006 年，美国房地产次贷违约率不断上升。到了 2007 年 4 月，曾为全美第二大次贷公司的新世纪金融公司（New Century Financial Corporation）破产。8 月，贝尔斯登旗下的两只对冲基金倒闭最终引发了美国次贷危机全面爆发的第一轮冲击波。2008 年，以贝尔斯登倒闭、雷曼兄弟破产、美林被并购、摩根士丹利和高盛放弃独立投行身份为标志，第二轮冲击波来临并在欧洲各国引发连锁效应，美国次贷危机发展为全球性金融危机。

对于不断恶化的金融和经济形势，布什政府采取了一系列应对措施，大体包括三方面内容：一是美联储在 2007 年 8 月后出台了一系列政策为资金紧缺的金融机构提供流动性；二是建立了 7000 亿美元的不良资产救助计划（TARP）基金，

---

* 原文发表于《21 世纪经济报道》，2009 年 3 月 9 日。

对金融机构直接注资或购买其问题资产；三是提供产业救助和刺激经济。

在空前力度的救助措施下，过去几个月没有出现冲击整个金融系统的事件，金融形势表面看似初步企稳。但从以下三方面看，目前危机仍在发展，不能排除发生第三波冲击的可能。一是房地产价格调整尚未见底。美国国会预算办公室（CBO）年初发表报告指出，虽然房价已大幅下跌，但由于仍有过多存货，房价今年仍将下降。笔者年初访谈纽约政界、学界和商界等各类机构，分析人士大都认为纽约房价还要下跌 20%—40%。二是消费信贷和商业地产贷款坏账增加可能导致银行大范围倒闭。三是泰德利差和其他利差指标仍处历史高位，表明市场流动性仍非常紧张。

随着金融危机的深化，美国的实体经济危机也陷入衰退之中。2008 年第四季度，美国 GDP 折合成年率统计下降了 6.2%，失业率从 2006 年年底的 4.4% 上升到目前的超过 7%。依据美国国民经济研究局（NBER）专门委员会的评估，美国经济从 2007 年起就已进入衰退。国会预算办公室估计美国经济 2009 年将负增长 2.2%。由此可见，此次衰退将成为二战后持续时间最长的一次，失业率见顶时将接近 10%。

在金融危机继续深化、实体经济全面衰退的双重打击面前，新任总统奥巴马宣称要锐意变革以"再造美国"。从目前的情势看，奥巴马新政大致会围绕"整肃金融、刺激经济、长考财政、护卫美元"这四大主轴来展开。

整肃金融

整肃金融包括两阶段内容。第一步是对金融危机继续采取急救措施。针对坏账增加可能引发银行大面积倒闭及信贷和流动性紧张的问题，美国前一段时间曾讨论借鉴 20 世纪 80 年代末应对储贷危机时所实行的清债信托公司（Resolution Trust Corporation）模式，即通过建立坏账银行和综合银行剥离金融机构资产负债表上的坏账。但由于担心银行坏账规模太大等原因，目前政府尚未采取这种独自兜底处理的措施。

2 月 10 日，美国财长盖特纳推出"金融稳定计划"，对两大紧急难题提出"两个 1 万亿"的应对方案：一是通过政府与私人资本合作设立一只基金，剥离并处理银行坏账问题，计划该基金启动时规模为 5000 亿美元，视效果可扩大到 1 万亿美元；二是将美联储向信用卡、教育、汽车和小企业贷款的规模从此前上限的 2000

亿美元扩大到 1 万亿美元。但华尔街对这两项举措并不看好，盖特纳甚至引来了"志大才疏"之类的负面评论。由此可见，如何"止血"仍是金融新政的急务。

"止血阶段"过后，奥巴马政府将重视整治金融系统。虽然里根改革后的一段时期，美国体制演变的大势侧重在放松管制，然而如现任国家经济委员会主任萨默斯指出的"民主社会中事件和观念影响政策选择……如同病人经历过心脏病袭击后改变运动方式一样，近来的变化使得新一届政府可能采取与以往不同的政策"。

在危机的紧急阶段过去后，美国政府对金融系统的监管政策和体制调整会突出一个"管"字。"管什么"和"怎么管"将构成奥巴马新政的看点。对此可以从以下几方面观察。

一是管激励机制。例如，在房地产次贷的"发贷—转移"模式下，最可能识别风险的房贷首发机构没有动机控制风险，证券化终端产品的投资方虽有动机判断风险却面临识别障碍，显然存在激励机制不兼容的问题。如何引入必要的监管以防范激励机制扭曲所造成的危害，应是未来改进监管的重点之一。

二是管经营方式。过去一段时期，美国金融机构的经营方式出现了一系列扩张过度和低估风险的问题，表现为金融机构的杠杆率过高，无须首付、利率可变的"忽悠贷款"（teasing loans）在相当范围内流行，华尔街机构过于夸大证券化的功能，过于夸大技术模型在证券定价和交易过程中的功能。这些都可能成为未来加强监管的切入点。

三是管组织架构。一国的金融组织架构是在特定的政治经济和历史环境中通过不同利益集团的博弈逐步形成的，危机冲击提出的教训会通过后续调整加以补救。例如房利美和房地美这类承担政策性目标的机构，其设立及运作方式对房地产市场的失衡起到了推波助澜的作用。解决这些问题可能涉及对整个金融组织架构的调整。

四是管高管薪酬。在美国这样的市场经济体制下，企业高管的薪酬一般被认为是市场机制和企业内部决策的问题，然而这次危机中，部分金融机构的高管所获取的天价薪酬引起了广泛的关注和批评。这些动向能否显著地改变美国的传统商业伦理，并在高级企业人才"定价"机制上引入某些管制因素，是需要关注的问题。

五是管货币政策。经验证据显示，21 世纪初美联储货币政策失当与房地产泡沫存在显著联系。检讨美联储货币政策涉及的一系列理论和政策问题，比如如何看待"核心通胀"概念的操作含义，如何评估货币政策在处理资产泡沫问题上"非事先干预"的传统主流立场，可能会派生出某些具体的调整措施。

刺激经济

2月15日，《2009年美国复苏与再投资法案》（ARRA）由奥巴马总统签署生效。刺激计划是奥巴马新政目前最大的看点，也是决定新政成败的关键。

依据经济学标准理论，应对经济衰退的传统需求管理政策，通常从减税刺激消费和政府扩大投资两方面入手。但是美国本次危机的特点在于，此前美国的总消费过度是危机根源之一。美国决策层和学术界有一种意见认为，这次不能指望消费增长来刺激经济了，因此政府投资具有更为突出的作用。

进一步观察，由于这次危机兼有周期性和结构性的双重特点，投资也被赋予提振总需求和打造新产业结构的双重目标。面对经济的严重衰退形势，提振总需求无疑是经济刺激方案的首要任务。奥巴马政府能否通过几千亿美元的投资计划，带动私营部门的投资跟进，鼓励老百姓在充实必要储蓄的基础上增加消费，从而较快解决总需求疲软的问题，是检验刺激计划成效的第一重挑战。

然而更为深刻的困难还在于，投资计划需要推动技术和产业的突破，在刺激总需求的同时革新美国的产业结构。不能提振总需求会导致新政失败，但是启动技术和产业突破并使美国重占全球经济制高点才能最终决定新政的成功。在以"产品内分工"为特点的当代经济全球化环境中，美国要想维持其领先国和霸主国的地位，就不可避免地需要这样来定义其任务和面临的问题。这是理解美国经济困境的深层根源及其未来演变逻辑的关键。

美国1963年实行了806.30和807.30两组税则号，通过"生产分享项目"政策鼓励向海外转移缺乏比较优势的生产工序和环节，这标志着美国逐步实行了在全球"产品内分工"的基础上定义和巩固其领导力的新战略。20世纪90年代的IT革命经验显示，如果全球技术和产业处于活跃演变期，美国在科技前沿研发、资本市场、企业体制等方面的相对优势会得到较好发挥，这一增长模式确能帮助美国在全球竞争中处于有利地位。

这一增长机制要求美国等高收入国家把某些产品以及特定产品生产过程的某些生产工序、环节与活动向海外转移和发包，为新兴国家承接符合其比较优势的产业和工序并实施开放发展战略提供了客观有利条件。由此推动的南北合作互动，将构成当代经济全球化的全新微观基础。这一发展模式提升了美国与新兴经济体之间的关联度和整合度，也有助于加强美国经济的全球影响力。

但这次危机的教训显示，如果一定时期内技术和产业的前沿演变处于相对平静和沉寂的状态，如果美国作为领先国家对致力拓宽技术和产业前沿的使命意念模糊或用功不勤，或者出于某种"便宜行事"的心态试图仅凭花样翻新的衍生品"创新"来主导全球经济，则不仅不能实现其目标，反而会给美国和全球经济带来灾难。

美国痛定思痛似乎加深了对其分内职责的认识。笔者年初访问纽约和华盛顿，感到美国精英比较普遍地认同应当把降低对石油过分依赖、发展可再生绿色能源等作为投资振兴的目标领域。奥巴马发誓要建立既与气候变暖、大气污染作斗争，同时又创造出更多工作岗位的能源政策，这可以看作对投资新政双重内涵的诠释。

新近出炉的复苏计划分减税和支出两大块。其中2000多亿美元的主要目标是减轻居民的财务困境，同时允许企业用2008年的亏损和2009年的预亏去冲抵过去五年的税款，使企业获得更多的现金支持。支出分"专项拨款支出"和"税制直接支出"两部分，其中具有相机裁决性质的专项拨款安排，集中体现了奥巴马计划的意图和局限。

专项拨款中超过500亿美元的有四项：一是"能源和水资源发展"计划拨款508亿美元，其中"能源效率和可再生能源"拨款168亿美元，能源研发担保贷款和其他能源项目拨款284亿美元；二是对"劳工、卫生、人类服务和教育以及相关部门"拨款726亿美元；三是"运输、住房和城市发展"拨款617亿美元，其中包括高速公路建设拨款275亿美元以及其他运输投资拨款206亿美元；四是"州财政稳定基金"拨款536亿美元。

已初步定格的振兴计划呈现出几个特点。

一是消费刺激仍占主导地位。虽然分析人士认为不能依靠刺激消费启动经济，但在资金分配中消费仍占大头。2000多亿美元减税意在支持消费。对州政府"财政平衡"和"财政纾困"支出总额超过1400亿美元，较大部分会用于保留地方政府雇员、维持基础公共服务等消费相关项目；另有近600亿美元的"失业和最困难家庭救助"。整体看消费相关投入占整个资金盘子的一半以上。

二是对基础设施的投资占据相当大的比重。近500亿美元用于高速公路以及隧道、桥梁和铁路等基础设施投资，其中高速公路得到了275亿美元，铁路投资得到了93亿美元；另外投资140亿美元用于"公共房屋基金和其他住房补贴计划"。

三是以新能源为主攻领域的新科技投入虽低于预期力度，但仍构成奥巴马新政的最大特色。这方面直接预算规模为450亿美元左右，考虑相关投资后，有500

亿—700亿美元。新科技领域投资还包括72亿美元的宽带系统投资，100亿美元的生物医药研究投资，追加的20亿美元科研投资主要分布在航天、海洋和大气领域。这些投资的成效在很大程度上影响着美国重站全球经济制高点战略目标的实现。

从美国立场看，投资计划重视结构调整目标应属明智之举，把技术和产业突破领域锁定在新能源和环保等部门也自有道理。然而根本限制条件在于，何处是技术突破最先发生的前沿领域？技术突破何时成熟并足以启动新产业变革？从历史经验上看，事先难以预测。通过政府大笔投资予以推动的方式本质上是具有演化属性的历史进程，这是哈耶克定义的"知识上的冒险"。

长考财政

布什总统当政八年大手花钱，加上近来应对危机耗费财力，目前美国面临严重的财政困境。由于危机持续时间尚不确定，振兴计划前景不容乐观，加上婴儿潮一代进入退休年龄加大社保支出等原因，财政压力构成了美国中长期经济增长和政策选择的关键约束因素。长考财政将是制约奥巴马和美国未来领导人施政的挑战性议程。

次贷危机爆发前，美国财政赤字在2003—2005年增长到3000亿—4000亿美元的空前规模，债务率超过60%，引发了广泛的关注和批评。2006年出版的*I.O.U.S.A*一书中，作者尖锐地指出多重赤字将拖垮美国。这次危机救助使美国的债务总额在2008年突破了10万亿美元大关，总债务占GDP的比率达到了70.2%，创二战后的最高值。2009年预测美国的赤字和债务规模将进一步扩大。考虑复苏计划的额外支出，白宫管理预算办公室近日公布2009年财政赤字将达到1.75万亿美元，赤字率达到12.3%的空前水平。

美国应对财政困境前景的关键取决于两方面的考量：一是目前的经济刺激计划实施效果如何；二是美国人口变动等长期结构性因素影响如何。国会预算办公室不久前提供报告给出了一种乐观预测，认为美国财政赤字2009年达到峰值后会迅速下降，到2012年后下降并维持在3000亿美元以下的水平，赤字率2012年后下降并维持在低于2%的水平。与此相应，债务率在2010年达到86%的峰值后，会逐步下降到2014年以后的75%上下。

笔者认为上述预测过于乐观，原因有三点：一是该预测是1月出炉的，没考虑刺激计划的额外支出，实际情况是2009年美国的财政赤字将达到1.75万亿美元,而不是 1.18 万亿美元;二是这一预测建立在美国经济近乎完美的 V 形复苏基础上,其假定美国 2011—2014 年四年 GDP 平均有 4%的增长率;三是依据白宫 2 月 26 日发布的报告,2018—2019 年美国政府的赤字仍将高达 6000 亿—7000 亿美元,比国会预算办公室估计的 2000 多亿美元高出好几倍。

从长期看,美国财政将不可避免地面临婴儿潮一代对社保依赖度逐步增大的全新压力。1946 年以后出生的人口在 2007 年之后会陆续进入退休年龄,需要从政府专项账户中领取社会养老保险。此前几十年,婴儿潮一代的社保账户储蓄大于支出,但是今后 20 年会有 8000 万美国人加入领取社保福利的行列。一种估测认为,2017 年社保和医疗账户的收入将大于支出,2027 年以后将产生每年 2000 亿—3000 亿美元的亏空,2041 年美国这一账户中的资金将耗用殆尽。评论人士用"银发海啸"来形容这一结构性因素对美国财政未来的冲击,虽不无夸张但也有几分道理。

护卫美元

财政赤字率超过 10%,债务率高达 85%,债权方中外国人占相当比例。如一个发展中国家面对这样的局势,其形势必然岌岌可危、难以为继。它要么不得不增加税收,减少支出,或二手并举,承受深度衰退煎熬,进行主动调整;要么则可能面临外资撤离、汇率崩溃、通货膨胀等多重打击,最终不得不被动接受灾难式调整。然而美国却仍能维持大局,而且动辄斥千百亿巨资谋求振兴。这显然与美元的特殊强势国际地位有关。

所谓美元的特殊国际地位,简单说是指美元在二战后作为唯一与黄金直接挂钩的货币,在当时名为"布雷顿森林体系"的金汇兑国际货币系统中具有独一无二的地位。20 世纪 70 年代初,"布雷顿森林体系"崩溃,但美元仍是最强势的国际货币,从全球份额来看,其至今仍维持最大支付手段、标价单位和国际储备货币的地位。在危机时期,美元资产往往成为投资者首选的所谓"安全天堂"。

强势国际货币能给其母国带来诸多利益:一是铸币税利益,即发行货币面值能从国外购买到商品劳务价值与货币制作发行成本之间的差额;二是可以在国际市场上直接发行本币标价的证券融资,超越发展中国家国外融资来源与国内投资收益在货币种类上必须匹配一致的所谓"原罪约束";三是可以用外部短期债券融资进行长期战略性投资,超越国外融资与国内投资在时间期限上必须匹配一致的

"原罪约束";四是与强势货币相关的其他国际政治经济影响力,如深陷危机的美国不久前还能为韩国等多国央行提供巨额信用担保就是一例。

国际经济学常识告诉我们,一国货币是否具备强势国际货币的地位取决于其经济的基本面,具体体现为以下四点:一是经济的相对规模;二是该国金融市场的广度和深度;三是通货膨胀率与长期宏观经济的稳定程度;四是本币汇率的长期趋势和波动幅度等。但是这些条件所决定的国际货币地位不是即刻奏效的,而是存在时间上的显著滞后。从反面看,一国的国际货币地位一旦确立就会具有相对稳定性,新货币竞争和替代的过程具有相对滞后性。

在某种意义上,国际货币类似国际语言,各国广泛使用后其具有某种"需求面网络效应":其他条件给定,使用主体数量越多,增加一个使用方从中得到的利益越大。一种国际货币广泛使用的局面形成后,别国的退出存在协调集体行动的困难。从供给角度看,形成足以替代现有强势货币的新经济体和新货币,通常很难一蹴而就。在替代性经济体和货币成熟前,即便现有强势国际货币表现不佳,只要国际交易对货币等价物的真实需求仍然存在,现有国际货币就有机会继续支撑维持。

美元崛起和演变是上述关系的经验佐证。20世纪前英国曾经是经济最强大的国家,英镑是最强势的货币。美国经济在南北战争后快速追赶,一战时实力已超过英国和欧洲列强,但是美元在二战后才确立其最强势国际货币的地位。二战后美国的经济规模约为全球一半,拥有世界七成的黄金储备,加上超级军事力量和政治影响,美元在新国际货币体系中攫取霸主地位可以说是水到渠成、毫无悬念。这时韬略不再重要,阴谋更是多余。借助历史所形成的优势,尽管美国的相对地位已今不如昔,财政早已捉襟见肘,但仍能大笔借钱,并且借钱越多国债利率反而越低。

不过美国人不可以也不可能无限期地透支美元的国际地位。大英帝国的衰退导致英镑强势地位的丧失,从大历史视角看仍可谓殷鉴不远。20世纪80年代和21世纪初美国的双赤字就曾引发美国学术界对美元丧失霸权地位可能性的严肃讨论。

美元的国际地位是美国综合国力形成演变的结果,美元真正的崩溃也应是美国整体经济长期慢性病和潜在崩盘的产物。美国政府会全力护卫美元,然而本质上并不存在独立于其他经济政策的美元战略。依据这一理解,我们可以逻辑推导出观察美元地位未来演变的大致视角:美元前景取决于奥巴马经济振兴计划实施的成效,取决于美国经济能否较快地走出危机,取决于美国政府能否最终解决财政难题。解决不好，出现汇率巨幅贬值、通货膨胀失控和美元大崩溃的局面并非完全没有可能；解决得好，像克林顿第二任时尽享互联网革命带来的财政红利，美元再次扭转颓势，也还可以看作一种逻辑可能性。

对此，笔者愿采取一种比较平淡的推测：美国经济两三年内逐步走出危机；经济振兴计划有所收效但也不如奥巴马团队预期的那般理想；美国财政赤字中长期有所下降；美国最终不得不接受长期增长率下降的代价，通过结构调整措施减少财政、居民和外部的三重赤字，从而控制住债务率的持续过度增长。结果是美国难以扭转走下坡路的大趋势，然而在相当长的时期内，美国仍是综合实力最强的经济体，美元作为一种最重要的国际货币，我们需要在未来版图重构的国际环境中重新定义其地位。

"奥巴马新政"面临的双重挑战[*]

"罗斯福新政"需要超越古典经济学理论设定的标高,奥巴马需要在向上跳跃的同时,做一次惊险的全身旋转动作。

本周,美国参众两院在协商各自通过的《2009年美国复兴与再投资法案》时取得突破,消除了两院版本的差异,这标志着"奥巴马新政"即将进入全面实施阶段。从目前情势看,"奥巴马新政"大体会围绕"整肃金融、刺激经济、长攻财政、护卫美元"四大主轴展开。投资振兴计划是当下的最大看点,其成效是决定成败的关键。

在这一总额达8380亿美元的规模空前的经济复苏计划中,2930亿美元减税部分占据重要地位。通过减税刺激消费,本是治理衰退的常规处方,但美国此次危机源于此前国民消费过度,因此,目前减税政策更多的是要帮助恢复储蓄,重建居民部门资产负债表,为最终转向可持续增长模式创造条件。可见这次消费刺激的增长贡献可能比较有限。

启动投资则具有更为突出的作用。这次危机兼有周期性和结构性双重特点,投资也就被赋予了提振总需求和打造新产业结构的双重目标,从而使投资新政面临双重挑战。

目前,美国经济面临严峻形势。房价继续下跌以及金融机构新的资产减记和坏账压力,使得金融危机第三波冲击风险仍然存在。同时,实体经济危机已全面爆发。依据美国官方机构预测,今年经济将下降2.2%,这次衰退可能会成为第二次世界大战后持续最久的危机。

在遭受严重衰退打击的形势下,提振总需求无疑是经济刺激方案的首要任务,

---

[*] 原文发表于《财经》2009年第4期。

政府大举投资被寄予厚望。奥巴马政府能否通过几千亿美元的投资计划，带动私营部门投资跟进，鼓励居民部门在充实必要储蓄的基础上增加消费，从而较快地解决总需求疲软问题，是检验经济刺激计划成效的第一重挑战。

然而，更为深刻的困难，还在于投资计划需要推动技术和产业突破，在提振总需求的同时，革新美国产业结构，从而有效地应对美国经济面临的更为深层的挑战。不能提振总需求会导致"新政"失败；而启动技术和产业突破并使美国重占全球经济制高点，能最终决定"新政"的成功。

1963 年，美国实行 806.30 和 807.30 两组税则号，通过"生产分享项目"政策鼓励向海外转移缺乏比较优势的生产工序和环节，这标志着美国逐步实行了在全球产品分工和供应链基础上巩固其领导力的新战略。20 世纪 90 年代的 IT 革命经验显示，如果全球技术和产业处于活跃演变期，美国在科技前沿研发、资本市场、企业体制等方面的相对优势会得到较好发挥，这一增长模式确能帮助美国在国际竞争中处于有利地位。

这一增长机制，要求美国等高收入国家把某些产品以及特定产品生产过程的某些生产工序、环节与活动向海外转移和外包，为新兴国家承接符合其比较优势的产业和工序并实施开放发展战略提供了客观有利条件。这一增长模式推动实现的南北合作与互动，构成一段时期经济全球化深化的微观基础。

但目前危机的教训显示，如果一定时期内技术和产业前沿演变处于相对平静的状态，如果美国作为领先国家对致力拓宽技术和产业前沿的使命意念模糊或用功不勤，或者出于某种"便宜行事"的心态，试图仅凭花样翻新的衍生品"创新"来主导全球经济，则不仅不能实现其目标，反而会给美国和全球经济带来灾难。

美国痛定思痛，似乎加深了对其职责的认识。笔者最近访谈纽约和华盛顿十多家智库、国际组织、金融机构的资深人士，感到美国精英普遍认同应当把降低对石油的过分依赖、发展可再生绿色能源等作为投资、振兴美国经济的目标。奥巴马发誓要建立既与气候变暖、大气污染作斗争，同时又要创造更多工作岗位的能源政策，可以看作对投资新政双重内涵和挑战的诠释。

评论人士还从更为宽阔的视角解读美国新经济战略的意义，认为这将釜底抽薪地解决从西亚到俄罗斯再到南美的"石油国家联合体"对美国的"叫板"。

美国投资计划着眼于结构调整目标应属明智之举，把技术产业突破领域锁定在新能源和环保等部门也自有道理。然而，根本限制条件在于，何处是技术突破最先发生的前沿领域？技术突破何时成熟并足以启动新产业变革？从历史经验上看，事先难以预测。通过政府大手笔投资来推动本质上具有演化属性的历史进程，首先就是一次哈耶克定义的"知识上的冒险"。

不仅要刺激总需求，还要推进技术产业突破，是奥巴马政府刺激经济计划面临的双重挑战。如果说，当年"罗斯福新政"需要在刺激总需求的政策实践上超越古典经济学理论设定的标高，当今美国经济形势则要求这位黑人总统向上跳跃的同时，做一次惊险的全身旋转动作。奥巴马推行"新政"，注定与他走向权力顶峰的过程一样充满悬念。

"奥巴马元年"美国经济透视*

2009 年年初奥巴马总统临危受命，宣称将锐意变革"再造美国"。奥巴马元年经济施政可用"一个中心和三项改革"概括。一个中心是通过实施《2009 年美国复兴与再投资法案》（ARRA）刺激经济，三项改革包括医疗、金融、能源气候政策改革。总额 7870 亿美元 ARRA 预算到 2009 年年底约已支出 35%，此外还通过实施"现金换旧车"（CARS）项目、拓展延长 ARRA 条款等来刺激经济。

美国危机救助政策收到初步成效。各种利差持续下降或低位企稳，2009 年第三、四季度 GDP 增长由负转正，股指 2009 年年初反弹，三种房价指数先后跌幅收窄或企稳回升，说明美国经济已走出急救室并呈现某些复苏形态。事实证明，美国经济具有抵御危机打击的调整能力，然而美国经济要想重回景气增长还面临多重挑战，如何克服以下四方面困难尤其关键。

一是固定资产投资增长乏力。危机前美国增长模式的深层问题在于，给定现有汇率、工资等国际相对价格体系，美国企业难以在国内找到足够数量具有竞争力的投资项目，追求高增长势必过度依赖消费。从数据看，第二次世界大战后的 60 年消费平均对总需求增长贡献 79%，投资为 22%。2001－2009 年消费贡献率高达 112%，意味着经济增长以投资、净出口负增长为前提，这显然无法持续。美国 2009 年第三季度增长主要靠消费，第四季度增长主要靠存货降速收窄，复苏能否持续关键在固定资产投资。

二是"两个 10%的矛盾"。美国失业率 2009 年 10 月上升到 10.1%。与美国二战后十次复苏通常同时伴随失业率走低不同，目前失业率仍处 10%的高位。美国朝野主张加大刺激力度加以应对，但是巨大的财政窟窿对长期增长会带来更大风

---

* 原文发表于《上海商报》，2010 年 3 月 15 日。

险。2009 年美国赤字为 1.42 万亿美元，占 GDP 的比重高达 9.9%，联邦债务率也上升到 83.4%，仅次于二战时的峰值。高失业率要求加大赤字刺激力度，高赤字率要求尽快重建财政平衡，"两个 10%"显示美国经济被疗效相互冲突并发重症困扰。

三是负信贷增长与通货膨胀矛盾。危机导致信贷大跌，此次信贷的下跌程度为 50 年之最，目前仍是负增长。没有信贷回升，就不能有活跃投资，难有持续复苏，也解决不了就业问题。然而同时通胀压力已悄然再现。2010 年 1 月，美国 CPI、PPI、进口价格同比增长率分别为 2.9%、6.3%、11.6%。这说明美国复苏面临内部结构困难，也说明本轮危机的特征在于，并非通过美国复苏带动全世界大宗商品价格增长，而是其他国家和地区强劲复苏，率先推动美国进口价格上涨，一定程度推高了美国物价。美国面临着经济增长乏力与通胀压力上升的尴尬局面。

四是外部失衡可能卷土重来。金融危机爆发后，严重衰退使美国外贸逆差显著收窄。然而美国经济复苏可能伴随外部失衡"复苏"。简单计量分析结果显示，如果经济结构未能得到调整，假定 2010—2011 年美国经济增长率为 2%和 4%，美国贸易逆差占 GDP 的比例将上升 1.0 和 1.5 个百分点。

基于上述分析，结合历史数据，有理由认为美国未来一段时期经济增长率可能会有所下降。过去 60 年美国经济年均增长 3.2%，但 2001—2009 年年均增长不到 2%，2002—2007 年景气期增长率也只有 2.8%。考虑之前的增长模式不可持续，未来面临结构调整困难，可推测除非发生特别有利的重大产业革命，美国经济增长速度会显著下降。具体降幅可进一步研究，初步推测可认为未来 10 年平均水平不会超过 2.0%—2.5%。

应对深层矛盾，美国面临两类选择。一类是追求短期速成的治标策略，另一类是致力于结构调整的治本策略。治标策略基于"高失业率—GDP 缺口—需求刺激"的认识范式，试图通过超级刺激政策和几次立法改革跳出困境。政策特征在于忽视退出过迟和赤字扩大的风险，试图采用债务货币化方法为未来财政危机解套，涉外领域诉诸保护主义转移矛盾，甚至冒险采取更为激化矛盾的方式释放压力。

与治标策略不同，致力于长期结构调整的治本策略需要正视深层结构问题，接受一个时期潜在增长速度降低的现实，在低增长、低通胀的宏观环境中，培育市场力量，进行结构调整。同时把控制财政赤字、遵守货币纪律、应对通胀风险置于优先地位，严肃对待主要国际货币发行国义务。需要培育技术创新、谋求前沿突破、拓宽全球产业技术可能性空间，把美国的相对优势建立在生产力创新上。

认识美国对我国开放宏观政策调整具有借鉴意义。首先，我国自身经验证明总需求并非我国长期经济增长的瓶颈，从客观情况看外部经济也无力支撑中国总需求增长，我们要对内需增长足以提供合意总需求这一判断树立信心。其次，中国不仅在大宗商品投资上是增量大国，2009年开始在总需求指标上成为增量领跑国家，面对发展阶段和内外环境的深刻变化，我们需要以汇率－利率政策调整为重要内容，尽快建立适应开放型大国经济需要的宏观政策架构。最后，在以我为主进行政策调整的基础上，反对美国的保护主义，鼓励美国进行深层改革。

政策空间逼仄的美国*

美国经济 2010 年走势的基本特点是：复苏态势进一步明朗，结构性困境愈加清晰。具体表现可用"喜忧参半"描述。如美国外贸逆差近年大幅下降，不过逆差减少主要发生在危机爆发前和 2009 年，2010 年的数据显示外部失衡出现与经济复苏一起"复苏"的势头。又如危机时人们担忧的通缩风险得到较好控制，然而大宗商品和进口价格上涨可能引入通胀压力。

这些现象说明，美国经济复苏态势虽更趋明朗，然而深层结构矛盾也更清晰地浮出水面，从而使奥巴马政府利用政策手段调节经济的腾挪空间更为逼仄。

奥巴马政府执政后全力推进金融监管、医疗和应对气候变化方面的立法和改革。三项改革都有积极意义并有不同程度的推进，一定程度兑现了奥巴马的竞选承诺。然而改革具体内容对助推美国经济复苏的影响有限。

更令奥巴马政府困扰的是，医疗改革对美国主流理念带来冲击的同时，还被认为将给财政带来显著负面影响。有关报告讨论列举了医改政策，这类讨论在美国民意中引发负面反弹，透支了奥巴马竞选胜出所集聚的人气。民主党在 2010 年 11 月中期选举遇挫并失去众议院多数党地位，未来独立推动形成政策的能力受到明显削弱。

从财政刺激角度观察，2009 年 7870 亿美元 ARRA 预算已耗去大半，新减税计划主要是延续此前已有的财政刺激措施，虽能勉强维持刺激力度，然而在财政负担方面"天阴背稻草，越背越重"，很是被动。

2009 年奥巴马总统就职后不到一个月就快速签署了总额 7870 亿美元的《2009 年美国复苏与再投资法案》（ARRA），该法案预算按计划在 2009—2019 财政年度

---

* 与陈建奇博士合作撰文，原文发表于《南方周末》，2011 年 3 月 31 日。

拨付。假定 2011 财年支出大体均匀分布，到 2011 年年初美国 ARRA 资金大约已完成 78%，2011 年还将支出 13%，后续年度逐步拨付剩余 9%。

鉴于 ARRA 已近强弩之末，奥巴马政府实施新减税法案，以求延续对宏观经济的刺激。新减税法案名为"税收减免、失业保险扩展及就业岗位创造法案"。2010 年 11 月 17 日，奥巴马在白宫签署该法案。

新减税法案涉及资金总额 8580 亿美元，主要是延长已有减税政策，例如小布什政府 2001 年推出的个人减税法案，该法案原定于 2010 年 12 月 31 日到期。民主党反对小布什政府为高收入阶层减税，不过出于刺激经济的需要，这次还是将该法案延长两年。此外还将资本收益与分红所得税优惠政策延长两年，将最低选择税的免税额调整延长两年。

对于此前实行的一定期限具有扩大需求效果的财政政策法案，如果奥巴马政府听任其到期终止不加延长，客观上会对经济产生收缩性影响。不过即便延长这类法案，也只能保持微观主体收支与此前相比的延续性，不会产生新的额外刺激效果。

另外，延续这类政策会进一步加剧美国政府的财政负担。据测算，上述政策将使 2011—2013 年美国预算赤字增加 9168 亿美元。穆迪等国际评级机构甚至警告要下调美国债务评级。由此可见，美国财政政策运作空间更加逼仄。

在早已实行零利率的背景下，美联储常规货币政策几近弹尽粮绝，却别出心裁地实施了第二轮量化宽松政策（QE2）。2010 年 11 月 3 日，美联储推出第二轮量化宽松政策，宣布将在此后 8 个月逐步实施 6000 亿美元的国债购买计划，预计每月将购买 750 亿美元美国长期国债。

虽然美联储主席伯南克教授极力阐述 QE2 的积极作用，不难看出这项政策对美国经济走出困境弊多利少，真实目的是在避免通缩的说辞下人为制造通胀，从而舒缓其巨额债务负担。正因为如此，这项政策在美国国内和国际社会引发了广泛质疑和批评。

奥巴马政府还推出了出口促进计划。在 2010 年 1 月发表的首份国情咨文中，奥巴马提出在 5 年内将美国出口翻番的目标，并由此创造 200 万个就业机会。2010 年 3 月，美国政府正式提出"国家出口倡议"，设立出口内阁并成立"总统出口委员会"，负责就如何促进出口向总统建言献策。

实现 5 年出口翻番的目标要求 2010—2015 年出口年均增速达到约 15%。美国过去 100 多年曾出现过 2 次较长时期出口年均增长率超过 15%，发生在 20 世纪 40 年代及 70 年代。40 年代那次得益于美国在第二次世界大战期间和战后初期出口的超常增长，70年代那次则与布雷顿体系崩溃前后美元大幅贬值和全球通胀有关。

但是过去30年美国出口增速远不及15%。要想达到出口5年翻番的目标，就需要美国加快调整包括对华高科技产品出口限制在内的贸易政策，同时还要快速提升美国可贸易部门的相对竞争力，即便各方面做得都不错，也可能是难度不小的高指标。

在全球经济格局深刻变动，美国传统增长模式和国际影响力面临新挑战的背景下，美国朝野对如何处理对华经贸和战略关系的问题进行了反思探讨，主要表现在以下三个方面：

一是全面拓宽和梳理关键经贸争议问题，试图推动与中国就相关问题进行新一轮对话。对人民币汇率和国际收支失衡的问题仍然紧盯不放。在政策应对方面除了国会试图立法单边施压外，同时重视双边对话以及在G20框架下寻求协调方案。此外，还对我国知识产权保护、政府采购协议、自主知识产权等问题提出了质疑和诉求。

二是提出"几个基本判断能否继续成立"来表达重估对华经贸和战略关系的意图。例如，依据对近年我国国内有关"国进民退"讨论的片面理解，提出对我国走向市场经济体制的判断能否继续成立。依据对我国涉外经贸关系一些争议问题的观察，提出我国走向开放型经济的判断能否继续成立。依据对我国与周边国家关系出现的一些争议现象，提出原来认为中国发展会有利于地缘政治格局健康、稳定、发展的判断能否继续成立。还有对中国愿意接受国际规则并在参与制定未来国际规则上发挥积极作用的判断能否继续成立。甚至包括对一个繁荣强大的中国符合美国和世界根本利益的判断能否继续成立。

三是从历史对比角度加强反思纵深感。笔者参与过对美国政府和学界资深人士的座谈访问，印象中对方好像刚刚上完近现代世界史研讨会一样，不约而同却又大同小异地大谈新兴国与原有中心国的关系问题。

他们认为问题的关键在于，一方面要使新兴国受到足够尊重，另一方面也取决于新兴国是否愿意接受已有规则，是否愿意在参与制定新规则时发挥积极的建设性作用。

美国对华政策进行重估反思，折射出在深层挑战背景下美国精英的战略焦虑心态：既有在老大自居傲慢心理支配下要求他国配合摆脱自身困境的诉求，也有迫于现实形势试图积极务实求解的愿望。"几个基本判断能否继续成立"的质疑，对我国形势和政策解读多有偏见，尤其是对美国陷入目前困境的自身政策和结构根源缺乏必要的检讨和反思。

美国公司"不差钱"未必是好事[*]

美国企业目前整体现金充裕,比如苹果公司没有负债却坐拥几百亿美元现金和高流动性资产;与此同时,美国政府却债台高筑并遭标普下调主权信用评级。私营和公共部门财务状态"冰火两重天"成为美国经济的一大看点。美国官方财政困境可谓"地球人都知道",不过其私营部门"不差钱"也未必是好事。

当然要肯定,企业运行和成长需要以稳健现金流为前提。无论从企业在不确定市场环境中必备抗逆的能力看,还是从抓住稍纵即逝的商业机遇看,在其他条件可比的情况下,现金流充裕无疑是相对优势。

苹果公司靠新潮电脑和手机产品异军突起,更彰显美国企业并未失去内在活力,提示人们不应低估美国经济微观层面的自我调整能力。苹果的技术和经营路线从商学院教学失败案例到成功经典的转变,它在并购扩张上审慎稳健以及打造核心竞争力的执着坚守,都有独到之处,值得重视。

问题在于,美国私营部门目前整体处于反常的流动性过剩状态。例如,近年美国商业银行等存款机构的现金和储备大幅飙升,金额分别从 2008 年 7 月的 3165.5 亿美元和 435.8 亿美元,急速飙升到 2009 年年底经济开始复苏时的 11686 亿美元和 11390 亿美元,到今年 6 月更是进一步上升到 20023 亿美元和 16664 亿美元的历史峰值。

美国私营部门利润快速回升的同时,投资增长相对乏力,同样也会派生流动性过于充裕的局面。受金融危机影响,美国企业税后利润从 13440 亿美元下跌到 6415 亿美元,占 GDP 的比重从 2006 年略高于 10%的峰值下跌到 2008 年第四季度的 4.5%。此后美国公司利润较快复苏,2010 年第三季度利润额已经反超危机前

---

[*] 原文发表于 FT 中文网,2011 年 8 月 11 日。

水平。2011年第一季度，利润额和GDP占比分别为14548亿美元和9.8%。

企业应是"自己钱不够花"的经济组织。美国私营部门资产负债表上趴着海量现金和有价证券，显然是一个反常现象。虽然单个企业利润多、现金足未必不好，但全面观察美国经济的现实情境，私营部门不差钱并非好兆头。

对此至少可以从两方面观察。

一是美国私营部门在金融危机冲击下能够快速调整资产负债表，从流动性短缺到资金过于充盈，很大程度上是美国政府在超级凯恩斯理念支配下，不顾一切大手笔救助的结果。大量高风险资产和坏账被直接和间接地转移和剥离，代价是美国公共部门财务状况空前恶化。可以说，美国目前公共与私营部门财务方面看似天壤之别的对比表现，其实是其结构性困境一个苦藤上结出的两个果实。

公共部门"背"私营部门负担的表现之一，是美联储资产负债表肿胀难消。美联储总资产在危机前的2008年9月17日为9970亿美元，2008年12月17日上升到2.256万亿美元，3个月里增长1.3倍。同期，总负债也出现类似变化，从9950亿美元上升到2.211万亿美元。经过第二次量化宽松后，美联储的总资产目前已创下28674亿美元的峰值。

这当然是救助措施的结果。美联储在危机期间推出各种救助政策工具，包括购买联邦机构债券和抵押贷款债券、定期拍卖信贷、商业票据融资、定期资产支持证券贷款、购买美国国际集团（AIG）和贝尔斯登资产等。这些工具的资产规模从2007年6月底的零值上升到2011年2月的11680亿美元，占总资产的比重达47.4%，占同期新增总资产七成以上。

公共部门"背"私营部门负担的又一表现，就是美国财政赤字和债务负担空前加剧。2007年美国联邦政府的财政赤字为1620亿美元，占GDP的1.2%。危机后财政赤字空前飙升，2009年上升至1.42万亿美元，是2007年的7.7倍，财政赤字占GDP的比重上升到9.9%。2010年财政赤字总额及GDP占比有所下降，但仍分别高达1.29万亿美元和8.9%。债务加剧是最近标普下调美国主权信用评级的直接原因。

二是美国的信贷和投资形势，也提示美国私营部门"不差钱"不是好兆头。通常，经济环境中存在很多可赢利预期的投资机会，市场资金宽裕会推动银行和企业联手扩大信贷和投资。合理投资把储蓄转变为资本和生产能力，创造出未来收入增长的条件，从而使国民经济处于可持续较快增长的轨道中，也有助于承受和消化一定水平的债务压力。

美国目前的形势则不然。公司利润较快恢复和市场资金充裕的同时,银行信贷回升很慢。商业银行信贷总额从 2008 年 10 月的 94750 亿美元下跌到 2010 年年初的 88740 亿美元。2010 年 2 月开始回升后,除当年 4 月有一次超常增长外,其他月份增长势头一直较弱。2011 年 6 月,信贷总额为 91600 亿美元,仍不及危机前水平,也低于 2010 年 4 月的 92622 亿美元,意味着一年多内银行信贷总体负增长。

与信贷低迷互为表里的是,美国企业长期真实固定投资增长乏力。合理较快投资在短期内是推动总需求增长的重要因素,在长期内投资转变为固定资本,构成潜在生产能力的支撑因素。投资相对疲软,从短期总需求增长角度看,将会拖累美国经济复苏,从长期看,对美国经济的可持续增长前景构成制约。

标普想干嘛？[*]

8月5日标普宣布调低美国主权信用评级，引发全球股指和大宗商品市场剧烈波动。美国政要纷纷批评标普的决定。美联储表示可能会在2013年中期前维持零利率不变，欧洲央行大手笔购买成员国国债救市。虽然近日形势有回稳表现，标普调级确已产生"一石激起千层浪"的短期冲击效果。

所谓主权信用评级，是指评级机构通过一个量化系统表达对特定主权实体及时并充分履行其未来商业性金融义务的能力和意愿所提出的判断。量化系统建构在一系列定性定量指标的基础上，如标普系统包括"政治风险"、"收入和经济结构"、"政府债务负担"等九类基本指标和几十个分项指标。

美国专栏作家托马斯·弗里德曼对评级巨头曾有一段高论："这个世界上有两个超级霸权：一个是美国，一个是穆迪等评级公司。美国用炸弹推翻敌国，评级公司用下调评级方式搞垮一国。请相信我，有时真的不知道哪一个霸权更有力量。"

这次标普把美国主权信用评级从AAA最高级别调低到AA+次高级别，"破坏力当量"或许还有限。不过标普在8月5日发布的新闻稿中，称保留对美国主权信用评级的负面展望，并放话两年内美国在"减赤降债"上如不见实质改进，将会进一步调低其评级。按照弗里德曼的高论，标普如此摩拳擦掌咄咄逼人，莫非真想"搞垮"美国？

弗里德曼先生当然未必同意这样的推论。我们也不必苛求时评家一时的惊人之语能被逻辑一致地用来解释十几年后的全新形势。这位评论家8月6日发表题为"荣辱与共"的评论，对美国经济衰落和标普调级痛心疾首，大谈美国朝野需力促改革共渡难关，把评级公司夸耀为"超级霸权"的心气和兴致早已荡然无存。

---

[*] 与陈彧西同学合作撰文，原文发表于FT中文网，2011年8月18日。

隐喻不能替代事理。在隐喻失效之处，我们或许更有机会认知评级公司这个"市场怪物"的前世今生及其真实功能。

1909年，约翰·穆迪出版第一本铁路投资债券评级手册，创下现代评级行业的先河。20世纪20年代，标普、惠誉相继诞生，此后评级业一直作为典型的"美国式行业"演变和发展。目前标普、穆迪和惠誉三个评级机构占有全球评级市场95%的份额，前两家的份额高达八成，很大程度上具有双寡头市场的特点。

20世纪70年代是美国评级市场的转型期。投资手册复印成本降低使投资方购买评级报告的付费模式面临挑战，1970年发生的宾州中央（Penn Central）铁路公司商业票据违约风波，意外成为推动债信评级向主要由发行方付费转变的重要契机。早先评级机构主要评估公司机构的债信，随着70年代经济全球化兴起，主权信用评级逐步扩展。

主权信用评级虽不一定直接产生收入，但能提升评级机构在国际经济和政治领域的话语权。如东南亚金融危机和最近的欧债危机中，主权评级负面变动使对象国立马更为窘迫不堪。"国家天花板"（country ceiling）概念意味着，对很多发展中国家的主权信用评级，客观上为公司等私营机构评级提供了上限参考值。

寡头评级公司重视主权评级这个战略性新兴业务领域。1975年，它们仅对少数几个国家进行主权信用评级，80年代评级国增长到十几个，目前超过一百多个。早年评级国通常有AAA最高信用等级，调低评级情况极为罕见。现在数以百计被评国相互间等级差异增大，调级时有发生。除发展中国家外，加拿大、澳大利亚、日本等都曾遭遇评级降低，美国这次也品尝到了评级下调的苦果。

评级巨头在过去几十年风生水起的成长过程中，也有几次重大失误并导致后来的被动局面。一次是东南亚危机期间，突然大幅调低危机国主权评级，使深受危机困扰的国家雪上加霜，也提供了备受质疑的评级失误案例。21世纪初对安然、世通等美国大公司丑闻舞弊全然失察，东窗事发前夕还对这些公司维持高评级，使其耀眼光环再次蒙上阴影。

它们面临的最大挑战来自2008年金融危机。衍生品债券是这次危机的关键推手，但是直到危机爆发前，三大评级机构仍对大部分这类债券保留很高评级。评级巨头还被揭露同时给对债券发行方提供产品设计等咨询服务并收取手续费的利益冲突问题。危机爆发后，评级巨头在很短时间内分批次大幅下调数以千计的次债评级，其顺周期行事的方式及市场效果令世人惊诧。

2011年4月13日，美国参议院专门委员会发布题为"华尔街与金融危机"

的报告，对评级公司的表现和作用提出措辞严厉的批评，认为其失责渎职是危机发生的重要原因之一。2010年美国《经济展望杂志》（JEP）发表论文，也认为三大评级机构对次债衍生品推销泛滥并孕育危机发挥了关键作用。评级寡头成为众矢之的。

标普下调美国评级，主要理由是美国国会最新债务上限协议规划的财政措施低于维持中期债务稳定的需要。它还表示担忧政党恶斗会增加解决债务问题的难度。标普发难或许还有其他考量，如报复参议院报告的指责，通过单挑美国政府重塑公正独立形象，为早先失误找回一点信誉等。另外标普评级比较看重政治因素，美政坛的消极动向可能也是其率先出手的原因之一。

美国目前的财政困境，是在其超级大国地位相对下降的历史进程中，各种矛盾积累和加剧的综合体现。没有标普调级，这也是世人皆知。但这次调级仍引起了全球范围内的不小反应，折射出美国作为老大的帝国地位还在。一家美国评级机构能对美国政府叫板，一定程度上也提示美国体制的内在制衡机制和调整能力。这些对观察美国经济走势都有启示意义。

QE3：影响与对策*

为应对2008年金融危机，美联储迅速推出零利率政策，并于2009年3月和2010年9月实施了两轮量化宽松政策。然而美国经济在较快走出金融危机和深度衰退后，一直处于复苏乏力和景气低迷的困境中，尤其是失业率持续多年居高不下成为美国朝野倍感棘手的难题。

在这一背景下，是否要出台新一轮量化宽松成为一段时期以来讨论美国政策的重要议题。对此美联储虽多次表示将维持宽松货币政策，但一直没有明确是否继续新的量化宽松操作。2012年以来美国经济复苏放缓，财政政策空间缩窄并面临总统大选环境，美联储日前终于推出新的量化宽松政策。

千呼万唤始出台

2011年6月QE2如期结束后，美国经济整体表现仍不尽如人意。2011年的美国GDP增长率仅为1.7%，比上年的3%下降四成以上。超强危机救助措施导致政府债务大幅飙升，加上党派争斗使财政政策运用处于瘫痪状态。这一背景下，市场对美联储再次推出量化宽松政策时有预期和推测。美联储官方立场虽从未排除这一政策选项，然而出于多方面考虑迟迟并未出手。

美联储的犹豫和模糊态度是由量化宽松政策自身的特点和效果具有争议决定的。量化宽松政策假定机构抵押债券与持有现金一样零风险，由央行直接入市购买从而为经济系统强行注入流动性。在金融危机最严峻的时刻，从避免金融系统休克崩溃的角度考虑，采用这种超常手段或许勉强有几分理由。然而面对复苏乏

---

* 与陈建奇博士合作撰文，原文发表于FT中文网，2012年9月27日。

力的环境,指望由此促成强劲增长和失业率快速下降,则显然是在理论和实践上都难以成立的急功近利行为。QE2 在美国国内引发广泛批评,在国际社会也有不少质疑,至今也没有达到预期结果。这些因素使政策主导方——美联储面临不小的压力。

然而今年美国经济政治形势演变,使美联储感到难以继续实施模糊策略。经济复苏仍然乏力,2012 年 GDP 增长率年初预估为 2.0%—2.4%,最近美联储进一步把增长预期下调到 1.7%—2.0%。失业率持续居高不下,2012 年第二季度仍在 8.2%的高位。2009 年以来四年年均赤字率高达 9%上下,债务率 2012 年有望超过 100%,目前美国面临所谓"财政悬崖"的挑战,很难大规模推出新的刺激计划。年底美国大选在即,伯南克主席或许不能不考虑报答给他连任机会的奥巴马总统。受上述多方面因素推动,美联储最终决定出手。

在为期两天的货币政策会议结束后,美联储于 2012 年 9 月 13 日宣布 QE3 政策。公告宣称,最近几个月以来美国经济活动虽在温和增长,但是失业率则仍旧维持在较高水平。家庭支出继续增长,但企业固定投资的增长速度看起来有所放缓,虽有进一步改善的迹象,但住房部门仍面临受抑制状态。较长期通胀前景保持稳定。在这一背景下,联邦公开市场委员会(FOMC)担心,如果不出台进一步的支持性政策,经济增长可能不足以达到让就业市场状况持续改善的强度。

为支持更强劲的经济复苏,确保长期合理的通胀水平,FOMC 决定实施新一轮资产购买即所谓量化宽松政策。具体方式是以每月 400 亿美元的规模购买机构的抵押贷款支持债券(mortgage-backed securities,MBS)。FOMC 还决定在 2012 年年底以前继续实施 6 月宣布的延长所持债券资产平均到期时间的计划。FOMC 将维持现有政策,将来自所持机构债和机构抵押贷款支持债券的到期本金再投资到机构抵押贷款支持债券中去。这些行动将使 FOMC 在 2012 年年底前所持中长期债券的价值每个月增加 850 亿美元左右。

美联储的上述公告预示第三轮典型的量化宽松政策已经启动。尽管从本质上看本次量化宽松操作与前两次相似,都是美联储购买中长期债券,但从政策设计、目标等方面看,本次操作具有两方面特点。

一是本次量化宽松政策不明确操作期限。前两次量化宽松政策出台时,美联储会给出操作的最大规模和持续时间。当然,执行期间会重新审视持续时间或规模,在必要时延长计划。然而,美联储本次仅仅规定每个月购买的债券规模,并未明确执行期限,美联储称直至经济条件好转之前,都会继续执行大规模资产购买计划。

二是本次操作的目标直接锁定劳动力市场。美联储的第三轮量化宽松政策的目标明确指向劳动力市场。美联储在声明中指出，如果劳动力市场的前景没有持续好转，那么联邦公开市场委员会将继续购买机构抵押贷款支持债券，并在必要的时候使用其他政策手段。在美联储以往的刺激计划中并没有如此明确的指向。

影响与效果分析

美国是全球最大的经济体，又是主要国际货币发行国，QE3是可能对美国和全球经济产生重要影响的政策举措。然而，一项经济政策发挥作用，需要凭借具体有效的传导机制并遵循内在经济规律，功能效果也不完全取决于政策制定者的主观目标和意图。对QE3的影响和效果，需结合经济学理论常识与美国和全球经济的具体情况加以分析和推测。一般而言，量化宽松政策试图通过增加流动性达到政策目标。我们首先简略说明量化宽松政策的一般机制和流动性概念，然后从美国国内和外部两个方面推测和分析其作用。

量化宽松的基本内涵是，中央银行超越通常利用利率价格和公开市场操作实现调节银根松紧状态的手段界限，通过入市购买机构金融资产直接改变市场流动性状态。QE1发生在金融危机形势严峻的背景下，通过剥离大型金融机构资产负债表坏账，使得美国金融系统规避了全面重组甚至崩溃的前景。但是QE2与最新的QE3不再是紧急救助，而是要由此实现降低失业率和提振经济的目标。现行量化宽松政策工具的目标是增加流动性，实质目标则是保增长和促就业。

按照国际清算银行的定义，流动性指"融资容易程度"，或是"特定资产转换为一般支付手段的容易程度"。流动性可分为两个基本部分：一是官方流动性（official liquidity），主要通过央行调整自身资产负债表创造基础货币的行为实现，各类公开市场操作具有改变官方流动性的含义。外汇储备、特别提款权（SDR）则提供官方在国际收支场合的流动性，国际货币发行国的国内流动性可直接转换为国际流动性。二是民间流动性（private liquidity），私人金融机构和企业通过参与广义货币创造的过程成为流动性的组成部分。私人机构的杠杆化与去杠杆化意愿和行为直接决定私人流动性的创造和减少。

上述简略的定义讨论对分析QE3具有认识意义。与现代银行系统中三个基本角色互动创造广义货币的机理相类似，流动性状态取决于官方政策与其他市场主体预期和行为的交互作用。一方面，给定市场的一般状态，央行主动扩张资产负债表的行动无疑会扩大社会流动性；另一方面，给定央行的相关政策立场，私营部门对未来风险和赢利预期的判断及其对杠杆化程度的选择，以及决定私营部门状态的经济基本面条件，也会对官方流动性政策立场的效果产生制约和影响。另外，与普通国家不同，美国作为主要国际货币发行国，国内流动性状态容易通过各种套利交易影响全球经济。

美联储 QE3 或欧洲央行"直接货币交易计划"（OMT）的直接效果是增加美、欧官方流动性，具体而言是增加基础货币。主要国际货币的基础货币发行量近年几次较大幅度飙升，都与美联储、欧洲央行量化宽松政策的影响具有明显联系。QE3 将在未来以每月购进 400 亿美元抵押贷款支持债券的速率操作，每年预期对以基础货币度量的流动性带来约 5000 亿美元的扩张效应。

数据还显示，广义货币作为与总需求及宏观经济整体态势具有更直接联系的流动性指标，近年增速没有基础货币快，二者增长时态也不尽吻合。主要受私营部门响应度变异因素的影响，总体上广义货币并未发生与基础货币成比例扩张的情况。原因在于美国私营部门担忧美国经济的深层结构问题，加上缺乏大范围有较好盈利机会的投资增长点，贷款意愿和贷款能力都受到较多制约，表现为货币乘数统计值大幅跌落和广义货币流动性扩张相对乏力。

上述观察提示，评价包括 QE3 在内的货币政策的一条基本准则是：良好的经济增长不能缺少良好的货币供应支持，然而一味大手松货币并不是解决经济增长面临的所有问题的灵丹妙药。美国危机后宏观政策实践显示，储备货币外生扩张并不能导致广义货币扩张同步增长，政策能够调控的流动性部分并不能改变广义流动性的内生性。QE3 可能仍然会面临上述困境，指望其很快提振经济愿望可能再次落空。

具体而言，QE3 的操作对象是抵押贷款支持债券，美联储希望短期内对住房市场产生积极影响。QE3 确能在短期内使住房抵押贷款担保债券市场的流动性得到改善，考虑 2011 年下半年开始美国房地产市场出现企稳迹象，QE3 对推动房地产逐步走出低谷或有积极作用。然而美国房地产多年低迷的根本原因，在于经济危机环境下人们信心不足和需求疲软，量化宽松政策虽能改善房地产企业的融资条件和赢利状态，然而未必能扭转市场需求低迷的状态。

能否显著助推就业回升也有待商榷。危机以来美国持续实行零利率宽松货币政策和两轮量化宽松政策，但目前失业率依然在 8%之上。从第二次世界大战以来至本次危机之间美国十次危机复苏进程中平均失业率比较来看，本次失业率明显高于历次危机复苏的均值水平，反映出美国经济面临的是结构性难题而非典型的周期性问题。金融危机以来美国商业银行现金储备大幅上升但信贷却未见显著增长，这一事实显示美国的根本问题并不在于缺乏流动性，而是需要通过艰苦改革调整适应当代全新的开放环境。QE3 更多显示了美联储"总要干点什么"的急迫心态，也表达了美国大选前诉诸于宏观刺激政策满足选民的心理意向。

外部影响及其与外部环境的关系

美国是全球最大的经济体和主要国际货币发行国，美联储量化宽松政策显然会对全球经济产生溢出效应。对此可从两个方面理解：一是如果 QE3 对美国经济产生某种刺激作用，客观上对全球经济短期增长具有利好效应。由于上面讨论的原因，我们认为这方面积极效果会比较微弱甚至不够显著。二是在美元流动性增加而美国实体经济难以充分吸收的背景下，通过各种套利交易渠道美元会流出美国，对全球经济产生多方面扰动性影响。

一是助推实物资产价格。这对资本市场的影响最为直接和快捷。QE3 政策公布后，美、欧股市很快做出反应。道琼斯和标普 500 指数当天收盘均上涨近 1.6%；欧洲股市在周五开盘大幅上涨，开盘时欧洲 Stoxx 50 指数涨 1.92%，法国 CAC 40 指数涨 1.74%，德国 DAX 指数涨 1.54%，西班牙 IBEX 35 指数涨 2.29%。另外还会在未来一段时期对能源、矿物、谷物等大宗商品价格产生助推作用。尽管影响大宗商品价格的因素很多，但美元作为大宗商品重要的结算货币，其货币供给波动也就构成大宗商品价格波动的重要因素。结合相关数据观察，美元指数与布伦特原油期货价格、美国西德克萨斯轻质原油期货价格数据呈现明显的负向关系，例如 1985 年 5 月至 2011 年 5 月间原油期货价格指数与美元指数负相关系数高达 -0.71。其潜在含义是影响美元指数的经济政策可能对大宗商品产生溢出效应。前两次量化宽松操作推动美元指数走软和大宗商品价格走高，QE3 预期也会具有类似影响。

二是加剧投机性资本跨境流动并产生扰动作用。IMF 2007 年《世界经济展望》中报告全球流动性指标，利用美国、欧元区、日本、英国和加拿大五个经济体以美元标价的基础货币之和作为观察指标并测算其变化量。数据显示，五个发达国家和地区的流动性指标提前一年的指标值与流向新兴市场的资金之间呈现明显的相似趋势，预示这五个发达国家的货币缩放将引发新兴市场的资金跨境流动规模扩大。对这方面的负面影响，国际社会早有质疑之声。QE3 预期会继续产生这类作用。

也需要指出，美国量化宽松政策外部影响大小，相当程度上也取决于全球经济环境和资金流入国宏观经济环境的特点。例如，流入国宏观经济失衡和资产泡沫因素明显，会对外部热钱流入产生更大程度的诱致作用并加剧国内宏观经济的波动。另外，如果某国实际汇率低估失衡和外资流入压力明显存在，外部流动性过剩会导致更大的资金流入压力。在全球经济高速扩张和大宗商品真实需求较快增长时，美元扩张对大宗商品价格的助推作用更为明显。目前全球宏观经济的形势与 2007—2008 年危机前的情况明显不同，QE3 政策的影响也会显著不同。

对我国影响与对策

我国经济目前正处于增速回落的调整阶段。一方面宏观政策稳增长目标的紧迫性增大，另一方面经济调整的必要性凸显。在这一环境下，我们认为 QE3 政策对我国经济的影响有利有弊，但总体看弊大于利。我们应采取适当应对政策兴利除弊，并在这一过程中认识长期规律，掌握全球开放宏观经济协调领域的认识制高点和战略主动性。

有利影响主要表现为短期外需利好效应。QE3 作为超常刺激政策，经多轮实施后边际效果虽然趋于递减，但就其在有限程度内短期具有提振美国经济的效果而言，有利于我国稳定出口增长和实现 2012 年 10%的出口增长目标，客观上有利于我国实现稳增长目标。另外，QE3 带来的全球流动性扩张效应，有助于抑制一段时期内的投机性资金流出和人民币贬值预期。

然而更应重视这类政策对中国经济可能带来的多方面不利影响。QE3 扩大了全球流动性，已对国际大宗商品产生涨价效应，并对我国经济带来了多方面不利影响。一是中国作为原料和能源进口大国，大宗商品价格上涨会导致中国进口价格提升和贸易条件恶化。我们早先的专题研究指出，近年贸易条件年度变动可能导致相当于 2—3 个百分点 GDP 的福利变动；二是进口价格因为国际货币发行国货币扩张，加剧了输入性通胀压力；三是全球通胀即便是有限增长，也会对我国主要以外汇储备配置的巨额债权带来稀释和贬值效应。

中国目前宏观政策的困难之一在于，在稳增长同时如何保证早先调整房地产等资产价格的目标能够平顺实现。QE3 之类的政策带来的外部环境变动，将助推我国国内资产价格拐点提前到来,或者使可能已经发生的转变力度更大,这都会对我国的宏观政策操作带来额外困难。

从总需求管理与结构调整改革的关系来看,我国经过十余年总体前所未有的高速增长后,客观上需要对景气增长阶段累积的矛盾和失衡因素加以清理和调整,并大力推进完善市场经济体制改革的任务和挑战。近来经济减速的宏观环境客观上提供了趁势调整与力推改革的时机。QE3 之类的外部环境变动因素,可能带来进一步推延我国政策调整与改革日程的风险。

我国可以考虑采取以下应对方针和政策。第一,总体上对 QE3 持保留和质疑态度。密切关注形势发展,慎用刺激政策工具,为应对未来不确定形势预留政策空间。第二,继续实施目前温和积极的宏观政策,通过货币、财政、产业政策适时微调创造有利于经济企稳和增速回升的内生性力量。有理由相信,在第三季度宏观经济触底后,市场内在驱动力和宏观政策作用应能使经济在 2012 年年底或 2013 年年初企稳和增速回升。即便经济增长出现超出预料的下行压力,我国仍有能力应对调整。第三,在推进资本账户开放的同时,需重视外部环境变化给国际收支带来的影响,必要时仍需短期强化资本管制措施以控制外部资本投机性过度波动的不利影响。第四,趁势调整、力推改革,加快完善社会主义市场经济架构,并为新一轮高质量、自主性、可持续增长景气到来创造条件。

最后需要指出,QE3 虽然短期效果利弊互见,但是从长期和根本看,无论对美国经济还是全球经济都不是一个良好政策。根本原因在于,这类政策不符合经济发展的基本规律,不符合现代经济学的基本原理,也不符合包括美国在内的各国经济发展的成功的基本实践和经验。从这一高度看空这类政策作用和影响,有助于我们更清楚地认识世界经济体系原有中心国家的深刻经济困境,同时可启发我们认识中国经济发展长期利益与全球经济根本利益的一致性,在此基础上反思和厘清我国经济发展的基本方针立场,并由此培育中国作为新兴大国在国际财经协调场合的建设性话语权与影响力。

美国经济的"软肋"*

美国经济的三类软肋

美国经济有无"软肋"？所谓软肋，喻指美国经济面临的困难、困扰或困境，并且这类困难就美国兼顾其基本政策目标而言具有某种矛盾性，或应对这类困难受各种环境条件制约具有某种纠结性。美国外交、国际关系、军事领域都会有这类软肋，本研究侧重考察经济方面的问题。由此得到"软肋"的一个工作性定义："美国在开放宏观与国际财经领域具有某种矛盾性与纠结性因素的困难、困扰与困境。"

美国是当今全球最大的霸主国家，中国是最重要的新兴国家，从中美大国竞合关系角度观察，研究美国经济的软肋无疑有多方面的认识和政策意义。首先是有利于我们在中美双边或多边对话或谈判中知己知彼，主动出招，减少被动。其次有助于我们全面认识美国经济的优势与劣势，加深认识中国作为新兴国家在这个大变革、大改组时代的地位和作用。大国的主要竞合对手也是一面自我反思的镜子，研究对方的内在困境与矛盾有助于更好地谋划我们自身的发展战略。

不难发现美国目前经济与政策存在三类软肋：一是美国对多边财经合作场合所做承诺执行不力所表现的软肋，由于这类情况往往与美国特定的政策程序或操作流程相联系，可称作操作性或程序性软肋；二是后危机时代美国宏观刺激政策在学理依据、措施选择、实施效果等方面的矛盾所表现的软肋，这类广受质疑的刺激措施与美国官方机会主义动机策略相联系，可称作策略性软肋；三是在新兴国家经济追赶大时代美国作为前沿国经济增长动能不足所表现的软肋，这类软肋与当今时代背景联系尤为深刻，可称作战略性软肋。

---

* 原文发表于 FT 中文网，2013 年 8 月 29 日。

操作性软肋

操作性软肋的最典型案例是，在应对全球气候变暖问题上，美国克林顿政府签署《京都议定书》后来又被小布什政府时期推翻，这对美国政府的国际信誉以及全球气候变化治理路径都产生了显著影响。在后危机时代，全球财政、金融与开放宏观政策多边协调合作的场合，美国这类操作性软肋也有一些引人注目的事例表现。例如奥巴马政府接受了2012年首尔峰会对IMF配额和投票权的协商谈判结果，但是由于美国对这方面改革缺乏积极性，加上受美国国内政治形势牵制，美国的有关议案至今尚未进入国会审议批准程序。又如美国在执行巴塞尔银行监管协议升级版方面进展滞后，执行乏力。至今美国在执行《巴塞尔协议 II》与2.5版或3.0版内容上，是27个巴塞尔协议成员国中仅剩下的3个没有执行的国家之一。再如在G20财政减赤问题上承诺的在2014年赤字减半的目标很可能也达不到。

策略性软肋

宏观经济政策矛盾更为麻烦。美国内外失衡的宏观经济环境，加上缺乏必要监管背景下的金融过度扩张，构成美国金融危机的基本原因。因而美国需通过结构调整，实质性改变宏观内外失衡的深层根源，并反思金融霸权误区以有效加强金融监管。这样虽会面临短期增速下降和调整阵痛，然而可为美国经济结构调整与未来可持续增长奠定基础。观察实际情况，危机后宏观政策措施的绝大部分精力和内容投入在救市和刺激方面，特别是在金融系统休克状态因为急救成为过去后，针对宏观经济"复苏不易，景气难再"的常态，仍试图采用超常刺激手段加以改变。这种用短期手段解决长期问题、用宏观工具应对结构问题的政策错配，当然无法达到预期效果，并使得后续经济政策安排空间更为狭窄和被动。尤其是接二连三的量化宽松政策，不仅使央行资产负债表急剧膨胀并面目全非，而且事与愿违地使美国长期经济成长前景蒙上阴影。

美国通过超常财政与货币政策手段进行超级宏观刺激，表面显示美国凭借其美元作为主要国际货币的地位，在短期内具有较大回旋腾挪空间。在美国官方看来，似乎还能被包装成为有利于美国甚至有利于全球经济复苏的特殊但合理的政策。然而系统观察这类政策实施五年来的表现，这种财政减税直补促消费、货币低息量宽提振投资的宏观政策组合面临巨大的矛盾与风险，显示在战略性软肋背景下，本应具有最大能动性和指向性的宏观政策反而在加重美国经济"天阴背稻草"的困难，出现令美国精英忧虑的软肋。

表现之一是经济虽然温和增长和通胀，但是失业率下降速度缓慢，尤其是债务水平高企。财政状态恶化不仅与美国传统财政保守主义立场不一致，也越来越限制其未来财政政策运用空间。尤其重要的是，所有刺激政策立意在于保证增长，但是一切都取决于刺激措施退出后美国战略家所假设的强劲内生增长能否如期发生。虽然现在还能维持经济温和增长，国债也还能发得出去，但是未来货币超宽政策退出后，如果出现收益率上升同时美国经济仍然增长乏力的状态，美国将因为财政纪律规律不得不面临更为逼仄的政策空间。具体而言将面临更为痛苦的两难选择：一是承受收益率高的融资，并逼近债务不可持续的被动上限；二是不得不通过减少支出或增加税收治理失衡，使得经济增速趋于下降。美国"明斯基时刻"何时到来？以什么方式到来？难以精准预测，但是可依据目前形势对其到来时间和方式进行推测和展望。

表现之二是货币政策引发了大量争议。美国主流经济思想建立在长期货币中性理念的基础上，货币政策基本立场应立足于保持本币币值长期稳定的"良币"属性。货币政策变动仅在短期有可能调节总需求。目前超常宽松货币政策有违上述基本立场，试图用货币政策工具解决美国经济长期的结构性问题。然而由于受经济基本面前景黯淡、银行惜贷情绪增强、超额储备规模膨胀、货币流通速度大幅下降的制约，美联储政策提振投资和经济的效果极为有限。上述政策不仅早就受到一些市场人士批评，还引发了一些学界主流人士的质疑，使美联储陷入进退两难的境地。

表现之三是货币政策与其他政策目标不一致。资产价格泡沫因素推高居民净资产，从而使得居民储蓄率下降，构成诱致美国金融危机爆发的结构性原因之一。数据显示二者波动呈现高度显著的反向关系。因而危机后痛定思痛，美国决策层也意识到提升居民储蓄率是结构调整的重要内容之一。但是后危机时代数据显示，由于美联储的货币放水政策，实体经济依靠市场机制自身调整对过量货币暂时形成屏蔽，但是资产价格在相当程度上受到过量流动性影响反常飙升。随着资产价格恢复甚至在量化宽松货币政策刺激下出现泡沫之后，家庭净资产增长快速恢复导致储蓄率下降。最新数据显示，净资产恢复到超过危机时水平，储蓄率也下降到接近危机时水平。

战略性软肋

战略性软肋是指开放环境下美国作为产业技术前沿国,由于其他国家利用后发优势实现起飞,通过生产率追赶对美国客观形成的竞争压力和挑战;或表述为领先国与前沿国在面对后发优势国家经济追赶状态下相对竞争力下降及与之相联系的被动与不利状态。主导国家发挥其主导地位,以其产业技术前沿地位为基础,但是大国之间发展不平衡规律决定了后起大国经济可能较快增长和追赶,使领先国面临被动和困难状态。后起经济规模越大,追赶速度越快,追赶时间越久,领先国感到的挑战和压力也就越大,这类霸主国软肋就越是纠结。

第二次世界大战后,美国经济至少已面临由大国经济发展不平衡规律决定的三波后发经济体追赶派生的冲击和挑战。第一波是西欧主要国家生产率恢复性追赶,使美国外部相对竞争力下降和国际收支状态趋势性恶化,最终导致布雷顿森林体系解体。第二波是20世纪70、80年代日本与东亚四小龙等经济体经济追赶,再次使得美国经济在相对优势方面面临守势恶化的压力。第三波是目前正方兴未艾的21世纪初蔚为壮观的中国、印度等超级人口大国体量巨无霸经济体快速追赶。第三波追赶,对美国主导国地位带来的影响力、持久力、冲击力等不同维度的改变,都是早先两波追赶所无法比拟的。由此给美国以及原有最发达国家集团带来的战略软肋,构成时下西方战略家热议的"时代焦虑"(the Age of Anxiety)、"后美国时代乱局"(the Post America Scramble)、"美国梦的凋零"(the Waning of the American Dream)"等流行概念的经济背景。

在我们侧重关注的开放宏观领域,美国战略性软肋至少可以从以下几方面观察。突出表现之一是投资不振致使复苏增长乏力。虽然当代宏观经济学教科书标准模型看重全要素生产率(TFP)而淡化资本形成的增长贡献,在真实经济世界中由于新技术往往具有"嵌入性"因而与物资资本紧密联系,学习效应与人力资本积累和资本形成交叉作用,因而资本形成对新兴经济体以及成熟经济长期经济增长都具有不可替代的关键解释作用。在美国面临以日本为首的第二波生产率追赶浪潮时,里根总统任命了一个由各界精英组成的美国产业竞争力评估委员会,该委员会1985年的报告把投资作为长期增长最重要的因素,认为资本形成是黏合技术创新从而提升现实竞争力的关键途径。美国宏观经济数据支持了这一点。互联网革命时期产业技术前沿突破伴随投资高增长,推动经济高增长与财政收支超常改善。进入 21 世纪后，美国人为刺激高增长但是投资增长乏力，经济泡沫化与宏观失衡构成金融危机爆发的重要背景。

开放环境下，投资不仅取决于国内利率以及其他条件，同时也取决于国外相对进步产生的竞争作用。没有日本人 20 世纪 80 年代的竞争，美国汽车行业具有良好赢利预期的投资机会要更高一些，宏观层面资本形成的增长速度要更快。同样，开放环境下中国汽车行业生产率追赶使美国、日本汽车业投资面临类似压力。从二战后更长期的背景看，在纺织业、造船业、家电业、重型机械等部门，最发达国家都面临这种追赶压力。投资不振是战略软肋的重要宏观效应。

与第一点投资不振紧密联系，战略性软肋的表现之二是企业外包导致失业压力上升。开放环境下外部追赶，具有自生能力的生产活动越来越具有全球可移动性。从历史起源学角度观察，现如今被"外包"、"全球供应链"等概念描述的产品内分工类型，与 20 世纪 60 年代为解决当时产业结构调整而实施的"生产分享"政策具有重要联系。在美国开风气之先的产品内分工全球化浪潮下，交易成本下降使得供应链被细分重组以及特定工序、环节、零部件、流程向国外转移的可能性越发提升。从企业微观竞争力角度看，这类外包转移具有重要意义和自发属性，无须政府特别组织和干预。特别是在 70 年代竞争战略理论兴起并把全球化开放作为提升核心竞争力的最重要元素之后，美国这样比较开放国家的各类企业在外包转移方面，如同老虎喋血之后更是一去不回头。

通过产品内分工实施"一升两转"虽然对于维持和提升美国企业竞争力具有重要意义，对维持和提升整体竞争优势具有积极意义，但是如果前沿技术和产业突破性进展活跃度降低或相对沉寂，市场机制驱动的外包与结构重组带来的就业外转，与国内前沿产业以及不可贸易部门就业创造不能匹配，就会导致就业增速下降甚至绝对减少，从而导致宏观层面失业率上升的压力。美国劳动力市场数据显示，制造业作为外包最为活跃的可贸易部门，工人就业数减少。另外服务外包也导致大量低附加值劳动力向印度等新兴国家转移，由此导致失业率观察值上升以及劳动参与率下降。

战略性软肋的表现之三是技术产业前沿突破可遇不可求，从而使得美国处于高处不胜寒的境地。美国是世界上最发达的国家，物质与人力资本禀赋条件较好，前沿原创研发能力较强，企业制度比较灵活，资本市场把技术和创意产业化的能力突出，这决定了美国在资本投入很大、投资风险很高的高新技术和产业研发方面具有特殊优势。美国曾主导发动互联网技术产业革命，一度使得大范围就业创造足以抵消外包潮流导致就业减少,显示美国确实有动态保持领先的潜质和潜力。然而同时我们也要看到,大范围技术产业前沿突破在现实经济生活中是小概率事件,未来在何时与何处发生具有随机性。一方面外包转移就业具有客观必然性,另一方面前沿创新具有偶然随机性,两类事件性质不同,造成了美国在就业创造方面的困境与纠结。其失业率高企,并非是短期总需求不足,而是结构性困境派生的软肋表现,难以用量化宽松政策有效解决。

美国经济是否真有那么好?[*]

编者按：本文根据卢锋教授 2013 年 6 月 20 日在北京大学国家发展研究院与美中关系全国委员会联合举办的"中美经济学家第六次对话会"上有关"美国经济形势"发言评论的内容整理。经卢锋教授授权，特刊登于搜狐财经，以飨读者：

近来美国经济出现一些积极动向。今年第一季度经济增长率初报 2.4%（后调整为 1.8%），银行与企业等私营部门去杠杆化成效明显，失业率等宏观指标逐步改善，尤其是油气能源产量增长与净进口下降令人印象深刻。基于这些方面观察，目前业内人士"看多"美国经济的观点强劲。观察意见将美国经济看作危机后成功调整的典范，有预测认为美国经济将重回持续高增长轨道，一家著名机构日前一份报告赞誉美国是"全球经济版图中的耀眼明星"。

首先应当肯定，作为全球最大经济体，美国经济如能像乐观预测那样强劲增长，对中国与世界经济都有积极意义，在主观意愿层面，国际社会主流立场自然期望美国经济走好走强。问题在于美国经济是否真有那么好？美国经济表现确实不乏亮点，然而全面观察美国经济复苏增长的机制根源，分析美国私营部门去杠杆化的具体原因，实际情形或许没有目前流行观点描述得那么乐观。

短期增长有亮点

2013 年第一季度美国经济走出上年第四季度 0.4%增长率的阴影，显示美国经济仍处于复苏增长状态，这对全球经济是一个利好消息。美国经济最新增长主要依靠四大驱动因素。

---

[*] 原文发表于搜狐财经，2013 年 7 月 29 日。

第一个驱动因素是居民消费增长。第一季度消费增长对 GDP 增长贡献折算年率是 2.4%，正好等于实际总需求增长速度。这意味着总需求的其他几个子项目（投资、政府支出、净出口）的增长贡献加总为零。密歇根消费者信心指数（Michigan Consumer Sentiment Index）从上年月度简单平均值 76.5 的高位，进一步上升到 2013 年上半年六个月简单均值 78.8，达到金融危机后的新高。

第二个驱动因素是私人投资。第一季度私人投资带来 GDP 增长 1.16 个百分点，与消费贡献相互呼应，是美国经济表现的重要亮点。美国国民经济核算账户中私人投资包括"私人固定投资"与"存货投资"两大项。数据显示，第一季度私人投资中超过一半是存货投资。我们在 2010 年年初发表的美国经济"复苏不易，景气难再"的报告中，分析了这次复苏不同于第二次世界大战后的十多次复苏，特点之一在于高度依赖存货投资，折射出私营部门对美国经济前景信心不足。

第三个驱动因素是资产价格飙升。三种房价指数（US Census Average Sales Price of Houses，FHAH Housing Price Index，Case-Shiller Home Price Index）2012 年开始不同程度上升，形成 2009 年下半年和 2010 年上半年房价反弹后第二次较快回升的行情。股市价格从 2009 年第二季度持续上涨，道琼斯指数上升到 2013 年 5—6 月的 15000 点上下，超过 2007 年 10 月近 14000 点的历史峰值。纳斯达克指数也上升到接近 3500 点，超过 2007 年危机前水平。资产价格飙升通过财富效应刺激了消费增长。

第四个驱动因素是能源部门特别是页岩气较快增长。原油产量从 2009 年月均 1.63 亿桶，增长到 2013 年 1—4 月月均 2.15 亿桶，增幅近 32%；原油净进口从 2009 年月均 2.73 亿桶，下降到 2013 年 1—4 月月均 2.25 亿桶，降幅约 17.6%。天然气产量从 2009 年月均 2171 BCF（billion cubic feet，即十亿立方英尺），增长到 2013 年 1—4 月月均 2450 BCF，增幅近 13%；净进口从 2009 年月均 223 BCF，下降到 2013 年 1—4 月月均 105 BCF，降幅达 53%。能源部门就业人数从 2009 年年初的 16.5 万人，增长到 2013 年 5 月的 19.4 万人，对失业率下降做出了贡献。

结构矛盾待根治

虽然美国经济仍在持续复苏增长，结构调整也取得一些进展，不过从以下三方面观察，美国目前经济增长模式的可持续性仍存在困难。

第一是依赖超常刺激政策支持的消费增长驱动力存在可持续性问题。目前复苏主要依靠消费增长，一定程度依赖资产价格上升带来的财富效应，背后离不开美联储超常货币政策的人为刺激作用。观察美国居民净资产与储蓄率的关系，可看出刺激政策对居民消费的关键支撑作用。随着刺激政策的逐步退出，复苏增长能否持续尚存疑问。

观察美国居民净资产相对可支配收入的倍数以及居民储蓄率数据，二者清晰呈现反向关系：净资产率较高时，储蓄率较低，即消费率较高；反之亦然。如危机前后居民净资产倍数从2007年4月的6.5下降到2009年年初的4.8，居民消费下降伴随储蓄率从2007年年初的2.1%上升到2008年10月的6.2%。然而随着净资产倍数回升到2012年10月的5.4，储蓄率逐步回落到2012年上半年的3.7%上下。

这个相当显著的经验关系，对认识美国刺激政策与消费驱动复苏模式之间的联系具有重要意义。简单而言，美联储超常量化宽松政策人为打压短期与长期利率，刺激资产价格快速飙升，并推动居民部门净资产相对规模快速回升，成为复苏增长的重要推手。"量化宽松政策—资产价格—净财富规模—消费复苏—经济增长"提供了美国经济弱复苏的刺激传导机制，其长期可持续性显然存在疑问。

第二是美国经济尚未真正走出流动性陷阱。集中表现在信贷增长缓慢与银行等金融机构持有巨量现金与准备金的反差现象仍然存在。危机全面爆发前，美国存款性金融机构2008年8月现金加储备总量为3590亿元，是贷款租赁总额69364亿美元的5.2%。2009年12月现金加储备总量上升到23454亿美元，占信贷租赁总额66585亿美元的35.2%。2011年12月现金加储备总量上升到36200亿美元，占信贷租赁总额69061亿美元的52.4%。2013年4月两个数据分别增长到38480亿美元和73002亿美元，占比为52.7%。这一反常现象显示，美国实业与金融部门仍不看好经济长期前景。上面提到的私人投资增长的结构特点是，短期性库存投资打主力，长期性固定投资不给力，与流动性陷阱是同一基本面条件的不同侧面表现。

第三是制造业部门表现差强人意。制造业可贸易程度较高，在开放环境下最能体现一国的相对竞争力，对观察一国长期增长走势具有重要指标含义。鉴于制造业的特殊重要性，危机后美国政府提出"重振美国制造业"的计划，并通过相关法案给予支持。然而危机后美国制造业总体表现不如官方预期。

制造业PMI在2010—2011年曾恢复到58—59的较高水平，但是过去一年多持续下跌，2013年5月下降到49。2008年与2009年制造业增加值分别深度下跌-5.8%和-9.2%，此后虽出现较快恢复性增长，2010—2012年三年增速均值为5.2%，然而 2012 年制造业占 GDP 的比重为 11.9%，仍略低于 2007 年危机前水平。制造业就业人数在危机前 2008 年 9 月为 1337.6 万人，危机后曾下降到 2010 年 5 月的 1147.9 万人。过去两年制造业就业人数有所回升，2013 年 4 月为 1191.4 万人，比两年前增长 43.5 万人，比危机全面爆发前仍减少 146.2 万人。

退出前景不乐观

金融危机后美联储采取"利率一降到底，量化宽松接二连三"的应对举措，是大国货币政策史上前所未有的事件。虽然美国官方强调其积极意义，然而超宽货币政策打开的"潘多拉盒子"对美国经济的长期影响如何，估计主事者扪心自问也未必真能信心满满。美联储比市场预期较早提出退出时间表，或许与美国官方对这个超常政策的长期影响心存忧虑不无关系。

假设如伯南克主席 2013 年 6 月 19 日所言，美联储"今年晚些时候开始逐渐减少资产购买规模，并将在明年年中结束第三轮量化宽松政策"，无疑会对美国与全球经济产生重大影响。无论引入与退出，量化宽松政策都会对中国等新兴经济体带来冲击，需要深入研究。从美国经济角度看，也会产生制约经济增长的效果，并可能促使其潜在经济困境进一步水落石出。

这一判断当然并非意味着美国应继续死守量化宽松政策，而是认为量化宽松政策本质上是改变美国经济深层矛盾的表现形式而并未根本解决问题。这一理解也并不表示对美国经济问题存在其他替代性立马见效的对策，并在此前提下批评美联储的量化宽松政策选择；而是认为在新兴经济体追赶的大时代下，美国作为中心霸主国存在战略性软肋，并不存在可以很快摆脱纠结的"速成"应对方案。

量化宽松政策退出利空美国经济的道理很简单。退出意味着债券市场的最大买家出手相对或绝对减少，会引入抬升债市收益率的效果。伯南克发表演说当天，美国 10 年期国债收益率升至 2.32%的 15 个月高位，是这个客观效应的初步表现。由超常刺激政策人为推高的资产价格飙升或高企态势，会由于资金面支持力度下降和均衡利率水平提升而显著改变。

美国经济增长仍高度依赖消费支持，消费扩张又相当程度依赖量化宽松政策带来的"资产价格飙升—净资产规模扩大—提振消费与储蓄率下降"的机制性刺激作用，量化宽松政策退出会对这个增长模式产生某种釜底抽薪的作用。量化宽松政策退出派生减速调整效应，可能会使美国财政赤字率止跌回升，届时美国应对财政赤字问题也会更加棘手：征税会使本已疲软的经济增长雪上加霜，扩大债务融资则会面临高收益率成本限制，近年美国政府债务率急剧攀升同时利息支出率相对平稳的好日子将不复存在。

考虑上述制约作用，美联储仍可能拖延退出时间。据报道美联储内部对退出时间表就有不同声音。另外，万一量化宽松政策退出后形势恶化，不排除美联储用某种形式再次引入量化宽松政策的可能性。不过，无论美联储如何选择退出策略，都无法最终回避经济规律作用，并且拖延越久后续治理越麻烦。根本问题在于量化宽松政策无法改变美国经济由于新兴经济体追赶带来的战略被动，在于量化宽松政策本身无法保证美国经济再造内生景气增长的全部机制条件。量化宽松政策退出是美国经济再现辉煌的起点，还是需要直面深层调整的开端，对此或许仁智互见，笔者认为前景并不乐观。

反思美国应对危机的策略

金融危机爆发距今已近五年。美国作为危机发源地，其实施反危机策略的逻辑、成效与问题也越来越清晰地呈现在世人面前：最初采用 7870 亿美元大规模财政救助与"接近零利率+首轮量宽"货币放水的双管齐下刺激政策，后来受种种因素制约逐步重视财政减赤，同时主要依赖超常量化宽松政策承担刺激经济保增长的任务。

回头看，上述反危机策略确实给美国经济带来巨大利益。一是很快扭转金融机构高杠杆资产风险集中爆发将导致金融系统崩盘的巨大危险；二是实现并维持经济弱势复苏，避免通货紧缩加剧宏观困难和债务负担，推动失业率等宏观指标缓慢逐步好转；三是财政减赤进展明显，并且在政府债务率急剧飙升的同时，利息支出占财政收支的比率仍大体稳定在较低水平。虽然国际社会联合应对危机的因素贡献显著，但美国经济的表现主要是其基本面条件与政策面因素共同作用的结果。

正在发生的事情，远远超出标准教科书模型所能想象的范围，近乎经济魔术与传奇：虽然本来是危机发源地与重灾区，但通过几个刺激法案，实施几次量化宽松操作，无须发生很大的调整代价与阵痛，就能使本已重病缠身的美国经济几年后霍然病愈甚至青春焕发！如果真如目前流行观点预测的那样，美国经济即将轻装上阵并重振辉煌，"没有免费的午餐"这个经济学铁律或许不再有效，国际货币地位也就真能成为终结历史的"护身符"了。

然而事情还有另一面。美国目前高度依赖刺激药方的消费驱动增长模式，在维持弱势复苏的同时也把美国经济推到更加高处不胜寒的境地，如果量化宽松政策退出后美国经济再次"找不到感觉"，其政策腾挪空间将更加逼仄。救市策略把美国私营部门资产负债表大大小小的窟窿挪移到公共部门，与其说解决了问题还不如说是改变了问题的存在形式。是的，国际货币地位很重要。然而美国近年所为，正是在不顾一切地透支这个历史资产。从长期看，国际货币地位并不是一顶永葆无虞的铁帽子，美元的国际货币地位其实正面临前所未有的挑战。无论怎样强大的国家，如一味采用机会主义策略应对危机，用制造更危险泡沫的方式应对现有泡沫，终将面临其"明斯基时刻"的到来。

从本质上看，美国经济的战略性软肋，在于身处中国等新兴经济体追赶的大时代，作为霸主国面对快速变化的格局，无论相对实力对比还是政策选择空间，都处于"时间不在自己这边"的忧虑与被动状态。透过美国经济短期表现的亮点，认识其深层纠结的宏观困境，对反思与选择中国政策方针具有启示意义。我们要尽快告别过于看重外需的心态，真正建立依靠内需发展的自信。要坚定执行稳增长、控风险、促改革方针，夯实中国经济持续追赶的基础。中国经济已相继在大宗商品增量、总需求增量等方面取得不同程度的主导地位，随着未来对全球利率等价格参数边际影响力的提升，中国应争取在大国竞合关系中获得较大主动权与有利地位。

七

欧债危机还是欧元危机?

希腊债务危机告诉我们什么？*

希腊主权债务危机2009年年底浮出水面，后经一波三折，以2010年5月初欧盟与IMF联手推出7500亿欧元援助计划为标志，进入调整阶段。近来危机虽有缓和迹象，但其前景受深层结构困扰，仍有诸多不确定性。

希腊危机根源何在？人们普遍谈论的宏观失衡确实是一个重要因素。作为欧盟成员国中规模较小、较不富裕的国家，1999—2008年希腊GDP年均增长率为3.9%，显著高于欧盟平均水平。然而希腊经济过度依赖消费，同一时期经济增长对消费的依赖程度平均为90.4%，导致外部逆差扩大、政府债台高筑。

2000—2008年，货物贸易逆差和服务贸易顺差占希腊GDP的比例平均分别为18.3%和5.5%。考虑资本收入、转移支付等其他项目，希腊近年的经常账户逆差占GDP的比例通常维持在10%以上。同时，政府债务不断累积，到了难以持续的地步，如2009年政府债务率达到110%。这意味着，假定债务平均利率为3%，希腊需要保证GDP增长率超过3%，才能长期正常支付利息。

维持大比例的外部赤字和债务扩张，必然抬高外债占债务的比例。2004—2009年希腊外债从1220亿欧元上升到2230亿欧元，占GDP的比率从65%上升到93%。历史中大量的债务危机案例显示，相较内部负债，外部负债过度更容易导致违约和危机。

希腊债务危机不应忽视的另一个根源，是希腊在加入欧元区后，丧失了汇率和利率两大调节宏观失衡的基本手段。对比希腊20世纪后期的宏观经济表现，有助于我们认识放弃利率和汇率调节工具的负面影响。

20世纪70、80年代，希腊也曾经历宏观经济严重失衡的局面。1973—1993

---

* 原文发表于FT中文网，2010年9月9日。

年通胀率一直维持在两位数，平均高达 18%。为了应对严重通胀，希腊不断提高利率，1973—1993 年将利率从 6.1%提高至 17.4%。高利率客观上约束了政府的举债行为，将赤字率和债务率维持在了相对可控的水平。

加入欧元区后，希腊凭借"借来的信用"，得以获得廉价融资，但与本国经济基本面相适应的利率调节工具不再发挥作用，在客观上助长了过度借贷消费，导致危机的发生。

丧失汇率工具更使得希腊难以有效、主动地调节外部失衡。加入欧元区前，希腊外部失衡维持在比较可控的范围。20 世纪 90 年代，希腊贸易赤字增长，促使希腊本币德拉克马贬值调节。加入欧元区后，希腊贸易赤字率高达两位数，但欧元却因欧元区整体宏观经济强劲而显著升值，客观上加剧了希腊的外部失衡。

需要指出的是，即使当时拥有独立货币政策和利率调节手段，希腊在 20 世纪仍然被宏观经济失衡拖累，然而毕竟不至于发生目前这样深重严峻并具有全球影响的危机。

欧盟拥有发达和成熟的市场体系和宏观管理能力，欧元问世被看作新世纪重大而成功的制度创新，欧债危机如华尔街危机一样令人惊诧，对我们认识全球化背景下开放宏观经济运行的原理和规律，很有借鉴意义。

一是希腊危机有助于我们全面理解危机发生的根源。现代经济运行离不开市场与政府间的交互作用。经济增长是市场机制和政府调节良性互动的结果，相反，危机也总是与市场失灵和政府干预缺陷有关。

华尔街金融危机说明，货币过度扩张与缺乏监管的市场逐利冲动相结合，有可能为危机因素的滋长提供适宜的温床。希腊和欧债危机则提醒我们，政府失误也可能成为危机"完美风暴"发生的关键因素。希腊政府鼓励过度消费是危机的重要根源之一，财政数据造假更是政府失灵的典型表现。欧元区治理结构的设计和操作缺陷，对危机发生也难辞其咎。

二是这场危机强调了财政纪律的重要性。欧元区制定了 3%和 60%的标准，说明并不缺乏对财政纪律重要性的一般认识。然而相关标准并未得到真正落实，很大程度上流于形式。比如，希腊加入欧元区后，就财政标准而言，只有个别年份达标，财政纪律松弛成为危机酝酿爆发的必要条件之一。中国目前财政状况总体尚属稳健，然而重视财政纪律原则，对中国仍然具有长期借鉴意义。

三是这场危机凸显了宏观失衡的危害。经济增长近九成靠消费推动，贸易赤字率十多年持续超过 10%，是一系列的宏观失衡促成了希腊债务危机。进入 21

世纪以来，中国面临国际收支双顺差的困扰。虽然中国外部失衡有自身特点，然而欧债危机对中国还是有很强的警示意义。

四是这场危机应当让我们重估放弃货币调节手段的利弊得失。放弃主权货币、实行区域性超主权货币，确有可能带来利益，如节省交易成本、促进要素流动等。然而其真实代价则可能要通过一次重大危机，才会被充分展现和具体认知。希腊危机表明，在国际财政有效约束机制这个前提条件真正得到满足之前，过分看重固定汇率或单一区域货币带来的利益，放弃主权货币及汇率和利率调节机制，存在重大隐患，本质上难以持续。进入 21 世纪以来，中国在新形势下面临如何选择汇率体制和评估国际货币体系等重大问题。欧元初步实践和希腊危机教训，对求解上述问题具有重要价值。

欧债危机还是欧元危机？[*]

受一些共性因素影响，日、欧、美等主要发达经济体目前不同程度地面临债务困境和危机。但是欧洲问题特点突出，两年前希腊债务风波发生以来，欧债危机一波三折，此起彼伏，近来呈现向欧元区核心国家蔓延的态势。作为债务危机重灾区，欧洲已成为拖累未来全球经济增长的最大单个不确定因素。

如果说高福利、高消费制度因素构成发达国家高债务的普遍背景，那么是什么因素导致欧债危机以世人惊愕的方式持续恶化？欧洲危机特别棘手和纠结的特殊根源何在？本文的简单回答是：欧盟同时面对债务危机和欧元危机，两重危机的叠加放大效应使欧洲陷入看似无助的泥潭。

是的，就问题的特征性内涵而言，欧元危机是欧洲当下面临挑战的本质。虽然一些欧洲政要和学界精英（包括被尊称为"欧元之父"的美国哥伦比亚大学蒙代尔教授）口头上还不能接受这个令人不快的现实，然而欧元正面临生死考验应是"地球人都知道"的事实。

为什么欧债危机一开始就意味着欧元危机？其一，欧债危机的酝酿发酵，深深打上了欧元内在机制作用的烙印；其二，缺乏集中财政支持的统一货币体制，使成员国在失去传统应对危机方法的同时又难以获得新手段；其三，欧债危机的展开和终结，会伴随欧元体制实质性改革甚至生死抉择。

一个基本事实是，欧元区危机国债务结构特点是外债占相当大比例。希腊政府债务中外债比例在危机前已超过八成，西班牙、葡萄牙占七成。因而欧债危机难以用一般意义的宏观过度扩张解释，而应结合欧元体制下国际收支失衡的特殊发生机制加以认知。正如评论人士所言，在欧洲债务和银行危机背后，隐藏着欧

---

[*] 原文发表于 FT 中文网，2011 年 12 月 1 日。

元区实际汇率错配导致的国际收支危机。

现实与欧元战略家当初"趋同"的构想大不相同，引入欧元后其成员国之间工资变动差异显著。数据显示，以 2000—2008 年德国工资变动为基准，同期希腊工资相对上升 16.5%，爱尔兰上升 12%，葡萄牙、西班牙分别上升 7%和 8%，意大利上升 3%。考虑各国相对德国劳动生产率变动的差异，同期五国单位劳动成本相对上升幅度为 25%—47%。

一些国家单位劳动成本增长伴随内部实际汇率大幅升值和严重外部失衡。2000—2008 年，爱尔兰相对德国实际汇率升值约 50%，希腊、西班牙、意大利和葡萄牙分别升值 27%、31%、34%和 24%。同期五国经常账户历年无一例外都是赤字逆差，希腊和葡萄牙年均经常账户逆差 GDP 占比高达 9%—10%，西班牙也有 6%以上。2005 年后逆差呈进一步扩大态势。

经常账户逆差需要私人账户盈余或政府外债融资。除个别例外，一国长期失衡，通常难以在国际资本市场得到低成本持续融资。融资瓶颈对外部失衡和负债过度构成自然外在约束。欧元体制不对称地改变成员国发债的融资成本和能力，对德国这样竞争力较强的国家影响较小，然而使希腊等较弱成员国发债能力显著提升。

例如，1993 年希腊 10 年期国债相对德国的利差高达十几个百分点，葡萄牙、西班牙、意大利等利差也在 3—5 个百分点，体现了资本市场对各国宏观经济基本面和风险差异的不同评估和预期。加入欧元区后直至危机前，各国利差普遍降至不到 0.5 个百分点，为这些国家过度借钱打开了方便之门。欧元体制客观上给这些国家同时提供了债务融资的必要性和便利性。

以德国为代表的欧元区中心国也分享了自己的那份利益。希腊等国负债增长给德国等国顺差增长提供了需求条件，德国净出口占 GDP 的比例从 2000 年的不到 1%增长到危机前的 6%—7%。欧元对区域内金融市场投资引入了"欧元偏向效应"，加之欧元在区域外作为国际货币的影响力加大，给欧元区中心国金融机构快速扩张提供了历史性机遇。

欧元体制的特有扩张模式虽皆大欢喜，但深层隐忧是财政独立基础上的货币联盟成员国具有吃大锅饭和搭便车的冲动，可能造成赤字和债务过高的"堰塞湖效应"和危机风险。欧元战略家似乎也意识到这一点，并试图采用事先规制和事后规制的方法应对。然而事实表明这些规制难以达到设计效果。

按照事先规制要求，申请加入欧元区的国家必须在赤字和通胀等宏观指标上达到一定标准才会被批准成为成员国。听起来有点像中国的股市设计,由发审委官员和专家依据三年利润等标准挑选优质上市公司,能否有效难免令人生疑。据报道,希腊当年加入欧元区,就多亏某个国际大投行的指点,采用涉嫌造假的手段方获成功。

事后规制包括在1997年通过的《稳定与增长公约》中设定财政赤字和债务阈值。财政赤字超标需在一年内纠正,连续三年超标则需按程序上缴不超过相当于本国0.5个百分点GDP的罚金。然而令人遗憾的是,2002—2004年德、法两国率先触犯红线,却以自身的特殊影响力绕过规制免受责罚。昭告世人规制形同虚设,"稳定公约不稳定"。

统一货币与分散财政的欧元体制,具有诱致成员国滋生大规模持续财政赤字并提高债务率的道德风险。在事先规制和事后规制被证明无力补天之后,一些成员国债务持续累积,等待一次"完美风暴"将欧元区推入危机深渊。

欧元体制在内部埋下可能引爆危机地雷的同时,还取消了采用常规手段应对地雷爆炸事故的可能。拥有主权货币的国家万一宏观管理不善导致双赤字危机,至少还可以通过汇率、利率和财政等多方面手段加以应对。统一货币一劳永逸地取消了成员国通过汇率、利率等相对价格工具调节失衡和应对危机的可能。

特定共同体应对债务危机的另一逻辑可能性,是通过内部成员国援助调减债务存量。就欧债危机而言,高债务国主要是对其他欧元"兄弟"成员国欠债,欧元区整体外部负债不多。只要德国等主要欧元区债权国乐意出钱,欧元区国家应能自行解决主权债务危机,甚至欧债危机本身就不会发生。

但在现行欧元体制下,这条路也崎岖难行。欧元货币一体化孤军深入造成一个跛足体制:货币同盟这条腿已大步迈出,财政集中这条腿却未能跟进。欧盟目前的预算盘子仅相当于区内GDP的1%。几年前《欧盟宪法条约》在法国、荷兰"公投闯关"失利,意味着在税收财政和转移支付方面进行实质性改革将遥遥无期。在这个跛足体制下,通过财政工具调整存量应对危机,也因缺乏相应的制度安排和政治意愿难以实施。

治理欧洲的双重危机需三管齐下。

一是从调节流量关系入手治理。关键是危机国应实施紧缩政策降低赤字率。紧缩必导致经济增速下降甚至负增长,财政赤字须更大幅下降才能实现降低赤字率并使债务率企稳的目标。危机国对紧缩阵痛的承受度,是决定危机前景的关键因素。最近一些危机国政坛顺利交替,为实行紧缩政策提供了有利条件,然而能否成功紧缩仍有待观察。

二是从调节存量关系入手治理。完全靠危机国紧缩也不现实,欧盟特别是欧元区核心国家需适度增加减免债务力度。希腊新救助方案包含银行债权减记代表了这方面的努力,实施这类措施需区别对待欧元区内外的银行,还要欧元区主要债权国政府适当直接动用财政资源减免危机国债务。另外,还需继续通过欧洲央行直接干预债市对危机国提供必要的流动性支持。

三是加快欧元体制改革。缺乏集中财政和政治同盟的欧元跛足体制,既是欧债危机的关键助推根源,又是通过存量调整应对危机的深层制约因素,彻底治理危机必然要求加快对这个体制进行实质性改革。客观形势要求欧元区各国以共同利益为重,把危机压力变成改革动力,超越《里斯本条约》达到的境界,把原先设计的几十年制度演进过程大为压缩和提前。

第二次世界大战后的历史环境塑造了欧洲一体化的独特轨迹。欧洲试图通过深化区域合作谋求共同发展的主流社会共识应得到肯定,欧洲人创设和管理欧元的经验教训具有借鉴价值。然而,经济规律的力量难以抗拒,十岁的欧元才真正面对历史性考验。人们愿为欧元这个新生事物祈祷,但事情前景如此不确定,明天有关欧洲的任何一条新闻都不应令我们感到特别意外。

欧盟峰会救欧元[*]

两年前希腊引爆欧债危机,虽经法、德等国和欧盟多方救助,但未能阻止危机深化蔓延。2011年秋季以来,欧债危机呈现加剧恶化势头:先有希腊二次救助方案推出过程跌宕起伏,接着意大利、西班牙等大国状况不断,甚至法国、德国的债信也开始遭遇市场质疑。

欧债危机持续发展,越发清晰地显示出欧元体制存在重大局限,应对欧债与欧元双重危机成为欧盟面临的严峻挑战。一些欧盟政要也表示欧元和欧盟陷入空前危机。媒体报道一些企业已把欧元崩溃可能写进市场合约,甚至"欧洲部分国家的央行已经开始考虑应急方案,为成员国退出欧元区甚至欧元区完全解体做准备"。

在双重危机发展可能危及欧盟根本的形势下,欧盟首脑上周再次展开密集首脑外交进行磋商,8—9日在布鲁塞尔召开了首脑峰会商讨对策。会前有媒体评论此次峰会将是欧盟自救的最后一次机会。国际评级公司标普更是放出狠话:"如形势继续恶化,将下调所有欧元区国家评级。"

由于英国抵制等原因,欧盟峰会未能正式讨论修改欧盟条约的问题,但是决定通过在欧元区国家之间缔结政府间协议的方式推出拯救欧元的举措。从峰会公布的欧元区成员国首脑声明看,峰会在强化欧元区成员国财政监管方面获得初步突破,在欧洲金融稳定基金(EFSF)杠杆化和欧洲稳定机制(ESM)加速启动等问题上取得进展。

加强财政合作是峰会的基本议程。在最初试图修改欧盟条约建立财政稳定联盟的设想流产后,峰会决定采用在欧元区国家间建立新财政协定的变通办法启动改革。这个新协定计划于2012年3月或之前签署,包含数量控制、自惩机制、增

---

[*] 原文以"欧盟峰会难救欧元"为题发表于FT中文网,2011年12月13日。

强监督等多方面内容。

新协定制定了各国结构性赤字上限"0.5个百分点"的规则。所谓结构性赤字，是指一国经济处于潜在总产出增长水平或充分就业状态下出现的财政赤字，新协定要求各国年度"结构性赤字"不超过名义GDP的0.5%。

另外，新财政协议将对赤字超标建立自动惩罚机制，为此将要求成员国修改国内相关法律，建立保证自动惩罚生效的"超额赤字程序"（excessive deficit procedure）。新协议还将建立成员国事先上报国债发行计划的制度，要求进入超额赤字程序的成员国向欧盟提交减赤和改革方案，并需经批准和监督。

峰会在加强救助危机方面也推出新措施。峰会肯定11月29日欧元集团有关EFSF新方案，决定采用两种方法快速推进EFSF杠杆化以扩大其可用资金规模：一是发行主权债务的"部分担保凭证"（partial protection certificate，PPC），二是建立"共同投资基金"（co-investment fund，CIF）。

峰会把建立欧盟永久性机制ESM的时间从2013年7月提前到2012年7月，规定只要代表90%资本承诺的成员国完成国内法律批准程序就开始生效。峰会对参与ESM的私营机构给了一颗定心丸：今后将严守IMF的有关惯例，明确承诺希腊二次救助采用减记银行债权的做法是"唯一和例外"。

考虑在欧盟条约修改前欧盟直接向成员国提供机制性援助面临法律限制，峰会决定通过双边贷款形式与IMF加深合作。欧盟将向IMF提供2000亿欧元贷款以加强其援助资源。今后IMF有望在应对欧债危机中扮演更加重要的角色。

回顾欧债危机演变进程，观察最新欧盟峰会动态，可以得到几点认识和判断。事件进程再次证实欧债危机同时是欧元危机。欧债危机的酝酿发酵和现实局面，深受欧元内在机制作用的制约，应对欧债危机必然伴随欧元体制实质性改革甚至生死抉择。双重危机决定了欧洲问题的特殊性、复杂性和长期性。

这次峰会在强化财政监督制度建设和危机救助措施方面取得重要进展，标志着欧盟应对危机进入一个新阶段。峰会再次展现欧洲抵御危机和维护一体化大局的积极愿望，也显示欧盟这个成熟发达经济体在应对危机时处变不惊的老道与技巧。另外IMF在与欧盟合作时表现出来的特殊配合立场与姿态也耐人寻味。

不过从多方面观察，欧洲双重危机的演变前景仍不容乐观。首先是应对危机的举措会受到内部矛盾掣肘，不仅特立独行的英国合作意愿有限，欧元区成员国与非成员国之间分歧以及德、法之间的矛盾，都对抗击危机所要求的同心同德的前提条件构成挑战。这次峰会没有讨论发行统一欧债、央行应更积极救助等问题，从一个侧面显示欧盟内部矛盾尚存。

拟议的新财政协定的内容主要集中于加强财政纪律和监督，有关更高水平的包含再分配职能的税收财政一体化问题尚未提上议事日程，而从长期看更深层的财税一体化将是难以回避的问题。另外，目前救助措施仍着眼于流量纾困，尚未涉及对已经发生的巨大债务窟窿如何分担损失的问题。

新财政监管措施设计倚重所谓"结构性赤字"的说法，这个概念虽在经济学教科书上有清晰定义，但在量化和操作层面存在诸多技术性困难。"0.5个百分点"的新规则虽然看起来很硬，但实际操作后约束力如何仍存疑问。

两年欧债危机的演变进程告诉我们，永远可能发生超预期冲击。展望未来，随着危机深化，欧盟各国特别是核心国主流民意对欧元和一体化的态度是否转变存在不确定，随后的法、德大选将使这些问题得到检验。

最新欧盟峰会传达的唯一确定信息是，欧盟经济增长前景将变得更加暗淡。如新推出的更严格的财政监管制度得到实施，欧盟经济增长难免会受到抑制，估计未来一段时期其经济平均增速可能会降到1%以内。如出现更为糟糕的欧元动摇局面，无疑将对全球经济造成更大下行压力。

欧盟峰会折射的欧洲危机新态势也将影响中国的政策选择。面对全球经济不确定性加大与增速放缓的环境，我国是像几年前那样，接受"百年不遇危机"的判断从而大举刺激经济，还是主动调减增长预期，趁势加快推进已显著滞后的多领域改革和调整议程？破解这个问题关系到中国能否把目前全球经济调整期变成新一轮战略机遇期。

欧洲如何回应历史新挑战*

以 2009 年年底希腊债务问题浮出水面为标志，欧债危机已经发生两年多时间。为什么欧盟这个治理能力最为成熟的区域却出现了危机此起彼伏的局势？为什么最发达经济体反而成为拖累全球经济增长的最大不确定因素？为什么欧盟两年多开了十几次峰会仍不能遏制危机演进，反倒陷入越来越纠结的困境？

欧债危机的重要性和深刻性不亚于美国金融危机。欧债危机仍在深化中，人们对其成因的认识也在深化。欧债危机背后有三层根源：一是高福利高消费政策的直接根源；二是欧元体制诱发举债的深层根源；三是一体化战略设计走偏的历史根源。只有准确认识危机根源，才能更好地把握其演变前景，并汲取有益启示，采取正确应对政策。

福利支出脱离经济实力超前增长，高福利高消费政策是赤字根源

高福利高消费政策导致欧元区部分国家持续高赤字，进而导致债务不可持续并提供孕育危机的温床。具体观察，欧盟社会福利体系主要由政府对伤残、养老、失业、住房、医疗等八类保障性支出构成。数据显示，2007 年危机前，"欧猪五国"（PIIGS）除爱尔兰外，上述八项社会福利支出占比都高于 OECD 成员国均值，爱尔兰该占比在 2009 年也上升到大幅高于 OECD 成员国的均值水平。计量统计分析证据显示，高福利支出与高债务负担存在显著的正向定量联系。

面临较大债务风险的欧元区成员国在 21 世纪最初十年，上述社会福利增速都不同程度地高过经济增速。2001—2010 年，希腊福利支出年均增长 9.4%，经济年

---

* 原文发表于《人民论坛》2012 年 2 月上期。

均增长 5.6%，福利增速比经济增速高出近七成。同期葡萄牙和爱尔兰福利年均增速分别为 7.8% 和 11.1%，经济年均增速只有 3.5% 和 5.3%，福利比经济增速竟高出一倍以上。西班牙和意大利的福利增速也不同程度高于经济增速。这些国家福利支出增速也高于欧元区其他国家。例如在人均医疗、住房补贴等重要福利项目上，这些国家支出增速与德国比较都大幅甚至成倍上升。

福利支出脱离经济实力超前增长，导致后来"问题国家"在欧盟 27 国福利支出占 GDP 的比重排名榜上位次不同程度前移。1999 年希腊福利支出占 GDP 的比例在欧盟 27 国中名列第 13 位，2007 年已蹿升到第 1 位。爱尔兰从 1999 年的第 27 位上升到 2010 年的第 12 位，葡萄牙和西班牙分别从 1999 年的第 23 位和第 19 位上升到 2010 年的第 10 位和第 15 位，意大利从 1999 年的第 6 位提高到 2010 年的第 4 位。由此可见，高福利、高消费助推欧债危机的判断已得到广泛证据支持。

欧元体制催生债券泡沫膨胀并最终破灭

高福利影响不言而喻，然而如果把欧债危机仅仅归结为高福利制度下寅吃卯粮的故事，会大大低估欧洲目前困境的复杂性和特征性。高福利、高消费是凯恩斯政策在第二次世界大战后西方社会制度化后的普遍倾向，但欧债危机为什么没有更早发生？为什么欧债危机国福利相对支出近十年才快速提升？债务率更高的日本为何尚未遭遇危机冲击？美国虽然债务率高企为何仍能大体控制局面？

略加思考不难发现，认识欧债危机需超越高福利的表层原因，探讨欧债积累与欧元体制的深层联系。危机国的高外债是认识切入点：日本政府债务率高于所有欧债危机国，美国政府债务率也高于欧元区平均水平，欧元区危机国债务的突出特点是外债占比最高，并且国际投资净头寸（NIIP）负值高。

以 2009 年外债占 GDP 的比重为例，"欧猪五国"中希腊外债占比最高，为 96.9%，西班牙最低，为 29.4%，平均为 58%。同年美国、日本和中国的该指标值分别为 27.6%、6.1% 和 0.2%。同时"欧猪五国"都录得较大比例负值 NIIP：2010 年意大利 NIIP 占 GDP 的比重为 -24.7%，其他四国在 -89% 到 -108% 之间。外债比例高意味着危机风险高，高负值 NIIP 意味着无法调动国外资产应对流动性困难，在面对外部环境逆向冲击时最为脆弱。

经济学常识表明，存量意义上巨额外债必然通过流量意义上国际收支持续逆差积累而成，因而高外债危机的形成机理要在特定国际收支失衡机制下加以阐释。

从这个角度看，两重效应可揭秘欧元体制下欧债积累的特殊机制：一是成员国"竞争力差异效应"通过实际汇率和经常账户持续失衡派生外部举债需求；二是资本市场"收益率扭曲效应"为成员国一度以低成本外部举债提供现实条件。外部失衡伴随外债累积，在特殊内外环境下会满足"完美风暴"条件并最终引爆危机。

欧元设计建立在最优货币区理论的基础上。该理论认为统一货币有助于甚至会"内生出"劳动市场等实体经济领域的快速收敛。然而欧元实践与理论假设有不小差距：引入欧元后，区域内劳动市场收敛非常有限，反而出现成员国之间外部竞争力差距扩大的趋向。一些早先竞争力较弱的成员国与较强国比较，工资与生产率增速匹配差异派生单位劳动成本差距扩大，导致实际汇率与外部竞争力逆向变动。

以 2000—2008 年的德国工资变动为基准，同期希腊工资相对上升 16.5%，爱尔兰上升 12%，葡萄牙、西班牙分别上升 7%和 8%，意大利上升 3%。考虑各国相对德国劳动生产率变动的差异，同期五国单位劳动成本相对上升幅度为 25%—47%。事实表明，影响劳动市场的非制度性因素的摩擦系数远远高于最优货币区理论的假设值。

单位劳动成本相对增长直接传导为实际汇率升值和外部失衡。2000—2008 年，爱尔兰相对德国实际汇率升值约 50%，希腊、西班牙、意大利和葡萄牙分别升值 27%、31%、34%和 24%。同期每年五国经常账户无一例外录得逆差，希腊和葡萄牙年均逆差占 GDP 的比例高达 9%—10%，西班牙在 6%以上，2005 年以后逆差占比呈扩大态势。由此可见，单一货币虽能固定名义汇率，但无法消除成员国之间有效实际汇率及外部竞争力的相对变动。

一国结构性对外逆差持续扩大，逻辑上需要某种转移支付机制提供融资。现实应对无非用两类方法：一是通过国际资本市场发债融资，但是收益率飙升会很快传达债务不可持续信息；二是迫于压力自我调整。外部逆差需要本币贬值调节，然而汇率传导效应会引发国内通胀从而使本币难以实际贬值，因而调整外部逆差通常要伴随国内财政、投资、消费紧缩措施才能奏效。这类痛苦调整经历对中国并不陌生：20 世纪 80、90 年代经济过热导致外部逆差过大，我们曾多次"勒紧腰带过日子"，才使开放宏观经济重回可持续增长轨道。

历史上欧洲各国国债收益率差异相当大。早年希腊与德国长期国债利差高达十多个百分点是常事，意大利、西班牙、葡萄牙通常在 3—6 个百分点，爱尔兰较低也有 2—3 个百分点。各国差异性收益率溢价显示不同国家在资本市场举债融资受到相应约束，体现宏观经济规律对政府行为的制约作用。引入欧元使这一市场约束机制一度松弛甚至解除。2001—2008 年欧元区成员国相对德国利差都降到 0.5 个百分点以下，为早先高收益率国家从国际资本市场廉价融资打开了方便之门。

欧元区发债总额从 1990 年的 2.15 万亿欧元上升到 1999 年的 3.41 万亿欧元，9 年增长约 70%；引入欧元后发债额增长到 2008 年的 14.32 万亿欧元，8 年增长 2 倍多。中央政府发债额在 1990—1999 年从 8835 亿欧元上升到 1.165 万亿欧元，9 年增幅不到 30%；引入欧元后，到 2009 年上升至 2.58 万亿欧元，10 年增长 1 倍多，比前期增速高出 2 倍多。就此而言，欧债危机是欧元体制下收益率扭曲催生债券泡沫膨胀并最终破灭的结果。

一体化战略和欧洲联邦理想的走偏及其历史根源

第二次世界大战后西欧主要国家吸取近现代历史教训，通过"莫内—舒曼煤钢合作计划"起步推进区域合作，随后构建欧洲经济共同体，探索尝试汇率合作机制，到 20 世纪 80 年代末已初步建成商品、人员、劳务、资本自由流动的统一大市场，并以此为基础在 90 年代初成功创建欧盟。欧洲区域合作几十年持续推进，促进了区内经济增长，提升了欧洲的国际影响力，对全球政治经济多极格局的形成发展产生了广泛、重要和积极的影响。欧洲经验名至实归地成为区域一体化教科书的范例和标尺。

进入 20 世纪 90 年代，在如何谋划更高水平"超国家实体"的问题上，欧盟面临不同思路选择。

一种思路是《马斯特里赫特条约》（Maastricht Treaty）规划的欧元先行战略思路。要通过率先引入统一货币来推动财政、政治、治理结构改革，加快实现更高水平的一体化和欧洲联邦理想。从经济分析角度看，这一战略建立在以下假设推断基础上：假定统一货币能大幅降低交易成本并加快推进区内贸易、直接投资和金融一体化；市场规模扩大提升成员国竞争力以及获取流动性便利；更大规模和联系更紧的区域合作有助于降低外部冲击影响和稳定物价；统一货币通过"内部风险共享"机制推动财政和政治一体化。

另一种思路主张稳扎稳打，借助已有体制合作平台，加深培育成员国融合意愿，逐步建设包含财政、货币、政治、治理结构的更高水平同盟。它们虽也认同统一货币的终极目标，但是反对急于求成，质疑先验设定引入欧元时间表。1992

年和1998年分别有60位和160多位德国经济学教授发表联合宣言，高调阐述反对欧元先行的战略立场。他们认为从理论上看，《马斯特里赫特条约》收敛标准不足以定义最优货币区，《稳定与增长公约》不足以确保货币联盟需要的财政稳定条件，欧元体制难以解决成员国相对竞争力差异的问题，欧元的正面经济和政治效果被夸大。他们断言："《马斯特里赫特条约》，而不是条约的质疑者，将欧洲通过平顺道路谋求共同增长的机会置于危险境地。"

历史告诉我们，当年货币先行派构想在争论中胜出，推动欧元如期问世并一度有不俗表现。不过正在发生的历史显示，稳健推进派的警告并非杞人忧天。观察欧元运行十余年的经验，可以看出，欧洲精英当初选择货币先行战略的几点判断偏差为目前的危机埋下了种子。

第一，2005年前后《欧盟宪法条约》公投闯关失利的事实表明，货币先行战略高估了欧盟主要成员国主流民意对以进一步让渡主权为代价换取更高水平区域制度融合的意愿，也高估了通过引入统一货币能快速催化上述共识达成的效果。与历史上一些重大制度设计类似，欧元战略家作为历史当事人在评判其偏好的制度可行性上更容易高估走偏，从而使欧元先行战略面临冒进风险。

第二，为欧元制度量身定做的《稳定与增长公约》于1997年通过，欧元战略家试图借助其中有关财政赤字和负债等方面的规制防范成员国财政失序给欧元运行带来损害。然而令人遗憾的是，事实显示这个公约确实是"不会咬人的看门狗"。2002—2004年，德、法两国率先触犯财政超标红线，却以自身的特殊影响力绕过规制免受责罚，昭告世人"稳定公约不稳定"。当时有识之士就评论这一事件是欧元的灾难。

第三，欧元体制设计既没有考虑危机治理措施，也没有规划成员国退出机制和程序，等于是一厢情愿地假定欧元制度天衣无缝，因而不可能发生危机。这个危险假定反映出欧盟精英在创造欧元体制时面临务实应变与承诺坚定要求之间的两难矛盾，更折射出人为制度设计无法回避的知识冒险与执行层面的固有局限。

欧债危机不单是华尔街金融危机的余震，也不仅是高福利导致的一般债务危机，其根源深植于欧元体制内在局限与一体化战略选择偏差。欧盟目前面临经济、银行、债务、货币等多重危机和风险并发的困扰。成功治理欧债危机必要的"紧缩、减债、改革"组合措施中，表面看似紧缩难，其实各国在进一步让渡主权、"交换"更高层级一体化问题上面临更为揪心的选择。这才是"欧洲问题"的实质内涵。世人在关注，近现代曾引领世界潮流的欧洲将如何回应历史新挑战。

欧债危机最新演变分析[*]

2011年下半年欧债危机一度蔓延恶化引发广泛关切，成为国际机构调低全球经济增速预期的关键因素。2011年年底欧盟峰会推出一系列应对危机举措，2012年年初进一步出台新救助措施，欧债危机近期走势呈现一些新动向。如何把握欧债危机最新形势演变？我们认为，欧债危机确实出现了短期企稳态势，但是总体仍处于发酵深化阶段，我国需要在动态反思形势的基础上沉稳应对。

欧债危机出现短期企稳态势

2011年年底欧盟峰会以来，欧债危机一度恶化的势头得到遏制并出现短期企稳的利好态势。对此可从以下三方面观察。

一是希腊与IMF及欧盟达成第二轮救助计划。2012年2月21日欧元区财长会议决定，将按计划向希腊注资1300亿欧元。达成债务减记方案是希腊成功获得援助的关键因素。减记方案要求希腊债券投资者同意相当于面值53.5%的减记：即将现有旧债券置换成原有面值31.5%的新债券，剩下15%将由EFSF发行短期票据来支付。新债券期限设定为11—30年，票面利率按期限不同为2%—4.3%，整个30年加权平均票面利率为3.65%。如果2015年后希腊GDP增长达到或超过既定目标，债券持有者将获得额外收益。

实施财政紧缩措施是希腊获取第二轮援助的又一先决条件，包括进一步缩减政府开支、降低公务员福利、调低工人薪酬水平等内容。在希腊议会通过紧缩措施后，希腊财政部3月1日宣布在欧元区集团会议上成功签署换债、银行资本重

---

[*] 与陈建奇博士合作撰文，呈有关部门参考，2012年3月7—8日。

组以及与 EFSF 抵押品相关的协议。

二是欧洲央行启动"长期再融资操作"(long term refinance operation，LTRO)，使欧洲银行业流动性状态从紧张转为相对宽松。2011 年 12 月 21 日，欧洲央行实施第一轮 LTRO，根据相关规定银行当时可使用抵押品以 1%的固定利率获得欧洲央行的廉价贷款，第一轮 LTRO 为 523 家欧洲银行提供了总额达 4892 亿欧元的贷款。2 月 29 日，欧洲央行启动第二轮 LTRO，将向 800 家欧洲银行提供总额为 5290 亿欧元的贷款。

两轮总额过万亿欧元的 LTRO，直接缓和了 2011 年年底欧洲银行业资金紧缺的忧虑，对短期缓解欧债危机压力也有显著作用。银行获得大量廉价充裕资金后，不仅不再担忧中短期出现流动性紧缩问题，反而可能通过购买政府债券即实施所谓"萨科齐套利"(Sarkozy carry trade) 博取利益。意大利国债收益率从 2011 年年底超过 7%的高位，回落到 2012 年 1 月底以后低于 6%的水平，显然得益于欧洲央行大手笔救助。可见 LTRO 虽不直接购买国债，本质上却是欧版的量化宽松政策。

三是成功签署《欧洲经济货币联盟稳定、协调与治理公约》(以下简称"公约")，标志着欧洲财政治理走出积极一步。2012 年 1 月底，欧盟成员国几经谈判与修改使"公约"草案成形，其亮点在于引入自动惩罚机制，规定欧盟最高司法机构欧洲法院有权对结构性赤字超过 GDP 0.5%的国家进行处罚等。3 月 2 日，除英国和捷克以外的 25 个欧盟成员国在欧盟春季峰会上正式签署"公约"，这将有利于加强各成员国财政纪律，有助于调控和防范成员国未来财政过度支出积累风险导致的危机，相应地对欧债危机也具有长期利好效应。

欧债危机仍处于发酵深化阶段

尽管近期欧债危机形势有所缓和，短期呈现企稳态势，但是导致欧债危机的深层病因并未得到根本治理。"公约"未来长期利好因素对解决当下危机的效果有限。欧洲央行通过 LTRO 向金融系统注入海量资金，虽对短期提振市场信心具有强心针作用，能够为应对危机赢得一段时间，但是如果不能辅之以根治危机的措施，这类把"灰尘扫到地毯下"的做法反而可能会冲淡实质性结构调整的努力，使危机被实质性解决的时日更加遥遥无期。全面观察形势，欧债危机总体仍在发酵和深化阶段，欧债危机是否已过拐点仍有待观察。

欧债危机两年多来，欧盟政要和社会应对危机确实做了多方艰苦努力，但是已经出台的措施离根本解决问题的要求差距尚远。从欧债危机三重根源的视角观察，目前危机国的紧缩政策主要针对政府和国民过度消费的根源；签署"公约"在应对第二重根源上"点题"但尚未"破题"和"解题"；2005 年前后欧盟各国围绕"欧盟修宪"公决的痛苦经验提示，要正面应对欧洲一体化战略分歧的第三重根源，可能又要重新打开曾经被撕裂的伤口。

具体看现已出台的危机应对措施，救助是主轴，结构治理虽有一定力度，但仍不足以根治危机。例如，2011 年年底欧盟峰会对危机严重的国家提出减赤要求，但是最重要的措施集中在设计或加快出台 EFSF、EMS 等各种救助政策方面。最近欧洲央行推出的 LTRO 工具，不惜放弃德国人力图为欧洲央行塑造的货币纪律严谨传统，把短期救助措施放大到空前地步。这类措施虽可能会短期缓解危机压力，然而对欧洲一体化的长治久安可能反而具有负面作用。德国央行行长魏德曼（Jens Weidmann）2 月 1 日警告，欧洲央行过度慷慨的流动性供应，将导致银行业和金融系统风险增加，并将严重危及欧洲物价稳定以及央行公信力。

2012 年 2 月，IMF 一份关于债务可持续性的分析报告草案提出，即便目前的治理计划得到实施，2020 年希腊债务占 GDP 的比例仍将高出早先估测达到 129%，可见即便在较好假设条件下，能否在现有体制内使希腊成功摆脱危机仍具有不确定性。希腊等危机重灾国能否扛住紧缩调整的压力仍存变数。日前希腊议会投票通过总额 33 亿欧元的新紧缩措施，表决前数万名示威者在议会大楼外与警察发生冲突，超过 10 万民众聚集在雅典市中心抗议。

持久应对危机压力在其他欧元区国家是否会超过阈值，从而引发国内选民政治支持态度转变尤其值得关注。据媒体报道，2012 年 3 月 6 日，荷兰右翼自由党领袖威尔德呼吁退出欧元区回归荷兰盾，这是欧元区首个拥有相当民众支持的政党公开要求退出欧元。标准普尔 1 月 14 日将法国主权信用评级下调至 AA+后，法国主要反对党、中间党派、极右翼势力均发表声明，认为"这标志着萨科齐经济政策的失败"。媒体报道数家央行已考虑用其他货币取代欧元作为外部参考点。为了在不得不启用新钞时提供支持，包括爱尔兰央行在内的几家央行正在评估是否需要增加印钞机。这类措施本质上具有隐蔽性，已报道情况可能只是冰山一角，但这些零星信息提示我们，持续危机既可能增强凝聚力，也会诱发离心力。

欧盟委员会 2 月 23 日公布的最新经济预期显示，2012 年第一季度欧元区实际 GDP 预计将下降 0.3%。综合最新多种预测，2012 年除德国可能维持低增长之外，其他欧元区国家大都可能陷入负增长。债务危机导致实体经济衰退，反转会使得资产负债表危机更趋沉重。综上所述，虽然近来出现短期利好情况，但不足以改变人们对欧债危机长期性和复杂性的基本看法。

动态反思与沉稳应对

我国政府近年应对欧债危机的策略，或许可用"总体同情支持，具体有所保留"来描述。通过保持中国经济较快增长有效支持欧洲，支持鼓励我国企业和主权基金在市场原则基础上扩大在欧洲的各类投资，对IMF多边框架下参与特定援助措施持开放态度，但是对官方直接参与双边救助明确表达保留和婉拒观点。上述政策立场体现了对欧债危机根源多重性与前景复杂性的正确认识，综合考虑了中欧关系基本方针与相关具体政策利害因素之间的关系，兼顾了我国对外有所作为方针与国内有关舆情多元化因素。总体看，上述政策基调合情入理，务实可行，今后应继续坚持。

欧洲多国"捆绑"发生严重主权债务危机是全新历史现象，我们需要不断反思审视危机的性质、现状和前景，从而使应对政策更为稳健并更具有前瞻性。在这方面仍有一些问题可以进一步探讨。

比如一种观点认为救欧洲就是救我们自己。就全球经济具有内在联系，或就中欧作为重要贸易伙伴存在相互依存关系而言，这一说法有一定道理。不过也需要认识中国现阶段基本面条件与欧美实质不同，欧美危机前景对中国有重要外部影响，但是中国有可能依靠改革努力和内需潜力相对独立地保持较快增长，并非必然与欧洲"同生死，共命运"。与欧债危机国比较，基本事实是我国并未长期寅吃卯粮、严重过度消费，也没有资产负债表危机，更没有超主权货币矛盾，因而导致欧债危机的三重根源在中国都不存在。

即便欧债危机出现欧元区分裂甚至瓦解的最坏情况，也未必是欧洲发展的终结，甚至在较长时间范围内也不一定是欧洲一体化进程的终结。因而把上述小概率事件夸大为欧洲甚至世界末日的看法显然并不正确。苏联解体可以作为一个天然历史试验参照。由于主客观条件不同，欧元区万一出现最坏情形，其"退出"过程无序度和冲击度可能显著较低。有理由推测，这类事件对我国经济的直接冲击大概不会显著超过2008年前后金融危机的冲击，我国仍有能力应对局面并通过相应政策调整保持经济必要增长。但是上述事件会使我国持有的巨额欧元资产蒙受惨重损失。

面对我国持有欧元资产的风险,"抄底说"似乎具有特殊吸引力。如果我国以抄底理由大手笔增持欧元区国债,好像一方面能够帮助阻击欧债危机崩盘前景从而避免上述的潜在巨额损失,另一方面似乎还能作为买家坐收"低价高利"的好处。这个看法涉及如何看待我国早先外部不平衡带来巨额外汇储备资产过度配置包含的部分沉没成本性质,关系到如何看待美国与欧盟相对稳健性或脆弱性以及二者的长期前景,还牵扯到我国目前储备和主权基金投资体制内部是否存在道德风险的因素。考虑这些问题,笔者认为抄底设想风险很大,需审慎斟酌和仔细评估,不宜贸然或仓促出手。

欧元区采取的救助措施,客观上对我国也可能产生不同方向的影响,也需要具体分析和评估。例如,欧洲央行大手笔实施 LTRO,短期有利于控制欧元区经济衰退,从外贸外需角度看对我国经济增长有利。然而这一政策本质上具有量化宽松的特点,与美联储过度宽松的货币政策相配合,更会助推全球流动性泛滥和加剧大宗商品价格飙升,对我国的贸易条件和经济增长可能会带来更大的负面影响。如何评估这类政策利弊关系到我国在 G20 等多边场合的相关政策立场选择。

总之,我们对欧债危机,既要乐见其好,也要防备万一。从媒体报道披露信息看,一些国家已开始针对欧元解体的最坏可能准备应对措施,我国对此也需有内部研讨谋划,对最坏可能早作预案以求有备无患。

2012 年入夏以来欧债危机演变特点*

得益于欧洲央行两次总额超过 1 万亿欧元的 LTRO，2012 年年初欧债危机形势曾一度趋缓。然而由于深层原因没有解决，最近几个月欧债危机呈现新一轮发酵和深化态势。对入夏以来欧债危机所呈现的特点大体可以从以下几方面观察：一是欧元区整体增长乏力，危机国深陷衰退，经济增长前景堪忧；二是随着法国政权更迭和希腊大选风波，欧盟对现有"紧缩换援助"的治理危机方针反思意识加强，保增长政策目标优先度提升；三是西班牙金融系统告急成为欧债危机的"新风暴眼"，创建对危机国金融系统的直接救助机制成为欧盟应对危机的新策略之一；四是希腊大选风波后在修改紧缩计划问题上面临新争议。本文将观察和点评上述新进展。

欧元区经济将再次面临衰退

2012 年第二季度世界经济被各种不利因素困扰。全球经济复苏动力有所减弱，欧元区经济处于衰退边缘。尽管第一季度欧元区生产总值（GDP）实现接近零的增长率，避免了在技术上落入衰退的境地，但经济增长动力大幅衰减。不久前发布的 IMF《全球经济展望》2012 年 4 月版，不同程度下调了该报告 2011 年 9 月对欧元区 2011 年和 2012 年增长速度的预期。根据欧盟委员会有关机构预测，2012 年欧元区 GDP 增速为-0.3%，其中希腊、葡萄牙、西班牙、意大利的 GDP 增速分别为-4.7%、-3.3%、-1.8%、-1.4%，显示债务危机对经济的影响仍在发酵。

---

* 与李远芳博士合作撰文，原文发表于搜狐财经，2012 年 7 月 26 日。

欧元区工业生产继续放缓。最新数据显示，6 月欧元区制造业 PMI 为 46.4，该指标在过去 10 个月中有 9 个月都低于 50，德国的 PMI 也连续 5 个月位于荣枯线下，显示工业生产活动持续萎缩。欧元区失业率居高不下，5 月欧元区失业率为 11.1%，创下 1999 年欧元问世以来的新高。希腊、西班牙失业率分别达到 21.9%、24.6%，两国青年失业率甚至高达 52.1%。

更加重视保增长政策目标

5 月 6 日，欧元区两个重要国家法国和希腊分别举行大选。法国社会党候选人奥朗德在竞选过程中，针对内外经济形势恶化引发普通选民急追求变的心态，以"改变，从现在开始"为号召，表示在财经政策领域将改变先前侧重紧缩的政策取向，采用多种手段刺激经济复苏。

奥朗德就任总统后，提出未来 5 年新增 200 亿欧元新开支，用于增加 6 万个教师岗位以及 15 万个国家资助的就业岗位。他还计划重点扩大基础设施建设等公共支出项目，设立公共投资银行。与国内经济政策调整思路一致，奥朗德政府敦促欧洲采取更多措施促进经济增长，甚至一度表示欧盟如不实行新的促进增长措施，法国可能不批准 2011 年年底欧盟峰会通过的财政协定。

希腊大选风波和退出风险得以平息，然而国内政治博弈和辩论也使保增长政策目标得到更多重视。西班牙和意大利 2012 年预计会进入温和衰退，如何保证这两个欧元区第三、第四大经济体不至于落入类似于希腊那样的深度衰退泥潭，是关系应对欧债危机全局成败的决定性因素。这些紧迫变化也给强调保增长政策目标提供了客观助力，使得保增长一定程度上成为欧盟政策阶段性调整共识。

这一政策目标调整在 6 月底欧盟峰会上得到具体反映和体现。此次峰会上，欧盟领导人通过了《增长与就业公约》(The Compact for Growth and Jobs)，推出了规模为 1200 亿欧元的刺激增长计划。资金来源为两个方面：一是向欧洲投资银行增加 100 亿欧元资本金，通过杠杆化将借贷能力提高到 600 亿欧元；二是动用欧盟结构性结存的 550 亿欧元，另外发行 50 亿欧元的欧洲项目债券，这笔资金主要用于支持中小企业发展和年轻人就业，以及扶持落后成员国发展能源和交通等基础设施建设。

另外在 6 月底欧盟峰会上，领导人还原则性同意对已经采取措施努力削减财政赤字和债务的成员国，可以动用 EFSF 或 ESM，直接购买其国债以降低其融资成本，而不必附加新的紧缩或改革要求。这一意见大大降低了紧急救助的紧缩要求，为危机国获得资金打开了方便之门，间接有利于实现保增长目标。

拯救西班牙与金融救助新机制

欧盟救助西班牙银行业是近期欧债危机的一大重要看点。房地产泡沫破灭导致西班牙银行业承受巨大压力。西班牙第三大银行 Bankia 2012 年 5 月 25 日再次紧急求助政府提供 190 亿欧元引发市场震惊，西班牙 10 年期国债收益率 5 月底升破 6.5%并向 7%推进。在穆迪、标普等评级公司下调西班牙银行信用评级后，6月 8 日惠誉下调西班牙评级至 BBB，距离垃圾评级仅差两级。在举债成本高涨和无法从市场融资的压力下，西班牙呼吁欧洲伙伴国帮助其拯救银行业。6 月 9 日欧元区财长同意向西班牙发放至多 1000 亿欧元的贷款。西班牙经济部长金多斯强调，此次欧元集团提供金融贷款而非全面救助，西班牙政府无须进行更严格的财政改革以作为获取贷款的条件，贷款资金将通过西班牙银行业重组基金（FROB）注入问题银行。

FROB 债务构成西班牙公共债务，FROB 与西班牙主权债享有同等评级，欧盟通过 EFSF 和 ESM 提供的 1000 亿欧元"金融贷款"将由西班牙政府担保偿还。然而市场担心该援助不足以解决危机，加上投资人对 EFSF 或 ESM 提供资金优先偿还条款的含义有各种猜测，银行业获得救助后，西班牙从资本市场融资的难度不降反升。6 月 18 日，西班牙 10 年期国债收益率升至 7.18%的高位。

欧盟 6 月底夏季峰会在救助西班牙银行涉及的欧盟体制改革问题上取得重要进展。由于德国改变传统政策立场，使峰会达成"银行监管换救助"的妥协。具体内容大体是：在欧元区建立单一的银行业监管机制前提下，ESM 将可直接向银行注资。按照现行框架，ESM 的资金只能用于救助欧元区成员国政府，政府可将这笔资金用于救助本国银行。但这样做使得银行业的风险转嫁到政府头上，可能会形成主权债务危机和银行危机之间的恶性循环。此次峰会提出，在短期内建立一个单一的监管机制，在此基础上，ESM 可以对欧元区银行直接进行重组。

欧盟峰会还同意 ESM 不具有优先债权人地位。这让深陷银行危机的西班牙直接受益。如果 ESM 享有优先债权人地位，势必引发市场担忧，导致投资者抛售西班牙国债，因为他们担心一旦西班牙违约，ESM 将首先得到偿付，而所余资金将不足以支付私人债券持有者。这是希腊进行债务重组所发生的情况。德国同意

ESM对西班牙银行业的救援贷款将不具有"优先债权人"地位,这被看作德国做出的重要让步。

观察人士早就注意到,当前欧洲的银行业监管体制弊端很多,欧洲各银行监管的权力基本都属于各个成员国政府,与本国银行业有着紧密关系的当地政府不愿大刀阔斧地改革现有的宽松监管体系。如能真正做到加强欧盟层面的金融监管,换来对银行系统的直接救助,将是欧盟体制调整的重要进展。

希腊大选危机后面临新挑战

6月17日希腊大选结束,解除了退出欧元区的警报,但是新一届政府难以扭转希腊经济和债务形势的恶化趋势,并且在重新谈判紧缩计划的问题上与IMF等援助方发生新争议。

2011年希腊公共债务率上升到165.3%。10年期国债收益率在2012年前2个多月维持在35%左右。虽然由于受3月债务互换计划顺利实施利好因素作用,收益率一度下降至18%左右,但是在大选风波和退出欧元区风险的拖累下,收益率后来又在6月一度上升到30%。大选危机结束后,收益率才逐步下降到7月18日的24.49%。2011年希腊经济负增长6.9%,失业率达到17.6%,估计2012年仍会处于深度衰退泥潭,失业率将继续攀升。

虽然希腊2012年2月获得第二轮规模达1300亿欧元的援助,但是大部分希腊民众希望放松紧缩条款。希腊新总理萨马拉斯在选举时承诺,将要求欧盟等救助方降低希腊财政紧缩力度。6月24日,希腊新一届政府申请将援助希腊协议中规定的财政整顿目标从现在的2014年至少延长两年到2016年,此举可使该国在无须进一步削减薪资和养老金的情况下达到整顿财政的目标。希腊政府还对援助协议中某些紧缩和改革条款提出修改意见,包括建议取消对私营部门劳资协议的改革,取消公共部门裁员15万人的计划等。希腊政府还宣布总理萨马拉斯和财长拉帕诺斯因病均不参加夏季欧盟峰会。

IMF和欧洲央行官员及德国财长对希腊政府修改援助协议的声明,都公开表明不赞成态度,强调希腊的首要任务是令财政紧缩和结构性改革重回正轨,而不是要求放松紧缩和额外帮助。希腊总理萨马拉斯此后给欧元区首脑的信函中声明,希腊将尊重援助协议条款,但是希腊服从的意愿是有限度的。希腊财长则声明,目前紧缩计划的某些方面已偏离其目标。

希腊面临的紧迫任务是制定 2013 年和 2014 年的财政紧缩计划。希腊本应在 6 月底之前推出一份经议会批准的紧缩计划，然而由于 5 月和 6 月进行的希腊大选将该国推入政治不确定性局面，这一紧缩计划推出延迟。2012 年 2 月欧元区财长会议批准的对希腊总额为 1300 亿欧元的第二轮救助计划已实施近半，目前仍有 707 亿欧元救助资金尚未发放。下一笔欧盟和 IMF 援助资金总额为 310 亿欧元，是否发放仍取决于 7 月 24 日欧盟、IMF 和欧洲央行代表出访雅典后的决定。

7 月 18 日联合政府就最新财政紧缩计划达成原则性一致意见，但将最终确定的时间推迟至下周。这一财政紧缩计划规模为 117 亿欧元，相当于希腊 GDP 的 5.5%，目标是在 2014 年年底以前将希腊财政赤字在 GDP 中所占比例从 2011 年的 9.3%降至 3%以下。预计这项计划的内容将包括削减福利、减少在卫生和国防等方面的支出，以及削减公共部门支出等。对于具体的紧缩措施，联合政府有所保留，等待与国际债权人代表即三驾马车商议谈判。

如果三驾马车考察后批准希腊获得下一笔 310 亿欧元援助资金，那么预计也将在 9 月的欧元区财长会议后才能发放。目前希腊政府的现金储备将在 8 月中旬耗尽，希腊财政短期面临流动性问题。此前路透社报道，希腊政府正向国际债权人寻求一项过桥贷款，以满足 9 月前的融资需求。希腊财政部官员透露："我们正努力在 9 月前获得这项过桥贷款。"

几点简略评论

希腊平息政治风波和退出风险，欧盟峰会达成超出市场预期的协议，显示出欧盟积极应对欧债危机的决心和能力。夏季欧盟峰会还讨论了迈向更紧密财政与政治联盟的报告，说明欧洲仍具有利用危机倒逼实质性改革走向更高一体化的意愿。不过欧洲应对欧债危机仍缺乏整体和系统的方案。在应对策略和措施的选择和实施上，虽体现了积极进取的目标和灵活务实的方法，然而仍不能摆脱被动救火和"按住葫芦浮起瓢"的困境。

债务危机的基本指标归结为赤字或债务（分子项）与经济规模（分母项）二者构成的分子式，单纯强调紧缩虽有助于减少分子，但是可能同时伴随 GDP 分母下降，结果债务率或赤字率分子式未能下降。从这个角度看，欧盟政要最近强调保增长显然有常识性道理。问题在于，如果保增长措施导致赤字和债务增加，同样不能达到应对危机的目标。可见强调保增长虽是对已有"紧缩换救助"的反危机策略局限部分的正确否定，但关键要解决如何在有效控制赤字和债务增长的前提下实施保增长措施，否则同样不能达到治理危机的目标。

金融系统风险具有系统性和外部性，最终需要政府承担最后责任。因而在特定欧元区成员国金融机构资产负债表无法持续不得不救助时，与其先把银行坏账变成政府债务再由欧盟外部救助，不如直接由欧盟较早介入救银行。可见，从相关国家需要外部救助这一显示危机深化的指标变量看，救金融与救政府二者并无本质差别。关键在于如何救助？谁来买单？用 ESM 救助，甚至放弃 ESM 优先债权人地位，有助于危机国较为便利地获得救助，但未来可能会使治理危机的财务成本承担国与被救助国之间的矛盾更趋复杂。

欧盟最近应对危机取得的进展和妥协仍具有技术性和策略性。根治欧债危机无法回避从根本上改革欧元和欧盟深层体制的挑战。德国最近关于救助欧债问题的国内意见分歧增加，给本来机会不大的欧元体制积极解决方案投下又一道阴影。

意大利濒临危机述评*

欧债危机发生伊始，意大利就包含在市场担忧的广义危机对象国"欧猪五国"之中。2011年夏季以来，意大利债务形势在跌宕起伏中趋势性恶化，最近意大利国债收益率升高触及危机红线，意大利濒临危机被评论为欧债危机的最新风暴眼。本文将描述意大利债务风险最近的演变事实，分析其根源，探讨对我国的认识启示和对策含义。

意大利债务风险加剧

鉴于意大利财经形势演变，穆迪2011年6月17日警告可能要下调其主权债务评级。意大利国债收益率从6月下旬的4.8%—4.9%一路上升到8月7日的6.8%。同期与德国国债收益率利差从1.86%上升到3%的高位。8月8日欧洲央行买进220亿欧元意大利和西班牙政府债券，市场紧张暂时舒缓，10年期意大利国债收益率下跌80个基点至5.23%，8月中旬一度回落到5%以下，8月16日相对德国的利差回落到2.67%。

8月底意大利债市风云再度突变。2011年8月29日，贝卢斯科尼屈服于盟友压力对财政紧缩计划进行调整，放弃了一项对年收入超过9万欧元的意大利国民征收附加税的计划。9月6日意大利工会举行总罢工。这些不利消息再次启动了意大利国债的抛售压力，收益率从8月26日的5.07%上升到9月27日的5.76%。同期利差从2.92%上升到接近3.99%。随后虽一度企稳，10月下旬形势再度紧张，10月28日国债收益率超过6%，利差在10月31日超过4%。

---

* 与姜志霄等人合作撰文，呈有关部门参考，2011年11月11—12日。

9月以来三大国际主权评级机构先后下调了对意大利国债的评级，与意大利债务危机形势形成互动关系。9月19日，标普将意大利评级由A+/A-1降至A/A-1，这是近五年来标普首次下调意大利评级。10月4日，穆迪将意大利政府长期主权债务评级由原来的Aa2降至A2，评级前景为负，是该机构自2002年5月15日以来首次下调意大利评级。10月7日，惠誉下调意大利评级至A+。

考虑意大利债务危机风险上升，2011年11月9日欧洲清算所（LCH.Clearnet）宣布，将对适用于意大利各类期限固定收益国债（BTP）和与通胀挂钩的各类期限国债的初始保证金比率上调3.5—5个百分点，其中将7—10年的意大利债券保证金比率上调5个百分点至11.65%。该消息刺激意大利10年期国债收益率大幅上升82个基点至7.4%，利差超过5%。

国债收益率7%与国债利差4%被看作被迫寻求外部救助和危机爆发临界阈值，希腊等国申请救助时收益率与上述阈值也比较接近。11月9日意大利国债收益率和利差探触"红线"，引发欧美股市普遍下挫：德国DAX指数暴跌2.55%，法国CAC 40指数跌2.02%，英国富时100指数跌1.81%，美国股市也有较大跌幅。同时NYMEX期油大幅走低到接近95美元，现货黄金反弹达到近期高点1795.59美元/盎司。外汇市场上欧元下跌近200点，澳元下跌150点。

意大利矛盾激化根源

意大利债务矛盾激化与希腊危机爆发轨迹不尽相同。意大利没有像希腊那样突然发布早先财政数据造假消息引发市场信心崩溃。意大利金融危机后财政赤字率在2009年和2010年分别为5.3%和4.6%，不仅与希腊等国两位数的比率值不可同日而语，甚至还好过法国、荷兰。

意大利成为欧债危机风暴眼，是其政府治理能力低下、长期竞争力不足和财政纪律松弛等经济慢性病，在特殊内外部形势下逐步发作和矛盾激化的结果。意大利陷入债务困境难以自拔，既有发达国家实施高福利制度的普遍原因，也有受到欧元机制作用这个欧元区的一般根源，更有其自身特殊成因。

对意大利债务困境特殊根源的探究可从三方面观察。

一是政府治理能力和效率低下，在发达国家中比较突出。采用世界银行全球治理指数（Worldwide Governance Indicators）提供的"政府有效性、控制贪污、法制"三项指标量化值衡量，意大利相对欧元区国家一般水平差距在过去15年总体一直呈现扩大趋势。研究人员发现，从民众感知角度来看，无论是政府对腐败的控制，还是法律的执行、政府效率，意大利与欧元区平均水平差距都在扩大，甚至不如希腊。

二是由于发达国家普遍存在的高福利体制作用，也与上述治理能力欠缺相联系，意大利财政纪律相对松弛，长期寅吃卯粮财政透支，早就存在债务过高的问题。意大利国债占GDP的比重2000年就高达107.9%，在欧元区大国成员中绝无仅有，在"欧猪五国"中也名列前茅。这一比率后来有所下降，但2008年仍在84.2%的高位，显著高于欧元区危机前60%—70%的平均水平。长期债台高筑使意大利经济在应对危机环境的冲击时抗逆能力脆弱。

三是竞争力低下和长期经济增长乏力。加入欧元区十年来，意大利经济年均增长率不到0.3%，最高年份为1.8%，远低于同期欧元区平均水平。意大利经济2009年危机时负增长5.2%，跌幅超过欧元区其他各主要成员国。意大利近十年的经济表现被评论为"失去的十年"。值得注意的是，研究人员对比意大利和以德国为代表的欧元区其他国家在物质资本、人力资本、R&D投资等方面的数据，发现意大利在这些指标上并不落后，反倒是比较领先或正在显著改善。这说明意大利经济增长乏力并不是因为资本、劳动、创新等常规要素增长不足，而是因为存在激励机制问题和政府失灵。

意大利等欧元区成员国负债积重难返，与欧元体制设计缺陷显然有内在联系。统一货币不仅定义性取消了成员国利用汇率调节工具的可能，也意味着成员国放弃了独立货币政策。在此背景下，成员国之间如果劳动力成本没有收敛，各国竞争力差异将导致成员国之间持续外部失衡，外部赤字国家需要通过外部融资来弥补赤字缺口。借助区域统一货币一段时期的强势地位，赤字国可能获得低成本外部融资，结果使赤字国不断推升债务水平，并导致债务风险持续累积。

经验证据显示，欧元区成立后，德国与"欧猪五国"劳动力成本持续增长。如希腊劳动力成本比欧元区成立时增长70%，爱尔兰、意大利、葡萄牙、西班牙同期分别增加了69%、62%、73%、71%，德国劳动力成本增长31%。在欧元暗含的固定汇率制度下，劳动力成本差异会引起各国产品竞争力差异，助推各国外部账户出现不平衡。德国劳动力成本优势转化为外部账户盈余，"欧猪五国"竞争力缺失直接面临外部账户持续逆差境地。

欧元区国家间外部失衡需要外部融资支撑，融资成本变化是理解近年"欧猪五国"债务问题的焦点。受德国强劲经济增长支撑，2000年又逢美国网络泡沫破灭经济疲软，欧元相对地位上升，欧元区成员国主权债务受市场追捧，强劲欧元为成员国带来了低成本融资优势。希腊等国历史上外部举债成本较高，加入欧元区后限制松弛，为支出扩张提供了条件。这些国家负债支出又为欧元区内贸易盈余国增长提供了需求面条件。当快速扩张体系中最脆弱的链条在金融危机冲击下断裂后，欧元区发现自己深陷公共债务和货币制度双重危机并发的泥潭中难以自拔。

前景展望与我国对策探讨

意大利国债规模超过 1.4 万亿欧元，是希腊 GDP 的 7 倍以上，意大利债务危机影响将比希腊严重得多，因而有"太大而不能倒"的含义。希腊救助方案两年多以后仍未达成共识凸显救助困难，意大利如果申请援助，所需资金难以依靠当前欧洲金融稳定基金（EFSF）解决，体现了"太大而无法救"的约束。

如果意大利申请援助，主要利用 EFSF 扩容解救不现实，另一可能是通过欧洲央行大规模购买意大利国债救助。从长远看，虽然欧洲央行扩大资产负债表还有空间，但这将导致欧洲广义货币激增，可能带来通胀压力加大和欧洲央行财务状态恶化两方面后果。考虑到最近降息措施会进一步加大欧元区已有的通胀压力，欧洲央行购买债券的措施难以长久并且可能力度有限。可见通过欧洲央行实质化解意大利国债风险也难以持续。

于是问题归结为解决意大利债务困境能否避免申请援助？回答这一问题离不开对意大利经济形势的推断。如果意大利经济强劲复苏，债务负担由于经济增长而出现企稳甚至下降，债务风险就可能得以逐步化解。这就需要回答如下问题：一是短期内意大利经济能否持续复苏增长？二是保持意大利债务率稳定，需要多高的经济增长率来支撑？

测算结果显示，如果 2011 年赤字率保持在 2010 年的水平，维持 2010 年债务率不上升的意大利经济最低增速为 3.87%。如果欧元区国家加强重塑财经纪律的力度，"欧猪五国"赤字率全部回落到 3%标准水平，那么维持 2010 年债务率不上升的意大利经济最低增速为 2.52%。考虑此前十年意大利不到 0.3%的年均增长率，实现上述指标难度很大。由此可见，虽然 11 月 11 日意大利参议院通过财政紧缩议案，推动欧债和欧元出现利好形势，其未来演变前景不容乐观。

意大利不是起点，也不是终点，而是欧债危机深化进程的一个环节。在金融危机三年后和欧债危机两年后的今天，我们应以意大利危机作为认识节点，重新审视危机形势，加深认识事件规律，理性应对复杂局面，在全球经济大调整时代掌握主动，趋利避害，推进我国和平发展战略。

这首先需要加深认识欧债危机的深刻性与复杂性。当然乐见欧债危机经过努力企稳向好，但也要准备发生比较糟糕的情况，甚至要考虑应对欧元区出现类似苏联解体那样的极端情形。虽然推动化解危机的积极因素仍然存在，但是希腊公投闹剧和意大利濒临危机等最新事件表明，欧债危机较糟糕情形发生的可能性实际在增大。客观而言，欧元区明天发生任何事情都不应令人意外。

由于我国与欧元区经济和欧债市场存在广泛联系，也由于欧元区代表全球经济政治体系的重要一极，欧债危机发生后我国政府多方声援欧盟，也实行了力所能及的援助措施，显示出中国作为负责任大国的立场和善意。但是考虑欧债危机的可能前景，以后对欧债危机应更多采取静观其变和未雨绸缪的方针。我们需要认识到，欧元体制作为世界最发达经济体集体承诺和制度设计的结果，如果注定要经历某种历史波折，那一定是其自身政治经济利益和理念思潮互动派生并具有客观必然性的结果，难以被外力因素左右，更谈不上被新兴经济体"拯救"。

从具体情况看，欧债投资方主要是欧元区成员国内部机构，与美国不同的是欧元区作为整体没有大量外债，因而应对欧债危机根本上是欧元区内部利益调整的问题，是欧元区中心国和边缘国的集体博弈过程。我国有关政策应注意防范到国外救市的善良动机可能带来的不利后果，也不应过多受所谓"抄底"心态影响，而应重视即便出现比较糟糕的情形我们也能拥有较大选择主动性和灵活性。

我国基本不宜直接参与双边救助，可能还需适当有序减持早先投资累积的南欧危机国债权。对依据杠杆化思路设计的 EFSF 救助框架也需审慎应对，不宜贸然过深涉及。对结合国际货币体系改革议程设计的多边框架救助在原则上可持开放态度，但也不必急于求成。中国应一如既往地要求欧盟对华高科技出口松绑，承认中国的市场经济地位，与欧盟进行战略对话合作以增强互信，但是不宜用这些作为交易条件与欧盟谈判实质性救助方案。

三年前全球金融危机爆发，直至意大利成为欧债危机演变新焦点，都显示全球经济已进入一个大调整时期。在经济增速、结构关系、治理架构、全球格局等多方面调整主题中，最本质的内容是中国等新兴大国兴起要求对全球经济政治格局进行调整，中国政策选择对大调整时期全球经济走势具有关键影响。如何理解和应对目前大调整时代提出的重大挑战性问题，将制约中国成长和世界发展的未来前途。

西班牙债务危机风险加剧[*]

欧债危机因欧洲央行两次 LTRO 干预一度出现的相对缓和局面,近来随着西班牙形势发展而转变。西班牙在紧缩财政与债市融资方面遭遇新困难,显示这个欧元区第四大经济体债务危机风险加剧,也对欧债危机的演变前景再次投下阴影。本文将观察西班牙风险加剧的最新表现与根源,分析其近年危机演变轨迹和特殊根源,并点评其发展前景与启示。

风险加剧的最新变化

2011 年 11 月大选胜出的西班牙人民党新首相马里亚诺·拉霍伊（Mariano Rajoy）就任时发誓要领导 4600 万西班牙人与赤字和债务危机战斗,然而紧缩政策实施效果不如预期。2012 年 3 月初,拉霍伊宣布,2012 年西班牙财政赤字占 GDP 的比率将达到 5.8%,完不成此前向欧盟承诺的 4.4%目标,成为触发西班牙最近形势转变的直接导因。

外界一直担忧西班牙银行可能无法渡过紧缩政策导致的衰退难关,官方减赤目标调整加剧了投资者对西班牙债务风险的担忧,直接导致其国债收益率上升。2012 年 3 月 1 日之前,西班牙政府发行国债超过 400 亿欧元,接近其全年计划 860 亿的 50%。然而 4 月初国债出现不利变化。

西班牙 4 月 4 日新一轮发债时融资 26 亿欧元,此前预计售债规模为 25 亿—35 亿欧元,成交额远低于计划发行上限。4 月 5 日西班牙与德国 10 年期国债收益率利差走宽 10 个基点至 400 个基点这个心理临界值。西班牙国债收益率绝对水平从 3 月初的不到 5%上升到 4 月 10 日的 5.98%,接近 6%这个市场一般认为的危险

---

[*] 与王健同学合作撰文,呈有关部门参考,2012 年 4 月中旬。

临界值。由于 2012 年 5—12 月到期债务和利息总额占比超过 65%，并且 7 月和 10 月当月到期总额均超过 200 亿，西班牙政府偿债前景堪忧。

受西班牙债局变化影响，投资者担忧该国可能成为欧元区第四个申请国际资金援助的国家，市场风险厌恶情绪升温。美元兑主要货币隔夜攀升，美元指数一度重返 80 整数关口，最高触及 80.02。日元亦受到避险买盘追捧，日元兑美元升破 81 整数关口，触及两个月高点 80.59。西班牙一时成为欧债危机新焦点。

新一届政府应对危机努力受挫

西班牙新一届政府在应对危机方面确实做出了多方努力。例如在金融改革方面，2011 年 2 月 18 日，西班牙政府通过《金融系统强化法》(Spanish Financial System Reinforcement, Royal Decree-Law)，通过制定信用机构核心资本充足率要求以提高其偿付能力，同时建立新的架构以加速未来机构重组。2012 年 2 月 3 日，西班牙再次通过《金融部门重组法》(Royal Decree Law on Reorganization of the Financial Sector)，旨在提高银行业不良资产资金覆盖率。为此银行需在未来两年内至少融资 500 亿欧元。

又如在减少财政赤字方面，西班牙政府通过 270 亿欧元减少支出和增加税收法定措施。西班牙还努力推进劳动力市场改革以改善失业问题。2012 年 2 月 10 日，西班牙政府提出《劳动力市场改革法》(Royal Decree Law on Urgent Measures to Reform the Labour Market)，一是降低解雇成本，二是鼓励企业同员工签订长期合同，三是强化劳动力市场中介的作用并改善职业培训机制，四是提高劳动力市场内部灵活性包括合同修订等。

在地方政府债务方面，西班牙政府于 2012 年 1 月 27 日提出《稳定预算法》(Budgetary Stability Law)，要求所有政府部门保证偿债能力可持续性。为支持地方政府，法案提出建立 100 亿欧元的官方信贷局 (Institute of Credit Office) 信贷额度（最高可升至 150 亿欧元）。寻求信贷支持的地方政府依法将面临严格审查和约束。

不过令人遗憾的是，上述努力未能达到预期效果。西班牙危机风险加剧的主要原因在于经济未能摆脱衰退困扰，从根本上制约了财政减赤效果并不利于债务形势改善。依据欧盟统计部门提供的数据，西班牙经济 2009 年与 2010 年分别增长-3.7%和-0.1%，2011 年仅为 0.7%的正增长，2012 年预计会重回-1.0%的负增长。西班牙 2011 年失业率高达 22.8%，预计 2012 年还会上升到 24.3%。另外西班牙银行深受房地产泡沫拖累，经济低迷使得银行面临更为严峻的形势。

西班牙特殊危机之路

2009 年年底希腊引爆欧债危机以来,西班牙经济和债务困境已经历一波三折演变。2010 年上半年受希腊危机拖累,西班牙形势恶化,与德国国债利差升至 2.02%。第一轮 7500 亿欧元救助计划使西班牙形势一度好转,但是在爱尔兰与葡萄牙申请救助、意大利违约风险增加的欧债危机深化阶段,西班牙国债利差 2011 年秋季曾达到 4.33%的危险水平。2011 年 11 月欧盟峰会前后,希腊与 IMF 及欧盟达成新一轮救助计划,加上欧盟财政协定和两轮 LTRO 出台,危机形势短期缓和,直至最近再次面临新麻烦。

西班牙经济困境和危机风险具有多方面特点。从经济结构角度看,房地产投资泡沫化与加入欧元区后外部逆差失衡加剧是重要的助推因素。从应对危机风险角度看,整体减赤效果不确定性较大,地方政府债务情况恶化也是一个突出问题。与希腊等国比较,西班牙问题具有显著的特殊性。

观察西班牙在欧元发行前后的经济运行情况,不难看出其步入危机困境的特殊背景和根源。对比 1970—2000 年和 2001—2009 年两个阶段宏观经济的表现,消费占 GDP 的平均比例从 76.8%小幅降到 75.9%,投资率从 24.1%升至 28.2%,净出口从-1%降至-4.2%。数据显示西班牙加入欧元区后外部逆差失衡加剧,然而投资比重提升,经济增长对消费依赖度不高,似乎具有可持续性。然而进一步观察发现,西班牙投资过于偏重房地产,房地产泡沫是其危机的关键推手。

欧洲央行数据显示,从 2000 年到 2008 年上半年西班牙房地产价格累计增长 140%,为"欧猪五国"之首。房价飙升吸引大量资金涌入,2001—2009 年西班牙建筑业投资占总投资比例高达 57.4%。巨额房地产开发投资导致房屋供给远超过真实合理需求,空置率问题严重。在 2008 年年末,2001—2007 年建造房屋的空置率超过 28%。危机爆发后,西班牙房价快速下跌,2011 年下半年较最高点跌幅近 20%。西班牙银行业对建筑和房地产部门贷款总额超过 4000 亿欧元,相当于 GDP 约四成,其中约 97%贷款为浮动利率贷款。房地产价格快速下跌以及贷款利率急剧提升导致银行面临的风险迅速扩大,不良贷款飙升,1 月银行业坏账率从前一个月的 7.61%升至 7.9%。

贷款坏账侵蚀银行资本金的同时也极大地破坏了银行的融资能力。由于房屋抵押贷款证券化是西班牙银行的主要资金来源之一,当贷款风险急剧增加之后,基于这一资产的证券化实现资金回流的渠道受到严重冲击。巨额到期债务和利息引致资金需求飙升，2012年3月西班牙银行向欧洲央行贷款达到2276亿欧元，较上月增长49.3%。如果欧洲央行不能持续性地提供贷款，西班牙银行将陷入巨大困境。

从外部经济关系看，西班牙自加入欧元区以来，经常账户逆差占GDP比例显著提升。虽然服务贸易维持顺差，但商品贸易逆差规模扩大，2001—2009年平均占GDP的比例达6.3%。由于欧元区成员国不再拥有汇率调节工具，必须通过生产率和工资调整外部失衡。然而西班牙工资相对劳动生产率上涨高于德国等国，2000—2010年实际有效汇率相对德国升值29.6%，成为助推外部逆差长期失衡的重要原因。贸易部门常年失衡导致西班牙外债净额占GDP的比例迅速增加。2003年，西班牙的净外债占比为34.7%，但这一比例到2009年飙升至87.2%。

从政府收支来看，赤字最初不是主要问题。2001—2009年西班牙平均赤字率仅为1.8%，但危机后财政恶化使赤字率迅速上升到2011年的超过8%。公共债务方面中央政府债务负担相对不算太高，2011年中央政府债务率为68.5%，2012年预计上升到79.8%。值得注意的是西班牙政府的隐性债务问题。西班牙政府目前并未全面托管其银行和储蓄机构，而是寄希望于重组以对抗流动性困境，但是没有巨额资金保障，重组很难改善银行和储蓄机构的流动性困境。一旦西班牙政府最终接管银行业不良贷款，其整体债务率有可能大幅上升。

西班牙地方政府债务情况堪忧，2011年9月地方政府债务总额高达1765亿美元。2011年地方政府赤字占GDP的比例达2.9%，远高于1.3%的目标值，部分地方如瓦伦西亚大区政府出现债务逾期情况。此外，西班牙私营部门债务沉重，包括家庭与非金融企业部门债务2010年年底GDP占比高达227.3%，是公共债务的4倍。由于经济不景气导致失业率高企，私营部门还款能力大幅削弱，如果这部分债务出现大规模坏账迫使中央政府接管，政府债务情况将进一步恶化。

前景、影响与启示

西班牙形势的最新演变再次显示欧债危机的长期性与复杂性，说明LTRO出台后欧债危机形势好转具有短期性。各方对西班牙危机前景有不同推测。悲观观点认为，西班牙很可能走上希腊债务重组之路：随着4月迎来还债高峰期，西班牙债务"火药桶"可能随时引爆。也有观点认为，由于局势还有腾挪空间，加上可能得到欧洲央行等外部救助,西班牙在2012年上半年或年内还不至于发生全面危机。不过从中期看,受经济低迷、融资挑战、高失业率、银行压力等多重消极因素制约,西班牙总体形势不容乐观。

作为欧元区第四大经济体,万一西班牙债务危机全面爆发,无疑会引发比希腊等国更严重的后果。作为EFSF主要担保国,西班牙局势恶化可能使EFSF评级被下调,这可能动摇目前欧债危机的防御体系。另外英国、法国和德国金融机构是西班牙等"欧猪五国"最主要的债权方,持有的债务总量占五国债务总量的一半左右,西班牙局面失控会更大程度殃及其他欧盟大国。

西班牙风险加剧和欧债危机持续发酵对我们具有启示意义,从一个侧面显示了发达国家进入所谓"新常态"的含义。欧债危机具有过度消费、欧元体制局限、20世纪80年代末欧洲一体化战略思维走偏等多方面经济和历史根源,深陷债务困境的欧元区国家与其他一些发达国家类似,面临"无法很快实质变好,也不容易很快崩盘"的僵持局面。欧盟成员国之间角力,欧洲央行政策以及以德国为首的盈余国有关政策变动,加上各国内外其他环境的变化,会使危机在一度好转与再度恶化之间摇摆。这种格局可能会延续一段时期,构成全球经济"新常态"的重要结构性因素。

同时显示欧债危机国在陷入危机困境的根源和路径上既有共同点也有特征性。危机国在财政金融纪律松弛、过度杠杆化、外部失衡与过度消费等方面具有共性,然而不同国家危机之路又有显著个性。如西班牙公共债务不很高,但房地产泡沫伴随银行和私人债务率过高;中央政府债务率不算太高,地方政府债务负担沉重。治理危机同时面临经济疲软、银行脆弱、房产泡沫、公共债务等多方面挑战。研究西班牙等国别案例,有助于在共性与个性结合基础上认识欧债危机的根源与规律。

我们既要学习别国的成功经验,也应借鉴其失误教训。无论在严明财政金融宏观纪律方面,还是在建立可持续的社会保障制度方面,抑或在认识外部平衡作用和实现机制方面,欧洲目前的阵痛对我国都有重要的研究和借鉴意义。

对欧债危机我们应乐见其好,并在市场原则基础上积极帮助;但是也要准备其坏,对各种不好前景准备预案。在参与救助问题上应力求审慎。即便参与IMF援助,也应结合IMF治理结构改革议程争取合理的条件和方式,对其决策层在救助欧债危机与救助其他发展中国家立场上的双重标准保持警觉并给予必要抵制。

奥朗德胜选的政策影响[*]

在2012年5月6日举行的法国总统第二轮选举中,社会党候选人弗朗索瓦·奥朗德击败现任总统尼古拉·萨科齐,就任法兰西第五共和国的第七位总统。在全球经济多事之秋与欧债危机深化的背景下,爱丽舍宫易主引发国际社会广泛关注。过去十几年法国中右翼政党执政局面为何改变?新执政党社会党内外政策演变动向如何?中法关系会受到什么影响?

经济形势影响大选选情

法国总统采用"多数两轮投票制"普选产生。4月22日第一轮投票中,奥朗德和萨科齐分别获得28.6%和27.3%的有效选票,进入第二轮角逐。第二轮投票奥朗德获得51.62%的有效选票当选,并将于5月15日就职。这位从未担任过政府部长,似乎并无特殊优势的前社会党领导人以3.2个百分点小比分险胜,一般认为是萨科齐执政过于令选民失望的结果。

媒体普遍关注萨科齐总统个性张扬的不利影响。他上任不久就以法国总统工资太低为由给自己涨工资,利用富人提供的豪华游艇去海外度假,接着离婚和再结婚,甚至在一次公开活动中跟一位参观者互暴粗口。这类事情本身或许不是大问题,然而发生在万众瞩目的总统身上自然引发负面评论。不过个性突出也有两面性,他在利比亚事件上敢冒风险率先出手,最后也有得分效应。

基本原因还是内外经济形势恶化引发普通选民急迫求变。欧债危机爆发已近三年,欧元区深度衰退后复苏乏力和失业率高企,成为全球增长的最不确定因素,

---

[*] 与刘晓光同学合作撰文,呈有关部门参考,2012年5月9—11日。

甚至不能排除自身重组和解体的风险。法、德是欧洲一体化的基本推动力量，萨科奇与前总统希拉克都深度参与，危机在重创欧洲一体化的同时对萨科奇竞选连任带来不利影响。据报道，欧债危机以来已有十余位欧洲国家领导人换马，萨科奇某种程度上是又一位牺牲者。

糟糕的国内经济形势对选情影响更为直接。2009年法国GDP下降近3%，2010年恢复到约1.5%，但2011年回落到低于1%，失业率则重回两位数。2009年和2010年财政赤字的GDP占比分别达7.5%和7.7%，2010年公共债务的GDP占比达84.25%，2011年第二季度政府外债占2010年GDP的比例达60%。失败的"主权评级保卫战"更凸显法国的困境。2011年10月国际主要评级机构警告下调法国主权债务评级，法国政府实施650亿欧元减赤方案也未能扭转局面，2012年1月13日标准普尔首次将法国主权债务最高AAA评级下调一级至AA+。欧元时期法、德两国长期国债利差近乎为零，但2011年7月后利差不断扩大，11月17日已升至近2%。

客观而言，法国现状与希腊等国已不具备独立清偿能力仍有本质差异，如果能上下同心坚持结构改革，最终应能走出危机。然而内外经济困境无疑已对法国政坛产生重要影响。这次大选第一轮选举中，法国右翼和左翼极端派别总共获得近三成选票就是标志之一。奥朗德胜出客观上也得益于危机形势。

国内经济政策将调整

1995年以来希拉克和萨科奇共执政17年，给法国经济、政治与对外政策打上了右翼烙印。欧债危机爆发后，萨科齐联手德国，试图整肃财政纪律熬过危机。然而萨科齐在经济政策上给予大企业、银行和富人阶层特殊照顾，中下层民众怨声载道，批评他是"富人总统"。奥朗德回应社会"求变"心态，以"改变，从现在开始"为号召，其竞选表态内容提示新一届政府政策可能调整方向。

新一届政府将试图改变侧重紧缩政策取向，采用多种手段刺激经济复苏。奥朗德提出未来5年新增200亿欧元新开支，用于增加6万个教师岗位以及15万个国家资助的就业岗位。奥朗德还计划重点扩大基础设施建设等公共支出项目，设立公共投资银行。不过奥朗德也认同平衡预算的要求，承诺在2017年前实现预算平衡，比萨科奇承诺的2016年仅晚一年。

新一届政府将更加彰显社会公平方针。如将对年收入超过百万欧元者课征税率最高达 75% 的重税，通过"巨富税"、"遗产税"等税改措施强化财富再分配功能，保障并提高中下阶层的社会福利。将对大小规模不同的企业征收高低不同的税率。奥朗德承诺上任后将退休年龄降至 60 岁，取消 2010 年将退休年龄由 60 岁升至 62 岁的政策。新一届政府将加强银行监管，禁止重要国有银行从事投机性交易。

法国目前整体负债风险尚未滑入崩溃边缘，推延紧缩或许不会马上对国债收益率造成太大影响。然而"缓紧缩、保增长"的成效并不能令人乐观。政治家在经济上都愿促增长，关键是欧元区早先寅吃卯粮导致结构性失衡，使得促增长与调失衡的目标难以兼顾。法国政府支出的 GDP 占比高达 56%，通过财政刺激促增长的腾挪空间实在有限。

大举投资基础设施能否刺激增长也有待探讨。欧盟长期鼓励和资助成员国投资基础设施建设，雅典地铁和西班牙高铁都给人良好印象，如果靠大兴基础设施投资就能创造持久繁荣，欧债危机或许本不会发生。问题在于，基础设施投资并不能改变部分欧元区国家竞争力下降和年轻人高失业率情况，危机前依靠过度负债才能维持增长。

法国与欧洲目前面临结构性困难，放弃结构性改革而诉诸刺激性方案恐怕不是治本之策。奥朗德会努力兑现竞选承诺，但在客观形势面前也可能会动态调整改革路线，最终寻求一种适度和平衡。另外，政策调整也是双刃剑。如果经济刺激计划不成功，将进一步推高公共债务水平，并使债务融资成本上升。萨科奇竞选时抨击奥朗德将把法国引向希腊和西班牙的境地。政敌间的攻击难免过于夸张，但也不是毫无道理。

对欧洲政策的影响

出于自身理念和大选策略，奥朗德在竞选期间就德法关系和应对欧债危机的策略批评萨科齐并阐述不同主张。一方面，与法国国内经济政策调整思路一致，敦促欧洲除了实行紧缩措施外采取更多措施促进经济增长；另一方面主张发行"欧洲共同债券"应对危机，并表示如不增加新的促进增长措施，法国可能不批准 2011 年年底欧盟峰会通过的财政协定。

这显然是向德国放话。欧债危机以来，德国强力推行紧缩政策但未能很快根治危机，欧洲内部出现"能力与责任相匹配"的观点诉求，即呼吁财力不足国家缓和紧缩政策，由财力充盈国家加大刺激经济力度，关键是要德国"多出力"并放松对别国的紧缩标准。不过从德国角度看，由于畏惧紧缩阵痛而放弃结构调整，好比听任重症患者害怕疼痛而逃离手术室一样，道理上说不通，也不符合德国以及德国人心目中欧洲的根本利益。因而德国不会轻易放弃应对危机的冷峻立场。

虽然奥朗德上任会对德法关系与欧债危机形势引入变数，但法国根本无力独立解决目前的危机，维持德法良好合作关系事关欧盟稳定大局并符合法国的根本利益。经过一段磨合期后，估计法国最终会采取相对妥协与合作路线。其实在竞选期间奥朗德的政策负责人米歇尔·萨潘就表示，奥朗德无意解除欧盟财政协定，但希望采用有助于促进经济增长的工具来完善该契约。

法国第二轮投票前，默克尔通过其发言人宣称，法德关系"独立于个人"，她将与任何一位当选法国总统良好合作。6日晚，默克尔在获知选举结果后第一时间给奥朗德发贺电，并邀请其适时访德，但同时表示"达成的新财政协定不接受重新协商"。她还宣布，"我们已经与法国新任总统奥朗德达成协议，将共同进行良好及紧密的合作"。预计奥朗德总体上会延续萨科齐的欧洲政策路线，以法德联盟为基石，继续坚持捍卫欧元立场。

就在奥朗德胜选之际，希腊议会选举获胜党派新民主党未能获得过半数议会席位，将寻求与其他党派组建联合政府。由于希腊选民不满紧缩政策，反对紧缩的左翼联盟得票率大幅上升，可能成为议会中的第二大党。如果受法国影响，更多的欧洲国家放弃严格的紧缩政策，而其他一些国家刺激计划的成功概率更小，欧债危机形势可能进一步恶化并面临失控危险。因而法国新一届政府改变现行应对欧债危机的政策也潜伏其自身风险。

奥朗德上任后很快就要参与一系列重大国际活动。5月15日宣誓就职后，奥朗德将于5月18—20日参加在美国戴维营召开的八国集团首脑会议，5月20—21日参加北约芝加哥峰会，6月18—19日参加在墨西哥Los Cabos举行的二十国集团峰会。这位临危受命却又缺少执政经验的新领导人，需要很快对重大政策问题做出判断，完成从在野党到执政党的转型。这将对他的应变能力提出考验。

中法经贸关系走势前瞻

中法两国在贸易与投资方面联系紧密，一段时期以来贸易不平衡较快扩大。奥朗德竞选时既表达了发展对华友好关系的意愿，也对我国提出了一些批评责难。中法进出口贸易总额从21世纪初不到100亿美元上升到2011年的约500亿美元。2002年以前中国对法国贸易有小额逆差，但是2003年以后转为顺差，按中方的统计口径，2011年顺差额达到100亿美元。中法贸易额占中欧贸易额的比重接近10%，但是中国从法国进口占中国从欧洲进口的比重下降到6%左右。2006—2010年法国对华直接投资从4亿美元增长到超过12亿美元，占中国流入的外商直接投资（FDI）比重从0.5%上升到约1.2%。法国对华投资占欧洲对华直接投资的比重从约7%上升到约20%。

受左派立场、竞选策略以及应对现实问题等多方面因素影响，奥朗德曾就对华经贸关系等问题表达过比较强硬的立场和意见。例如，他质疑中国对欧洲进行经济援助，认为这会影响法国主权；他责怪中方是法国贸易逆差扩大的主要原因，声称不能接受人民币汇率政策；他还提议欧洲应对不遵守社保原则和环境保护的产品征额外税，如果实施，中国出口商品很可能受影响最大。

但是奥朗德在竞选中对中法关系也表达了比较有建设性的意见。他认为，"双方之间有很多不理解和矛盾，同时中法之间有共同利益"，"可以就贸易、货币和外贸展开讨论"，"期盼欧洲与中国之间发展更加平衡的关系"。他还曾批评萨科齐政府2008年处理在巴黎发生的北京奥运会火炬传递遭袭击事件的态度以及萨科齐在波兰会见达赖。

奥朗德上任后，法国对华经贸政策也许会有所调整，对中国可能会提一些要求和批评。奥朗德从未访问过中国，对中国缺乏了解，不排除在特殊形势下可能有比较唐突的举动伤及中法关系。不过他更可能寻求与中国发展良好关系，吸取萨科齐执政初期对华强硬态度导致自身不利的教训。在经济政策上可能更加重视贸易不平衡问题并提出具体诉求，但估计不会轻易做出严重损害中法关系之举。

从战略角度审视中法关系是推动两国关系向前发展的根本动力。2010年11月胡锦涛主席对法国进行国事访问期间，双方发表了《关于加强全面战略伙伴关系的联合声明》，提出建设互信互利、成熟稳定、面向全球的新型全面战略伙伴关系。相信奥朗德就任总统后应有足够的政治智慧，站在战略高度和长远角度继续发展法中之间的传统友谊，推动两国全面战略伙伴关系提升到一个新高度。

认识启示与对策

欧债危机实质可归结为欧洲政治家与选民在两个方向的成本间进行痛苦比较与权衡：相互合作，推进改革，寻求积极结果，需承受经济紧缩与部分让渡主权的巨大阵痛；不合作并听任欧元倒退，又要面对制度重组混乱与历史挫折感的可怕代价。历史纠结最终将由历史实践解决。一种可能途径是，在穷尽所有精巧经济计算与复杂政治决策后，心力疲惫的欧元区选民通过投票对这个成本置换难题给出解决方案。在此意义上，每次欧元区成员国选举都会传递危机最终解决方案的"密码"，这次法国的选情信息与政策动态自然具有重要的认知价值。

管理未来中法关系也可未雨绸缪。加快推进国内金融宏观政策改革以进一步调节外部不平衡，有助于为我国营造更为宽松和谐的外部环境。应在增进了解的基础上减少误判，使中法关系平稳渡过由法国政府更替带来的磨合期。还要针对中法关系现阶段的敏感问题早作应对预案，在万一发生突发性矛盾时主动应对。总体来看，采取善意为先、静观其变、顺势而为的方针，应较有可能实现中法关系平稳过渡与良性发展目标。

八

开放大国的农业与粮食安全

粮价上涨、粮食安全与通货膨胀[*]

2007年以来有关中国宏观经济趋热的讨论中,农产品与通货膨胀的关系是争论焦点之一。有关宏观经济形势的分析虽有20多种不同表述,实际贯穿着两种认识视角:一是从货币扩张推动总需求过快增长角度解释,认为总量失衡派生通货膨胀;二是强调农产品和食物价格上涨影响,认为物价上涨具有结构性因而不属于明显通货膨胀。结构性观点去年比较重视猪肉涨价因素,近来则强调国际粮价飙升和其他商品涨价具有输入通胀效应。本文将考察粮价上涨根源和粮食安全内涵转变,分析通货膨胀根源及其与粮价和国外资源价格上涨的互动关系,探讨应对粮价上涨和通货膨胀的政策选择思路。

国内外粮价上涨及其根源分析

近来国内外粮食市场波动和价格上升成为引人注目的问题。尤其是国际小麦、大米价格大幅飙升,导致少数国家出现短期市场性抢购,甚至引发个别国家政局动荡。观察过去半个世纪的粮价数据可以看到,国际实际粮价最高峰发生在20世纪70年代初第一次石油危机冲击之后,当时主要谷物的美元实际价格仍在目前粮价的两倍甚至更高水平之上。上一次实际粮价峰值发生在20世纪90年代中期,经过90年代后期和世纪之交粮价下降和低迷,粮食库存持续调减之后,国际粮价过去几年开始回升,并在最近异常飙升。

改革时期我国粮食供求经历了三个运行周期。1995年粮价达到阶段性高峰并出现相对过剩,伴随产量、进口和库存大量增加,90年代后期粮价连续几年持续

---

[*] 原文发表于《学习时报》,2008年5月21日。

下降，世纪之交在低谷徘徊。粮食供求自 2003 年开始发生阶段性转折并进入周期上涨通道，三种谷物价格最大幅度上涨发生在 2003 年年底和 2004 年上半年，2005 年前后有所下降，2006 年和 2007 年分别上涨 8%左右。可见我国国内近年粮价上涨尚属温和。由于限制粮食出口和鼓励进口，国有粮食库存净投放较多，加上国内运力制约等因素影响，近来一些粮食主产区出现卖粮难甚至价格下滑，这方面情况对今年农民粮食生产积极性影响如何有待观察。

近年国际和国内粮价上涨，增长幅度和时间节奏存在差异，然而都是粮食供求周期性因素叠加某些特殊变动造成的，并非表明全球和我国的基本粮食安全保障格局发生实质性逆转。粮食自然生长期使得新增供给对价格信号响应具有滞后性，加上粮食库存性较强，使得供求变动具有显著周期性。实际粮价周期变动的通常形态是，相对过剩阶段价格低迷时，过量库存持续调减，产量水平较低。当供给减少、需求增长、调整过程累积效果达到一定程度后，粮食供求会转而进入相对紧缺阶段并伴随实际粮价上涨。粮价回升刺激更多生产以补充前一阶段亏空的库存，然而由于生产对价格反应滞后，相对紧缺阶段会延续一段时期，并可能出现相对价格上涨超调现象。当供给增加再次显著超过有效需求并表现为过量结转库存后，粮价由升转降标志着粮食供求进入新一轮相对过剩阶段。目前国内外粮价应当接近周期性峰值水平。

除了粮食本身周期因素外，高油价刺激美国、巴西大量利用玉米生产乙醇汽油，澳大利亚与加拿大等重要粮食出口国谷物生产因为气候变异而歉收，美元疲软以及近来国际资本投资套利，都对粮价飙升产生不同程度的影响。2007 年秋季国际小麦价格猛涨并出现小麦与大米相对价格一比一的反常局面，市场广泛预期大米价格上涨，加上一些国家限制出口政策改变短期供求关系，结果出现每吨大米价格近来出现一周内飙升 300 美元的市场奇观。

新一轮国际粮价急剧增长在国际援助、能源政策、贸易规则等全球治理领域提出了一系列新问题。现在看来，如果全球宏观和金融形势没有新的剧烈变动，这一轮相对粮价调整可能已经大部分完成。粮食相对紧缺的形势还会维持一段时期，然而目前较高的价位有望刺激粮食主产国增加生产，逐步推动粮食供求回到大体均衡状态。据报道，澳大利亚因为"厄尔尼诺"效应发生的持续多年的旱情近来出现缓和迹象，农民可望"拉尼娜"带来豪雨驱走百年大旱。但愿这一变动能够成为国际粮食供求调整的先兆。

我国粮食安全问题内涵早已发生实质性转变

在目前粮食供求相对紧缺的阶段，理性评估我国粮食安全问题内涵的实质性转变具有积极意义。与历史时期粮食绝对紧缺匮乏如同高悬头顶的达摩克利斯之剑危及国民基本食物安全不同，目前我国从总量供给角度保障粮食安全并不存在实质性困难，我国粮食安全问题的基本内涵实际早已发生实质转变。过去三十年我国粮食生产持续趋势性增长，总产量从1978年的3.05亿吨增加到2007年的5.02亿吨，增幅为64.5%，年均增长1.74%。由于相对价格回升激励，加上政府财政扶持政策鼓励，2004—2007年四年的粮食产量快速增长，增幅达16.4%。

在工业化和城市化快速推进、大量传统农业资源持续向非农部门转移的背景下，我国粮食生产实现持续增长的基本前提条件在于农业科技和现代投入对农业的"反哺"贡献。化肥、电力等常规工业投入利用规模扩大，生物杂交育种技术和现代转基因技术等耕地替代农业科技的商业推广，为提高单位土地粮食和农产品产量提供了源泉。我国是塑料薄膜覆盖技术利用规模最大的国家，这项看起来简单的农业技术增加了上亿亩耕地利用面积，几乎抵消城市化对耕地的消耗规模。过去20多年我国农业机械化空前普及以及近年来农村基础设施历史性改进，则为劳动力转移背景下农业生产持续发展提供了支持。

现代技术和工业发展，通过提升饲料业效率和改进饲养管理的方式，提升了肉、蛋等传统动物产品的生产效率，并促进与粮食生产资源投入竞争性较小的动物产品生产。我国水产品人均产量从1980年的4.6公斤增长到2006年的40.4公斤，增长了近10倍。2006年我国人均牛奶产量为24.4公斤，是十年前5.4公斤的4.5倍。这类食物产品在消费方面对粮食具有较高替代性，然而在生产上与粮食具有较弱竞争性，在改善我国国民膳食结构的同时，也对缓解粮食供求关系做出了贡献。

需要强调的是，我国实行市场化取向改革方针和政策，调动农民和相关企业生产积极性，使他们对现代农业科技进步提供的盈利机遇做出分散反应，是我们根本解决传统粮食安全的供给面基本条件之一。没有适当的体制保证，现代技术不会自动转变为生产力。在这个意义上，传统粮食安全问题得到实质性解决，是30年前开始的改革开放体制选择实践给中国人民带来的最大实惠。这一成就的历史意义无论如何估计也不会过高。

传统粮食安全得到解决的需求面基本原因在于，人口增长速度放慢和收入增长与粮食消费的联系弱化，导致粮食趋势增长显著低于此前预测的水平。收入和人口增长是推动粮食消费需求增加的两个基本变量。由于居民消费结构变动，粮食消费需求随收入上升而增长的势头比较早时期预测的结果显著减弱。例如，我国过去 20 多年间人均收入水平增加了八九倍，然而人均粮食消费量仅增加了 13%。计算结果显示，粮食消费的近似收入弹性趋势值从 20 世纪 80 年代前期的 0.3 上下持续下降，到 90 年代中后期已接近于零，近年进入负值范围。

从人口增长角度看，人口专家估计我国人口达到峰值时可能是 14.5 亿—15.0 亿人，比目前 13.1 亿人口增加约 10%—15%，显著低于较早时期预测的 16 亿甚至更多人口数。从人口结构角度看，我国人口的快速老龄化趋势会对粮食需求产生抑制作用。20 世纪 90 年代，各方我国未来粮食供求关系提出了各种预测，认为我国到 2030 年预测粮食需求总量少则 6 亿多吨，多则 9 亿多吨。结合考察最新的经验证据，我国未来粮食需求峰值可能显著低于 10 多年前绝大部分预测结果。

虽然我国传统粮食安全问题早已解决，新一代粮食和食物安全问题仍然尖锐、紧迫并具有挑战性，并需要新组合政策加以应对。要重视粮食生产科技投入，在积极推进界定农地产权改革的同时，重视保护基本农田资源和提升粮食增产能力。要积极应对粮食生产化肥投入以及水产品养殖对环境污染的压力，应对饲养业集约化转型中防治疫情等公共品服务投入新需求。要重新审视新环境下政府参与粮食流通的职能定位，在国家保持足够安全储备的同时，鼓励企业更多参与粮食批发和库存的商业运作。还可以在双边、区域、多边贸易制度建设场合积极推进粮食贸易自由化，通过建立国际新规则规范各国粮食贸易政策以提升国际市场稳定度。

新一轮通胀根源及其与粮价的互动关系

通货膨胀结构论与总量论各有其逻辑依据和不同政策含义，需要结合经济运行的实际情况具体考察评估。研究有关经验证据可以发现，虽然结构性根源说具有一定解释功能，但新一轮通胀的主要原因在于过去一段时期总需求较快增长以及货币扩张过多。从政策角度看，需要是在坚持市场化取向改革立场的前提下，主要通过采用货币控制等总量性手段，辅之以财政政策和其他结构性调整政策，以求达到切实有效治理的成效。

结构性解释观点强调猪肉涨价、雪灾冲击以及国际粮价和资源品价格上升的影响。受到2006年蓝耳病疫情爆发并未能得到有效控制等方面原因影响，我国猪肉价格2007年夏季前后大幅飙升，全年猪肉价格涨幅近一半。由于很多商品劳务短期通常不同程度地存在名义价格下调阻力，猪肉价格飙升冲击显著提升了一般物价。考虑居民消费支出中猪肉所占比重，这一因素大概能解释1.5个百分点的CPI上涨。2008年年初的雪灾仅限南方局部且时间较短，成本推动通胀的效果应较小。

国际粮食和大宗资源品涨价输入通胀的观点需要进一步探讨。前面提到由于周期性因素并叠加替代能源等多方面特殊因素影响，近来国际粮价上升成为引人注目的问题。中国在不同粮食品种上的贸易地位差异决定着国际粮价对国内的影响。中国作为最重要的大豆净进口国，国际大豆价格飙升对国内影响较大。然而中国是小麦、玉米、大米等谷物净出口国，由于净出口量增长比较有限，国际价格飙升影响较小。

目前讨论粮价未来走势还需要关注的是，无论从学理还是从已有经验看，农产品价格上涨确实会推动通货膨胀，另外宏观失衡、通货膨胀也可能刺激粮食等农产品价格上涨甚至超调。对这一点，在我国农业政策史上有过教训。忽视通胀环境可能反过来刺激和提升粮价的作用，是我国20世纪90年代中期粮食政策偏颇并导致几千亿元巨额财务窟窿的认识根源之一。如果宏观总量性紧缩政策执行不到位，通货膨胀持续加重并显著改变农民对未来价格的预期，农民存粮调节行为改变有可能导致短期粮食供求极大变化并推高市场粮价。

主要由于需求增加等原因，过去一段时期国际大宗资源商品价格飙升2—3倍。由此推论国际价格飙升是中国通胀的根源，实际采用国际经济学中所谓"小国模型"的分析思路，假设国外价格变动与中国无关，即中国是价格接受者。评估输入通胀观点，需要结合相关经验证据考察上述假设是否符合实际。为此笔者测算了中国石油、铁矿石、铜、原铝四种资源需求增量在全球的相对比重，发现过去五年中国对上述四种矿产品全球需求增量贡献率分别为34%、51%、56%、85%，四项贡献率的简单平均值为56.5%，可见我国在这类市场上是价格接受者的假设并不成立。

需要说明的是，中国作为快速成长的经济体，在工业化和城市化特定阶段资源性投入大规模和密集型增长难以避免，也具有经济合理性。一方面，中国需求增长会显著提升全球需求，并对全球资源供应国以及全球经济增长做出积极贡献；

另一方面，由于这类产品短期供给弹性较小，我们需求增长也会通过"巨型经济体"效应在不同程度上显著拉高国际价格。"巨型经济体"的现实条件对观察我国贸易条件变动等诸多对外经济关系问题具有重要认识意义，同时提示简单把国外价格上升作为中国通胀根源的观点存在偏颇。至少就上述几种大宗商品而言，与其说是"外部输入通胀"，还不如说"通胀出口转内销"。

要理解新一轮通胀的发生机制，无法回避总需求过度扩张与货币供应过快增长方面的原因。过去五年中国经济持续保持两位数以上的增长率，近两年增长率更在11%以上，超过过去30年的平均增速，应该也超出了潜在供给增长能力。近几年中国经济增长在需求面的突出特点是，贸易顺差增长对总需求增长的贡献率连续保持在22%—23%，是此前20多年同一指标值的10倍上下。尤其是在2007年宏观经济明显偏热的背景下，贸易顺差增长对总需求的贡献率仍在22%左右居高不下，和1978—2004年该指标与宏观经济运行周期逆向变动的形态形成鲜明对照。可见从总需求角度看，通胀主要是外需增长过快的结果。

在人民币汇率调整滞后和我国大规模参与全球产品内分工的背景下，贸易顺差增长与资本账户顺差同时发生，外汇储备超常增长，构成基础货币持续快速扩张的压力。虽然中国人民银行大量发行央票试图对冲并采用其他货币政策手段加以抑制，在外部经济关系严重失衡的背景下仍难以有效控制货币供应过量增长。用外汇储备加上国内信贷衡量的广义货币增长率从2007年年初的18%左右快速上升到最近23%左右的高位，构成通货膨胀的货币扩张背景。

搞对价格，管住货币

改革开放30年的经验可以从不同方面探讨总结，从微观体制和宏观调控角度看也许可以用八个字概括：搞对价格，管住货币。所谓搞对价格，就是通过市场化取向的体制改革理顺资源配置关系，为长期经济增长提供微观机制保证；不仅指放开价格，还包含产权改革、鼓励竞争、对外开放、反应外部性成本等一系列制度层面的安排。管住货币，则是要通过货币和其他宏观政策手段，保证总需求和实际经济增长在接近潜在供给能力的水平上运行，应对通货膨胀或通货紧缩等不同方向的宏观失衡，为长期经济成长创造稳定的短期宏观运行环境。

目前宏观经济运行在两方面都面临新困难。与侧重从结构性角度解释通货膨胀的思路相适应，我们较多采用调节特定商品供求和物价管控的手段应对物价上涨。这类政策虽在短期内有可能"按住"物价，然而如果宏观失衡的深层根源未得到真正解决，通胀压力最终仍会释放出来。另外这类政策本身也会客观存在"一边漏油，一边加油"的问题。例如，严格限制粮食出口确实有助于短期平抑国内粮价，然而同时具有对粮农额外征税的效应，客观限制了农民从国际市场难得有利的行情中较多获利，与政府提高农民收入的施政方针也不完全一致。另外，电力、汽油等领域的价格管制政策，虽然直接政策动机可以理解，但也不同程度妨碍了充分发挥市场机制调节供求，并且会通过补贴消费效应增加深层通胀压力。因而从长期看，仍需要更多借助市场机制作用，在搞对价格的基础上治理通胀，不宜过多依赖价格管制治理通胀。

任何一次通货膨胀，货币扩张都是必要和充分条件；抑制通货膨胀，控制货币过度供给也是必要和充分条件。这并不意味着通货膨胀仅仅是货币造成的，也不是说每次通胀都是政府有意多发票子的结果，更没有说其他原因无关紧要。问题在于，不管现实生活具体根源如何复杂，最后总要通过货币扩张来引发通货膨胀；反之，治理通货膨胀也不可能绕过货币紧缩。

我国政府一直重视宏观经济稳定目标。去年以来采取了包括人民币加快升值、提高法定准备金率等方面的总量调控必要措施。然而由于宏观形势分析存在认识差异，认为主要问题是结构性物价上涨而不是明显通货膨胀的观点影响较大，调控政策较多集中在调节猪肉等商品供求以及特定物价管控方面，宏观总量调节措施力度相对不足。下一步需要更加重视治理通胀的宏观调控目标，对策选择从调控物价为主转变到管住货币和总量管理为主，彻底扭转通胀加剧势头并为今后长期较快增长提供相对稳定的宏观环境。

我国已解决传统粮食安全问题[*]

国际粮价暴涨原因

记者：4月12日，国际货币基金组织和世界银行分别就全球粮食价格飙升可能引发的后果发出预警，海地等国家已因粮食短缺出现了不同程度的社会动荡。全球又一次面临粮食危机吗？

卢锋：从相关数据看，2007年9月国际米价还是330美元/吨，2008年3月28日已经涨到760美元，超过了1974年5月625美元/吨的历史记录。但这只是名义价格，如果用调整通货膨胀因素后的真实价格，以1982年美元不变价计算，当年的价格是1200多美元，现在的价格调整后估计不到600美元，仍只有历史峰值的一半左右。

而且，2007年9月米价和小麦价格在国际上大体相同，小麦价格甚至还略高一点，这在国际市场上是相当反常的现象——过去半个世纪小麦的单位价格通常相当于大米的一半左右。如今的小麦价格涨到高于大米价格，应当是相对比价回复到比较正常水平的表现。

1973—1974年的全球粮食危机以来，全球粮价并没有像某些人当时预言的那样会"无休止地直线上升"，而是一段时间后大幅下降。与其他大宗资源性商品类似，现在的粮食价格上升，显现出周期性，1995年是上一个周期的高点，以真实价格衡量，目前大米、小麦价格正在接近，但还没有到达1995年的水平。

---

[*] 记者余力等采访撰文，以"中国没有粮食安全问题——专访北京大学中国经济研究中心卢锋教授"为题发表于《南方周末》，2008年4月23日。

从数据看来，我没有感到现在是世界末日

记者：这次全球粮价上涨只是周期性的价格波动吗？

卢锋：是周期叠加了其他因素，包括石油价格狂涨、美元弱势、全球流动性过剩，以及生物燃料对玉米的消耗等。

石油涨价是引发 20 世纪 70 年代全球粮食价格飙升的主要原因之一。石油涨价使得机械化农业的生产和运输成本上升。同时，化肥等石油下游产品，也跟着涨价，会进一步推高农产品的价格。在目前已涨到 118 美元/桶的国际油价下，粮食价格的上涨并不令人意外。

相对于欧元、英镑等其他主要货币，美元一直处于持续贬值中，即使其他因素不变，以美元计价的国际大宗商品的价格必然上升，考虑美元有效汇率的变动，2000 年以来国际市场粮食标价上涨中大约有两成是美元汇率变化的结果。

而全球充溢的流动性，使得美国次贷危机爆发后，一些投机性资本转向商品期货市场，可能也在一定程度上放大了市场波动。

其中最后一个是新因素，历史上尚未发生过。根据数据，美国和巴西各自把本国玉米产量的 20%和 26%用于生产乙醇汽油。

每当出现具有全球影响的新事物或市场面临新冲击时，国际资本市场上人们的定价在短期内会被更大的不确定性甚至恐慌心理影响或支配，因为是第一次，从未见过，面向未来定价的不确定性增加。1973 年的第一次石油危机，油价一下子增长了一倍，其实那时的价格现在看来并不很高，原来 5 美元左右一下子涨到十几美元。让人们一下子恐慌了，恐慌后粮食的价格抬高很多。现在油价接近 120 美元，但粮价并没有同比例涨到过去的 10 倍。

新技术革命出现，往往会伴随资本市场的极大泡沫，应当也有这方面因素的影响。比如说铁路革命、电力革命，都曾导致华尔街资本市场泡沫，因为大家都知道这是好东西，但是难以准确定价。我们这个时代又有了互联网泡沫。泡沫破灭一次市场就明白了，再炒互联网一点用也没有了，因为人们毕竟积累了辨识能力和免疫力。

记者：您是说，这次粮价飙升也有泡沫成分？玉米被大量用于生产乙醇汽油成为全新的刺激因素？国外有评论认为，中国对粮食的大量需求也是不同以往的因素？

卢锋：最重要的因素应当还是周期性因素。近年粮价显然处于周期上升通道，目前价格处在周期的较高价位。

至于玉米，为什么会用玉米提炼乙醇？因为在谷物价格中玉米最便宜。这几年国际运费上涨得特别厉害，由于玉米便宜，所以运费在它的到岸价格中占的比例就高于其他谷物，使得玉米的可贸易性降低了，一方面运费高了出口减少，一方面可以生产替代产品，有更高的价格收益比，所以巴西、美国用玉米来提炼乙醇。这里的意思是，即便玉米的替代需求增长较大，并不必然意味着所有粮食都会经历类似变化。

至于中国的因素，这次粮价上涨很难归咎于中国。如果仅计算大米、小麦和玉米这三种谷物，中国已经十几年是净出口了，如果算上大豆，中国的粮食自给率是95%。

为什么我强调周期？因为1995年的粮价过高导致了市场严重供过于求。所以才有随后多年的价格下调，才会有国际粮食库存的不断减少——谁有库存谁倒霉！国际如此，中国也如此。

全球面临的不是粮食生产能力极限带来的危机。结合历史经验和现实新情况考量，现在这样的较高价位应能刺激主要粮食生产国扩大种植，因而可以预期粮食产量供给将显著增加，并最终把粮食供求拉回到比较均衡的水平。

记者：这一次的价格上升将持续多久？会持续维持在高位吗？

卢锋：一般而言，粮食供给对价格的反应要一两年时间才能体现，在这期间，粮价可能还会上涨。

中国已解决传统粮食安全问题

记者：您在十余年前就指出，中国传统粮食安全问题已经解决，现在您仍这样看吗？

卢锋：我没有改变过看法，也没有看到改变的必要。

1995年我回到国内，不久便改变原来的研究计划，转而选择研究粮食问题，是因为看到当时强力实行"省长责任制"来解决粮食生产和贸易问题并引发很多矛盾。市场经济下国内市场是一体化的，要求各个省区政府首长对各地粮食自给率负责，甚至对各地粮价稳定负责，显然不符合市场经济基本逻辑，也是从国际经验角度看极为特殊的政策安排。

经过几年研究，我提出中国历史时期传统意义上的粮食安全问题，随着1978年开始实行农村改革政策，其实质内涵就已发生根本改变。后来粮食政策安排偏差与我们对这一根本问题没有根据客观形势变化较快转变有关。

记者：何谓传统的粮食安全问题？为何您认为它已不是中国的问题？

卢锋：我国传统粮食安全问题，是指历史上长期存在的粮食短缺和匮乏，从而使得国民基本粮食安全保障面临现实挑战。

这个阴影笼罩着中国数千年历史。中国的古代文化中，审美中一直带有忧伤的意趣，可能就是因为这样的经济规律制约：农耕社会太平时代人口增加很快，但是耕地面积难以同步扩大；在传统农业技术边界约束下，受到劳动边际投入产出递减规律作用，人均粮食产量最终会下降，构成中国大历史视角下经济和政治周期的一个重要背景因素。在现代工业文明技术和制度条件下，"马尔萨斯陷阱"已被彻底证伪，但是对于中国2000多年传统农业社会却是不幸具有相当解释力。

最重要的是，得益于现代农业科技进步和市场化取向制度改革，粮食安全导致社会周期震荡已不是中国人的宿命。这可能是我们谈中国经济现代化最重要的前提性命题。

从经济学角度看，粮食消费的增加，主要与两个变量有关：收入和人口。当人们收入提高时，对粮食的直接需求并不会一直增加，而是可能减少。同时食物结构发生变化，人们会用牛奶、肉、鱼、水果来替代粮食。其中水产品、水果生产与粮食在土地需求方面的竞争性很低，肉类生产随着饲料生产改进与饲养技术进步使粮食转化率得以提升，因而膳食结构改善伴随粮食消费需求增长势头的减弱。我国1986—2006年20年间人均收入水平增加了八九倍，然而人均粮食消费量仅增加了13%，粮食消费的收入弹性极小。我计算的表观消费弹性趋势值近年已为负数。

最主要的变量集中在人口。1994年美国人布朗在其著名的《谁来养活中国？》一书中预计，2030年中国人口将增加到16亿，中国将面临粮食的绝对短缺。但是当时人们普遍高估了我国的人口峰值，目前我国人口仅13亿多，人口专家的主流意见是峰值时不超过14.5亿。人口结构日趋老龄化将抑制粮食需求，未来中国的粮食消费需求总量上限很难超过5.5亿—6.0亿吨。这大大低于十多年前的绝大部分预测。

1978年以来的经验也证明，粮食确实出现市场波动，也曾发生其他问题，但是中国人民的基本粮食安全从未遭遇过危机。1998年时粮食产量超过5.1亿吨，出现明显相对过剩，使得中国粮价从1995年的峰值一直下降，直至2003年才开始从谷底回升。

记者：2007年中国的粮食产量再次达到了5亿吨，虽然现在中国粮食基本可以自给自足，但随着工业化和城市化的进程以及耕地的减少，这一产量是否难以维持？

卢锋：这样的担忧存在于大多数国人的心里。这好比离岸远航的水手会久久眺望渐渐远去的海岸线，一个正经历经济起飞追赶的社会，会长久地关注和忧虑曾经在历史上对其带来长期困扰的粮食安全问题。

1995年至今，中国耕地减少了一亿余亩，但粮食产量并未减少。原因何在？工业革命后，农业生产效率突破了原有极限，持续提高，这使得人类终于可能摆脱"马尔萨斯陷阱"，而1978年后各种限制性制度的解除，使得中国农业可以自主选择适用的技术，这个过程，本在20世纪初就已开始——化肥在西方推广使用没多久，中国就已开始引进。技术进步和制度改进使中国人30年未遇饥荒，而这一过程仍在持续。

我想强调的是，现代科技和制度使我们得以彻底摆脱粮食绝对匮乏的威胁和困扰，但不等于说一般意义上的粮食问题不复存在，更不是说可以不重视粮食经济政策和工作。现代开放经济环境下我们面临新一代粮食安全和食品安全问题，如何继续有效提升粮食生产能力并应对目前粮食和食品生产的制约因素，如何应对中短期价格波动对低收入人群可能带来的负面影响，需要确保越来越长的食物生产供应链的每个环节品质得到保证，都是需要认真解决的现代意义上的粮食和食品安全问题。

记者：这次国际粮荒的恐慌中，我们看到中国政府在2007年12月宣布暂停粮食出口，而国内媒体也对一些地方的粮食库存产生怀疑，是不是情况仍有令人担忧之处？

卢锋：一些国家纷纷宣布限制粮食出口。一方面不让出口，一方面增加进口，国际大米市场本身很薄，短时期内因为政策因素大幅增加需求和减少供给，价格不涨才怪呢！米价这么快上升，它跟大家短期的贸易行为是有关系的。这类政策有利于各自短期利益的解决，但是不利于包括各国在内的国际社会的整体利益，在这个意义上具有经济学博弈论阐述的"囚徒困境"含义。

国际粮价如此上涨，中国国内的粮价仍相对较低，虽然减低了CPI的上涨压力，但许多地方却出现了农民卖粮难的问题。这样的现象并不令人欣慰。如何看待这一轮物价上涨？学术界有不同的看法：一种认为是结构性物价上涨问题，原因包括供给冲击、成本推动等，半年或一年后会逐步消失；一种认为是总量性问题，如货币扩张、总需求增长，因而难以指望某一部门的供求关系改善将 CPI 涨幅拉下来。我个人倾向认为，结构性因素确实有影响，然而从政策角度看，更应重视总量性因素作用。人为按住粮价或特定商品劳务价格，不是一个能根本解决问题的方法。

至于库存数，有关部门一直不系统公布。温家宝总理在 2008 年 4 月初曾公开表示，我国粮食库存充裕，约有 1.5 亿—2 亿吨，按照 5 亿吨的消费总量，这样的库存比例高达 30%—40%，是国际粮农组织建议比例 17%—18%的 2 倍。我相信这个数字是可靠的。一些媒体看到的粮库空库，可能主要是地方储备，在整体库存中比例有限。

并不是库存越多就越好。关于中国是否长期需要如此高比例的库存量，有许多不同的意见。

记者：这次国际粮食价格上涨，中国目前并未受到太大冲击，但在中短期，国内粮食价格还会上涨吗？

卢锋：如果放松出口限制，国内粮食价格受到国际高价刺激应会上升。从国内供求关系角度考虑，同样存在不确定性因而难以准确预测。从历史角度看，过去 30 年我国实际粮价趋势走低。目前三种谷物平均价格已经显著高于长期趋势水平，说明这一轮相对价格调整已经大部分完成。问题是阶段性峰值要达到什么水平？如果假定新一轮粮价上涨峰值能够达到上一轮 1995 年的峰值，那么从时间序列数据看三种谷物价格还有 20%—25%的上涨空间。当然，没有把握假定粮食实际价格一定会再次达到 1995 年的峰值，因为 1995—1996 年之后粮食供求经历了新中国历史上最长的相对供大于求，说明那是一个超高的价位。此外实际粮价也有可能甚至显著超过 1995—1996 年的水平，如果这一局面发生，一定是还有什么极为重要的变数没有进入我们的观察视野。对于未来预测，我们只能抱有客观和学习的心态，通过持续观察来认识经济演变规律。但是依据现在的情况看，我宁愿预测未来实际粮价的上涨空间大概只有两成左右。

目前讨论粮价未来走势还需要关注的是，无论从学理还是已有经验看，农产品价格上涨确实会推动通货膨胀，另外宏观失衡、通货膨胀也可能刺激粮食等农产品价格上涨甚至超调。对这一点，在我国农业政策史上有过教训。忽视通胀环境可能反过来刺激和提升粮价的作用，是我国 20 世纪 90 年代中期粮食政策偏颇并导致几千亿元巨额财务窟窿的认识根源之一。因而如果宏观总量性紧缩政策执行不到位，通货膨胀持续加重并显著改变农民对未来价格的预期，农民存粮调节行为改变有可能导致短期粮食供求极大变化并推高市场粮价。

中国农业革命的根源和挑战*

改革开放以来，中国开始了快速城市化进程，农业劳动力占比从改革初期的约70%下降到目前的35%上下。同时中国主要农产品产量大幅增长，农业劳动生产率持续提升，在中国几千年农业史上堪称一场革命。农业革命有效保障了中国十多亿人口的粮食安全，并构成中国大国城市化与结构持续转变的前提条件之一。本文将简略考察中国农业革命的表现、根源与贡献，并评论完成农业革命所面临的挑战。

中国当代农业革命主要表现在以下几个方面：

第一，30多年来主要农产品产量不同程度地持续增长。粮食、棉花涨幅较低，共增长1—2倍；水产品涨幅最高，增长10多倍；油料肉类涨幅居中，增长5—6倍。

2004—2012年粮食产量"九连增"，既是中国新时期农业增长的成就之一，也是农业革命的表现之一。不过具体看"九连增"这一前所未有成就的背景条件之一，是此前五年中国粮食产量前所未有地持续下跌，这又与20世纪90年代后期空前规模的过量库存相联系。因而需客观理性地解读"九连增"现象发生的根源及政策含义。

第二，农业和粮食平均劳动生产率持续增长。以1978年不变价农业增加值衡量年均劳动生产率，2011年为1688元，是1978年362元的4.66倍，改革开放时期年均增长4.77%。1978年每工日平均产出6.65公斤粮食，比1953年的9.2公斤下降近三成。2003年每工日粮食产量31公斤，年均增长6.35%。2011年达到61.1公斤，2003—2011年年均增长率达8.84%。

第三，主要农产品平均劳动生产率持续增长，过去30多年13种主要农产品

---

* 原文发表于FT中文网，2013年3月7日。

劳动生产率增长率均值为 7.1%，最高是鸡蛋，约为 10%，最低是苹果，为 3.5%。4 种粮食劳动生产率平均增长率为 7%，最高是小麦，为 8.1%，最低是稻谷，为 6.3%。

第四，农业边际劳动生产率持续增长。边际劳动生产率指的是在特定劳动投入水平上追加投入一个单位劳动力带来的产出增加量。以 1978 年不变价农业增加值作为衡量指标，农业边际劳动生产率从 1978 年的 110 元上下增长到了 2011 年的 527 元，年均增长近 5%。粮食边际劳动生产率从 1978 年的每工日 0.92 公斤增加到了 2010 年的 8.13 公斤，年均增长约 7%。

第五，在粮价周期波动方面，谷物不变价经历了明显周期波动，但在整个时期没有趋势性大幅上涨。具体表现为 2011 年每公斤均价为 0.58 元，略低于 1980 年的 0.60 元。这样的特点反映了农业生产供给系统在过去 30 年大体平顺的支撑结构。

第六，过去 30 多年中国农业劳动力向非农部门累计转移约 2.2 亿—2.5 亿人。如果加上城镇人口新增劳动力就业，非农就业总增量就达 3.7 亿之多。与 OECD 成员国过去一个多世纪农业劳动力平均占比从 53%下降到 10%相比，中国该占比值从改革初的约 70%降到了 2010 年的 35.6%。

上述变化构成农业革命整体演变的不同侧面表现，最有实质意义的是农业劳动生产率持续提升。如马克思所言：超过劳动者个人需要的农业劳动生产率是一切社会发展的基础。只有劳动生产率提升，才能在改善不断增长的人口总量膳食结构的同时，还能支持越来越多的农业部门劳动力转向非农部门。中国当代农业革命的基本特征事实，与简单经济分析常识高度吻合，与农业部门生产率不变前提下"农业无限劳动供给"的刘易斯传统二元结构基本理论假说其实并不一致。

当代中国农业革命主要是三个方面驱动因素的结果。

首先是"政策好"与"人努力"。政策好是指改革计划经济时期错误的体制政策，实行符合经济规律和农业经济特征要求的政策。改革建立以确认农户自主产权为本质内容的家庭承包土地制度，由此构建适应农业经济规律和特点的农村微观组织架构。放开价格管制，鼓励要素流动，允许和培育农产品市场产生和发展。

降低直至取消农业税负，重视农村教育以开发和培育农业劳动力资源。大幅增加农业财政支出：从 1990 年到 2010 年农业财政支出（支农、基建、救济等）从 308 亿元增长到 8130 亿元。市场取向的农业改革政策，加上中国农民整体勤劳努力与聪明善学的优良素质，善于通过"干中学"提升人力资本，构成农业劳动生产率持续提高的关键条件。

其次是农业科技进步与现代投入大幅增长。我国农业科研投入持续增长，科研机构内部经费支出从 1989 年的大约 20 亿元增加到 2010 年的大约 200 亿元；高校 R&D 课题投入经费从 2001 年的不到 1 亿元增加到 2010 年的大约 30 亿元。

1978 年以来中国耕地有效灌溉面积从不到 6 亿多亩增长到 9 亿多亩，农业用电量则增长了几十倍，化肥尤其是复合肥使用量大幅增长，农用薄膜覆盖面积达到 3 亿亩左右。2004 年以后大中型农业机械数量增速大幅提升。

最后是全球化开放环境的助推作用。开放政策与开放环境引导中国农业生产和贸易结构转型，通过发挥比较优势提升农业产出效率。农业进出口从 1981 年的 110 亿美元增长到 2011 年的约 1600 亿美元，年均增长率为 9.3%。出口以水产品和园艺品增长较多，进口以土地密集型大宗农产品为主，与中国农业要素禀赋和相对成本结构特点具有一致性。虽然近十年来中国农业贸易逆差较快扩大，但开放发挥比较优势对提高农业效率和结构调整具有重要意义。

农业革命在保障中国粮食安全与改善膳食结构的同时，还直接与间接对中国长期增长做出显著贡献。整个改革时期农业增长对 GDP 增长贡献的年度平均值约为 1 个百分点。另外农业革命支撑的劳动力转移具有间接宏观增长效应。

根据广义奥肯模型对中国经济增长率与农业劳动力转移之间定量关系的估计结果，劳动力转移对宏观增长的贡献在整个改革时期简单年均值超过 2 个百分点。随着结构转型持续推进，我国农业劳动力占比 2020 年有望降到约 25%，2030 年将降至 14% 以下。"退出"和"转出"将是决定未来农业劳力占比下降的两大最重要因素。

未来中国农业持续增长面临多重挑战。一是现代投入增长推进农业革命的同时也带来了各种环境污染压力，包括化肥残留、残膜白色污染以及农业面源污染导致水体富营养化等问题。二是食品安全新挑战，包括三聚氰胺、瘦肉精、苏丹红、孔雀绿、地沟油、毒豇豆等。如果说传统粮食安全主要解决"有没有东西吃"的问题，新一代食物安全则要更加重视应对"有东西敢不敢吃"的问题。三是农业劳动力老化挑战。农业劳动力年份分布从 1990 年"下宽上窄"的"金字塔形"，已快速变为 2010 年"腰身粗壮"的"圆葫芦形"。

面临劳动力"量减年老"和环保压力趋势上升等限制，中国需要持续进行制度创新，发掘农业增长潜力，并在更高水平上借助技术进步与现代投入增长效应以持续提升农业劳动生产率，从而最终完成农业革命的历史使命。

我国棉花贸易政策面临十字路口选择*

进口配额的经济学分析

首先应肯定入世谈判对棉花等农产品采用关税配额具有必要性。评估农业开放影响在入世时争论很大,当时有计量模型结果预测农业开放将导致上千万农民失业。用关税配额方式处理棉花等"敏感性"大宗农产品准入问题有助于化解争论,对中美达成农业协议以致成功实施入世战略都有重要意义。

然而配额作为进口管制方法存在固有局限。经济学常识告诉我们,假如确实需要干预进口,配额与常规关税相比是一个缺乏效率的方法,它把关税收入变成获得配额厂商的超额利润或"租",并诱致企业和官员的"寻租"行动。虽明知缺乏效率,有些场合仍选择配额作为进口管制手段,是因为对某些敏感产品担心关税难以实现数量控制目标,配额可以事先保证进口数量限定在一定水平,效率损失可理解为换取进口数量封顶的这一假设合意状态所支付的"保险费"。入世时担心农业开放会带来难以承受的冲击,入世又绕不过农业开放,支付低效率"保险费"至少有某种逻辑依据。

问题在于,近年棉花进口大大超过配额上限并没有带来灾难性影响,而是对经济成长包括增加农民就业和收入做出了贡献。这说明当初谈判认为棉花进口超过 89 万吨配额上限必然具有严重负面作用的看法,不符合我国经济开放成长的客观规律,因而现在有必要重新评估低效率配额管制方法。另外,在国内外棉价差距拉大因而配额实际具有每吨上千元转让价格的背景下,行政部门采用不透明方式发放数以百万吨进口配额指标,长此以往难免会产生诸多问题。业内人士也提

---

* 原文发表于中国网,2006 年 9 月 19 日。

出配额政策可能鼓励寻租行为，甚至可能滋生腐败。从操作层面看，也要求对配额管制的必要性给予重新评估。

进口滑准税的经济学分析

2005年5月开始实行棉花进口滑准税政策，即对增发配额进口棉花依据国内目标价征收最高达40%的不同比率从价关税。滑准税有积极意义，但自身也存在多方面问题。滑准税与配额及固定税率关税都意在保护国内生产者，然而实现机制不同。在配额和普通关税下，政府限制进口，实际进口构成部分国内供给，国内供求与价格互动调节资源配置，政府无须直接干预价格。滑准税正常运作假设存在某个合意棉价下限，实质上需要政府确定保护价，然后进口棉以保护价为参照"滑准"调节。

保护价直接干预市场价格调节，长期实行可能出现两类不利局面。目前欧盟的农业高度保护主义体制，发轫于第二次世界大战后欧共体类似于滑准税的可变进口关税（variable import levy），可见滑准税可能滑入高保护、低效率、难退出的体制状态，而保护体制不仅不符合 WTO 时代贸易体制的演变潮流，更不符合我国经济开放成长的根本利益。从我国20世纪90年代中后期的相关政策实践看，当时政府在显著高于市价水平上"敞开收购"，导致粮棉年度结转库存规模大于全年消费量，分别带来几千亿元和几百亿元亏损挂账，后来放开价格释放库存又导致粮棉价格多年在低位徘徊因而加剧了农民增收困难，说明这类政策得不偿失并事与愿违。

滑准税在操作层面也存在问题。如何确定合意价格水平？如何平衡不同部门、地区和利益集团对合意价格的理解差异？解决这些问题在制定政策层面的交易成本不小。滑准税对低档棉花进口存在歧视性待遇，也不利于鼓励国内棉花质量提升。另外滑准税计算过程比较复杂，会对企业带来更多交易成本，同时还会给少数不法企业提供钻漏洞的机会。

开放条件下棉花价格接轨必要性与政策建议

我国开放型棉产业具有三方面结构特点：一是国内棉农、纺织企业和工人、流通商及国外贸易伙伴的多重主体并存；二是国内棉花和化纤、国内纺织品和服装等制成品与国际同类产品存在多重替代关系；三是棉花均衡价不仅取决于国内供求因素，而且受到化纤及棉制品国内外供求关系影响即受供应链系统定价规则约束。开放型棉业高效运行客观要求国内外棉花价格接轨。

价格接轨指国内外可贸易品价格差异等于运输成本及较轻关税税率。从理论上看，可贸易品价格接轨是开放型经济题中应有之意，很难想象一国可贸易品价格与国际市场具有巨大落差仍存在健全高效的开放型市场经济。从我国以往的实践看，人为抬高国内棉价在短期虽对国内生产者有利，然而在长期调节场合会促使纺织企业增加化纤等替代性纤维利用比重，刺激走私低价棉非法行为增加，此外一些纺织企业在收回固定投资后选择退出，这些不仅对纺织业发展和就业不利，最终也会对本国棉花生产带来不利影响。

质疑棉价接轨必要性的一个重要理由是，强调美国等少数国家棉花补贴对棉花国际竞争力的影响。这一观察确有道理，然而根本问题在于如何分析强保护干预与放松管制对我国自身经济发展的利弊大小。如果保护主义政策缺乏效率，不利于我国经济的整体发展利益，即便外国这样做我们也不必仿效。另外实行高补贴保护政策的国家实际多身处困境，在 WTO 新一轮谈判中处于被动防守地位，全球农业保护主义现今也已是日落西山。从我国长期发展利益出发，应继续以开放方针调整相关政策，在多哈回合农业谈判中发挥更加积极主动的作用，推动 21 世纪全球化制度建设朝更加有利于自由贸易的方向发展。

值得注意的是，近年我国棉价相对国际棉价显著增长，到 2006 年 6 月已出现国内价格高出四成左右的差距，即便采用进口到岸价衡量国外价估计也至少存在约两成价格保护。以 9 月初我国部分棉区新棉收购价推测国内棉价走势并与国际棉花期货价比较，同时考虑人民币汇率升值趋势，我国棉价实际保护局面还会延续甚至发展，并对我国开放型棉产业进一步发展产生不利影响。

在这里对棉花贸易政策调整思路提出两点建议：一是在多哈回合对棉花贸易形成新规制协议以前，保留入世承诺关税配额，配额分配除照顾加工贸易需求外采取公开拍卖方式发放；增发配额尽量满足市场需要，并采用略低于目前农产品平均实际税率的关税措施取代滑准税。二是结合多哈谈判议程，力促外国取消棉花出口补贴和国内保护扭曲，同时主动提出我国取消棉花关税配额措施，改用较低固定税率的关税手段对棉花进口加以管理。

面临十字路口选择的棉花贸易政策

近年我国棉花进口增长引发争论。经验证据显示,我国棉花产量和劳动生产率在继续提高,棉农植棉收入在继续增长;纺织业贸易包含几百万吨棉花净出口,从整体经济流程看我国棉花大量净进口只是部门统计表象;出口拉动纺织业增长创造了几百万个新工作岗位,其中绝大部分为农村劳动力转移提供了就业机会。全面观察我国棉产业变动,呈现的是开放经济成长使各方获利的典型事例,也是我国实施入世战略取得成效的典型事例。作为这一新发展模式的必要组成部分,近年棉花进口增长显然具有经济合理性。

近来围绕棉花进口发生的争论,折射出开放经济环境下我国棉业内不同部门比较优势结构派生的利益差异。纺织业现阶段具有较强的比较优势,多重纤维协议取消与实施入世战略使这一优势进一步转化为市场竞争优势,构成推动我国经济结构转变的重要增长极。另外,国内棉花生产虽继续增长,但其国际竞争力难以在开放环境下满足棉纺织和制品业原料需求。国产棉与进口棉由此表现的竞争关系,在政策层面提出了是否应当追加对国内棉花保护的问题。棉产业开放发展成功转而派生内向保护压力,使我国棉花贸易政策面临十字路口选择。

从更为广阔的背景看,农业自由化改革是影响 21 世纪经济全球化制度建设成败的重要议程。给定我国开放发展的长期战略方针,如何在动态过程中处理农业开放和保护诉求的利益差异及内在张力,将具有超出部门范围的意义。从我国资源禀赋结构和东亚等地区发展经验看,随着经济快速追赶和本币实际汇率升值趋势展开,其他农产品也可能出现国际竞争力相对下降和进口增长态势,并引发农业政策向保护方向转变的更强大压力。从这一视角观察,棉花贸易政策调整将具有某种指标意义。

入世五年看农业[*]

作为 2001 年中国加入 WTO 之时的热点，人们对农业问题的担心是：农业开放的承诺是否会影响中国的粮食安全，是否会给中国农民的收入带来负面影响，甚至是否会造成 1000 多万农民失业。

中国的农业问题需要持续的观察。在入世五年之后的今天，我们有必要对照实际的经济发展情况，重新审视并评估中国农业在开放环境下的表现。这对于我们认识中国经济运行的规律，考察农业及与农业相关的其他问题，是非常有意义的。

入世之后，中国的农业出口额有所增长，但进口额增长更快，2003 年净出口开始下降，2004 年以后则出现了净进口的格局。2004 年有约 50 亿美元的贸易赤字，2005 年这个数字有所减少，2006 年预计将维持 2005 年的水平。

考察农产品进出口的结构，可以发现，在占农产品贸易总额 85%－90% 的 15 类农产品中，有八类农产品呈现净出口增加或净进口减少趋势，其中又可细分为四种。第一种是非常具有竞争力的主力净出口农产品，包括水产品和蔬菜水果。中国总是稳定地在出口这类农产品，每年净出口额为几十亿美元。第二种是重要的净出口产品，包括茶与咖啡，每年净出口额为 1 亿—10 亿美元。第三种是有大幅波动但稳定净出口的产品，包括肉类、烟草。第四种是有净出口趋势的产品，包括谷物等。大米、小麦、玉米等谷物出现净进口显著减少甚至净出口，是我们始料不及的。十多年前，中国还在大量进口谷物，但在入世几年后呈现出不同的态势。

在 15 类主要农产品中，另有七类处于净进口局面。这七类又可大致分成三种类型。第一种是制造业（纺织）部门的原料，包括棉花、皮、毛、丝。第二种是

---

[*] 原文发表于财经网，2006 年 8 月 7 日。

动物产品部门的投入品，包括大豆等油料。中国目前每年进口 1000 多万吨大豆，这一点也出乎研究者意料。第三种是需求超常增长的，即牛奶。过去五年，中国的牛奶需求出现了一个"大浪"式的增长，尽管国内牛奶产量以每年 30% 的速度增长，但仍然赶不上需求。

通常人们认为出口是好事，但对进口可能存有疑虑。随着经济的持续发展和人民币实际汇率的升值，中国的农业进口很可能会继续增加，净进口格局可能将成为一个趋势，并继续扩大。那么，应如何认识中国农产品的进口？在我看来，可以根据三个标准加以判断。

第一，看进口与国内同类产出的关系。如果在进口增加的同时，国内的产量有所减少，从发挥比较优势的角度看，并不一定是坏事；而如果进口增加的同时，国内产量也在同步增加，那就说明国内产品没有被进口品替代，更不必过分担心。比如，棉花、大豆、羊毛等产品，过去五年进口增加很快，但国内产出也明显上升。牛奶更是如此。

第二，看进口与国内下游产品的关系。比如大豆，主要有两类消费需求：一是榨成植物油，满足人们收入提升后对膳食改善的需求；二是大豆榨油的副产品豆粕是优良饲料的重要原料。大豆进口增加，一方面可以满足国内植物油生产增长的需求，另一方面可以满足动物生产部门的增长对高质量饲料的需求。

第三，看进口与国民经济整体的关系。比如，农产品原材料进口，支持了一些中国具有比较优势的部门的发展。过去五年，棉纺织业就业人数有明显增加，结合各方面数据，实际数目应该在 300 万左右。这是一个不小的数字。而且，增加的就业人员大多是农民工。所以，在整个国民经济的背景下，通过纺织业的加工、增值以及出口，棉花等原料的进口实现了巨大的市场价值，也实现了丰裕的农村劳动力价值。

过去五年的经验显示，农产品进口对中国的经济发展起到了巨大的积极作用：它发挥了中国制造业的比较优势，促进了农村劳动力的转移；发挥了农业内部的比较优势，促进了肉、蛋、鱼等动物产品部门的生产；还满足了国民对牛奶等特殊产品在特定时期超常增长的需求，间接促进了国民素质的提高。因此，农产品进口增长的局面，不仅符合经济学原理，也符合科学发展观和"以人为本"的理念，与调节国际收支平衡的目标也是一致的。

进一步思考当前农业贸易结构的深层原因，我们不禁要问：为什么入世以后，农业没有如一些事前的担心那样"全盘皆输"呢？回答这一问题，需要对中国农业供给能力和需求增长的一些参数做一个重新的思考和评估。其结论，简而言之有两点：第一，中国农产品供给能力并不"弱质"；第二，中国农产品需求的增长也不是"刚性"的。

要判断一个国家的农产品供给能力，最直接有力的指标是农业劳动生产率。按照通常的简易算法，用农业GDP直接除以农业的就业人数即可得到。但问题在于，GDP是价值量而非实物量，不能直接反映农业生产者的生产能力。我们利用中国历年农产品成本收益调查所得的微观数据，对每一种产品的产量和用工人数做了度量。结果显示，1981－2004年间，中国农业劳动生产率的年增长率最低约5%，高的超过10%，平均约为6%－7%。对于这样一个在20多年时间里劳动生产率年均增长6%－7%的部门，评价其为"弱质"，可能不再准确和适当了。

从理论角度看，农业劳动生产率取决于农民的人均物质资本量、人均耕地、人力资本含量以及技术和制度因素。在人均耕地面积没有增加的前提下，劳动生产率提升主要是由于：体制调整因素，如新的产权制度的引入，市场的激励和政府的支持；科技进步因素，如农机、电力、化肥、生物品种、塑料薄膜覆盖等技术和新投入广泛应用；道路和物流设施改善促进专业化分工水平等。

在需求方面，农业需求的决定因素，一是人口，二是收入。现在，中国人口总量增速已有所下降，将于2030年前后达到的人口峰值估计不超过14.5亿。在人口结构方面，到2030年，中国的人口老龄化程度将从目前的10.9%上升到24%；总抚养比在今后五年会下降1.5个百分点，之后就将上升，在30年里增加21个百分点。因此，人口结构因素到五年后对食物的需求可能逐步转为负的影响。总体来看，人口因素对于食物需求增长的贡献现在每年大概只有0.7%－0.8%，并且会持续下降；10－15年后，人口需求对食物增长的贡献可能会变成负值，这将是一个重要转折。

至于收入方面，在中国这样一个快速发展的经济体中，农产品需求的收入弹性是非常重要的。但严格计算收入弹性对数据的要求非常高，很难实现。我们可以使用农产品人均表观消费量（即国内产量加净进口）与人均收入数据，计算其三年平均值变动比率，作为对需求收入弹性的一个近似估计。

计算显示，主要食物和农产品需求平均的人均收入弹性位于0.5－0.6的区间，这意味着人均收入增加1%，主要食物和农产品需求平均将增加0.5%－0.6%。即便人均收入保持7%－8%的高增长，收入增长每年对食物需求的贡献也只有3.5%－4.0%。

加总人口因素和收入因素对食物需求的贡献，食物需求年增长不超过5%，且呈下降趋势。因此，在农业劳动生产力年转移1%的前提下，6%－7%的农业生产率增长率基本能够满足国民的食物需求。

而且，中国处于一个开放的环境中，在目前中国与国际农产品价格同步持续下降的条件下，中国完全可以通过进口一些农产品，使食物安全的目标更加有效地得以实现。在这个意义上，传统农业社会和计划经济下讨论的农业供给能力绝对不足的问题，也许早已解决。

九

经济观察方法及其他

"克强指数"折射了什么？*

所谓"克强指数"（Li Keqiang Index），是英国著名政治经济杂志《经济学人》在2010年推出的用于评估中国GDP增长量的指标，该指数包括三种经济指标：工业用电新增量、铁路货运新增量和银行新增中长期贷款。

"克强指数"源于李克强总理在2007年任职辽宁省委书记、会见美国驻华大使时表示，喜欢通过耗电量、铁路货运量和贷款发放量三个指标分析当时辽宁省的经济状况。

那么，"克强指数"究竟是什么？又折射出什么？《新京报》专访了北京大学国家发展研究院卢锋教授。

定义："克强指数"的先行指标含义

记者：所谓的"克强指数"，主要包括耗电量、铁路货运量和贷款发放量三个指标，它们分别代表什么？

卢锋：三个构成指标含义清晰。耗电量是一个地区在一定时间内生产和消耗的电量，从一个侧面反映该地区工业生产活跃度以及企业运行状态。铁路货运量是指一个地区在一定时间内通过铁路运输的货物总量，从物流角度反映该地区工农业生产乃至整体经济运行状态。贷款发放量指人民币贷款总额或新增贷款规模。我国间接融资占社会融资总量的大头，银行贷款又占间接融资的大头，贷款发放情况既反映市场对当前经济的信心，又显示未来经济运行的风险度。"克强指数"作为上述三项指标的某种平均值，提供了观察工业生产、能源消耗以及经济运行

---

* 记者高明勇采访撰文，原文发表于《新京报》，2013年4月13日。

状态的一组定量观察指标，对推测经济运行态势具有某种先行指标含义。

记者：先行指标是什么意思？

卢锋：宏观经济运行在景气变动上通常表现出某种周期性，多数经济变量变动与经济景气周期变化之间存在时间上的先后顺序。所谓先行经济指标，大体指那些比宏观景气波峰与低谷提前出现因而对预测经济运行趋势具有参考价值的指标。由于较好地把握和预测宏观经济短期走势在政策和商业上都有认识价值，因而建构与实际经济运行规律相一致的先行指标体系是宏观经济预测的一项基础性工作。"克强指数"三个结构指标从不同角度显示经济运行状态，并且不同程度具有先行指标属性。

记者：舆论认为，"克强指数"能够精确反映经济现状，不仅体现在上述三个指标更切合中国经济特征，还体现在具体数据的易于核实上。为什么这三个指标不易造假？

卢锋：任何一个经适当定义的经济指标都有其特定概念对象与内涵，无论是"克强指数"重视的发电量、信贷规模，还是更广义指标 GDP 或 GNP，都可以这样理解。上述三个指标构成指数"更切合中国经济特征"的具体含义如何，则是有待具体厘清与探讨的问题。

至于数据失真，大体存在统计误差和有意扭曲两方面的原因。统计过程中的技术困难会导致误差。由于克强指数涵盖指标比常规宏观指标如 GDP 等较为简单，因而通常情况下其统计误差也应较小。有意扭曲则与激励机制派生的行为方式有关。如果电力、货运也被赋予政绩考核指标含义，可能也会出现官员扭曲数据方面的问题。当然，目前统计制度下，宏观数据由于有意扭曲而失真的范围和程度，需要实事求是地判断，应看到改革开放以来这方面取得的实质性进展。

记者：衡量一个地区经济发展的指标和方法有多种，这种方法为何会被冠名为"克强指数"？

卢锋：首先需明确一点事实，"克强指数"说法本身，并非属于李克强总理本人。从有关报道看，李克强 2007 年在辽宁省委书记任上会见美国驻华大使时说，他会通过耗电量、铁路货运量和贷款发放量三个指标分析当时辽宁省的经济状况。后来英国《经济学人》杂志根据这三项指标构造了一个指数，画出这个指数的时间序列曲线，并冠名为"克强指数"。可见事情缘起是当年李克强接受访谈时提到的一句话，"冠名"不是李总理本人，而是《经济学人》杂志。

记者：在当时提出"克强指数"，有何意义？

卢锋：一方面，上述报道无疑显示了李克强担任地方领导管理经济就重视实际的务实态度，对常规宏观经济数据并非照单全收，而是根据自己的理解加以分析并得出自己的判断。这种方法与习惯，显然折射出他曾在北大以及担任领导工作时期研究经济学所积累的专业知识与素养。

另一方面，这件事也说明《经济学人》这个英国老牌杂志的高度职业敏感和老道技巧，善于从大国领导人只言片语的言谈资料素材中，发现和发挥既有认识意义也有媒体价值的话题。我们看到，实际情况是，这件事让这家老牌政经杂志一定程度上再次赚得国内媒体的"眼球"。

描述：不好说"克强指数"就能替代 GDP

记者：《经济学人》杂志认为，"克强指数"比官方 GDP 更能反映中国经济的现实状况。这种说法对吗？

卢锋：不同经济指标都有其具体统计对象和认识功能。上述"克强指数"是一种比较简化的结构性指数，从特定侧面表达了经济运行现实；GDP 是涵盖国民经济整体的基础概念指标，反映特定经济体特定时期经济增加值的总量，并且建立在国民经济核算账户的科学定义体系基础上，与其他宏观经济指标之间具有大体逻辑一致的联系。由于 GDP 实际统计值受种种因素影响存在偏差，"克强指数"可对观察评估 GDP 数据的可靠性提供参考信息，然而不好说可以替代 GDP 统计指标。

记者：《经济学人》杂志特别列出一张曲线图，以截至 2010 年的前十年为时间轴，将"克强指数"与官方发布的 GDP 走势相对照，发现趋势上总体一致，但前者波动幅度比后者剧烈得多。波幅剧烈能说明什么？是否更加真实？

卢锋：《经济学人》杂志 2010 年评论"克强指数"时提供了该指数时间序列图。应你们采访要求，我和杨业伟利用相关数据制作了 1986—2013 年"克强指数"三个指标及其平均值月度同比增长率数据图。从图形看，"克强指数"确实比 GDP 波幅要大得多。

例如，"克强指数"同比增长率 2009 年 1 月接近于零，2010 年 1 月接近于 25%。了解其定义构成后，"克强指数"波幅较大并不奇怪。宏观周期波动中，工业生产及其紧密相关的指标一般波动较大，发电量与货运量波幅较大不过是这个常识性规律的体现。其实全国发电量和货运量月度值 2008 年年底曾出现过 7%—8% 的负增长，只是由于信贷增长率指标相对温和，"克强指数"才没有出现负增长。给定"克强指数"的定义构成以及我国经济不同指标的周期波动特点，"克强指数"比总量指标波动较大其实很正常。

也就是说，在没有更多信息之前，"克强指数"与 GDP 虽波幅差别很大，然而二者完全可能同时真实因而可相互兼容。一般也不好说某个指标波动较大就更好。1998 年我国发电量增速为 2%上下，官方 GDP 增长率接近 8%，当时曾在国内外引起对中国官方 GDP 数据真实性的讨论。当年政府实行增长"保八"政策，学界的一种意见认为 GDP 增长率数据一定程度上受其影响可能高估，实际增长率可能为 6%—7%。国外一种观点是，依据发电量和煤炭产量增长率数据，简单认定 GDP 增长率为 2%甚至更低，对此学界主流观点也认为该方法有误，难以成立。

记者：不少媒体报道说，"克强指数"被一些国际机构认可，比如花旗银行用它来对比工业企业利润，认为解释能力更强。

卢锋：伴随中国开放型大国经济多年成长，对有关宏观经济指标包括工业利润指标的预测早已形成一个相对专业并有数以百计职业经济学家从业人员的专门行业。无论是宏观总量预测，还是工业利润专项指标预测，侧重进行预测工作的宏观经济研究机构和个人，大都有各自的分析工具和判断方法。"克强指数"能否对利润指标具有更好的解释力，还要看这家金融机构的有关分析报告才好具体评价。

记者：谈到"克强指数"时，《经济学人》杂志说："对于所有那些怀疑中国经济统计数字的人，这个消息应该令他们欣慰。"这是否说明，国外非常在意中国经济统计的真实性？

卢锋：长期以来，不管是国外媒体与机构，还是国内学界与民众，对中国数据统计的真实性都很关注。这是一种很正常并有合理性的现象。统计数据承担定量反映经济现实的功能，并且为政府决策提供信息支持。统计数据如果出现重大失真，宏观经济政策决策可能被误导。计划经济时期的一些重大失误，包括 20 世纪 60 年代初的粮食危机，都与统计数据严重扭曲存在关联。改革开放后随着历史经验总结以及各界有关认识提高，这方面情况总体上呈现改善趋势，但是如何降低统计数据的技术性和人为性误差，仍是各界关注和重视的问题，更应是官方统计部门孜孜以求的目标。

当然，也不能认为中国的官方统计数据都是人为造假的产物，或认为 GDP 增长率毫无例外地存在严重人为高估。这类观点在国内外媒体上有时比较流行，但是并不符合现实。应当实事求是地肯定中国 GDP 统计数据过去 30 年特别是进入 21 世纪以来取得的实质性改进,这是中国经济管理改进在统计领域的具体表现之一。当然中国 GDP 统计仍然存在误差,未来仍需要持续改进。其实即便是欧美发达国家也存在这类统计误差。"克强指数"积极意义的前提背景,并非在于中国 GDP 增长率数据完全不可信,而在于对总量指标的可能误差提供了一种辅助评估指标。

解读:"克强指数"有助于观察新领导人施政风格

记者:把 GDP 增长率与"克强指数"同比增长率、工业增加值同比增长率曲线进行比较,结果是什么?

卢锋:对耗电量、铁路货运量和贷款发放量三项指标可以取不同权重得到不同"克强指数"。《经济学人》将三项指标权重分别设定为 40%、25% 和 35%。我和杨业伟采用各种不同权重检验,所得结果差别不大,结果发现简单平均比重的"克强指数"与 GDP 实际增长率同期变动相关性较大。不过同期工业增加值与 GDP 的简单相关性还是要高一些。

记者:有评论指出,"数字出官,官出数字"饱受诟病,"克强指数"显示出一名决策者的清醒与务实。"克强指数"对目前 GDP 考核制度有哪些启示?

卢锋:政府管理经济增长,首先必须真实了解经济运行和增长的实际情况。从不同角度评估官方宏观数据的准确性,更好地判断经济走势的具体情况,有助于提高宏观调控政策和改革决策的质量和准确性。

不管是"克强指数"还是 GDP,都各有其认识意义,也各有其局限性。对于积极意义不必过分夸大,对于局限性可想办法弥补。过于绝对化判断,可能都难以成立。

社会上关于 GDP 造假的说法,其实一定程度上折射出对 GDP 指标本身局限的不满。GDP 是综合衡量一国特定时期市场经济活动增加值总量的基本指标,人均 GDP 是衡量一国发展阶段水平的单个最重要指标之一。在发现更好的替代指标之前,GDP 统计对于经济观察和研究仍不可缺少,但是 GDP 确实存在不少定义性局限,如难以准确反映环境污染和资源透支的社会成本,无法体现闲暇具有的福利价值,更不足以全面衡量民众幸福感。当然,如果把 GDP 列入官员考核指标,则可能发生人为造假的体制性扭曲,需要通过激励机制改革和统计体制调整加以修正。

记者:"克强指数"传达出的积极信号,是我们决策者不再简单依赖单一表面数据,而是重视研究经济的内在动力、组织结构,试图通过更细微、更专业的观察更好地把握经济的未来走向。这种"专业性"如何推广到其他决策领域?

卢锋:"克强指数"的积极意义在于传达了中国新一届领导人对经济管理工作的务实态度和专业思考。如果是经济学专业分析人员提出这些指标不算新奇,作为大国领导人这样重视经济数据的准确性应有特殊意义。不仅有助于我们认识新一届领导人的经济管理专业水准,也有助于我们推测新一届领导人的未来施政风格。

国家领导人有不同学术背景和专业素养,作为一个大国的总理,工作千头万绪,管理好经济是其重要的基本工作任务之一。务实的态度和专业的思考,显然有助于科学决策,推而广之对更好设计和推进改革新政也应有积极意义。

当然,对"克强指数"的积极意义也需客观理性对待,不必过于夸大。打个比方,专业天气预报时常会出现偏差,"月晕而风,础润而雨"这样的常识智慧也可能有助于我们推测天气变化,然而我们不必用谚语包含的有用经验常识来代替天气预报。

记者:看来外界对"克强指数"的关注,折射出人们对改革前景的关注,您也这样认为吗?

卢锋:我也认为中国经济的最大问题,不是增速减缓导致衰退,也不是看空派预言的经济崩盘前景。真正挑战来自体制转型历史过程中"行百里者半九十"的特殊困难,在于改革疲劳症可能导致深层体制问题凝固化,从而在根本上制约中国经济成长能够达到的历史高度。中国需要加快改革,为经济追赶注入持久动力,为社会现代化转型奠定基础。新一届领导团队亮相阶段已多方宣告全面力推改革的决心,人们期待改革新政有序推出和稳健推进。

我国经济追赶新阶段与新经贸战略*

近年新一轮经济景气增长展现的结构特点，显示我国已进入经济追赶新阶段。预测结果表明我国人均收入到 2025 年前后将达到 1.1 万—1.3 万美元（以 2005 年美元不变价衡量）。未来近二十年是我国工业化和城市化高潮阶段，是我国产业、贸易、消费、社会结构的最快速演变阶段，也是我国人口老龄化速度加快和经济社会逐步进入成熟期的发展阶段。经济追赶新阶段需要新经贸战略。本报告将考察经济追赶新阶段的现实表现、发展前景和理论依据，并在此基础上分析新经贸战略中心任务、基本原则和主要议程。

2003 年以来新一波景气增长与早先时期比较，表现出一系列结构特点：高增长与低通胀组合显示自然增长率显著提升，基本产业部门劳动生产率快速增长，总需求增长结构中投资与净出口重要性上升，国际收支双顺差扩大和外汇储备激增，人民币实际汇率开始温和升值。上述增长表现组合，不是个别年份的偶然现象，也不是通常宏观经济运行的周期现象，而是表明我国正在进入一个经济追赶新阶段。需要系统考查新阶段经济发展的结构特点、具体规律和演变前景，作为探讨我国经贸战略调整思路的整体认识背景。

新阶段是我国经济追赶的最快阶段。实际经济年均增长率在一段时期仍可能在两位数高位运行；人均收入年均增长率将以显著高于早先速度持续增长；伴随本币实际汇率升值趋势，用美元衡量的人均收入将以更快速度增长。与人均收入快速递增和消费结构动态演变相适应，我国城市化和工业化进入高潮阶段，我国产业结构、贸易结构、区域结构、社会结构正发生最快的改组和变动。

---

* 北京大学中国经济研究中心 2006 年 2 月—2007 年 5 月承担有关部门委托的"我国经济追赶新阶段与新经贸战略"课题研究，本文是由笔者执笔的该课题系列报告的主报告概要。

以 2005—2025 年为预测时间窗口，采取我国人均实际收入年均增长率比此前 25 年低 1—2 个百分点比较保守的假设，假设美国人均收入以略高于过去 20 多年的平均速度增长，同时假设人民币实际汇率年均升值 3%—4%，我国人均美元收入到 2025 年将达到 1.1 万—1.3 万美元（以 2005 年美元不变价衡量）。届时我国经济总量规模将接近美国，人均收入将从目前相当于美国 4%左右上升到 20%左右，接近目前韩国与我国台湾地区的水平。

上述预测前景代表我国经济追赶的一个重大历史性跃迁，完成这一战略机遇期追赶目标更具有"发展末班车"的紧迫含义。我国几年后将经历"人口视窗"拐点，此后人口老龄化将以其他国家从未有过的速度提升，快速追赶是避免"未富先老"局面的唯一选择。目前我国与其他主要新兴大国在发展阶梯位次分布上的比较有利态势，从大历史角度观察也具有稍纵即逝的时态紧迫性。从制约我国经济发展的内外部基本外生条件看，未来 20 年战略机遇期我国经济追赶的展开轨迹，将在很大程度上决定我国经济崛起最终能够达到的相对历史高度。

在中国经济崛起进入高潮阶段的背景下，需要对全局性和长期性问题进行理论层面的"务虚性"思考，从而增加应对现实挑战的主动性和自觉性。

首先，要更深入理解我国经济追赶与时代条件的关系。当代经济全球化的实质性特征在于，过去几十年发展起来的国际产品内分工正在深刻改造全球生产方式的组织结构。这一革命性转变为后进国家通过参与特定产品的工序、区段、环节分工，遵循开放而不是封闭思路探索发展道路提供了有利的外部条件。我国实行改革开放政策大幅度降低了参与国际分工的交易成本，得以有效利用以产品内分工为基础的当代经济全球化的时代条件，使我国的资源在全球范围内重新配置，并为启动推进经济追赶提供持久动力。科学阐述我国经济发展模式与时代条件的关系，有助于加深理解我国开放追赶道路选择的科学依据和内在规律。

其次，要在普遍性和特殊性相结合的基础上理解我国经济开放成长的经济学原理。与其他大国经济追赶经验相类似，物质资本积累、人力资本提升、技术进步等常规增长因素对我国经济成长发挥了基础性推动作用。我国的经验至少具有两方面特点。经济发展与体制转型同时进行，市场化取向改革释放的体制创新效应对推动经济追赶厥功至伟。产品内分工和当代经济全球化背景下，技术和知识国际转移速度空前加快，促进了我国整体生产函数快速嬗变，并得以创造"奇迹般"的经济增长和追赶记录。我国经济发展经验和规律可以在一个引入制度变量并考虑技术转移加快的经济增长分析框架中得到理论解释。

再次，要科学理解我国经济追赶与人民币实际汇率走势关系的问题。依据国际经济学中的巴拉萨—萨缪尔森效应，一国经济追赶过程中由于可贸易部门劳动生产率较快增长，迟早会内生出本币实际汇率升值趋势。本币实际汇率因为巴拉萨—萨缪尔森效应展开升值趋势，本质上是开放型经济追赶阶段性成功的客观要求与合意变动。忽视规律作用和人为拖延会妨碍这一趋势展开，派生一系列结构性问题，并对追赶进程和国民福利带来不利影响。本币实际汇率可以通过物价相对上升或/和名义汇率走强来实现，可贸易部门单位劳动成本变动方向和程度构成制约实际汇率具体升值方式的关键因素。系统考察我国相关经验证据显示，目前和未来一段时期人民币实际汇率展开升值趋势是经济成长新阶段的客观要求，并对我国经济结构和经贸关系的合意调整发挥价格参数调节功能。

最后，要合理认识投资较快增长对推动我国经济追赶的关键引擎作用。由于改革开放引入新体制因素对我国经济微观基础的重新建构效应，加上有关货币和宏观政策改进配合作用，我国资本回报率近十年呈现持续强劲增长趋势。结合考察投资机会成本可以相信，我国近年投资较快增长具备经济合理性微观基础。在最直接意义上，较高储蓄率与潜力巨大的盈利性投资机会存在，是我国实现经济可持续成长的最基本条件之一，反之储蓄率低下和投资机会缺乏则会构成阻碍经济成长的致命约束。大规模投资是改进与提升我国长期供给能力和实现生产力革命不可或缺的条件；投资作为国内总需求的关键组成部分同时为经济成长新阶段提供了需求面支持；较快投资增长可能性与人民币实际汇率互动作用，将构成我国未来一段时期经济增长和结构提升的两个基本支撑点。

可以借用"一个中心，两个基本点"表述来概括经济追赶新阶段的现实和理论依据：一个中心命题强调在全球产品内分工时代条件下，实行改革开放推动我国经济快速追赶具备可能性和现实性；人民币实际汇率展开升值趋势和国内投资有能力较快增长，构成保障新阶段经济快速追赶和经济结构高度化演变的两个基本支撑点。

经贸战略是整体经济发展战略在对外经贸领域的延伸和实现。广义经贸战略实质是从内外经济联系角度阐述的经济发展战略。它涉及对改革开放推动经济成长内在逻辑和规律的阐述，涵盖对实施开放发展战略内外部条件和阶段性特点的分析，包含对开放发展进程涉及重大经贸关系和政策问题的研究。狭义经贸战略则侧重研究对外和涉外经济活动的体制安排和政策措施，包括贸易交往、资本流动、外汇管理、汇率体制、国际经贸合作制度建设等方面政策的设计、制定和实施。商务部是最重要的经贸管理职能部门，不过本报告所理解的经贸战略内涵也涉及其他相关部门职能管理范围。

经济追赶新阶段需要新经贸战略。新经贸战略的中心任务是要通过深化改革和扩大开放，推动我国经济更广泛、更深入地与大中华经济圈相互融合，与周边国家和经济体相互融合，与全球经济体系相互融合。在加深融合和增加互信的过程中，最大限度地减少和化解国际冲突风险，最大限度地创造更加稳定的周边发展环境，最大限度地争取较长时期国际和平环境。要依托全方位、多层次、宽领域的对外开放格局，利用国内、国外两种资源和两个市场，推动实现我国经济追赶完成新的历史跨越。

新经贸战略体现三点基本原则。一是全方位主动扩大对外开放原则。要在保障国家经济安全的基础上，持续实施全方位扩大开放原则，把我国真正建成开放型大国经济体制，通过在全球范围内整合配置资源提升经济静态和动态效率从而实现追赶目标；二是全方位推进国际合作原则，全面发展与发达国家、新兴经济体、发展中国家的经济交往与合作，全方位推进我国经济与国际经济一体化进程；三是全方位参与全球化治理原则，在现有全球化制度框架基础上继续积极参与全球化治理，同时适应经济全球化发展需要积极参与国际经济新秩序和治理构架的建设与创新。

新经贸战略建立在公平竞争、互利共赢理念的基础上。在人类普遍理性认可的公平准则规范下，通过多方位、多层次、宽领域的竞争合作，达到各国利益福祉最大化的互利共赢目标，与我国和平发展以及建设和谐世界的总方针具有一致性。这一理念表现为我国新经贸战略对经济学比较优势和自由贸易基本立场的尊重和认同，表现为对出口与进口、走出去与引进来、本国利益与外国利益、扩大内需与利用外需等重要经贸关系统筹兼顾安排处理的方针取向，表现为既尊重现存国际经济秩序及其利益格局又积极参与创造国际经济新秩序这一历史与现实相统一的立场。

过去近三十我国经济追赶是对外开放战略提出、实施、充实、提升和逐步完善的过程。建立经济特区、沿海城市开放、入世全面开放等构成我国开放战略推进的里程碑事件。20世纪90年代以来实施"市场多元化"、"以质取胜"、"大经贸"和"科技兴贸"等经贸战略，对引导我国经贸工作产生了显著成效。总结以往经贸战略的成功经验，适应经济追赶新阶段内外经济环境变动特点，新经贸战略需要对十点议程进行系统探讨和设计。

一是深化改革开放和促进社会和谐。这是广义新经贸战略的基础和前提。建立和完善社会主义市场经济体制，充分发挥市场机制基础性资源配置功能，是保证经济追赶目标实现的基本体制保障。深化改革面临"行百里者半九十"的挑战。特别要在破除垄断和减少行业准入歧视、科学界定宏观调控范围与手段、深化土地和自然资源产权及定价机制方面推进改革。要进一步降低贸易壁垒，稳健推进资本账户开放，探索人民币全面可兑换和国际化的具体途径，要从接受现有国际惯例转向同时参与制定国际规则，全面建成开放型大国经济体制。通过综合实施深化改革、调节分配、保护环境和其他社会政策，创造国民更普遍、更均衡地分享发展成果的新局面，创造经济追赶与社会和谐目标齐头并进的新局面。

二是有效发挥实际汇率调节功能。依据经济学理论和国际比较经验，一国经济追赶进程会内生出本币实际汇率升值趋势。具体考察我国可贸易部门生产率追赶和单位劳动成本相对变动情况，可以看出目前和未来一段时期人民币实际汇率面临升值趋势。实际汇率是调节开放型经济内外关系的基本价格变量，理解实际汇率升值客观性是把握经济追赶新阶段和新经贸战略结构特征及内在规律的一个关键认识环节。要适应经济追赶基本面变动的要求，通过综合实施汇率和物价管理政策允许人民币实际汇率展开升值趋势，从而对贸易结构、国际收支、消费结构、产业结构提供价格参数性调节。要综合考虑相关因素的最新变动设计，实施更适当的汇率升值具体政策。

三是降低贸易壁垒和提升贸易结构。与建立更高层次开放型经济体制原则相一致，在经济追赶新阶段需要进一步降低贸易壁垒。要降低某些工业品目前仍存在的较高保护水平。要调整对外贸易"奖出限进"的传统原则，均衡管理进口与出口，缓解贸易盈余压力，把政策目标调整到依据比较优势均衡有效配置资源上来。要在确保粮食安全和农民增收的基础上探讨进一步扩大农业开放。

四是发展服务贸易和鼓励服务外包。要依据传统服务贸易部门的特点，实行有针对性的鼓励促进政策。同时要在重新认识服务外包经济属性和国际竞争格局的基础上，把鼓励承接服务外包作为推动服务贸易的一个切入点。当代服务外包是产品内分工原理对服务产品生产过程在全球范围加以改组分解这一生产方式大变革的产物。服务品在经济合理性前提下提升国际分工程度，是当代经济全球化拓展深化的重要表现，对发展中国家的开放战略选择具有深远影响。我国承接国际服务外包显著滞后，与我们对这一新型国际分工经济属性认识不足以及有关政策与这一新型生产方式基本原理不一致有关。要以落实2007年国务院第7号文件

《关于加快发展服务业的若干意见》为契机,调整思维方法,提升认识水平,借鉴相关国际经验并重视发挥我国早年参与制造业国际分工的成功经验,对我国企业参与服务外包提供更为开放和鼓励的政策,尽快改变我国在这一具有战略意义的领域相对落后的状态。

五是理性应对全球大宗商品价格波动。对于近年世界市场主要基础金属资源产品和石油等能源价格上涨形势,需要区分长期和短期原因,采取综合措施加以应对。资源稀缺性是普遍约束,自然资源是其中一种,经济发展本质就是不断实现资源之间有效替代以不断提高劳动生产率。从经济分析角度看,资源问题本质是成本问题。要重视和应对自然资源供给约束问题,也要抵制自然资源悲观论或自然资源决定论等不正确结论。要鼓励研发推广替代能源和材料,寻求缓解现有资源和能源供应瓶颈压力的新手段。要利用我国装备、技术、人员等方面的优势条件与外国合作开发资源。对于我国具有较大购买市场份额的资源产品,探索协调采购程序,以较好发挥我国总体买方定价能力从而改善贸易条件。

六是"引进来"提升档次拓展范围。从经济本质关系看,外商直接投资引入的是资本而不仅是资金,直接投资所包含资金、技术、企业家能力、管理知识等综合生产要素以及国外市场条件,对中国经济发展具有特殊重要意义。考虑我国体制转型较早时期国内企业微观机制不合理和市场运营能力薄弱,外商直接投资对经济成长的激活作用更为重要。在经济追赶新阶段,要继续实行积极利用外资政策,鼓励外资流向资本和技术密集度比较高的行业,进一步发挥外资促进提升我国产业结构的作用。同时要扩大外资进入范围,在有效监管前提下允许外商企业在国内进行并购投资,允许我国企业通过境外上市融资,逐步扩大 QFII 配额规模并稳健推进资本市场扩大开放进程。

七是积极探索稳健实施"走出去"战略。"走出去"战略内涵从传统劳务和技术出口发展到国内企业去国外投资建厂,进一步拓展到近年国外并购投资以及最近开始放行的 QDII 国外证券投资。"引进来"和"走出去"是我国资本账户自由化进程一体两面的重要内容,需要积极探索、稳健实施,不断总结经验和提高管理水平,保证这一挑战性进程得以稳定健康发展。在资本账户自由化高速推进时期,对短期资金流动规模扩大以及人民币资本账户下可兑换规模扩大带来的潜在风险进行动态评估,及时发现和解决可能出现的问题。

八是务实改进外汇储备资产投资方法。我国近年外汇储备激增的背后主要有三点动因,即生产率追赶的基本面因素、实际汇率低估的政策性因素、套利资金流入的预期性因素。由于这些原因短期难以发生实质性改变,我国外汇储备可能会在未来 10—20 年增长到 2 万—3 万亿美元甚至更高规模。目前储备规模对于保证国际收支平稳性和流动性目标已然过量,需要重新审视和选择储备资产投资安全性与收益性的平衡点,通过改进储备资产投资方式提高投资预期收益和减少国民福利损失。应建立外汇储备投资公司,通过专门化分工定位运作以求提高投资收益;可以考虑改变传统储备基本投资债券的方法,遴选持有适当比例国外绩优股票等预期收益较高的金融资产;可尝试探索与国外历史悠久和信誉卓著的私营投资机构进行合作的可能性。对于利用外汇储备大量投资国外矿藏能源等基础资源产品生产能力,需要在谨慎评估这类产品未来供求关系走势的基础上谋定而后动。

九是耐心处理大国追赶进程中的贸易摩擦。近年我国已进入贸易摩擦频发期。从国际比较经验看,贸易摩擦频率上升是大国经济成长过程难以避免的情况。由于我国追赶速度更快和经济规模更大,摩擦发生频率可能会更高,应对摩擦的困难也就更多。应对贸易摩擦是我们整个社会经历开放追赶进程的一门必修课,要在科学认识其客观根源的基础上,把紧迫感与平常心结合起来,就事论事,文火慢攻,耐心处理,沉稳应对。要引导和鼓励企业和行业协会积极应对,政府部门配合协调,重视从具体案例中学习和总结经验教训,并提炼出规律性认识指导未来行动。要利用发起贸易摩擦的国家和经济体内部不同利益集团的关系,针对西方国家政治结构特点对有关机构和成员加强常规性沟通和公关工作。要在研究贸易摩擦对象产品分布统计规律的基础上,建立有效预警分析系统并采取相应调节措施。应对贸易摩擦需要大量懂法律、懂经济、懂贸易、懂谈判实务的综合人才,要培养和发展一支精通国际贸易法律与实务的专业队伍。要借鉴外国特别是日、韩等国应对贸易摩擦的经验教训。

十是积极参与经济全球化制度建设。制度规范提供经济全球化治理架构,并在一定程度上决定全球化创造利益的分配格局。我国早年对外开放主要是有选择地接受现有国际规则和惯例,21 世纪以来我国进入全面参与经济全球化制度和治理架构建设的新阶段。从接受已有国际惯例转向同时积极参与创造新国际规则,是我国新经贸战略面临的又一挑战。要拓展大中华经济圈内部的制度性经济联系,推进东亚经济一体化制度建设进程,发展全球范围跨区双边制度性经贸合作。要从整体战略高度认识多哈回合的重要性,更积极地参与推动 WTO 多边贸易自由化进程。要探讨目前我国参与 WTO 谈判"五龙治水"格局的利弊得失,考虑成立谈判领导和协调小组,进一步加强对总体规划和重大问题决策的能力。

改革行百里者半九十[*]

进入 21 世纪以来，借助早先的改革动力与大国追赶效应，中国经济成长取得了前所未有的成就。然而后续改革动力不足与推进不平衡，也使转型发展的深层矛盾难解并发酵。龙年中国再次处于新一轮思想解放和政治经济改革的前夜。

健全完善开放型市场经济体制架构，仍将是中国改革转型的基本议程之一，并与其他领域改革具有内在互动联系。21 世纪初中共中央经济体制改革的决定用"完善社会主义市场经济体制"来表述未来改革任务；而今回头看，改革进程行百里者半九十，需要义无反顾的政治决断与攻坚勇气才能实现当年提出的完善目标。

首先应肯定中国经济改革仍在取得进步。给人印象深刻的是，2003 年以来有十个中央"一号文件"规划部署三农政策，凸显三农问题在主政者心目中的优先地位。从施政效果看，取消农业税等惠农改革取得突破，改革探索在医疗卫生、社保体制、资本市场等多个领域仍在继续并取得进展。

不过改革总体推进态势与十年前规划的完善目标还有不小差距。改革乏力表现为，有的重要改革议题尚未引起实质性重视，在一些关键领域的改革进展相对缓慢，有的场合甚至出现不进则退的情况。改革疲劳症与改革动力不足交互影响，伴随经济社会深层矛盾难解，改革共识也面临质疑。

例如，进一步深化国企改革破除行政垄断，对健全完善开放型市场经济体制具有重要意义。然而由于认识不一致，也由于既得利益干扰和"执政基础论"误解，这些领域的实质性改革仍难以切实得到足够重视。近年经济成长带动垄断资源租金价格飙升和国企账面利润增长，更使得这类领域改革的必要性和紧迫性被稀释淡化。

---

[*] 原文发表于 FT 中文网，2012 年 2 月 23 日。

有的重要改革议题虽经过十多年长期研讨，甚至经过一些地方多年试验，客观条件早已大体具备和成熟，然而受种种因素制约，应有改革仍迟缓滞后。好比足球比赛，球员屡屡成功带球传中，终因起脚射门时果断不足而未能有更多作为。利率改革和农村集体建设用地流转权改革都有这类特点。

以利率改革而论，不算学术界讨论，有关部门在20世纪90年代中后期就提出市场取向改革目标。2002年中共十六大报告和2006年年初颁布的"十一五"规划，都明确提出了推进利率市场化改革的方针。然而由于起脚攻门乏力，至今仍保留对利率"存款上限"和"贷款下限"的严格管制，客观上带来多方面不利影响和困难。

利率管制直接导致要素价格扭曲而不利于资源有效配置，不利于银行业有效竞争和银行提升微观经营能力。管制利率与通胀结合导致负利率，使居民储户蒙受估计万亿元的损失，客观效果与政府调节收入分配的目标相背离。长期固守行政管制利率，不利于民间金融顺利发展，也不利于根治中小企业融资难痼疾。

多年前不同意利率加快市场化改革的一个理由，是认为20世纪90年代后期商业银行改革后，需要对本已受准入管制保护的银行再提供管制利率保护以收"涵养"之效。十多年过去了，近年银行赚得盆满钵满，垄断性利润增长甚至高到银行高管都不好意思公布的程度。对这样既缺乏效率又有失公平的体制安排，显然可以更早实行实质性改革。

还有一种情况是早已形成改革决议但难以贯彻实行。以放宽民营企业投资和准入改革为例，2003年中共中央经济体制改革的决定就指出，要进一步确立企业的投资主体地位，实行谁投资、谁决策、谁收益、谁承担风险，减少投资审批，推广备案制。2005年和2010年国务院先后制定两份鼓励支持民营企业投资发展的"非公36条"。然而由于既得利益掣肘和配套措施不完备，至今未能系统有效落实。

国内官方政策文件有关经济改革的表述方式，也从政策优先度角度折射出改革疲劳症困难。比如2011年年底召开的中央经济工作会议，部署2012年"稳增长、控物价、调结构、惠民生、抓改革、促和谐"六项任务，其中推进改革位于第五项。2010年中央经济工作会议部署六条任务改革也位列第五项。其他年份也差不多，如2006年和2007年同一会议部署八项任务，有关改革内容都位于第六位。其实过去十来年的这类工作任务表述中，改革议程每年都处于中间靠后位置。

或许年度工作会议比较重视短期任务部署，不便对长期改革问题给予更优先考量。不过五年发展规划在文件学表达上也有类似特点。如"十二五"规划共有

16篇内容，开头和结尾篇之外共有14篇阐述长期发展目标和任务，推进改革位于14项任务的第10位；2006年"十一五"规划有12篇部署长期目标和任务，阐述深化改革的内容列第7位。

当然也不应过度解读这类政策文件中对改革目标的表述方式，更不应幼稚地认为在官方文件中把改革任务"置顶"就能立马解决问题。不过上述"文件学现象"或许能从一个侧面提示，中国决策层在坚持改革基本立场的同时，也确实面临改革疲劳症的困扰。

这并非偶然，而是与中国阶段性转型的环境特点有关联。20世纪90年代中后期改革连连取得重大突破，同时也面临世纪之交下岗失业加剧等问题的挑战，客观上需要一段时期调整以求和缓。21世纪宏观景气伴随政府财政收入超常增长，为一段时期缓冲矛盾和顺延复杂改革议题提供了某种客观条件。

另外中国渐进式改革逻辑意味着，剩下的实质性改革会面临越来越强大的既得利益掣肘，并与深层理念和价值取向的重新反思定位相互缠绕，注定会面临"越到后来越难改"的困难。如何克服改革疲劳症，是下一步中国发展面临的真正挑战。

人口政策应反思[*]

中国人口峰值是多少？答案取决于何时作答。1996 年，中国政府发表《中国的粮食问题》白皮书，预测 2030 年，中国人口将达到 16 亿，并以此预测粮食总需求量为 6.4 亿吨左右。1991 年，世界银行甚至预测中国 2050 年人口峰值为 18.9 亿。

近年来，上述预测观点发生重大变化。近来发表的联合国、国内主管部门及国内外学术界预测结果认为，中国 2030—2050 年人口峰值绝对水平低值估计不到 14 亿，最高估计不超过 15 亿。假定未来峰值不超过 14.5 亿，比十多年前官方的预测降低近 10%，比 1991 年世界银行 18.9 亿的预测低 23.3%。

对人口生育行为实施大规模强制性干预，除了涉及如何看待个人基本权利以及如何处理具体操作层面的复杂问题，还会面临有关未来预测知识准确性的风险。中国人口政策实践提示两类风险：一类是 20 世纪 50 年代错误批判人口学者的专业分析观点，导致鼓励家庭生育计划政策出台大为滞后；另一类则是如果在人口未来下降趋势早已确定的背景下，仍沿袭已有政策方针，过度限制人口生育，也会对未来经济社会发展造成严重的不利影响。

人口学界关于中国总和生育率的调查结果和争论显示，第二类风险累积增长是目前人口政策需要反思和评估的问题。总和生育率衡量一国妇女平均生育孩子的数量，是分析和推测人口未来演变轨迹的关键参数。总和生育率保持 2.1 意味着人口持续不变，低于 2.1 则表示代际人口下降。人口学家简单模拟的结果显示，假如上海目前 0.8 左右的总和生育率保持不变，在十代人时间内，上海人口数量将减少为现在的万分之一，即由大约 1800 万人下降为 1800 人。

20 世纪 60 年代末，中国总和生育率处于 5—6 的高位水平。随着国家实行"晚、

---

[*] 原文发表于《财经》2009 年第 1 期。

稀、少"的温和家庭生育计划管理政策，加上人口演变的自身规律，到 80 年代初，已快速下降到 3 以下。改革开放后，这一指标继续下降，到 90 年代初调查统计显示总和生育率已降到 2.1 更替水平以下。虽然中国进入"低生育率"人口增长阶段早已成为共识，然而总和生育率具体水平如何，仍存在很大争议。

在北京大学国家发展研究院最近召开的人口与社会经济研讨会上，郭志刚教授整理了中国总和生育率统计和估计 11 个时间序列数据，结果大体可分两组。一组主要是国家计生委对总和生育率提出的点值（或均值）估计，该指标值 1994 年以后固定在 1.8 不变水平上；还有两个利用中小学入学率数据作出的估计，认为中国总和生育率到 2000 年仍在 1.7 上下的较高水平。另一组包括国家统计局常规调查、人口普查以及不同研究机构和学者调查的结果，绝大部分认为，近年来，总和生育率已降到 1.3—1.5 的低值区间。

根据几点常识，笔者认为，上述低位结果较为可信。推测某个社会经济指标数值，较多科学调查和研究成果从不同角度提供的交叉证据应较为可信。另外，国家动员全社会力量进行人口普查所得结果比较可信。

总和生育率应与很多经济变量指标类似，长期趋势演变更可能采取渐进和相对平滑的路径，认为该指标值 1994 年陡然改变长期趋势并固定在 1.8 点位或均值上的看法可信度较低。最后从人口漏报、人口流动规模更大的角度质疑低位调查结果的说服力也不够充分。20 世纪 80 年代就有人口漏报问题，然而国家统计局 80 年代总和生育率持续下降的统计结果被普遍接受。

如果中国总和生育率近年来确已降至上述低位，结果平均值即约为 1.4，假设未来生育率维持不变，十代人后中国人口规模将是目前人口的 2.8%左右，即不到 4000 万人口，与韩国目前人口规模相仿！即便采用上述 11 种统计结果的简单平均值 1.57，假定总和生育率维持这一水平不变，十代人后人口会降到 1 亿多。当然，这些模拟结果不会变成现实，然而简单推论有助于提示，总和生育率为 1.8 估计值的依据薄弱，作为施政前提可能会使人口政策面临越来越高的单边风险。

经过改革开放 30 年高速发展，中国现实经济环境与中共中央发布提倡"一对夫妇只生育一个孩子"的公开信的 1980 年相比，已发生实质性变化。经验证据显示，中国严控人口生育政策两端的风险天平可能早已显著变动。依据与时俱进方针和风险对称思路，应科学评估允许生育二胎政策的可行性，尽快对人口政策作出务实调整，以保证中国在实现"两个 100 年"的远景目标时，人口规模更加合理，人口结构更有活力，中华民族更加兴旺发达。

应加快调整一孩政策*

随着多年来中国低生育人口形势的延续和发展，中国学界和公众讨论建言调整一孩生育管制政策的呼声日益高涨。

中国官方政策也发生微妙变化。例如，2006年年底中国决策层发布《关于全面加强人口和计划生育工作统筹解决人口问题的决定》，指出："面对新的形势和任务，既要坚持多年来行之有效的基本经验，又要解放思想、实事求是、与时俱进，研究新情况，解决新问题。"

2012年4月中国政府发布的《国家人口发展"十二五"规划》，肯定"人口增长势头减弱"，"人口抚养比在经历40多年下降后开始上升"，"老年人口出现第一次增长高峰"。文件虽仍提到"保持生育政策的连续性、稳定性"，同时要求"深化人口计生综合改革"。

是否要放开一孩生育管制政策，与如何看待人口形势有关。不久前公布的中国第六次人口普查（以下简称"六普"）数据，对判断形势提供了几点新的权威性信息。

第一，中国人口总量比官方早先预期数量少。六普结果显示，2010年年末人口总量为13.41亿。这个数字比2000年中国决策层设定的2010年控制数14亿少大约6000万人，比2006年设定的2010年控制数13.6亿少将近2000万人。

第二，中国人口净增速比原先预测目标慢。2000年《关于加强人口与计划生育工作稳定低生育水平的决定》预测："未来十几年，我国人口数量还将持续增长，预计年均净增1000万人以上。"比较六普数据与2000年第五次人口普查数据，十年间实际年均净增量为734.8万人，比预测数据低出25%以上。

---

* 原文发表于FT中文网，2012年8月9日。

第三，中国总和生育率比主管部门原先认定水平低。虽然中国人口计生主管部门长期认为总和生育率稳定在 1.8，学术界以及政府统计部门诸多调查和研究项目提供的数据都显示，全国总和生育率早已降至 1.5 上下。总和生育率这个关键参数的高低对判断人口形势具有重要影响，六普结果再次提供显著低于 1.8 的总和生育率数字。有人口学家利用六普数据进行模拟研究，结果显示 2010 年中国人口总和生育率在 1.3 上下。

由此可见，中国面临的人口形势主要风险，已不是人口增长过快，而是生育率偏低导致过度少子化和老龄化等问题。例如，1980 年出台一孩政策时判断，人口"老化现象最快也得在四十年以后才会出现。我们完全可以提前采取措施，防止这种现象发生"，然而中国现已面临未富先老挑战，"十二五"人口规划也承认中国"已经是老龄化社会"。在客观认识人口长期演变规律和现实人口形势的基础上，加快调整一孩政策具有必要性和紧迫性。

需要说明，调整一孩生育政策与继续实行计划生育国策可并行不悖。计划生育是利用近现代生育科学知识和相关技术对家庭生育行为进行理性调节的概念和产物，各国多有相关实践。计划生育政策可以也应当在充分尊重公民个人与家庭生育选择自由的基础上设计和实施，不必以行政或法律力量对公民生儿育女数量选择施加外部硬性管制为前提。

新中国计生政策演变史也说明了这一点。20 世纪 50 年代中国政府就开始倡导计划生育，即便在错误批判马寅初人口学说时期也并未放弃计划生育方针。70 年代开始温和调控家庭生育子女数量，实行"一个不少，两个正好，三个多了"的政策，与后来严格一孩管制仍比较有弹性。

一孩管制政策开始于 1980 年的公开信。虽然原文表述是"提倡一对夫妇只生育一个孩子"，在实际操作层面逐步形成严格定量规制要求。由于政策目标与很多普通群众的个体意愿不尽一致，严格执行一孩政策难免发生强制性做法甚至个别极端事件。

当初设计实施一孩生育管制政策，主要是担心人口过快增长会严重制约经济发展，妨碍中国实现经济和社会现代化目标。政策意图无疑是好的，实施结果也确实一定程度上降低了人口增速。回头总结经验教训，政策制定和执行偏颇与一些认识局限有关。

局限之一是当时对经济增长本身会自然调节人们生育行为这个现代经济的基本人口规律认识和重视不够。一国经济发展及人均收入水平提升，通过改变人们生育选择行为的预期收益与代价，会自然内生出抑制生育行为和人口增长的规律作用。这意味着可以在保障与尊重公民生育选择权的前提下，解决传统农业社会总和生育率过高并可能导致人口增长过快的问题。

这个理论常识得到近现代广泛国际比较经验支持。OECD 成员国中的发达国家普遍处于低总和生育率或替代总和生育率状态。观察特定时点世界各国人均收入与总和生育率截面数据，或观察特定国家人均收入与总和生育率变动的时间序列数据，都能看到二者存在明显的负向统计联系。

一孩政策执行偏颇，可能也与我们过于相信国家调控力量，在给定政策目标与个体权利诉求不尽一致时对公民选择权重视不够有关。追求发展是好的，然而追求发展的方式和手段同样重要。一些基层曾发生过对超计生或已生育女性公民强制实施结扎手术以终结妊娠能力等不正当手段造成令人遗憾的代价。

20 年前中国总和生育率已降到更替水平以下，此后呈现大体稳定下降趋势。可见即便要实现政府"稳定低生育水平"的目标，也应超越政策惯性作用和排除部门利益影响，尽快将生育数量选择权还之于民。

具体做法上，可比较果断地在较短时间放开生育数量控制。如为政者力求稳妥，也可在"十二五"期间分步骤放开"单独二孩"直至多胎生育数量控制。放开多胎，不等于年轻人必然选择多胎，好比当年取消粮票，老百姓平均饭量并未增长一样。

其实这样做也未必能解决我国未来人口增长偏慢的问题，甚至不能排除将来我们还会诉诸国家干预力量动员年轻人多生儿育女，但现今加快调整一孩政策仍应是合乎情理与顺乎民意的明智之举。

金砖国家志不在小*

在国际形势继续发生深刻变化、新兴市场国家和发展中国家在国际事务中地位和作用不断上升的背景下，金砖国家领导人第四次会晤日前在印度首都新德里举行。会议发布的《德里宣言》和行动计划，显示金砖国家合作取得新进展。

期间，最大看点无疑是金融合作进展。在领导人见证下，五国共同签署《金砖国家银行合作机制多边本币授信总协议》和《多边信用证保兑服务协议》。峰会还考虑了设立一个金砖国家发展银行的可能性，以求能作为对现有国际金融机构的补充，动员资金用于金砖国家和其他发展中国家基础设施等方面的项目投资。

金融合作具有清晰目标指向：鼓励金砖国家未来用各自货币结算和支付相互间的贸易和投资，逐步减少对美元、欧元等主要国际货币的依赖，使各国外汇储备趋于多元化，更好地应对美、欧过量宽松货币政策与过高债务所带来的风险。金砖国家设立多国金融机构的设想如能落实，对五国财经关系乃至全球金融体系都可能带来显著影响。

与成员国国内政策目标契合也对金融合作具有助推作用。印度基础设施发展相对滞后急需大规模投资但面临资金瓶颈和通胀困难，推进金砖国家之间本币贸易结算或能缓解高投资、高增长对外部国际收支的压力。中国有关部门近年着力推进人民币贸易结算，尝试扩大本币外部债权和本币国际化，由此对金砖国家上述合作持积极态度也应顺理成章。

在新兴经济体地位相对提升推动全球经济格局演变的大背景下，金砖国家合作有助于争取属于新兴国家的群体权益，督促美、欧认识世界大势主动调整，推进后危机时代全球治理结构改革完善。新德里峰会与2011年三亚峰会一样，体现

---

* 原文发表于FT中文网，2012年4月5日。

了金砖国家进行全方位合作的意愿和努力。

但是对不足"三岁"的金砖国家峰会对话机制而言，要实现其远大抱负还面临诸多困难和时间考验。欧美发达国家主导全球性事务有几百年经验积累，新兴国家"软实力"在未来一段时期仍会处于"学习曲线"相对陡直的历练阶段。在参与全球事务方面金砖国家注定要经历志向超过实力、意愿大于能力的成长期。

如何整合金砖国家内部利益关系和化解潜在矛盾也会对合作的深度、广度构成制约。中国钢铁企业和相关机构在铁矿石贸易上与澳大利亚以及巴西供货商艰难谈判和争执，显示金砖国家成员国经济结构差异性在带来互补性利益同时也带来诉求矛盾性。

另外，成员国利益类似性在带来合作机遇同时也会带来竞争性关系。如作为大国新兴经济体，都有大力发展本国制造业的意愿，由于发展阶段和要素禀赋结构比较接近会存在竞争关系。

考虑汇率对制造业相对竞争力的影响，中国制造业快速增长与人民币汇率灵活性相对不足之间的关系引发争议。如2011年巴西在WTO的"贸易、债务和金融（TDF）小组"框架内不止一次提出汇率动议，内容明显带有针对人民币汇率的政策含义。

金砖国家大都有世界大国志向，协调各自雄心壮志也会带来特殊复杂问题。即使不论某些成员国之间的历史遗留问题和"角力"因素，政治制度和意识形态层面差异也会长期影响对全球重大问题的立场和看法，制约成员国合作的广度和深度。如何在内部改革调整的基础上，不断有效推进和提升合作，切实为建设未来全球治理结构发挥积极功能，将是考验金砖国家领导人智慧的长期挑战问题。

凭什么是中国？*

中国能够成为投资甚至总需求最大增量贡献国从而领跑全球经济增长，显然需要两个基本条件：一个是经济持续高增长，二是经济规模足够大。小型经济体的成功追赶不足以改变全球经济版图的基本格局，经济起飞追赶前人口大国算不得经济大国。"长期增速"和"相对规模"是经济领跑国资格的缺一不可条件。

小国或小型经济体可能在特定行业、产品、工序方面具有全球影响。例如芬兰的诺基亚在手机和无线通信设备领域是全球几强之一，新加坡弹丸之地也曾集聚全球八成电脑硬盘组装生产活动。小国成功需要智慧、努力和机遇，未必比大国来得容易，不过小国衰荣在总量指标方面对世界的影响毕竟有限。

我国台湾地区钢铁龙头企业——中钢目前产能 1000 万吨左右，如开足马力生产，能为台湾地区居民提供人均 400 多公斤钢铁，达到了一些发达国家人均钢产量历史峰值的一半左右。

当年作为中钢"学生"的宝钢，2009 年钢产量为 3800 多万吨，是中钢的好几倍，但是仅占大陆同年钢产量大约 1/15 多一点。近年大陆钢铁业发展多受贬抑，不过 2009 年大陆人均钢产量不到 450 公斤。好比青少年长个就要多吃饭，从目前国内所处城市化和工业化发展阶段看，有理由相信钢铁业在规模和质量上仍有相当大的发展空间。就钢铁和一些基础原材料需求而言，现阶段中国增量贡献不是一般大国，而是宋国青教授前些年所说的"超级大国"。

如果说规模是必要条件，道理自不待言，对我国经济为何能持续高增长的解释意见则莫衷一是。几年前一次"CCER—NBER 中美经济研讨会"上，林毅夫教

---

* 原文发表于《南方周末》，2010 年 6 月 3 日。

授阐述其一贯观点,把中国经济快速成长称作"中国的奇迹"。钱颖一教授比较当代国别经济增长数据,提出中国经验"精彩然而仍属常态"。

时任 NBER 主席的哈佛大学 Feldstein 教授点评两位观点。他回顾 1980 年第一次访华时与中国经济学家同行交流,在理解按劳分配概念上面临沟通困难。他由此感叹中国经济在不到一代人时间内变化如此之大,老练又得体地强调"很难否认中国经验具有奇迹成分"。

中国经济持续快速追赶,是在计划经济试验未能获得预期成果后,通过改革探索引入开放型市场体制逐步发挥效应的结果。虽然这一基本事实被广泛认同,但如何解释我国制度转型的阶段性成功,不仅学术界众说纷纭,即便在我们 CCER 曾经和现在的同事中就仁智互见。

林毅夫教授孜孜不倦地阐述正确战略选择对中国经济持续进步的决定性意义,张维迎教授重视产权改革和企业家创新因素并强调中国的秘诀在于成功发动了一场静悄悄的革命,周其仁教授由"体制转型动力学"视角更为重视地方基层创新实践与北京决策层上下互动的关系和状态对现实进程的影响,姚洋教授最近提出的"中性政府"解释也得到广泛关注。如果再请教汪丁丁教授、陈平教授这样治学方法卓然不群的学长同事们看法,不难在 CCER 小院子里找出半打解释观点。

依据经济学垄断竞争理论的行为分析含义,有理由推测经济学者在公共场合表达意见时天然具有夸大分歧和独抒己见的倾向。由于中国经济追赶这个宏大经济史实践本身是一个多面观察体,经济学者意见相左并非注定冰火不容。基于这一理解,我在当年林毅夫的马歇尔讲座预讲演后评论说,即便毅夫学说有一天得到比马歇尔讲座更高的诺贝尔经济学奖殊荣,也不会终结人们对中国经济追赶实践经验从不同角度的探讨和诠释。就素材丰富和意义重大而言,中国实践自有超出任何学术奖项所能包容的精彩内容在。

如果把中国持续追赶看作一个全球化时代借助改革开放去谋求大国经济现代化的故事,那么受历史、国情、地理条件决定,这一进程必有其深刻而凸显的特征性。制度转型逐步释放能量,开放时代特别是早期华侨资本的特殊贡献,大国特有的区域竞争机制,拥有强大执行力的中央政府励精图治和务实选择,无疑都在中国当代经济起飞中留下醒目印记。中国普通人民的勤奋、智慧以及决心改变自身命运的坚持和努力,几千年农耕社会周期性繁荣和毁坏的城市商业经济所孕育和存留的企业家基因,都在当代经济增长的全新舞台上得到精彩呈现。

不应忽视失败留下认识遗产的无形作用。计划经济挫败留下的刻骨铭心的经验教训，为新时期探索面临困惑时不至于找错大方向提供了关键认知支持。"倒退没有出路"，邓小平南方谈话这句看似简单断言的振聋发聩影响，显示出"从错误中学习"这个常识所蕴含的巨大逻辑和历史力量。

就经济发展道路探索的具体路径和复杂挑战而言，就这一探索过程揉入和展开的所有独特而丰富的历史、文化、情感内涵而言，就作为人口最大国家经济现代化对人类福利改进的特殊意义而言，新中国自强不息的历史特别是改革开放时代的追赶实践，无疑是黑格尔哲学意义上的"这一个"，称作"奇迹"未尝不可。

然而就推动中国经济成长的一般规律而言，就当代全球化环境下选择开放型市场经济体制并借助人类技术和知识存量为后进国家经济发展提供全部可能性而言，就比较优势、规模经济、学习效应这些微观经济学原理解释当代大国经济追赶一般机理而言，中国与其他先行追赶国家以及目前新兴经济体成功追赶故事共享很多普遍原理。

"凭什么是中国"的争论会持续下去，不过林毅夫教授的高论和钱颖一教授的命题，二者各有道理。

中国领跑元年[*]

中国在总需求层面引领全球经济增长，并非危机期间的一次偶然呈现，而应是一个经济史新阶段的开端。

世纪罕见的危机必然会留下深刻变化。回顾 2009 年，这类历史性变化的标志之一，就是中国开始在总需求增量方面第一次引领全球。

当然是以危机期间世界经济规模暂时收缩的特殊形式表现出来。IMF 数据显示，世界经济从 2008 年的 60.9 万亿美元下降到 2009 年的 57.3 万亿美元，是第二次世界大战后世界经济最大幅度的下跌。2009 年中国 GDP 超过 4.91 万亿美元，即便用应对危机期间重回"事实钉住"状态的人民币汇率换算，仍贡献约 4500 亿美元的 GDP 增长。

2009 年世界主要经济体中，美国经济实际收缩大约 2.5%，欧元区和德国分别收缩 3.9% 和 4.8%，日本下降 5.3%。考虑各国货币对美元汇率的变动和通胀率差异，不同国家用美元衡量的名义 GDP 降幅可能有所不同。例如由于日元升值，用美元衡量的日本经济规模甚至可能略有上升。然而中国增长无疑对抵御经济危机导致的全球经济下滑贡献最大，也是全球最大经济体中唯一保持实际增长的国家。

经济学常识告诉我们，一国长期经济由潜在总供给能力决定，短期经济由总需求决定，总需求与潜在总供给扩张速度协调一致决定宏观经济均衡增长。2009 年抗击危机的经验显示，经过 30 年改革开放洗礼，现阶段中国经济不仅在生产率追赶和持续提升潜在总供给能力方面最具活力，在凭借内需创造合意总需求方面也具有坚实基础。

中国在总需求层面引领全球经济增长，并非危机期间的一次偶然呈现，而应

---

[*] 原文发表于《南方周末》，2010 年 5 月 20 日。

是一个经济史新阶段的开端。

1980—2009年全世界用美元当年价格计算的名义GDP从11.8万亿美元增长到约57.2万亿美元，29年增幅为3.85倍，年均增长5.6%。

这个时期美国经济从2.79万亿美元增长到14.27万亿美元，相当于平均对这一时期全球增长贡献25.3%。欧盟15国从3.49万亿美元增长到15万亿美元，对全球贡献25.4%。美国和欧盟对全球总增长贡献各为四分之一，加起来贡献一半，是它们对全球经济事务具有特殊影响力的重要支撑因素。

日本用美元衡量的GDP这一时期从1.07万亿美元增长到5.05万亿美元，对这一时期全球经济增长贡献率为8.77%。日本由此奠定一个经济大国地位。

我国用美元衡量的GDP这一时期从0.31万亿美元增长到4.91万亿美元，对全球经济增长贡献率为10.1%。不过这一贡献率前后差别很大。

1980—2009年我国经济一直保持年均近两位数的实际成长率。但是由于需要调整计划经济时期累积的人民币汇率高估扭曲，在开放最初十几年人民币汇率大幅贬值，用美元衡量的GDP增长较慢，对全球经济增长贡献较小。

数字显示，1990年中国用美元衡量的GDP比1980年增长800亿美元，对同期全球GDP增量贡献只有0.8%。1990—2000年增长0.81万亿美元，对全球贡献率为11.42%。2000—2009年增长3.71万亿美元，对全球贡献率为14.76%。

在2003—2008年景气增长年间，我国用美元衡量的GDP总量年均增长率为22.5%。假定2010年我国用美元衡量的GDP增速为18%，估计增量为0.88万亿美元。即便今年全球经济增长恢复到长期增速5.6%，增量为3.2万亿美元，中国全球增量贡献率仍可能达到和超过四分之一。

2010年美国、欧元区经济即便复苏到美元名义GDP增长5.0%—5.5%的水平，GDP增量也仅为0.785万亿美元和0.825万亿美元。中国增量贡献仍可能超过这两个最大经济体各自的贡献。随着中国经济规模扩大，这一增量贡献率有望进一步扩大，进入趋势意义上中国稳定成为全世界总需求最大增量贡献国的经济史新阶段。

在《解除束缚的普罗米修斯》这部西欧近现代经济史名著中，经济史家大卫·兰德斯指出："在不完全意义上，经济史就是一部世界财富追逐史，在这场游戏中，领跑者的接力棒曾经数易其手，但这场追逐依旧进行下去。"

在国别增量贡献意义上成为全球经济增长领跑者，是我国大国追赶必经阶段之一，也是从20世纪末我国在大宗商品增长领跑全球、前几年投资增长领跑全球后，在总量上彰显中国经济全球地位的具体指标之一。

中国总需求领跑从一个侧面显示全球经济版图快速变化。这次应对全球危机，澳大利亚等资源商品出口国较快复苏，客观上得益于中国现阶段增长对大宗商品的高强度需求。与美国二战后十次周期性衰退—复苏形态不同，这次美国经济恢复势头仍属孱弱之际，中国等新兴经济体 V 形回升带动国际商品价格回升，使得美国进口价格增长率 2010 年年初就上涨到两位数。

领跑者地位对我国提出了新矛盾。例如，由于城市化和工业化高速推进的阶段性特点，经济快速增长派生对原料、能源等大宗商品的密集需求，由于这类商品新增供给短期对价格变动反应较慢等原因，导致此类商品供求关系趋紧和价格大幅飙升。近年铁矿石等领域国际经贸争议事实表明，如何认识内外环境和规律演变，更好利用全球商品供应链以满足我国经济增长需求，是一个极具挑战性的问题。

领跑者地位对改进我国开放宏观政策具有认识启示意义。这次应对危机的经验再次表明，我国经济增长长期不缺总需求，关键在于如何利用与市场经济原则相互兼容的手段有效管理总需求，保证总需求增长潜力平稳释放，有效防范和治理通货膨胀和资产价格泡沫。这就要求我们反思如何看待外需、是否需要增加人民币汇率弹性、如何更好利用利率工具等开放宏观政策重大问题。

经济观察与经济学家*

我们的宏观政策架构还有待完善

中国从 20 世纪 90 年代中期就确立了社会主义市场经济体制基本目标,同时规定了政府需要对宏观经济运行进行宏观调控方针。最近我们做了一个专题研究,对 21 世纪十年宏观调控的具体方法进行了梳理,得到一个概括性发现,就是我们现阶段宏观调控政策在工具选择上具有明显的多样化特点。所谓多样化特点,就是说除了采用市场经济条件下通常较多采用的参数型、价格型、间接性调控手段以外,还会根据不同阶段经济运行情况,比较多地甚至相当频繁地采取类似产业政策或者部门性和数量性调控手段,在一些特殊情况下还会采取直接的行政干预方法。宏观调控政策手段选择的多样化特点,显然是跟我国目前转型阶段的经济环境和背景特点相联系的。虽然对调控经济运行发挥了积极作用,但同时反映出我们宏观政策架构还不够完善,还需要通过深化改革来完善开放宏观经济政策架构,提升宏观管理政策效率水平,减少和避免宏观调控干预的微观问题,使宏观调控与社会主义市场经济基本体制规定更加协调一致。

如何界定宏观调控政策作用的目标和范围

一般而言,宏观政策以平滑总需求、保证总需求与潜在总供给增长大体一致为基本目标。我国对宏观调控政策的作用范围理解要宽泛很多,包括调结构等产业政策目标,也包括环保减排等针对外部性问题的功能性目标。在我国目前的体制转型阶段,将宏观政策严格限定在狭义总需求管理范围可能并不现实,勉强那

---

* 记者邓新华访谈撰文,原文发表于网易财经《意见中国——经济学家访谈录》第 9 期,2010 年 6 月 23 日。

样做效果也未必是最好。但是反过来我们也要注意，如果把宏观调控的范围界定得过宽，可能又使得我们的干预范围跟市场经济调节界面产生过多交叉和矛盾。因而需要结合我国过去十多年的实践以及目前宏观调控政策操作的经验和问题，探讨寻求一个比较适当的平衡点。

避免采用微观干预方式进行宏观调控

你看在过去一段时期里面，因为担心一些行业发生产能过剩及其可能带来的问题，有关部门采取了很多措施对产能过剩加以治理。我们对产能过剩也做过专门研究，在专题研究报告中把有关治理措施归纳为五大类，其中有的措施是必要和积极的，比如说政府有关部门发挥信息采集整理方面的规模经济优势，给企业、市场提供产能利用率的变动信息，应能对调节产能过剩发挥积极作用。

另外我国的环保政策，如排放和污染治理措施，经常也放到产能过剩政策框架下实施。环保政策措施本身是必要的，然而作为针对外部性问题的功能性监管，以后或可逐步与产能过剩治理问题摘钩。道理挺简单：控制污染的微观经济学依据在于经济成本的外部性问题，处于产能过剩状态的企业或行业过度排放污染应该控制，即便产能不过剩如果企业过度排放也应当控制。可见产能过剩与环保监管具有相对独立性。

其中比较引起关注的就是在产能过剩的概念下，利用各种方法限制一些部门投资。这个问题实际上跟前面讲的宏观调控的范围界定有密切关系。

投资是总需求的重要组成部分，宏观总需求管理包括对投资总量的调节。我国宏观调控政策在这方面的特点在于，主要不是利用利率、汇率、财政等总量及价格型手段，而是较多采用部门性调控方法。例如有关部门可能认定某些行业出现了产能过剩，或者说有可能出现产能过剩及疑似产能过剩，于是采取部门性准入核准的数量控制和产业政策办法来限制投资。超越环保安全等功能性监管范围，以产能过剩为理由额外限制投资，产业政策部门决定哪些企业和地区能投某些项目，有哪些地方哪些企业不能投，这样监管难免会出现政府宏观政策与市场微观决策机制相互矛盾的问题，导致宏观调控干预的微观偏颇。

不宜用长期税收政策调控短期房价

根据我国经济发展和地方财税体制改革深化的需要，参考国际相关经验，考虑引入房产税或物业税这类新税种可能具有必要性。实际上近年学术界和业内对此也有很多研讨，提出了一些建议和方案。不过常识告诉我们，税种一旦引入或税制一旦确定，具有相对稳定性，这是税收政策工具的基本特点，因而重要税制改革调整应主要着眼于长期经济关系调节。引入上述新税种，客观上可能会对房地产需求产生一次性紧缩影响，然而由于税收调节的长期性特点，不宜把引入新税种作为调控房价短期特点的主要手段。道理很简单，等到房地产不景气时，我们大概不能轻易取消特定税种。

一段时期房价增长过高，甚至出现泡沫因素，确实是既涉及民生和社会稳定，也关系宏观经济运行稳定的重要问题。从宏观经济分析角度看，出现这方面情况与货币和信贷过度扩张有关，与利率工具手段运用过于呆滞和实际利率过低甚至出现负实际利率有关，也与我国独特的土地产权与管制政策有关。因而除了要深化土地制度改革，在宏观政策方面应当从货币和利率政策入手加以调节。管好货币，搞对利率，不仅有助于稳定宏观经济，也有助于房地产市场比较平稳地运行。

"炒家"一定程度是价格的发现者

最近一段时期有一些农产品价格较快上涨，具体说是一些小品种农产品如大蒜、绿豆等价格飙升，媒体用"蒜你狠"、"豆你玩"等说法描述这类现象。总之是一些产地比较集中、产量规模较小的农产品，价格出现较大幅度波动。

理解这类现象应重视两方面因素。一方面是由于这些商品供求关系异动导致其相对价格变动，对调节市场卖方和买房行为具有信号引导作用；另一方面是宏观层面原因。在货币信贷过度扩张的背景下，钱多了以后总是需要找一些领域重新配置资产，从消极角度看力求保值，从积极角度看试图套利。某些相对价格存在变动压力的商品比较容易成为过多货币的追逐对象。炒作是有的，就是投机行为，或者是要保值，或者是想套利，不过这类行为背后通常存在相对价格变动压力和宏观货币扩张过度两重背景。

在满足上述必要条件的意义上，说"炒家"是价格的发现者，也并非完全没有道理。当然某些情况下，如果投机过盛和炒作过度也会带来问题。在信息结构和市场结构存在某些特殊性的市场，不排除个别炒家利用一些信息优势或信息操控办法，在短期、局部范围内带来不同程度的扰动。从长期看市场有能力识别或吸收、化解这些因素，然而在短期看可能会带来一些困难。在现在宏观经济本来就绷得有点紧的背景下，可能会加剧一些困难。所以这个时候政府有关部门可能就产生了压力，要对这方面情况给予更多关注，有时可能还要出台一些措施，于是出现政策面的一些新情况。

现阶段通胀的结构性特点

我国的通胀在过去十来年时间段里已经呈现出一些重要的结构特点。我们计算过去十余年十多种宏观面物价指标，发现有这样一些特点：资产价格涨得快，商品价格涨得比较慢；商品价格里面农产品价格增长快一些，工业品价格增长慢一些；贸易品里面进口品价格增长快一些，出口品价格增长慢一些；工业品里面，生活资料价格增长慢一些，生产资料价格增长快一些。

这个现象背后有一个重要背景，就是中国现在正处在生产率快速增长的时期，特别是工业部门、贸易部门、制造业部门，生产率提高得比较快，这一块物价要想涨，相对来说是比较困难的。但是资产价格上涨压力较大，特别是房地产价格对过多货币特别具有吸引力，房地产价格波动成为比较敏感和尖锐的问题。

防通胀和保增长是两难选择

温家宝总理 2010 年说过，中国经济面临"两难"。我理解温总理是把 2010 年的情况与 2009 年比较提出的判断。2009 年年初或 2008 年年底总需求不足，国内经济增速下滑，最低到了 2009 年第一季度的 6.1 个百分点，再加上当时国际金融危机的冲击，从总需求管理的角度来讲，风险相对比较集中在总需求不足方面。所有政策措施朝那个方向使力就可以了。当时形势虽然严重，但是单方向风险使得政策思路把握比较简明清晰。

相对那种情况来说，2009 年下半年开始出现"两难"。2009 年夏天观察研究宏观经济走势，我写了题为"总需求 V 形回升"的长篇报告。基本思路是想依据截至 2009 年第二季度的宏观经济数据，对当时宏观经济走势提出一个评估看法。报告发现，由于我国经济基本面良好，主要经济部门资产负债表比较稳健，内部并没有出现金融危机，加上宏观经济刺激力度较大，总需求强劲回升已是现实。因为过量货币扩张对宏观经济影响通常有一段滞后期，从 2009 年上半年情况看，宏观经济走势风险已逐步从"单向紧缩风险"转向"紧缩和通胀双向风险"。双向风险构成"两难"。

2010 年 GDP 增速在 10%上下

2010 年 GDP 增长速度，第一季度超过 11%，即便现在经过宏观调控，它可能会下来一些，但是到底下来多少呢？我最近在写一个系列评论，题目是"长期不缺总需求"。中国在这个阶段实际上内需增长前景较好，可能要担心的反倒是有时总需求一下子冲得太高太强。总需求也是过犹不及，太大了也不好，太大了就偏热。所以你说会不会低？当然都有可能。包括外部条件，特别是国内宏观政策调整因素。我对这方面情况倒不是太担心，从目前决策层的相关表述或可揣测政策调整思路和走势，经济增速可能会比年初预测的数要低一点。年初不少预测认为 GDP 增速能达到 11%，现在看会低一点，或者在 10%上下。

中国需要一个更加富有弹性的汇率体制

2001 年 8 月，英国《金融时报》发表"中国廉价的货币"一文，国外有关人民币汇率的争论至今已经快九年了。国内学术界有关人民币汇率的讨论从 2003 年年初开始，到现在也有七八年了。我们有个研究组正在做一项研究，试图把有关争论的文献作一个比较系统的梳理。大体经过四个阶段，体现出一些规律性问题。通常是国外就此提出问题和争议，国内媒体开始回应并引发讨论。接二连三你来我往讨论中，学术界对汇率问题的研究在逐步深入，早期阴谋论影响逐渐减小，理性分析和探讨气氛逐步起来。

实质问题在于，对于中国这样一个可贸易部门生产率快速追赶的大国来说，需要什么样的汇率政策安排，才能更好地满足我国经济自身长期发展需要。无论从学理还是国际比较经验看，开放追赶大国本币实际汇率升值是一个客观规律。要保证国内宏观经济稳定和防范或抵制通货膨胀，就需要允许本币名义汇率适当升值。在经济基本面需要升值的前提下，采取一个比较灵活的汇率制度来满足这一需要对我们自身发展是有利的，也有利于中国维持外部平衡，客观上也有利于调节全球经济不平衡。我们需要对认识视角和思路进行必要调整，对汇率体制改革采取更加开放和积极的态度。

经济学和经济学家

我学习经济学是半路出家,谈不上有治学经验。我理解,经济学是一个方法。尽管有领域的划分,经济学总体看是一个体系,归结为对不同经济现象和问题的统一分析方法。如果你真的想在学理层面理解和"搞懂"真实世界纷繁复杂的经济现象和问题,经济学方法确能给你带来大帮助。

作为经济学基础专业训练内容,需要学习微观经济学基本理论,学习宏观经济学基本原理,学习数量分析基础性方法。如能了解掌握经济学基本理论和一般技术手段,研究什么领域问题更大程度与个人兴趣以及客观条件提供的机缘有关,我肯定做不了宏观经济学专家,只不过这几年机缘巧合,配合宋国青教授做"中国经济观察"季度报告会工作,接触和学习到一些知识。由于对开放宏观经济现象有观察和认识兴趣,就结合本职工作对一些问题做过一点研究。

最钦佩的中国经济学家同行

国内同辈和前辈中有无数优秀的让我敬佩的经济学同行,从他们那里学到和借鉴很多。特别是在朗润园这个小院子里,很多同事都是我的良师益友。宋国青教授过去30年一直潜心于中国宏观经济和经济增长研究,形成了系统、深入而又独到的认识和理解。从产权角度分析中国制度转型和经济增长,周其仁教授永远能够提供独树一帜的分析和解读。林毅夫教授经济学训练扎实全面,对国内、国际经济现象观察视野宽阔,治学勤奋并成果卓著。与他们交谈和共事,经常能感受到思想撞击和认知启迪的惊喜。又如茅于轼老师、吴敬琏老师、厉以宁老师这些我有幸当面请教的前辈学者,他们对经济学研究和教育的追求和贡献令人钦佩。还有很多不同领域的经济学同行,我从他们的研究成果中也学到很多。

为什么经济学家多分歧

对于同一个经济现象和问题,经济学家往往众说纷纭而莫衷一是。对此可以从不同角度理解。自然科学或者实验科学可以控制实验环境,可以通过在可重复的控制环境下检验特定理论假说陈述的因果联系是否真的存在,因而比较可能就早先争论问题达成较高程度的共识。经济学研究通常做不到这一点。对一些经济问题可以借助"实验经济学"方法加以研究，然而更多问题还是要通过事实和案例加以观察，通过数据计量分析加以检验。这些检验手段虽然能够积累知识，然而在能否获得足够经验证据以及如何解释经验证据与理论假说的关系方面，仍然可能存在较多争论和异见。

经济学分析往往与利益相联系。利益会影响观点，或者通俗地讲，屁股所坐位置会指挥大脑。利益驱使有时会使人们不能客观地面对经济现象呈现的客观规律，结果导致对某些敏感问题难以达成共识。

经济学者客观上也在一个广义的思想市场中竞争。他们可能有意无意地也要夸大自己观点的独特之处。类似于企业竞争差异化做法，经济学者在争论过程中，倾向于使自己的观点变得与众不同。我们可能有这样的经验，在私下场合经济学者的意见分歧要比公开讨论场合来得少一些，或者他们在心平气和时对问题的看法要比争论时更为接近。

另外也要注意到，职业经济学者在很多问题上实际存在很多共识。比如如何看待竞争和市场机制功能，如何看待自由贸易等问题，经济学者的观点比较接近。不过媒体有时对争论的兴趣大于对共识的关注，经济学家之间争论"交火"更具有"眼球效应"。

张维迎的尖锐是一种风格

在经济学家朋友中，维迎教授确实引发过较多争议。如你所言，维迎教授2009年说"要埋葬凯恩斯主义"，到处推荐奥地利学派经济学家默里·罗斯巴德的《美国大萧条》这本书，引发媒体不同评论意见。我在20世纪80年代初上研究生时就读过他阐述价格调节机制的论文，虽然文中思想观点现在一定程度上已成常识，然而在当时改革开放初期，那些与计划经济理念针锋相对的分析观点，加上年轻时代维迎文笔灵动意气风发，在国内学术界引起了广泛反响和关注。

我感到他几十年来一直在思考中国的重大问题，不是停留在一个就事论事的理解方式上，而是在他求学和研究的不同阶段逐步发展和深化他早年提出的基本认识，同时结合现实情况演变并在与不同观点争论中阐述他的看法。学术追求锲而不舍，执着于信念寸步不移，虽然阐述观点未必都能全面精准，但其求学态度令人尊敬。

维迎教授乐意采取比较犀利鲜明的表达方式，敢于旗帜鲜明地表达自己的观点，尖锐是他的一种风格。虽然这一风格会引来不少争议，他无怨无悔，不改初衷，很不容易。其实维迎教授的著述受到关注，不仅在于分析观点尖锐，还在于他有机智和幽默的表述方式，能把枯燥的经济学道理讲得生动活泼和雅俗共赏。这在学者中也难能可贵。

面向现实的经济学[*]

本次访谈中,卢锋教授首先结合自己的教与学经历,介绍了国内高校经济学教学几十年来的发展概况,讨论了国内经济学研究具有的客观优势和存在的问题。卢锋教授还结合经济学原理,对中国经济现实中的一些常见和公众普遍关心的经济现象和问题进行分析,对中国经济现状与未来发展进行探讨。卢锋教授认为,经济学的学习与研究都要结合现实问题,以经济学作为分析工具认识真实世界的经济现象,以现实案例为素材去阐述经济学基本原理。

与中国经济一起发展:谈大学的经济学教育

记者:非常感谢卢锋老师对我们工作的支持!您是 1985 年中国人民大学经济学硕士毕业后留校任教,后来到英国留学和工作,回国后来北大工作,在您看来,中国的经济学教学在这三十年的时间里有什么显著变化吗?

卢锋:我们那一代人上大学时,对计划经济体制进行的改革刚刚开始,到现在已走过三十多年,中国经济学教学现代化进程也取得了很大进步。我们上大学时,经济学教学对象主要是苏联版的马克思主义政治经济学体系,现在逐步地转变为以现代经济学为基础内容。当然马克思主义经济学、政治经济学现在也还是必要和重要的教学内容,但在总体教学对象安排上已经发生了很大的变化。

经济学教学的方法、研究的视角,也发生了重要的变化。随着 21 世纪中国经济改革的不断推进,中国越来越变成一个开放型的市场经济国家,所以在教学中

---

[*] 北京大学团委记者采访撰文,原文发表于《北京大学教学促进通讯》第 16 期"名师名课"栏目,2011 年 6 月。

我们结合的一些实际素材和经验资料,与市场经济的实践和现实结合得更紧密了。

另外越来越重视技术方法训练。过去我们的政治经济学教学下功夫主要在对原著的深入理解方面,现在除了基本经济学原理外,一些技术方法,包括数量分析方法、计量分析方法以及相关的学科方法变得越来越重要了。

总体来看,经济学教学与中国经济现实变化类似,朝着现代化方向推进,体现出国际化、本土化、规范化的基本趋势。

记者:您获得英国 Leeds 大学经济学博士,并在该校任过教,还曾赴美国哈佛大学、澳大利亚国立大学、英国发展研究院做过访问研究。结合这些经历,您觉得我们现在的经济学人才培养质量与世界著名大学相比,有没有什么明显的差距?

卢锋:与美国和欧洲最好的学校相比,我们可能还是有一些差距。原因是多方面的。他们的现代经济学教学实践时间更长,师资和研究力量经多年积累,对于学术和理论前沿更为熟悉。另外,世界一流大学在全球范围内挑学生,也是它们在历史过程中获得的特殊优势。

我们在教学内容以及技术方法训练方面,跟国外较好的大学没有实质性区别,但在师生比例上存在不足。我们还未能普遍实现小班教学,在课堂上每个老师所服务的学生数量较多,造成了辅导和互动上的困难。在欧洲国家,比如我在英国教书时,课堂除了 lecture,还有 tutorial class。Tutorial class 是一种小课,一个班就十来个人,一个星期上一两次课,把 lecture 中所教内容给掰开了,以帮助学生更好地消化理解。这种授课形式更为精耕细作,学生自然也有更多收获。我们由于受到资源约束,包括教师和助教时间以及财务方面的约束,可能还难以普遍做到这一点。另外在教学责任心上,国内普遍水平可能也还有待改进,这又涉及教学管理与激励机制问题。国外教师上一门课,一般会规规矩矩去上,有基本敬业心和职业态度。我们在这方面有进步,不过可能还是有改进余地。

但是我们有自身优势。一个非常重要的背景优势在于,中国经济持续快速增长和追赶,并且在全球经济中相对地位越来越重要,使得中国经济研究对象问题丰富多样并具有挑战性,也意味着对经济学人才具有广阔的市场需求。在过去十几年,特别是过去的几年,全世界都想知道中国的问题,想研究中国的问题,想理解中国的问题,中国的经济发展成为我们这个时代一个重要的经济学研究课题。在中国经济发展特征性内容提供研究素材的丰富性与重要性方面,我们与国外相比拥有天然的优势。进一步看,中国是大国,与小国不一样,小国经济难以形成以自身问题作为特殊对象的研究领域,较大程度上只能以国际上的标准题目来做研究。中国不一样，尽管我们在某些方面暂时还不如美国，还不如世界一流大学，但我们毕竟能结合中国自己的东西进行研究，通过对中国经济发展具体途径的研究，认识和阐发经济学理论，不仅有现实意义，还有可能对经济学理论创新做出贡献。

记者：您觉得对经济学的学习与研究来说，应该怎样才能做到很好地结合中国现实问题？

卢锋：数学和技术训练是重要的，但是基本理论逻辑以及针对现实问题适当运用基础理论方法的直觉可能更为要紧。为什么美国经济学越来越数学化了呢？因为对于一个成熟、稳定的经济对象，大致找准其研究方向后，就需要不断地细化，就要借助越来越复杂的技术手段。中国是一个快速演变的转型经济体，好多现象还没有得到一个基本的、正确的描述和概括，这时简单用一个数学工具来套，可能会有更多的局限性。另外，中国的经济问题变化太快，还没等到一套技术模型创造出来，可能问题的边界已经发生显著移动。在这个背景下，除了数学工具，可能更重要的是基本的逻辑框架和直觉的培养。哪些变量重要需要进入模型，哪些不重要不需要进入模型，这不是数学能解决的，这是理论要解决的。直觉、基本逻辑、基本假设，对基本变量和关系的处理和定量描述，再加上数学分析方法，培养综合能力才能更好研究与理解中国经济问题。

记者：具体您对教学工作方面有什么经验与体会？

卢锋：谈不上什么特别经验。我觉得一个称职的经济学教员，首先应力求是一个称职的研究者，才懂得教科书是怎么来的，才能把课程内容讲透讲活。其次就是要有认真的态度，要真把教学当回事，不断地补充新东西，不断观察和结合最新案例并用以阐述教学内容。经济学研究不能脱离直觉以及对经济对象内在关系的领悟，而直觉的培养，就是要用经济学原理不断地跟现实进行对话和沟通，要不断地解释新现象，从而鼓励和引导学生。

在学生最初入门的时候，教师应该引导学生不要把经济学道理当成书本上抽象的知识，而是应把经济学当作可以解释生活现象的方法和工具。经济学教科书最难写的就是案例，因为案例要贴切、符合原理，还要有启发性。教师要么研究文献中的案例，要么自己做案例，都不很容易。老师要好好做功课，说白了，一要认真研究，二要认真教学，这两点是最重要的。把这两个问题解决了，教学效果应该不会差到哪里去。

记者：您在教学上下很大功夫，您觉得值得或者有收获吗？

卢锋：我觉得这是基本的职业要求，不是什么大道理和高标准。北大教授当然应该是合格教员，这是"保底"的起码要求。别的机构我不好说，我所在的国家发展研究院同仁，对教学工作从来都高度重视，老师都能普遍较好完成教学工作。

记者：在过去的二十多年里，国内的经济学教学一直非常热。北大除了经济学院、光华管理学院的常规经济相关专业的教学之外，还有中国经济研究中心的双学位教学。双学位课程跟经济学院的常规课程有可比性吗？

卢锋：基本类似。经济学院的课程可能更多更细一些，我们教的是核心和基础课程，具有方法论性质的课程。接受过我们的双学位训练，实际上就相当于接受了相当完整的经济学本科教育。

记者：经过这些年的教学实践，您能否对北大经济学双学位的教学进行一个评价？

卢锋：我们的经济学双学位项目开办十几年来，每年都有上千人报名，总体来讲口碑不错，培养了很多学生。一方面是因为北大的学生素质好，另一方面是我们一开始就很重视。我们最好的老师，像林毅夫教授、周其仁教授、海闻教授、汪丁丁教授、现在的央行副行长易纲教授，他们可以不上研究生的课，但是都要上经济学双学位的课。不足之处是报名学生很多，课堂规模可能还偏大了一些。从精耕细作角度来讲，今后还可以进一步改进。

记者：如何改进？有什么措施或想法吗？

卢锋：我们实际上也在不断改进，同时也确实面临师资力量的约束。1996年开设双学位项目时，我们只有十位教授，现在也只有二十几位教授，他们还要负责研究生教学，还有很重的研究工作。经济学双学位教学一直是我们非常重视的、优先的工作项目。现阶段面临一些限制和约束，我们也在尽量开拓师资资源，并采取一些奖励措施鼓励博士后和优秀研究生做好助教工作。

记者：您怎么看待修习经济学双学位与本专业学习的矛盾？各院系老师对此也有一定的意见。

卢锋：我们也听到过外系老师的一些反应，同样一件事有不同看法也正常，最终都是为学生好，为教学好。经济学双学位与本专业会有矛盾，多学一个专业可能会分散同学精力。但这个问题也要从另外角度看。首先这是学生的自愿选择，同学自己选择学习知识的权利应该得到尊重。其次从大学教育宽口径、厚基础角度看，允许选择符合教育和人才培养规律。

另外还要看到，经济学双学位学习对本专业学习研究也有相互补充和相互促进作用。学习外语小语种的同学修读双学位可拓宽知识面，毕业后有更好的发展前景。学习历史专业的同学，通过双学位可多懂一些经济学专业知识，应有助于理解社会经济史现象。经济是社会发展与历史变迁最直接的推动力，国外学历史的人就很注意采用一些经济学的方法。我们传统的治学方法，强调文史哲不分家，基本精神就是强调不同学科之间的互补交叉因素。即便是主修自然科学的同学，有机会在本科学习期间系统了解一番现代经济学知识和方法，对拓宽他们个人的知识面以致改善社会人才的知识结构也有百利而无一害。十几年了，经济学双学位能够坚持下来不断发展，就是因为它总体上创造价值并有积极贡献，要不然学校、学生家长也不会同意。

经济问题与经济学：在理论与现实之间

记者：下面想请教您一些经济学常识方面的问题。经济学的一个基本假设是消费者是理性的，这个假设在多大程度上是正确的？

卢锋：经济学分析一般建立在"行为主体是理性的"这一假设基础之上。对这个问题质疑，主要是人们对"理性"这个词的理解与经济学定义不完全相同。所谓理性，一般指个人或其他行为主体在面临若干种行动方案时，会选择与其目标取向相一致的方案。因而"理性"是个中性概念：说特定经济行为是理性的，既没有说这一行为一定对，也没有说一定错，既不表示高尚，也不代表卑劣。由于受到信息和知识约束，当事人在特定时空条件下所做的理性选择，事后可能被证明或被当事人意识到是错误的选择。"理性"的基本定义是，给定现实一组限制条件，行为主体做出一个自认为能最大化其目标的选择。

记者：但是在外人看来，很多行为似乎都是非理性的，比如股市"追涨杀跌"、粮农"卖跌不卖涨"现象等。

卢锋："追涨"是因为投资人预期股市还会继续涨，"杀跌"则与预期股价继续走低相联系。粮农看似非理性行为也与市场预期有关。这都不能说他们当时的行为是不理性的，关键是看怎么定义理性。理性的定义就是说个体独立地做出了一个认为对自身有利的判断。至于这个判断，从外人看是不是对他有利，甚至他事后看是不是有利，都还可以探讨。"消费者是理性的"，但他的"理性"不是你的"理性"。

又如股市、房市事后看是过度炒作，不仅可能给"恶炒"造成损失，甚至可能对经济运行带来泡沫冲击，但这都是从事后分析的结果，特定"炒家"行为与他们对市场的预期存在逻辑联系，因而他们的行为并不一定违背经济学定义的"理性"含义。只是由于他们的预期因其知识和信息限制可能失准甚至失误，结果导致他们投资失败。如果炒作对社会的负面影响或"负外部性"过大，则可能需要采用特定措施加以监管，对这些问题的讨论与经济学理性人假设并非注定矛盾。

关键问题在于，经济学里的"理性"概念是中性的，我们日常语言有时会认为"理性"是褒义词，赋予其"科学"或"正确"的含义。这样人们会对经济学理性人假设提出质疑和批评。从更一般分析逻辑看，经济学分析主体行为的"套路"是假定在约束条件下通过选择使自身目标最大化，这与理性人假设是一致的，虽然也不一定非得用"理性"来表述。

记者：经济现象非常复杂，研究时总要忽略掉一些"次要因素"，这也是科学研究的一般方法。对自然科学来说，很多时候可以严格证明简化模型的正确性，而经济学中被忽略掉的一些因素能否真的被证明是不重要的？

卢锋：这个问题比较重要和深刻。经济学既然是社会科学，就需要采用与其他实证科学类似的抽象方法，于是就有你提到的抽象或舍象是否适当的问题。我觉得这个问题本质上是个经验性问题，需要结合特定情况具体探讨。从一般方法层面看，至少跟两个因素有关。

一是与对象本身的基本特征有关。例如解释中国改革开放三十多年的经济表现，或者解释早年东德与西德经济发展水平的差异，解释目前朝鲜与韩国经济水平的差异，当然会有很多复杂原因，但是通过对相关大量事实特征的简单观察，就会发现制度和体制选择的重要性。因而一个试图解释当代国别经济表现的分析框架或模型，可以抽象掉很多因素，但是不能没有制度选择变量。这个理解为中国改革开放方针提供了经济学常识的支持。

二是你的研究立场和研究目的等研究主体条件。"横看成岭侧成峰，远近高低各不同"，主体位置和相关属性也会影响模型选择。回到上面经济增长理论常识的例子，除了制度因素外，人口结构、与发展阶段相联系的比较优势、储蓄和投资、教育和人力资本积累，甚至空间位置等因素都会影响经济增长表现，依据不同研究目标可以选择着重点不同的分析视角和框架。

可能存在若干个本身都能自成一体的理论和学说，经济学家针对不同研究对象，比较忽略或比较重视的因素可以各不相同。研究中国经济过去三十年的增长表现，不能放弃包括产权制度变革的体制变量。但是观察美国经济过去三十年的增长表现时,基本制度变化因素影响应显著不同。这不是说在美国制度因素不再重要,而是说美国过去三十年制度变化的广度和深度显然无法与中国的类似变革相比。美国基本经济体制相对稳定,因而研究其经济表现可以将制度条件看作大体给定,通过分析其他因素解释其经济增长。但是在解释当代中国经济增长绩效时,也套用解释美国模型暗含的制度不变假定就很危险。看起来类似的研究对象,研究者选择适当分析框架和理论时,要适当兼顾特定国情要求。

记者:经济学是否能像自然科学一样,对研究模型和方法达成共识?

卢锋:物理学等自然科学能做控制性实验,所以竞争性理论观点比较容易通过争论得到确定结论,比较容易达成共识。当代经济学也有一个分支,即实验经济学,不过对大量与时间变量相联系的经济现象提供解释,毕竟无法像自然科学那样通过实验给出泾渭分明的检验。计量经济学通过采用多变量回归以及相关统计分析技术,也能提供对一些竞争性理论解释的检验工具。但是这些检验方法的运用过程以及对检验结果的解释,经常仍然会面临不同意见探讨和争议,甚至还会出现从相同计量统计分析结果中得到完全不同解释的情况。经济学试图通过经验证据检验理论,但是有时会面临"解释经验证据本身需要理论"的认识困难。在这个意义上,经济学与自然科学相比,其揭示真理的相对性成分可能要更多一些。

不过上述理解并非支持"经济学认识相对主义"或不可知论。实际上很多经济学分析推论获得了广泛经验支持并在职业经济学家中达成相当广泛的共识。例如,食物消费的收入弹性较低因而恩格尔系数随经济增长而下降,经济发展过程中劳动力就业结构变动会如配第—克拉克定理预测的那样表现为农业劳动力占比持续下降趋势,需求定理描述的物品相对价格与需求量反向变化,还有上面提到的制度对长期经济增长的重要性等。全面观察现代经济学发展,还是有大量通过研究和检验得到共识的理论和知识,这证明经济学作为一种社会科学具有积极意义上的知识积累功能。

记者:经济学不像自然科学那样严谨,但经常需要对特定市场和经济运行进行预测;一项政策或一个决定的做出,肯定也是基于对未来的一种预测。经济或市场在多大程度上是可以预测的?比如前些年国际油价的大幅度波动,有没有可靠的经济学预测呢?

卢锋:经济学预测本质上是条件预测,建立在特定分析结构、方法和程序的基础上,背后甚至可能有一套专家系统支持。由于选择理论方法和研究主体立场的差异,学术界争论也一定会表现为预测观点争论。我这是指逻辑一致的符合科学规范的预测,此外市场上还会充斥大量有关未来的缺乏依据和信口开河的预测。由于未来具有不确定性,预测准确是相对的,失准则是绝对的。即使是学术界和主流机构普遍接受的方法,预测结果也可能与事后现实展开情况差得很远。你刚才讲到石油,十年前很少有人预测到石油会100美元一桶。为什么?因为很少有人精准预知决定石油供求的一些基本变量和参数的变化,其中包括中国经济在21世纪初的快速追赶和崛起。

记者:您觉得没有人想到的原因是什么?难道世界没有见过中国这样的快速发展吗?比如,日本等国家都有过快速的发展。

卢锋:这个问题提得好。也是我们和很多经济学家正在研究探讨的问题。其他国家相对影响没有中国这么大,日本快速发展持续的时间也没有中国这么长。此外,对于中国的发展,也存在不同的看法,"看衰中国"与"看好中国"的意见分歧大,因为中国的发展路径、文化、意识形态等都与其他国家比较更具有国情特点。

关于中国的高速发展,进入21世纪后有研究专家开始高度重视。例如,高盛作为一家历史悠久和研究实力较强的国际大投行,在2001—2003年完成几份研究报告后,较早地比较系统地表达了对金砖四国前景看好的观点。但是现在看来,它们也还是显著低估了2003年至今中国实际经济增长的重要性。

高盛报告对金砖四国增长前景的预测,建立在一个简单分析模型基础上。模型如此简单,以至于很可能无法在普通经济学专业学术杂志上发表。但是模型抓住了决定新兴国家发展潜力的一些基本因素,简单反而有助于直指问题本质。这个事例或许也值得重视模型精巧性和技术复杂性的学院派经济学家反思:经济学作为特定认识系统其本质功能究竟是什么?当然这也不完全是学院派的问题。实际上,学术细化和提高技术复杂度代表学术进步,但也可能会造成一些认识上的偏颇。

记者:您写的《经济学原理(中国版)》,是用中国的事例来阐述普适的经济学理论。中国这些年的经济实践有没有对经典的经济学理论有所创新?

卢锋:中国作为转型大国,其发展过程派生的大量经济现象背后具有重要理论含义。要通过对中国现实和现象的持久观察和研究,来丰富和发展经济学理论知识,经济学界需要努力。这方面我们起步不久,仍然比较欠缺。在这个意义上,我觉得中国经济学者真是坐在经济实践和经验素材的金矿上,如果不知道哪里能够得到知识的"真金",那只能说明我们水平不够或努力不够。

记者:您能具体举个例子说明中国经济现实特征表现吗?

卢锋:中国人耳熟能详的"宏观调控"就是现成例子。宏观政策在外国一般被界定为总需求管理,主要通过采用货币政策和财政政策工具管理总需求。中国现实差异比较大,名字就不一样,"宏观调控"一说,在英文中就没有教科书现成概念能直接翻译过去。它不仅有"调节"(adjustment)的含义,而且有"控制"(control)的意思。"调节"或可与市场经济机制兼容,"控制"可能与计划经济多一点联系。标准教科书找不到宏观调控概念,不是说这个概念不好,其实相反,这个词某种程度上恰恰比较准确地反映了中国经济政策的现实。

记者:宏观调控,是一种有效的创新,还是一种错误的干预?

卢锋:不好贴标签。我在《经济学原理(中国版)》教科书中写过一个专栏讨论我国宏观概念泛化现象。这是中国体制转型特定阶段现实折射到政策概念上的表现。从"现实的必然是合理的"角度看,宏观调控有其务实功能和现实合理性。但是实行二十多年,我个人越来越觉得宏观政策工具多样化和泛化的积极功能在逐步减少,弊端在增长。我们正在做一项"十年宏观调控史"研究,想结合近年来的政策实践系统探讨这一问题。我觉得开放型现代市场经济最终需要更多采用与市场经济原则相一致的政策手段和工具调节宏观经济,避免宏观调控微观化。"合理的才是现实的"。

记者:您对宏观经济学有很深研究,能不能谈谈哪些属于宏观调控问题,应该如何进行?比如房价过高、大蒜或绿豆涨价问题等,您怎么看?

卢锋:微观和宏观应当区分开来。市场里总会有某种产品,比如大蒜或绿豆之类价格偶尔涨得很高的现象。因为它们产地集中,如果受到需求或供给面特定因素变动的冲击,一定时期价格可能上涨。价格上涨会刺激生产,在开放条件下还会通过增加进口调节,最终供给增加促使价格回落。这也是市场机制配置资源和调节供求的常识性道理。特定产品供求矛盾和价格变动,基本属于微观问题而不是宏观问题,应当尽量让市场机制进行调节。

记者:那么什么问题是宏观问题呢?像普遍关心的通胀问题、房价问题,政府应不应该进行干预,如何进行干预?

卢锋:简单回答,经济总量及其关系属于宏观问题。如果仅仅是单个商品价格如大蒜或绿豆价格上涨,那应属于微观问题。如果很多商品和劳务价格上涨,推动统计得到的一般物价指数如 CPI 和 GDP 平减指数显著上涨,那就属于总量问题或宏观问题，也就是我们说的通货膨胀问题。通胀等宏观失衡问题，通常应当主要采用货币财政等总量工具调节，不应过多采用限制特定商品价格等微观干预手段调控。

对于当下的通货膨胀，学术界有一种看法认为是投机造成的。从宏观经济学基本常识看，通货膨胀包括房价持续上涨本质上还是个货币现象，实际上还是跟货币是否管好了这个基本问题有关。当代国家垄断货币发行权，管好货币是对政府的基本要求之一，因而发生严重通胀政府首先要检讨政策得失，而不应把问题、责任推给企业、商人或外国人。单个企业和商人一般没有操纵货币供需的能力，对于中国这样的大国而言，外部环境变动对自身经济形势的影响相对于自身基本面和政策作用也是第二位的。从21世纪初年经济和政策实践看，虽然我们取得了举世瞩目的成就，但是由于种种主观和客观原因，在管好货币方面还有很多可以改进之处。在管好货币上下功夫，才是抓住防范和治理通胀的"牛鼻子"，避免"头痛医头，脚痛医脚"、应对通胀时"抬牛腿"的被动局面。

目前对于房价问题，政府有关部门采取的解决办法还是限价、限购。限价、限购不是说绝对不可以，但只是个短期的办法，解决不了根本问题。一定要搞明白房价过度飙升背后的根本原因是什么？经济生活领域中，投机套利是人们经济行为的普遍和持久倾向，在经济学分析范畴属于中性概念，与我们前面讨论过的理性人假设是一致的。《史记·食货志》中有"天下熙熙皆为利来，天下攘攘皆为利往"，可见古人也没认为投机趋利注定不符合一般道德规范。投机动机持久存在，房价走势时高时低，可见简单地用投机过度解释房价缺乏说服力。在导致房价飙升甚至泡沫的诸多因素中，最根本、最具有政策对象性含义的根源是，由于这样或那样的原因，政府没有管好货币。过多货币流动性要转换为保值增值资产，在中国目前的发展阶段，房地产往往是最被关注的投资对象，房价飙升也成为困扰社会的挥之不去的难题。

资源与增长：中国经济未来发展前景展望

记者：您对中国经济未来的预期是怎样的？

卢锋：现在看来，在一组可以接受的假设下，十年前后用市场汇率衡量的中国经济总量大概会超过美国。这是根据2003年以来中国经济相对追赶的经验数据，并且把追赶速度降低大约四分之一后得到的预测结果。因而中国发展的长期势头令人鼓舞,问题在于如何解决经济和社会发展的深层矛盾,持久释放增长潜力。需要补充说明,即便十年后中国经济总量规模超过美国,人均收入水平也仍不到美国的三成。那时中国或可成为中上等收入国家,但是与美国比较仍具有发展中国家特点。好比中国2010年经济总量已超过日本,但人均收入不到日本的十五分之一。

记者:如您前面所说,一直存在"看衰中国"的意见。过去我们国家经济发展所依赖的很多资源正在减少甚至枯竭,还有对环境的破坏等因素,会不会对中国经济发展造成障碍?

卢锋:你提到的资源和环境约束确实重要。特别是从近年来中国经济追赶提速的经验看,中国需求增长足以显著改变甚至支配一段时期国际市场的供求关系,导致对我不利的价格和贸易条件变动。另外,一些资源如石油的可耗竭性,主产地的地缘政治因素约束,高速城市化、工业化密集消费资源带来的环境压力等,都构成对我国经济发展和政策调整的重大挑战。中国需要在应对这些重大挑战中探索自身发展道路。

重视求解资源稀缺性约束的同时,也要看到现代经济发展前景根本上并不取决于特定资源供应数量的约束,要避免在认识上落入"资源决定论发展观"的误区。资源稀缺性是人类经济活动面临的普遍约束,经济学分析建立在资源稀缺性约束的前提上,经济发展恰恰是要不断应对和超越特定资源或资源组合约束。从近现代世界经济史看,大量国别比较经验显示资源约束并不足以构成对经济增长的根本约束。

从经济分析角度看,市场机制和经济活动主体会对资源短缺做出调节和反应。

一是相对价格变动的反应调节。特定资源供求关系变动导致其稀缺性上升,通过市场机制作用表现为这类资源相对价格上升。价格信号变动促使"理性"行为主体减少,出现节约这类资源的需求,从而开发其生产潜力和扩大供给。在很多场合,市场价格信号机制调节就能在很大程度上缓解甚至解决特定资源约束问题。

二是通过技术进步和创新,提供传统资源替代品,从而釜底抽薪地解决特定资源短缺约束。19世纪英国人曾经担心煤炭耗尽后英国经济增长难以持续,后来由于技术进步发现石油可以作为替代品。现在石油也面临当年英国人对煤炭担心的类似问题,各国企业、研究机构和政府投入很多资源寻求替代能源。技术研发投入也与资源相对价格变动提供的激励作用有关。

当然价格信号调节和技术进步调节,在不同资源场合需要时间长短不同。对于 SARS 冲击导致的口罩这个特定物品供应相对不足或市场短缺，市场机制可能只需要一个星期甚至更短时间就能完成调节、摆平短缺。对于非货币性的大蒜或者绿豆价格上涨，除了进口调节作用外，本国产出调整一般需要农作物一个完整生产周期才能完成。如果真的需要完成对石化能源的实质性替代，则由于对象性质决定，需要更长甚至事先难以准确预测的时间。人事能做的，是创造和提供适合于鼓励合理调节和替代的制度和社会环境。

最后需要说明，虽然政府行动和产业政策也可能发挥积极作用，但是从人类经济史的更大视角和广泛经验看，竞争环境中的企业和企业家以及对激励机制作出反应的科研人员和工人，是在人类追求经济发展与资源短缺永恒博弈中最终胜出的主角和主力。我个人也有机会参观过国内外一些企业，它们的实践经验支持我接受上述判断。例如，我不止一次参观过比亚迪公司，这个企业的创始人王传福先生在石油还在每桶 20 美元价位上下、新能源还远未成为产业政策实际重点时，就在电动汽车题材上大手"下注"。最近我们国家发展研究院部分师生在周其仁教授带领下参观考察德州皇明太阳能公司，这个公司的创始人黄鸣先生和他的团队对太阳能技术的创新和推广表现出的"宗教般热情"也给我们留下深深印象。我们无法为这两家企业未来的具体发展前景打包票，但是有一点可以肯定：国内外成百上千个这类企业分散努力，将最终决定当代人类在突破传统能源和资源约束上到底能走多远。